VASSULA RYDEN

Die Zwei Zeugen

… und am Ende
werden unsere beiden Herzen triumphieren

Vassula Ryden

Die Zwei Zeugen

... und am Ende
werden unsere beiden Herzen triumphieren

MIRIAM-VERLAG

Seine Heiligkeit Papst Paul VI. hat am 14. Oktober 1966 das Dekret der Heiligen Kongregation für die Verbreitung des Glaubens bestätigt (No 58/59 A.A.S.), das die Erlaubnis zur Veröffentlichung von Schriften erteilt, die sich auf übernatürliche Erscheinungen beziehen, auch wenn das »Nihil obstat« der kirchlichen Autorität nicht vorhanden ist. Mit der vorliegenden Veröffentlichung wird dem endgültigen Urteil der Kirche nicht vorgegriffen.

Auszüge aus den Büchern »Das wahre Leben in Gott«

Bei diesem Buch handelt es sich um eine Übersetzung der englischen Originalausgabe »The Two Witnesses«.

Widmung

Dem heiligen und eucharistischen Herzen Jesu
und dem schmerzhaften und Unbefleckten Herzen Mariens ...
den zwei Zeugen, den zwei Herzen, die eins sind.

1. Auflage 1999

Satz und Druck: Miriam-Verlag
Printed in Germany
ISBN 3-87449-288-5

Inhaltsverzeichnis

Vorwort
Die Zwei Zeugen

Die hier zusammengestellten Textstellen sind wortgetreu den Schriften von Vassula Ryden entnommen, welche unter dem Titel »Das wahre Leben in Gott« erscheinen. Ihre Bedeutung liegt in ihrem Ursprung und in ihrer tiefen Harmonie mit einer Bewegung der Spiritualität und Frömmigkeit, die in der katholischen Kirche immer mehr wächst.

In der neuen orthodoxen Theologie gibt es eine nicht sehr augenfällige Literatur über das heilige Herz Jesu. Doch im großen und ganzen erscheint dieses Ideal, diese Intuition nicht in der großartigen spirituellen Tradition der Orthodoxie. Dort wird Jesus als der Pantokrator gesehen, als der Meister des Universums, dargestellt auf vielen wunderschönen Ikonen. Ebenso ist es mit dem Unbefleckten Herzen Mariens. Seit den Erscheinungen in Fatima sind viele Gebete zu ihr gesprochen worden für Rußland, ein Land der Orthodoxen. Unter diesem Titel hat sie keinen Platz in ihrer Spiritualität.

Überraschend schreibt dann Vassula mit ihrem charakteristischen Charisma in reichem Maße über das Heiligste Herz und sehr eindrucksvoll über das Unbefleckte Herz Mariens. Woher erhielt sie diesen erstaunlichen Kern der Lehre? Nicht aus irgendeiner formalen Unterweisung, nicht aus irgendeinem Studium. Dreißig Jahre lang lebte sie abseits von religiöser Praxis, ging nie zur Kirche, kam unter keinen religiösen erzieherischen Einfluß irgendwelcher Art, obwohl sie getauft und in der orthodoxen Kirche gefirmt war. Auf ihre totale Unwissenheit kamen diese kreativen, machtvollen Ideen, charakteristisch katholisch, dennoch wurde sie vor kurzem von einigen Katholiken schlecht behandelt. Noch überraschender ist die klare Idee, die sie ausdrückt, indem sie die Worte von Jesus und Maria zitiert, wie sie sie erhalten hat, über die Vereinigung der zwei Herzen als ein Objekt der Verehrung, der Inspiration und des Vertrauens.

Um diese Realität auszudrücken, verwendete Johannes Paul II. im Herbst 1985 den Ausdruck „Alliance of the Two Hearts" (Vereinigung der zwei Herzen). Er wurde von bedeutenden philippinischen Katholiken aufgegriffen, die im folgenden Jahr in Fatima ein theologisches Symposium über das Thema abhielten; es wurde von der Blauen Armee unterstützt (manchmal Fatima Weltapostolat genannt). Machtvoll ermutigt vom Papst, stellten die versammelten Theologen ein massives, wissenschaftlich verfaßtes Dossier über jeden Aspekt des zwingenden Subjekts zusammen. Wir erwarten eines Tages eine päpstliche Erwiderung.

Unterdessen verbreitet sich die Idee in der katholischen Welt, erweckt Kongresse, Gebetsbewegungen, Publikationen. Die philippinische Präsenz ist gleichbleibend. Am Ende der Konvention im Mai 1995 in Rom über das Thema gratulierte Johannes Paul II. einer Gruppe von ihnen, Bischöfen, Priestern und Laien, „diese große Bewegung“ begonnen zu haben.

Auf einer rein persönlichen Ebene halte ich die Tatsache fest, daß mein erster Kontakt mit den Schriften Vassulas sich ereignete, kurz nachdem ich beim Symposium 1986 mitgearbeitet hatte, als ich damit beehrt worden bin, seitdem mit anderen philippinischen Initiativen zusammenzuarbeiten. Ich war freudig überwältigt, Vassula im Diktat Jesu und Mariens das, was wir im Glauben ausgearbeitet hatten, schreiben zu sehen, wie es mit einem Versprechen schließt, das ihr oft gemacht wurde: „Am Ende werden unsere zwei Herzen siegen.“

P. Michael O’Carroll CSSp

25. Juli 1995

Anmerkung der amerikanischen Herausgeberin

Vor kurzem sagte Jesus zu Vassula: „Es müssen immer noch viele Seelen gerettet werden." Es war ein Hinweis darauf, daß ihre Arbeit noch weiter verbreitet werden muß. Der Vatikan nimmt nun Einblick in die natürliche oder übernatürliche Wesensart dieses Phänomens, was am Ende dieses Buches noch eingehender erklärt wird.

Jesus führte Vassula zum Verständnis dessen, daß sie jede Seele repräsentiert und daß Er durch sie zu jeder Seele spricht. Für Gott ist jede Seele so wichtig, daß Er für nur eine Seele gestorben wäre, selbst wenn Er keine andere erschaffen hätte. Auf diesen Seiten versucht Er uns in einem kleinen Umfang zu zeigen, wie sehr Er jeden einzelnen von uns liebt. Doch keine menschlichen Worte können die Intensität Seiner Liebe wirklich einfangen.

Vassula (Vassiliki) bedeutet Basilika. Wie treffend, denn jeder von uns repräsentiert einen kleinen Tabernakel, und bis zu unserem letzten verbleibenden Atemzug ist Gott in uns, wie in einer Basilika. Die Heilige Schrift sagt uns: „Er, der in euch ist, ist größer als jener, der in der Welt ist" (1 Joh 4, 4). Wenn Sie lesen, setzen Sie deshalb Ihren Namen ein für den von Vassula, denn in diesen Botschaften spricht Gott direkt zu Ihnen.

Wir überreichen Ihnen dieses Buch, daß es Ihr Herz berühre und Sie den zwei liebenden Herzen näherbringe.

Komm, Heiliger Geist,
komm, Heiliger Geist,
komm, Heiliger Geist!
Gieße Deine Liebe aus über das Antlitz der Erde in einer Erneuerung, daß die Herzen für immer und ewig in Liebe triumphieren mögen. Amen.

geschrieben am Pfingstfest, 26. Mai 1996

Dr. Rosalie Turton

Band 1

1. Die Kreuzigung

9. November 1986

Der Friede sei mit dir! Ich bin da. Ich bin Jesus Christus. Ich bin vor dir. Ich bin dein Lehrer und Ich liebe dich. Das Böse wurde besiegt, indem Ich Mich opferte. Schlaft nicht, denn Ich bin bald bei euch. Ich bin die Offenbarung. Ich habe Neuigkeiten, von denen man reden wird. Sprich mit Mir über Meine Kreuzigung, Vassula.

Was soll ich sagen? Soll ich vor oder während Deiner Kreuzigung betrachten?

Vor dieser.

Jesus gab mir ein Bild Seiner Geißelung.

Nachdem sie Mich gegeißelt hatten, spuckten sie Mich an. Sie gaben Mir mehrere heftige Schläge auf Meinen Kopf, so daß Mir ganz schwindlig war. Sie haben Mir Fußtritte in den Magen gegeben, was Mir den Atem nahm, und Ich, von Schmerzen gepeinigt, zu Boden fiel. Sie machten Mich zum Spielzeug ihrer Belustigung, indem sie Mir der Reihe nach Fußtritte gaben. Ich war nicht mehr zu erkennen. Mein Leib war gebrochen, ebenso Mein Herz. Mein Fleisch, das losgerissen war, hing am ganzen Körper. Einer von ihnen hob Mich auf und schleppte Mich, weil Meine Füße nicht mehr imstande waren, Mich zu tragen.

Dann zogen sie Mir eines ihrer Gewänder an. Sie zerrten Mich nach vorne. Sie gaben Mir weitere Schläge, auch ins Gesicht. Sie brachen Mir dabei das Nasenbein und quälten Mich. Ich hörte ihre Beleidigungen. Tochter, welch großer Haß und wieviel Spott kamen aus ihrem Mund und füllten Meinen Kelch. Ich hörte sie sagen: „Wo sind jetzt Deine Freunde versammelt, während ihr König bei uns ist? Sind alle Juden so treulos wie diese? Schaut ihren König an!“

Dann haben sie Mich mit einer geflochtenen Dornenkrone gekrönt, Meine Tochter. „Wo sind Deine Juden, um Dich zu

begrüßen? Du bist ja König, oder bist Du es nicht? Kannst Du einen König nachahmen? Lache! Weine nicht! Du bist König, nicht wahr? So führ dich doch als solcher auf!" Sie banden Meine Füße mit Stricken zusammen und befahlen Mir, bis zu der Stelle zu gehen, wo sich Mein Kreuz befand.

O Tochter, Ich konnte nicht gehen, da sie Meine Füße gefesselt hatten. Da haben sie Mich zu Boden geworfen und Mich an den Haaren bis zu Meinem Kreuz gezerrt. Mein Schmerz war unerträglich. Teile Meines Fleisches, die durch die Geißelung aufgerissen waren, wurden weggerissen. Sie lösten die Fesseln Meiner Füße und gaben Mir Fußtritte, damit Ich aufstehe und Meine Last auf Meine Schultern hebe. Ich konnte nicht sehen, wo Mein Kreuz war, denn die Dornen, die in Meinen Kopf eingedrungen waren, füllten Meine Augen mit Blut, das über Mein Gesicht floß. So hoben sie Mein Kreuz selbst hoch, legten es Mir auf die Schultern und stießen Mich zu dem Tor hin.

O Tochter, wie schwer war doch das Kreuz, das Ich tragen mußte! Von der Peitsche hinter Mir getrieben, tappte Ich im Finstern vorwärts in Richtung der Tore. Ich versuchte, Meinen Weg durch Mein Blut hindurch zu sehen, das Mir in den Augen brannte. Da habe Ich gespürt, daß jemand Mein Gesicht abwischte. Es waren Frauen, die voller Angst und Schmerz hervortraten, um Mein geschwollenes Gesicht abzuwaschen. Ich hörte sie weinen und klagen. Ich habe sie wahrgenommen und sagte zu ihnen: „Seid gesegnet. Mein Blut wird alle Sünden der Menschheit reinwaschen. Seht da, Töchter, die Zeit eurer Erlösung ist gekommen."

Mit Mühe schleppte Ich Mich dahin. Die Menschenmenge war wie entfesselt. Ich konnte keinen Freund sehen, keiner war da, um Mich zu trösten. Mein Todeskampf schien größer zu werden, und Ich fiel zu Boden. Aus Angst, Ich könnte vor der Kreuzigung sterben, befahlen die Soldaten einem Mann namens Simon, Mein Kreuz zu tragen. Meine Tochter, das war keine Geste der Güte oder des Mitleids, sondern sie wollten Mich für die Kreuzigung am Leben erhalten ...

Auf dem Hügel angekommen, stießen sie Mich zu Boden. Sie rissen Mir die Kleider vom Leibe und ließen Mich nackt zum Schauspiel aller Anwesenden. Meine Wunden öffneten sich wieder, und Mein Blut floß auf den Boden. Die Soldaten reichten Mir Wein, mit Galle vermischt. Ich habe es zurückgewiesen, denn Ich hatte bereits tief in Meinem Innern die Bitterkeit, mit der Meine Feinde Mich getränkt hatten ... Sie haben Mir zuerst schnell die Handgelenke angenagelt, und nachdem sie Mich mit den Nägeln ans Kreuz geheftet hatten, haben sie Meinen gebrochenen Leib hingestreckt und Mir gewaltsam die Füße durchbohrt.

Tochter, o Tochter, welch ein Schmerz! Welche Qual und Pein! Welche Marter für Meine Seele! Verlassen von Meinen Geliebten, verleugnet von Petrus, auf den Ich Meine Kirche gründen wollte, verleugnet von Meinen übrigen Freunden, allein gelassen, Meinen Feinden ausgeliefert. Ich weinte, denn Meine Seele war erfüllt von Schmerz ...

Die Soldaten haben Mein Kreuz aufgerichtet und es in das vorbereitete Loch gestellt. Ich betrachtete die Menschenmenge. Obschon Ich Mühe hatte, mit Meinen geschwollenen Augen zu sehen, habe Ich die Menschen beobachtet. Ich habe keinen Freund gesehen unter jenen, die sich über Mich lustig machten. Keiner war da, um Mich zu trösten: „Mein Gott, Mein Gott! Warum hast Du Mich verlassen?" Verlassen von all denen, die Mich liebten.

Mein Blick fiel auf Meine Mutter. Ich habe sie angeschaut, und Unsere Herzen sprachen. „Ich schenke dir Meine geliebten Kinder, damit sie auch deine Kinder seien. Du sollst ihre Mutter sein." Alles erfüllte sich, die Rettung war nahe. Ich sah den Himmel offen, und alle Engel standen da und schwiegen. „Vater, in Deine Hände empfehle Ich Meinen Geist. Ich bin jetzt mit Dir."

Ich, Jesus Christus, habe dir Meinen Todeskampf diktiert. Trage Mein Kreuz, Vassula, trage es für Mich. Mein Kreuz fleht um Frieden und Liebe. Ich werde dir den Weg zeigen, denn Ich liebe dich, Meine Tochter.

2. Der letzte große Schrei von Meinem Kreuz

29. April 1987

Am folgenden Morgen:

Ich bin Jesus, der Herr. Du hast Meinen Schrei gehört. Das war Ich. Er hat dich aufgeweckt (symbolisch!). ***Ich habe vom Kreuz herab geschrien. Es war Mein letzter, großer Schrei, den Ich ausgestoßen habe, als Ich noch im Fleische war. Es war ein Schrei voller Leiden, Schmerzen und Bitterkeit, der aus den Tiefen Meiner Seele ertönte und die Höhen der Himmel durchdrang. Er hat die Grundfeste der Erde erschüttert. Er hat die Herzen derer, die Mich liebten, entzweigerissen, wie er den Vorhang des Tempels zerrissen hat. Er erweckte Mir eifrige Anhänger, so wie er die Toten in ihren Gräbern erweckte, indem er die Erde umstürzte, die sie bedeckte, so wie er das Böse umgestürzt und vernichtet hat. Starker Donner hat sogar die Höhen der Himmel erschüttert, und alle Engel haben sich zitternd niedergeworfen und Mich schweigend angebetet. Meine Mutter stand ganz nahe bei Mir. Als sie Meinen Schrei hörte, fiel sie auf die Knie und bedeckte ihr weinendes Gesicht. Sie hat diesen letzten Schrei mit sich getragen bis zum Tage ihres Heimganges. Sie hat gelitten ...***

Ich bin von Bitterkeit erfüllt, Ich leide noch immer unter allen Ungerechtigkeiten der Welt, den Bosheiten, der Gesetzlosigkeit und dem Egoismus. Mein Schrei wird von Tag zu Tag stärker. Ich bin allein gelassen worden an Meinem Kreuz, allein, um die Sünden der Welt auf Meinen Schultern zu tragen. Ich war allein im Leiden, allein im Sterben. Ich habe Mein Blut vergossen, das die ganze Erde bedeckt hat, um euch, Meine Geliebten, zu erlösen. Derselbe Schrei ertönt heute auf Erden wie ein Echo aus der Vergangenheit. Lebe Ich denn im Schatten der Vergangenheit? Ist Mein Opfer umsonst gewesen? Wie könnt ihr Meinen Schrei von Meinem Kreuz herab nicht hören? Warum verschließt ihr eure Ohren und laßt den Schrei untergehen?

Herr, für wen ist diese Botschaft bestimmt?

Für all jene, die Ohren haben, um Meinen Schrei zu hören.

Ich war sehr ergriffen, als ich erfuhr, wie Er allein gelitten hat und immer noch leidet.

Mein Gott, ich bin bereit, so zu sein, wie Du es von mir wünschst in der Botschaft vom 23. April: Dein Opfer, Deine Zielscheibe. Laß mich Dein Kreuz für Dich tragen. Laß mich Dir Ruhe schenken. Laß mich Dich trösten. – Ich bin nicht allein, wie ich zu Dir vor kurzem sagte. (Ich ziehe zurück, was ich am 7. April 1987 gesagt habe.) *Ich bin Dein!*

Ich liebe dich, kleine Taube. Ich habe dich mit all Meinen Gnaden erfreut. Erlaube Mir, dich für Meine Interessen und für Meine Ehre zu gebrauchen. Behalte nichts für dich, schau allein nur auf Meine Interessen. Verherrliche Mich, arbeite für Mich, füge Meine Leiden deinen Leiden hinzu.

Ich wünsche so sehr, daß die ganze Welt Deinen Namen lobpreise und daß ihre Stimme Dich erreiche.

Die Einheit wird Meine Kirche stärken, und die Einheit wird Mich verherrlichen. Vassula, liebe Mich.

Herr, lehre mich, Dich so zu lieben, wie Du es willst.

Das werde Ich tun. Ich werde dich nicht im Stich lassen. Werde nicht müde, Mein Kreuz zu tragen. Ich bin dir nahe, um es zu teilen, Geliebte.

Paris, zur Osterzeit. Als der Archimandrit (Vorsteher eines Klosters in der Ostkirche) die Botschaft gelesen hatte und zu mir sagte: „Das ist ein Wunder“, da habe auch ich gedacht, daß es wunderbar ist, daß es schön ist, daß Gott uns eine Botschaft gibt. Aber von einer anderen Seite her betrachtet, ist es schrecklich; ja, schrecklich, weil die Botschaft uns einen Gott offenbart, der traurig ist und der leidet. Gott gibt eine Botschaft, in der Er in Todesangst ist, traurig und von vielen allein gelassen. Es ist eine traurige Botschaft.

Hat meine Seele einige Fortschritte mit Dir gemacht, Jesus?

Vassula, Ich, Jesus, bin vor dir. Ja, in der Tat, du bist am Wachsen. Ich habe dich von den Toten heraufgeholt und habe dich ernährt. Du ißt von Meinem Brot. Mein Licht leuchtet über dir. Ich bin dein Lehrer und du lernst von der Weisheit.

Jesus, Du erinnerst mich oft daran, klein zu bleiben und nichts zu sein, und jetzt sagst Du mir, daß ich wachse?

Ja, du mußt wachsen im Geist, in der Liebe, in der Bescheidenheit, in der Demut, in der Treue. Laß alle Tugenden in dir wachsen. Bleibe jedoch frei von Eitelkeit, Bosheit und von allem, was in Meinen Augen widerlich und abscheulich ist. Ich will, daß du vollkommen wirst.

3. Bete und sühne, denn das Ende der Zeiten ist nahe

7. September 1987

Der Friede sei mit dir!

Auch mit Dir, Herr.

Nimm Mich in dich auf, Blume, laß Mein Licht auf dich scheinen und deine Sorgen abgeschwächt werden. Mein Hauch wird sie wegblasen, das ganze Gefüge wird zusammenfallen, sie wegschwenken und dich lächelnd zurücklassen. Mein Tau der Rechtschaffenheit wird dich schöner machen. Blume, empfange Meine heutige Botschaft. Fürchte dich nicht, denn Ich habe Meine Pläne bereits vor deiner Geburt ersonnen.

Heißt das, daß, was auch immer mit mir, mit Deinen Botschaften und mit allen geschieht, durch Deinen Willen geschieht?

Ja, Geliebte, alles, was kommen wird, wird von Mir kommen.

Ich habe Angst zu versagen, Herr.

Wie willst du Meine Pläne zum Scheitern bringen? Denk doch nach! Du bist nichts, wie kann denn ein Nichts etwas sein, und daß dieses Etwas, wenn überhaupt, Meine Pläne zum Scheitern bringen kann? Aber du bist nichts, beunruhige dich also nicht! Laß alles in Meinen Händen! Vassula, Ich bin dein Lehrer, fürchte dich nicht, wenn du bei Mir bist.

Ich möchte Dir etwas sagen, Herr.

Fühle dich frei!

Weißt Du, daß es Augenblicke gibt, wo ich glaube, ich sei total verrückt, wahnsinnig?

Ich weiß.

Nun, stell Dir erst jene vor, denen ich das eines Tages zeigen werde. Sie werden schockiert sein! Sie werden sagen, daß sie eine natürliche Erklärung finden können. Ganz einfach, sie werden nicht glauben.

Glauben ist auch eine Gnade. Vertrauen haben ist auch eine Gnade. Meine göttlichen Werke sehen, hören und verstehen ist auch eine Gnade, die alle von Mir kommen.

Ja, Herr.

Vassula, Ich habe mit dir gearbeitet. Ehre Mich, Tochter!

Mit Deiner Hilfe werde ich nicht versagen, Herr.

Höre nun auf folgende Worte, die von Meiner Mutter kommen.

Maria: Vassula, pethi mou („mein Kind", auf griechisch), *fürchte dich nicht, ich bin bei dir. Mein Sohn Jesus hat dir eindeutig Grenzen gesetzt bei den Beweisen und Zeichen, die du von Ihm verlangtest, aber Er hat Seine Gründe dafür. Er hat dir jedoch die Gnade gegeben zu glauben. Er hat dich durch die Weisheit belehrt. Vassula, du hast in der Tat blind geglaubt.*

Wirklich?

Maria: Ja. Sonst hättest du nicht diesen Eifer gehabt, zu Uns zu kommen und zu schreiben, indem du dich nach Seinem Willen gebrauchen ließest. Indem du das getan hast, Liebes, beweist du, daß du blind glaubst. Deshalb freut sich Gott, dein Glaube ist groß. Und dadurch will Jesus auch andere belehren, Glauben zu haben und Seinen göttlichen Werken blind zu glauben. Seid unschuldig, seid wie Kinder, an denen Gott Seine Freude hat.

Und wenn sie nicht glauben, heilige Mutter?

Der Ton Mariens änderte sich plötzlich und wurde sehr ernst.

Maria: Deine Leiden werden groß sein, du wirst wie ein Spiegel sein, der das Bild Jesu widerspiegelt. Auf dir, Kind, werden sich Seine Leiden widerspiegeln.

Du willst sagen, daß Jesus leiden wird, wenn sie sich ungläubig und verächtlich erzeigen?

Maria: Genau. Jesus wird leiden. Seine Leiden werden sich auf dir erkennen lassen.

Wenn Er aber Seine Pläne schon im voraus bereitet hat, warum hätte Er es nicht so einrichten können, daß kein Widerspruch entsteht?

Maria: Kind, die Menschen neigen dazu, so zu denken. Vergiß nicht Seine Lehren. Jesus will, daß Seine Werke durch die Gnade anerkannt werden.

Jesus hat mir gesagt, daß Er nicht zusehen würde, wenn Er jemanden sähe, der mir schaden will.

Maria: Er hat es tatsächlich gesagt. Und ich sage dir folgendes, Tochter: Auch ich werde nicht zusehen, und ich werde nicht gestatten, daß sie dich schädigen.

Da war ich sehr ergriffen.

Ich bin feige, ich habe Angst, aber ich werde mich an dich klammern und an Jesus.

Maria: Tochter, ich will dir noch etwas sagen: Gott hat Seine Gerechtigkeit auf die Menschen gelegt. Sein Becher ist nun voll. Hör mir aufmerksam zu, denn diese Worte sagen viel mehr aus. Verherrliche Gott, Vassula, ich bin deine heilige Mutter. Tochter, vertrau mir, werde nicht müde zu kämpfen. Denk daran: Jesus war auf dem Weg zur Kreuzigung von allen verlassen worden. Er trug Sein Kreuz allein.

Ja, Mutter, ich will von Ihm nicht mehr verlangen, als was Er mir gibt.

Maria: Vassula, laß mich Antwort geben auf die Frage, die du in dir zurückhältst: Wenn sie wieder nicht glauben, wird der Zorn Gottes größer werden. Sein Becher der Gerechtigkeit füllt sich wie in der Vision, die Gott dir gezeigt hat. Bete und sühne, denn das Ende der Zeiten ist nahe.

Ja, Mutter, möge Gott dich segnen.

Ich bin es, Jesus. Kleines, bleibe klein! Laß uns miteinander reden, laß uns diesen Tag miteinander teilen, gestatte Mir, dein heiliger Gefährte zu sein.

Herr, erlaube mir, zu Dir zu sprechen. Ich will mich an Deine Gegenwart erinnern.

Komm, uns, wir.

4. Mein heiliges Grabtuch ist echt

2. Oktober 1987

Ich bin es, Jesus. Laß es bekannt werden, daß jedes Bild von Mir und Meiner Mutter verehrt werden soll, denn sie stellen Uns dar, wie Mein Kreuz Mich darstellt. Laß es bekannt werden, daß Mein heiliges Grabtuch tatsächlich echt ist. Es ist dasselbe, das Mich bedeckte. Vassula, gesegnet von Mir, tritt in Mein Herz ein. Laß Mich dich darin verstecken und ruhe darin aus. Komm, komm zu deinem Vater!

5. Maria ist die Königin des Himmels

8. Oktober 1987

Jesus?

Ich bin es.

Jesus, ich möchte Sühne leisten für alle Beleidigungen unserer heiligen Mutter gegenüber. Ich ertrage es nicht zu hören, wie Deine Geschöpfe sie beleidigen, besonders von seiten Deiner Diener, Deiner Priester. Ich würde gerne meinen Kopf zu Boden rollen sehen, um sie zu verteidigen.

Vassula, Ich werde dich verstehen lassen, wie die Liebe leidet, wenn sie diese Beleidigungen hört. Laß es bekannt werden, daß Ich, der Herr, Meine Mutter ehre. Laß jene, die sie beleidigen, wissen, daß sie die Königin des Himmels ist und

daß Ich, der Herr, eine Krone auf ihr Haupt gesetzt habe, eine Krone von zwölf Sternen. Sie herrscht, Geliebte, und das ist in Meinem Wort geschrieben. Ich ehre Meine Mutter, und wie Ich sie ehre, müßt auch ihr sie ehren. Ich liebe euch. Beide, Meine Mutter und Ich, segnen euch.

Herr, der Pastor hat geleugnet, daß sie unsere heilige Mutter ist und daß wir sie verehren müssen. Als ich ihm sagte, daß Du es vom Kreuz herab gesagt hast, hat er mir geantwortet, das gelte nur für Johannes, und daß nirgends in der Heiligen Schrift steht, daß sie auch unsere Mutter ist und wir ihre Kinder sind.

Aber, Meine Tochter, Ich sage dir wiederum, daß Meine Mutter auch eure Mutter ist. Ihr seid ihre Kinder. Das ist in Meinem Wort geschrieben, und Ich wiederhole es für jene, die es nicht wissen: Die Schrift sagt ...

Wo, Herr?

Im Buch der Geheimen Offenbarung steht, daß, wenn Satan in der Verfolgung Meiner Mutter gescheitert ist, er wütend auf sie werden und weggehen wird, um gegen den Rest ihrer Kinder Krieg zu führen, das heißt gegen alle, die die Gebote befolgen und Zeugnis für Mich ablegen.

Herr, ich danke Dir für Deine Hilfe.

Vassula, Ich habe es dir gesagt, Ich bin immer vor dir. Bleibe klein, damit Ich Meine Werke erfüllen kann. Ich liebe dich.

Ich liebe Dich, Herr, und ich preise Dich.

Uns, wir?

Ja, Herr.

6. Ehrt und verehrt Meine Mutter

10. Oktober 1987

Jesus?

Ich bin es.

O Jesus, ich wußte nicht, daß es Christen gibt, die die heilige Jungfrau nicht verehren. Ich wußte nicht, was sie gegen sie empfinden. Ich wußte nicht, daß es einen so großen Unterschied gibt unter den Christen. Ich wußte nicht, daß es so ernst ist.

O Vassula, es ist schlimmer als du denkst!

O Jesus, warum ist es so ernst?

Vassula, weil Mein Leib auseinandergerissen worden ist. Ich will Meinen Leib vereinigt!

Werden sie denn unsere heiligste Mutter verehren, wenn sie geeint sind?

Kind, sie werden es tun.

Darf ich unter „sie werden es tun" verstehen, daß es so sein wird?

Ich werde sie beugen. Ich werde ihre Knie beugen, und sie werden Meine Mutter ehren und verehren.

Ja, Jesus.

Kleines, Ich werde Meine Kirche wieder aufleben lassen. Komm! Uns, wir?

Ja, Herr.

Band 2

7. Das Herz Meiner Mutter ist mit Meinem göttlichen Herzen verbunden

25. Januar 1988

Jesus?

Ja, Ich bin es.

Jesus, heute noch setzt mich diese Offenbarung in Staunen. Es kommt mir vor, als wäre alles ein Traum, und dabei habe ich eigentlich Angst aufzuwachen, um vielleicht doch feststellen zu müssen, daß es nur ein Traum war. Das ist sonderbar.

Vassula, Ich bin der Allmächtige und Allwissende. Ich wollte dich von den Toten auferwecken und dich erleuchten. Entsinnst du dich der Sonnenvision?

Ja, Herr, der runde Lichtball (am 26. März 1986 vermerkt).

Diese Lichtkugel ist diejenige, die unter dem Namen „Sonnenwunder" bekannt ist. Diese Lichtkugel, die Ich dir zeigte, ist dieselbe wie die von Fatima. Ich ließ dich in sie eintreten. Ich habe dir erlaubt, in sie hineinzugehen. O Vassula, wenn du wüßtest, welches Privileg Ich dir gegeben habe! O Kleine, du begreifst das noch nicht, weil Ich deine Augen verhüllt habe.

Mein Gott, ich liebe Dich.

Ich halte dich verborgen in Meinem heiligen Herzen. Du bist Mir kostbar. Ich, dein Gott, liebe dich. Habe nie Angst vor Mir, denn Ich bin Liebe. Ich bin ein immerzu gütiger und lieber Vater. Fürchte Mich nur, wenn du dich gegen Mich auflehnst. Ah! Vassula, Meine Geheimnisse sind zahlreich. Die meisten Meiner Geheimnisse sind euch verborgen. Hör Mir nun gut zu. Jede verkündete Prophezeiung wird sich erfüllen. Jedes Wort, das in den Schriften geschrieben steht, wird in Erfüllung gehen. – Nun möchte Ich, daß du zwei Herzen zeichnest.

Ja, nahe beieinander, aber tatsächlich nur ein Herz. Umgib sie mit einer Dornenkrone. Ja, das unbefleckte Herz Meiner Mutter ist mit Meinem vereint. Ich wünsche von einem jeden von euch die Verehrung ihres unbefleckten Herzens. Siehst du, Meine Tochter, wie Unsere göttlichen Herzen mit Dornen bekränzt sind von Menschen, die Uns nur Undank entgegenbringen, Uns schmähen und keine Liebe erweisen? All das sind besonders ihre Sünden.

Vassula, Ich, der Ich das Wort bin, liebe und achte Meine Mutter. Ich wünsche, daß ihr euch Meiner Mutter nähert, daß ihr sie ehrt, wie Ich sie ehre! Ich wünsche, daß ihr auf den Knien ihr eure Ehrfurcht erweist. Ich möchte, daß ihr den Rosenkranz betet und eure heilige Mutter grüßt. Ich will, daß ihr für eure Sünden Sühne leistet und sie bittet, euch zu unterrichten. Sei wachsam, Meine Tochter. Komm! Ich habe dir offenbart, wie das Herz eurer Mutter mit Meinem göttlichen Herzen verbunden ist, beide umgeben von einer Dornenkrone. Ich will dich an Meine Gegenwart erinnern. Ich liebe dich.

8. Deine hl. Mutter wird dich unterrichten (Apg 12)

26. Januar 1988

Vassula, möchtest du mit Meiner heiligen Mutter zusammenarbeiten? Wir beide sind unzertrennlich.

Ja, Jesus.

Ich liebe dich. – Ich bin immer bei ihr. Deine heilige Mutter wird dich jetzt unterrichten.

Jesus war mit unserer heiligen Mutter da. Er gab mir zu verstehen, daß sie immer vereint sind, selbst wenn ich sie nicht sehe.

Maria: Meine Tochter, ich war immer bei dir. Ich beschütze dich und stehe dir bei.

Da habe ich begriffen, daß die heilige Jungfrau mir hilft, gewisse Dinge zu verstehen. Sie hilft mir auf diesem Weg, den Gott für mich gewählt hat.

Maria: Ich werde dir bis zum Ende beistehen.

Durch eine innere Erleuchtung hat mich die heilige Jungfrau erkennen lassen, daß wir das 12. Kapitel der Geheimen Offenbarung lesen sollten.

Maria: Komm, ich werde es dir erklären: Als Satans Plan gescheitert war, schwor er, den Rest meiner Kinder zu verfolgen und gegen sie Krieg zu führen. In seinem grimmen Zorn gedachte er, sie zu verschlingen, weil er weiß, daß seine Tage gezählt sind. Er will daher noch möglichst viele Seelen mit sich ziehen. Ja, er ist der Drache, und mit seinem Schwanz versucht er die Schöpfung Gottes wegzufegen und zu vernichten. Vassula, mein Kind, da der Satan die Eitelkeit selbst ist, tadelt er die Werke des Allmächtigen, indem er beweisen will, daß Gottes Schöpfung mißlungen sei und daß Unsere Kinder nicht anders könnten als den schlechten Wegen des Teufels zu folgen. – Ich will dir etwas sagen, und zwar etwas, worüber sich alle, die mich lieben, überaus freuen werden: Dieses Jahr wird zu meiner Verherrlichung sein. (Ich verstand nicht.) *Nein, du wirst es nicht ganz begreifen. Mein unbeflecktes Herz wird triumphieren.* (Da begann ich zu verstehen.) *Ich werde viele Seelen zu Jesus zurückbringen.*

9. Gehorsam

29. Januar 1988

Letzte Nacht hatte ich einen Traum von meinem eigenen Tod, was mich sehr beeindruckt hat. Während meines Sterbens, dabei aufrecht stehend, aber schwankend, stützte mich Jesus. Er ließ mich mein Kinn auf Seiner Schulter ruhen. Ich spürte, wie Seine Haare meine rechte Wange leicht berührten. Seine Haare waren wie auf dem Foto vom heiligen Grabtuch, in dem Zustand, in den Ihn Seine Marter und Pein versetzt hatte. Er half mir, indem Er Trostesworte zu mir sprach. Dazu lehrte Er mich die richtige Haltung: mich zu entspannen, auszuruhen und die Seele aus meinem Körper freizugeben, welche Er zu haben sehnte. Mehrmals hatte ich den Eindruck, daß er wie ein Arzt zu mir sprach. In diesem Sterben sah ich überhaupt nichts Bedrohliches. Nicht einen Augenblick habe ich die geringste Angst verspürt.

Vassula, wir sind zusammen, Mein Kind.

Es war Jesus mit der heiligen Jungfrau.

Meine Blume, wenn dein Augenblick gekommen sein wird, werde Ich, dein Schnitter, dich pflücken und in Meinen Wonnegarten verpflanzen. Was du gesehen hast, ist nur ein Widerschein der Wirklichkeit. Komm jetzt und erwecke Reue, Geliebte. Ich höre zu.

Ich bereute und bat um Vergebung meiner Sünden. – Hier möchte ich hinzufügen, daß Jesus mich oft bittet, vor Ihm zu bereuen. Jedoch, dies schließt nicht meine regulären Beichten bei meinem Beichtvater aus, welche Er von uns allen erbittet.

Alles sei dir vergeben. Ich will dich Rechtschaffenheit lehren und wie man heilig lebt. Sündige nicht mehr.

Maria: Ja, Vassula, liebe Gott aus ganzer Seele, aus ganzem Herzen und mit all deinen Kräften. Er liebt dich unendlich. Ja, Kind, vergiß nicht, wie Er dich vom Bösen befreit hat. Er ruht sich niemals aus. Mit Seinem Herzen, das Er in den Händen hält, geht Er von Tür zu Tür in der Hoffnung und mit dem Wunsch, daß die Seelen Ihn hören. Leider hören so wenige auf Ihn … Weißt du, wie ich wirke?

Nein, ich weiß es nicht.

Maria: Ich bete, ich bete für das Heil der Seelen. Ich beschütze euch vor dem Bösen. Ich bin euer Schild. Wie jede Mutter ihr Kind vor dem Bösen beschützt, so beschütze ich euch vor dem Satan und seinen teuflischen Netzen. Ich bete, damit die Seelen zu Jesus zurückkehren. Ich sammle und segne sie. Natürlich sehen sie mich nicht, aber viele von ihnen fühlen mich.

Ich möchte Dir etwas geben, das Dich wirklich glücklich machen könnte, etwas, das mir möglich ist.

Maria: Ah! Vassula, suche mir zu gefallen, indem du mir gehorchst. Gehorche dem Willen Gottes.

Poss? („Wie?" auf griechisch.)

Maria: Versuche nicht zu verstehen, warum Gott zu dir mit Seiner Botschaft gekommen ist und nicht zu anderen. Nimm es an. Gehorche Ihm, Kind, wenn Er etwas von dir verlangt. Hast du jene Gebete gebetet, die Er dich zu beten bat vor dem Niederschreiben? (gemeint sind die drei Gebete, die mir von Pater James gegeben wurden.)

Nein.

Maria: Ich werde dir helfen, Vassula.

Heilige Mutter, Er ist jetzt böse auf mich und enttäuscht, nicht wahr?

Ich verabscheute mich, denn ich wollte Ihn doch niemals enttäuschen.

Maria: Vassula, nein, Er ist nicht erzürnt über dich, denn Er weiß, daß du unaussprechlich schwach und elend bist. Verzweifle nicht. Jesus hat dich belehrt, und du gefällst Ihm, doch gefalle Ihm in Zukunft noch mehr, indem du tust, was Er sagt. Sei dir klar darüber, daß Jesus niemals etwas von dir verlangen wird, was dir schaden könnte. Jesus will dein Heil. Jesus heißt „Retter".

Ich danke dir, heilige Mutter.

Maria: Vassula, ich werde dich immer beschützen. Komm wieder zu mir. – Ich liebe dich, meine Tochter.

10. Unsere göttlichen Herzen sind gespalten und zerrissen

30. Januar 1988

Maria: Ich weine über meine Kinder, die sich verirrt haben.

Die heilige Jungfrau weinte tatsächlich. Sie sah sehr traurig aus.

Maria: Jetzt ist die Liebe und die Barmherzigkeit zu euch herabgestiegen, um euch einmal mehr mit Seinem Brot der Lauterkeit und der Heiligkeit zu nähren. Die Liebe steigt herab, um euch allen Hoffnung und Frieden zu schenken. Ich liebe euch alle.

Es trat ein Augenblick der Stille ein.

Maria: Willst du zu mir kommen, in meine Kirche in Turin? Besuche mich oft dort. Wirst du mir dort dein Treuegelöbnis ablegen? Meine Tochter, Braut meines Sohnes, willst du deine Gelöbnisse mir darbringen?

Heilige Mutter, ich möchte deinem unbefleckten Herzen gefallen. Ich will zu dir kommen nach Turin, doch ich bin unwissend darüber, was das Treuegelöbnis beinhaltet. Ich würde alles, was du wünschest, dir anbieten. So laß mich bitte wissen, was ich dir darbringen werde, so daß ich dieses Gelöbnis nicht durch Unwissenheit breche.

Maria: Gefalle meinem Sohn in Zukunft noch mehr, indem du Ihm deine ganze Liebe und Hingabe an mein unbeflecktes Herz darbringst. Gefalle meinem Sohn überdies, indem du Ihm Seelen schenkst, auf daß Er sie erlöse. Gefalle mir durch Darbringung deiner Treuegelöbnisse – das wirst du tun, indem du Jesus folgst. Sei Sein Abbild. Sei Ihm treu. Ich will für dich beten, ich will für dich Fürbitte einlegen.

Braut Jesu, Unsere beiden Herzen sind von einem Dornenkranz umgeben. Meine Botschaft von Garabandal wurde ignoriert. Möge mein geliebter Johannes Paul II. zu mir kommen und mein unbeflecktes Herz und das göttliche Herz Jesu fühlen. Er soll spüren, wie Unsere Herzen gespalten und zerrissen sind. Sie sind eine einzige große Wunde. Sie haben das Herz ihres Gottes und mein unbeflecktes Mutterherz zerrissen. Ich möchte, daß du für all jene betest, die dich ablehnen werden. Mein Kind, wie sehr du leiden wirst …

Ich bin bereit, für die Ehre und Verherrlichung Gottes zu leiden.

Maria: Vergiß aber nie, daß Jesus und ich mit dir sind. Wir werden dich trösten, Blume. Ich sage dir nun folgendes: Du selber brauchst nicht die Botschaft Jesu an irgendeine kirchliche Autorität weiterzugeben.

Ich muß mich also nicht bei ihnen vorstellen, es sei denn, daß sie es von mir verlangen.

Maria: Jesus hat dir Zeugen gegeben, die für dich Zeugnis ablegen werden.

O heilige Mutter, dann habe ich es falsch gemacht.

Maria: Ja, Vassula, lasse deine Freunde die Botschaften Jesu lesen. Überzeuge sie, aber versuche nicht, selbst hinzugehen und dich irgendeiner kirchlichen Autorität vorzustellen. Du sollst diese Arbeit deinen Zeugen überlassen. Jesus hat sie erleuchtet, daß sie verstehen, wie Er wirkt. Er wird immer mit ihnen sein.

Welches ist das größte Wunder, das Meine Botschaft glaubwürdig macht?

Die Bekehrung?

Ja, Meine Vassula, nun weißt du es auch. Mein größtes Wunder ist die Bekehrung. Meine liebe Tochter, am Ende werden Unsere Herzen den Sieg davontragen.

Maria: Meine Tochter?

Ja, heilige Mutter.

Maria: Komm zu mir, in meine Kirche in Turin. Willst du dann deine Gelöbnisse ablegen?

Ja, heilige Mutter.

Maria: Ich freue mich, dich dort zu sehen. Sag es auch Ismini. Nimm auch deine Freunde mit. Ich will sie alle segnen.

11. Setze Ihn an die erste Stelle – Vergelte das Böse mit Liebe

31. Januar 1988

Vassula, Wir beide sind dir nahe.

Plötzlich, bevor ich mit dem Schreiben begann, während ich auf dem Sofa saß, hatte ich den Eindruck, daß Jesus Sein Gewand teilweise über meinen rechten Arm schlug und Seine Hand auf meine Schulter legte. Ich empfand sehr stark Seine Gegenwart. Ich beeilte mich, um mit dem Schreiben zu beginnen, und bemerkte, daß auch die heilige Jungfrau neben mir stand.

Maria: Das Gelöbnis, das ich von dir wünsche, heißt „Treue". Sei Jesus treu ergeben. Setze Ihn an die erste Stelle und tu nur Seinen Willen.

Heilige Mutter, ich glaube, daß ich mir nicht ganz bewußt bin, was auf mich zukommt.

Maria: Mein Kind, Gott hält deine Augen noch immer mit einem Schleier bedeckt. Akzeptiere ganz einfach, was Er mit dir tut. Habe Vertrauen zu Ihm. Vassula, ich warte auf dich in meiner Kirche in Turin. Alle, die mitkommen, werde ich segnen. Ja, ich werde dort alle segnen, die mich besuchen. Sei auch nicht entmutigt, wenn Prüfungen auf dich zukommen. Fahre fort im Gebet. Komm zu mir. Segne, die dich verfolgen werden. Bete für jene, die dich unterdrücken. Vergelte das Böse, das man dir antut, mit Liebe. Am Ende wird mein unbeflecktes Herz siegen. In Fatima habe ich ein großartiges Wunder gewirkt, damit alle glauben. Ihr nennt es das „Sonnenwunder". Weißt du, Blume, daß Gott deinem Geist erlaubt hat, dort hineinzugehen? Du bist in Seine Wohnung eingetreten. Vassula, wie schlecht erkennst du die Gabe, die Gott dir geschenkt hat.

Ja, heilige Mutter, es ist wahr, ich erkenne es nicht recht, aber wenn es so der Wille Gottes ist, nehme ich die Dinge an, wie sie sind.

Maria: Ja, frage nie nach dem Warum, sondern nimm alles in Demut an, was Gott dir anbietet. Indem Er deine Augen verhüllt hält, bewahrt Er deine Seele davor, sich von all den Gnaden, die Er auf dich herabfließen läßt, berauschen zu lassen. Er hat dir erlaubt, in die heiligste Seiner Wohnungen einzutreten, wo Millionen von Engeln Seinen Thron umgeben und Ihn ohne Unterlaß anbeten. Nur die heiligen Engel haben das Recht, in die heilige Wohnung Gottes einzutreten. Jetzt weißt du, meine Tochter, welch große Gnade Er dir gab.

Verzeih mir, heilige Mutter, daß ich mir dessen eigentlich nicht bewußt war.

Maria: Ich werde für dich Fürbitte einlegen.

Ich danke dir, heilige Mutter, daß du mir hilfst.

Maria: Schau, jetzt kommt Jesus.

Ich werde auch zugegen sein (im Haus Mariens in Turin)***. Ich werde alle segnen, die kommen werden. Komm jetzt, fühle Mich, erfreue dich und lächle Mir zu. Sprich dich aus, und***

Ich werde dir zuhören. Suche Mich immer bei Meiner Mutter, und Ich werde dir immer zuhören. Fühle dich immer so, als wenn du bei Meiner Mutter wärst – bei deiner heiligen Mutter. Wir sind eins. Ich liebe dich.

12. Das Königreich Gottes ist bereits unter euch

3. Februar 1988

Vassula, weißt du, wieviel mehr Ich dich liebe, wenn du so zu Mir kommst? Ich sehe dich arm und elend, auf deinen Knien kommst du daher, ich sehe dein Herz, deine Tränen. Mein Kind, deine Tränen der Liebe und des Verlangens sind für Mich ein Balsam, der Meine Wunden lindert. O Tochter, Meine Myrrhe, Meine Ruhe, wie liebe Ich dich! Deine Seufzer, Geliebte, klingen in Meinen Ohren wie Millionen Liebesworte. Geweiht durch Meine Hand, Meine Blume, verzweifle nicht. Abel wird diesmal nicht zermalmt ... Abel soll leben. Ja! Mache einen Himmel in deinem Herzen für Mich. Ich bin ermattet und bedarf der Ruhe. Erfreue Mich mit deinem Duft, o Blume, tröste Mich mit deiner Liebe. Kleine, Ich will dich in Schönheit kleiden, Ich will deine Sünden vergeben, und deine alten Gewänder werden nicht mehr da sein. Du wirst schön werden, Blume. Ich will dich völlig neu machen. Ich liebe dich. Meine Gnade ist über dir. Hier, nimm Meine Hand, Ich führe dich.

Maria: O Vassula, zweifle nicht, ich bitte dich darum. Du wirst nur für Christus leben. Sein Becher fließt über von den Sünden der Welt. Diese Botschaft ist Seine letzte Warnung. Wenn sie sich ihr verweigern, muß ich Seine Hand auf sie fallen lassen, denn ich bin nicht mehr in der Lage, sie zurückzuhalten, denn sie ist zu schwer geworden. Vassula, ich werde mein Wunder bald tun. Die Zeit ist nahe.

Das Königreich Gottes ist bereits unter euch. Denkt an das Ende der Zeiten. Vergeßt nicht, daß Seine Botschaft Seinen (mystischen) *Leib heilen und einen wird. Behaltet im Gedächtnis, wie Jesu Rettungsplan Millionen von Seelen retten wird. Seine Botschaft des Friedens und der Liebe wird Unsere Kinder zur Liebe zurückführen. Jesus bekehrt sie, sobald sie Sein*

Brot genossen haben. Es ist die Frucht der Liebe. Liebe wird euch alle zurückbringen. Liebe und Erbarmen werden euch aus den ruchlosen Netzen Satans herausholen. Komm, Geliebte, tu Gottes Willen. Ich bin dir immer nahe.

13. Ich, der Herr, habe Meine Mutter zur Königin des Himmels gekrönt

10. Februar 1988

Vassula, höre Mir zu und schreibe.

Ja, Herr.

Ich bin das Wort, das Alpha und das Omega. Ich bin das Elixier des Lebens, die Quelle der Liebe. Von Mir kommt alles ins Dasein. Ich bin herabgekommen zur Erde im Fleisch, um euch zu erlösen. Tochter, was ist da in Meiner Kirche so viel Verwirrung über Meine Worte, die Ich vom Kreuz herab zu Johannes und Meiner Mutter sprach. Laßt Mich euch an alles erinnern, vor allem daran, wie Ich, der Herr, Meine Mutter zur Königin des Himmels gekrönt habe.

Herr?

Ja, Vassula?

Du bist gekommen und hast Dich als Gott vorgestellt. Dann sprachst Du zweimal von Deiner heiligen Mutter. Du erklärtest, daß Maria Deine Mutter sei. Also, damit hast Du den Titel „Mutter Gottes" bestätigt. Du hast es gesagt, Herr! Dies ist ein Titel, den aber die Protestanten verneinen und ablehnen.

Wie freue Ich Mich, Tochter! Ich habe dich nicht umsonst belehrt. Es freut Mich, daß du Meine Werke begriffen hast. Bemühe dich, weiterzulernen. Vassula, wenn du darum bittest, werde Ich in dir das Wahrnehmungsvermögen stärken. Höre, Vassula! Ich will, daß Meine Worte bekannt werden: Ich, der Ich Gott bin, wuchs im Leib Meiner Mutter heran. Sie nährte euren Herrn und Schöpfer. Ich ernährte Mich von ihr. Ich, der Ich das Wort bin, liebe und ehre sie. – Vassula,

ganz am Anfang hatte ich dir eine Belehrung über Meine Kreuzigung erteilt. Erinnere dich, als Ich sagte: „Mein Blick fiel auf Meine Mutter. Ich schaute auf sie, und Unsere Herzen sprachen ohne Worte (ein stilles Einverständnis; eine geistige Verbindung zwischen Jesus und Maria)***: Ich gebe dir Meine geliebten Kinder, da sie deine Kinder zugleich sein sollen. Du sollst ihre Mutter sein."***

Ja, Herr, aber unsere Brüder, die Protestanten, sind der Meinung, daß die Worte, die Du vom Kreuz herab gesprochen hast, wörtlich gemeint seien und nur für Johannes gelten, der für sie sorgen sollte. Sie sagen auch, Maria sei nicht die Mutter Gottes.

Dennoch, Meine Vassula, die Heilige Schrift lügt niemals. Sie enthält die Worte „Mutter Meines Herrn", die Elisabeth sprach, die vom Heiligen Geist erleuchtet war. Schreibe: „Du bist gebenedeit unter den Frauen, und gebenedeit ist die Frucht deines Leibes. Woher kommt mir dies, daß die Mutter Meines Herrn zu Mir kommt?" Die Worte, die Ich vom Kreuz herab sprach, sind viel tiefer, als viele von euch zu begreifen scheinen. Ehre Meine Mutter, die auch deine heilige Mutter ist. – Ruhe jetzt in Meinem Herzen. Gefalle Mir, indem du dich Meiner Gegenwart erinnerst. Ehre und verherrliche Mich, Vassula.

Ja, mein Gott.

14. Mein Rußland, wie Ich, der Herr, dich liebe!

Prophesy / 11. März 1988

Ehre sei Gott!

Nachdem ich die drei Gebete gebetet hatte, hörte ich, wie von oben himmlische Stimmen dieses „Ehre sei Gott!" sprachen.

Jesus?

Ich bin hier. Ich bin bei dir. Bete, Geliebte, für die Bekehrung Rußlands. Rußland wird durch Meine göttliche Hand aufer-

weckt werden und wieder zur Heiligkeit zurückkehren, denn Ich will auf sein erkaltetes Herz Meine Hand legen, um es zu erwärmen und zum Leben zu erwecken. Dieses Land wird sich aus der Todesstille erheben und aus seiner Dunkelheit in Meine Welt des Lichtes und des Friedens gelangen. Mit einem lauten Aufschrei wird es seine Freude kundtun, wenn es seinen Retter an seiner Seite sieht. Ich will es zu Mir emporheben, und Meine Liebesflamme wird sein Herz entflammen, es läutern und in völlige Verzückung versetzen, für Mich, seinen Gott. O Rußland, Mein Rußland, wie Ich, der Herr, dich liebe!

Gott sprach wieder so, wie kein Mensch je sprechen kann, so voll großer Liebe.

Wie weinte Ich, dich tot zu sehen. Ich vergoß so manche bittere, leidvolle Träne über dich, als Ich dich verlor, und alle Himmel waren in Trauer über dich. Warum, warum nur, Meine Geliebte, hattest du Mich abgelehnt, Mein liebevolles Herz durchbohrt, das dich zärtlich liebt ...?

Ich fühlte plötzlich, daß auch Maria in der Nähe war.

Maria: Der Friede sei mit dir, mein Kind. Ich bin deine heilige Mutter. Bete für deine Schwester (Rußland, welches im Glauben auch orthodox ist), *denn der Herr ist ihr heute zur Seite, und bald wird Seine göttliche Hand ihr kaltes und totes Herz anrühren. O Schöpfung! Der Herr will deine so ungeliebte Schwester neu beleben. Sei wachsam, Tochter, denn die Zeit ihrer Herrlichkeit ist ganz nah. – Petrus!*

Plötzlich wandte Maria ihr Haupt Johannes Paul II. zu, als wäre er zugegen. Indem sie seinen Namen aussprach, war ihre Stimme zwar traurig, aber sehr lieb und voll von einer ganz besonderen Liebe zu ihm.

Maria: Mein so sehr geliebter Petrus!

Die heilige Jungfrau versuchte ihre Tränen zurückzuhalten, aber es gelang ihr nicht. Während sie diese Worte sprach, brach sie in Tränen aus. Sie weinte ununterbrochen, und auch ich fing an, mit ihr zu weinen. Ich fühlte, daß unsere heilige Mutter eine Schwäche für „Petrus" hat.

Maria: Jahrelang habe ich dich beschworen, die Weihe Rußlands zu vollziehen. Nun hat der Herr und alle heiligen Märtyrer deine Bitten und dein Schreien erhört. Es waren alle deine Opfer nicht umsonst. Geliebter, es wurden all die Tränen nicht umsonst vergossen. Deine Tränen waren ein Balsam für Jesu verwundetes Herz. Preise den Herrn, Petrus – Jesus steht unmittelbar vor deiner Türe und klopft an. Friede komme über dich, Friede über euch alle. Ich liebe euch alle.

15. Zuletzt werden unsere Herzen siegen

24. März 1988

Maria: Friede über euch. Ich liebe dich. Verherrliche Gott. Bete für die Rettung der Seelen. Verherrliche Ihn, indem du Seinem Willen gehorsam bist, indem du Seine Mitarbeiterin bist, Seine Botin. Er liebt dich zärtlich, Seele. Werde nie müde zu schreiben. Komm und bete, sage Ihm folgendes:

> *„Allmächtiger Gott, lehre Deine Dienerin, Deine Wege zu gehen. Lehre mich Demut, Geduld und Liebe. Führe mich auf Deinen Wegen der Rechtschaffenheit und der Tugenden. Ich übergebe mich Dir, ich biete Dir meinen Willen als Opfer an. Verzeih mir meine Sünden. Erneuere mich und mache mich duldsam, so daß Du ganz über mich verfügen kannst. Amen."*

Ach Vassula, ich werde immer nach dir schauen. Nimm meine Hand. Die Kirche wird wiederbelebt, und zuletzt werden Unsere Herzen (die vereinten Herzen Jesu und Mariens) *siegen. Meine Erscheinungen sollen die Seelen ermutigen, dem Wirken Gottes zu vertrauen. Sie sind ein Ruf, zu Uns zurückzukehren, und eine Warnung. Dieses Jahr werde ich vielen erscheinen, Visionen werde ich zuteil werden lassen, es wird Seher geben.*

Bete, daß die heilige Kirche zurückkehrt zu den Anfängen, wo jedes Wirken Gottes willkommen geheißen wurde, ohne Unglauben und Verachtung und ohne Zweifel. Bete, daß die heilige Kirche so wie früher wird, als sie noch alle Werke Gottes anerkannte und diese ohne Bedenken, ohne Zögern und Zweifel angenommen hat. Bete, daß der Heilige Geist die Kirche erneuert. Erscheinungen und Visionen sind eine Art und Weise, auf die Gott zu euch spricht. Bitte um eine Erneuerung.

Danke dir, heilige Maria.

Ich bat Maria, für uns zu beten.

Maria: Hab Vertrauen, ich bete Tag und Nacht. Hier ist Jesus.

Ich bemerkte Jesus, war aber nicht ganz sicher.

Vassula! Ich bin es. Schau Mich an, Seele. Ich finde keine Heiligkeit in ihnen.

Jesus, in jenen, die Dein heutiges Wirken verneinen?

Ja, keine. Jedesmal, wenn Ich von Meinem Kreuz herab rufe, genau dann sehe Ich einen der Meinen, der wie Judas den Versuchungen Satans nachgibt. Vassula, Mein Eigentum, Meine Botin, Meine Verkünderin (1 Petr 2, 9), ***Ich liebe dich.***

Jesus, warum nennst Du mich Verkünderin, wo doch weibliche Priester nicht erlaubt sind?

Ich habe deine Seele geheiligt. Ich habe dich, Seele, erwählt. Verstehe doch, daß Meine Augen deine Seele schauen; Mein Herz fühlt deine Seele. Ich liebe deine Seele, nicht deinen Körper. Deine Seele ist in deinem Körper. Prüfe und erkenne Meine Worte.

Die Seele ist es, die bei Gott zählt. Nach dem Tod kommt eine Seele in den Himmel, und es wird keinen Unterschied geben zwischen weiblichen und männlichen Seelen, alle Seelen werden wie Engel sein. Jesus schaut auf die Seele und nicht auf ihre Hülle, und deshalb macht Er keinen Unterschied bei Seinen Erwählten.

Achte darauf, wie Ich, dein Gott, es sehe. – Ich liebe dich. Wandle in Meinen Fußstapfen. Komm, wir beide?

Ja, Herr.

16. Mein Sohn und ich werden dich nie verlassen

7. Mai 1988

Maria: Vassula, ich will dich immer trösten, wenn die wütenden Worte des Wolfs deine Seele verwunden. Stille den Durst meines Sohnes, stille Sein unstillbares Dürsten nach Liebe. Laß uns zum Vater beten:

„Vater des Erbarmens, in Anbetung weile ich zu Deinen Füßen. Auf Dich hoffe ich, an Dich glaube ich, Dich liebe ich unendlich. Amen."

Ich wiederholte.

Dank dir, Mutter Maria, erlaube mir, mich auf dich zu stützen.

Maria: Geliebte Tochter, mein Sohn und ich werden dich nie verlassen. Höre jetzt meinen Sohn an.

Ich, Jesus, liebe dich, Seele.

Ich liebe Dich, Herr! – Herr! Was werden wir tun?

Ich meinte: Was sind jetzt die weiteren Anweisungen?

Alles wird durch Mich gewirkt. Ich bin die eine und einzig reine heilige Kirche. Bete um diese Einheit. Bete für jene Seelen, die euch, Meine Geliebten, ablehnen.

Plötzlich sah ich Jesus Seine Arme auftun und Pater James, David und mich ganz nahe an Sein Herz ziehen, um uns zu trösten.

Ich liebe euch, Ich bin bei euch alle Tage.

Jesu Stimme war sehr sanft und innig.

Kommt zu Mir, wenn euer Herz bangt beim Wüten der raubgierigen Wölfe. Hört Mich: Mein Königreich ist unter euch. Petrus Meines Herzens, Petrus Meiner Lämmer! Das ist der volle Name, den Ich ihm gab: Petrus von Meinen Lämmern. Doch die Kains haben ihn abgelehnt, ihm die Krone gestohlen, mit der Ich ihn geehrt hatte. Ich, der Herr, liebe ihn, denn dieser ist der Vielgeliebte Meiner Seele. Die ihm gestohlene Krone will Ich ihm zurückgeben. Ich will die falschen Königreiche, die Meinen Leib verblassen ließen – es sind schwankende Königreiche, Königreiche ohne Wurzeln –, rückläufig machen. Ich werde in Meinem Licht, wie eine helle Fackel, Mein wahres Königreich aufrichten, und Petrus werde Ich gänzlich seinen Stuhl zurückerstatten, ihn inthronisieren, damit er als Hirte regiere. Ich will in seine Hand ein eisernes Zepter geben, indem Ich ihm die Macht als Hirte zu regieren übertrage. Ich will Meine verstreuten Schafe zusammenführen (In einer Vision sah ich Engel, wie sie versuchten, die Lämmer zur Herde zu treiben), ***und wenn Ich das getan habe, werde Ich diese Herde mit Meinen Armen umgreifen, und keiner, gar keiner, nicht einmal der Böse wird in der Lage sein, auch nur ein einziges Lamm aus dieser Herde zu stehlen. Meinen Schutzmantel will Ich über sie breiten und sie in Meiner Wärme schützend halten. Dem Petrus werde Ich zurückgeben, was Ich ihm gegeben hatte, als er auf Erden im Fleisch war. Kein Mensch wird die Grenzen Meines Willens übertreten, denn all dies jetzige Tun in Meiner Kirche ist nicht das Meinige. Ich verabscheue Anarchie und Rebellion gegen Mich.***

Geliebte! Brüder! Jeden Schritt, den ihr tut, segne Ich! Ich, der Herr, den ihr sucht, werde plötzlich in den Tempel kommen. Ich bin an eurer Tür und klopfe an. Werdet ihr Mich einlassen? Mit Mir trage Ich Meinen Heilsplan. Meine Pergamentrolle wurde geschrieben und ist nun bereit, verschlungen zu werden. Es sollte gesagt werden, daß Ich Meinen Heilsplan des Friedens und der Liebe neu aufgesetzt habe, damit der Stuhl Petri so geehrt wird, wie er geehrt werden soll. Ich komme, ihm seine Hirtenkrone zurückzugeben. – Nahe dich, Petrus ... nahe dich, Petrus ... nahe dich deinem Herrn.

Danke Dir, Herr.

Werde nicht müde zu schreiben. Wir, uns?

Ja, Herr, wir, uns.

17. Ich liebe Heiligkeit, sieh Mich in Meiner Schöpfung – Die Mutter Gottes

10. Mai 1988

Mein Herr?

Ich bin es. Stütze dich völlig auf Mich, denn Ich bin dein Friede. Komm, erliege keiner Versuchung. Lerne von Mir,

erinnere dich Meiner Wege. Bete, bete, bete. Laß jedes Wort, das über deine Lippen kommt, ein Gebet sein, das bis zum Himmel dringt und emporsteigt wie Weihrauch. Sei in steter Verbundenheit mit Mir, hebe dein Gemüt empor. Denke allein an Mich. Alles, was du hast und gut ist, kommt von Mir. Ich habe dich erweckt. Schreibe das!

Jesus saß bei mir und legte Seine Hand auf meine Schulter.

Ich habe dich geformt, Ich will dich ganz mit Meinen Armen umgeben. Blume, sprich zu Mir – du hast deine Gespräche mit Mir weniger werden lassen. Ich gebe dir alles, Ich teile Meine Werke mit dir, so tue du auch dasselbe mit Mir, deinem Herrn, deinem heiligen Gefährten. Laßt uns also alles gemeinsam tun! – Meine Vassula, wenn deine Lippen sich auftun, um ein Wort zu sagen, so lasse sie nur heilige Worte aussprechen. Sei in ständigem Gebet!

Wie, Herr, wie ist dies möglich?

Ich will es dir sagen: Lasse deine Einstellung, deine Gedanken, deine Wünsche, deine Meditationen, deine Überlegungen, dein Dienen, deine Bedürfnisse, alles – lasse alles ein Gebet sein, Mein Abbild. Alles, was dir im Leben begegnet, soll dich in deinem Inneren beleben, soll dich heiligen. Es ist dieselbe Heiligkeit, die euch von Mir gegeben worden ist, doch haben die Seelen vergessen, wie man sie einsetzt. Ich habe einem jeden von euch diese Gabe zuteil werden lassen. Ich werde jetzt diese Gnade, die in euch allen schlafend ruht, beleben. Ich liebe Heiligkeit.

Würdest Du, Herr, mit Deiner Gnade mich dann heilig machen?

Meine Geliebte, das will Ich, denn das ist Mein Wunsch für jede Seele. Ich, der Herr, habe für dich diesen Weg gewählt. Du wirst Mich, deinen Gott, in der Stille verehren.

Gott hat mir die Gnade der Meditation gegeben. Mit dieser muß ich allein sein.

Ich und du, abgesondert, so lebst du für Mich. – Erfreue Mich, Schöpfung. Liebe Mich. Betrachte Mein Werk in Meiner Schöpfung, liebe Meine Schöpfung. – Vassula.

Jesu heiliges Antlitz schaute mich an. So hielt Er eine Weile inne, Seine Ellbogen auf Seinen Beinen abgestützt, Seine Hände aneinandergelegt und nach vorne hängend. Sein Haar fiel mir auf als lang und lose, sehr hell, etwa kastanienblond mit rot-schimmerndem Glanz.

Vassula?

Ja, Herr.

Gib Mir dein Herz, und Ich will es in die Tiefen Meines heiligen Herzens versenken. Geh ein in Mein heiliges Herz ... tritt ein in Mein heiliges Herz ... tritt hier ein.

Jesus wies mit Seinem Zeigefinger auf Sein Herz.

O komm, Ich habe dich gerufen schon seit du geboren warst! Ich habe für dich einen Platz vorgesehen. Vassula! Vassula!

Herr! Ich habe Dir mein Herz schon gegeben, mein Leben, alles ist Dein!

Ach, Vassula, versuch es doch, und nimm Meinen Willen wahr. Höre auf das Pochen Meines Herzens. Jeder Schlag ist auch ein Rufen nach dir. Warum widerstehst du Mir?

Herr?

Ich bin es.

Herr, darf ich Dir etwas ins Ohr sagen?

Ich höre zu.

Hier sagte ich etwas zu Jesus.

Gehe ein in Mein heiliges Herz und <u>ruhe</u> dich aus.

Ich fragte Jesus an dieser Stelle noch etwas anderes.

Ja, lasse es so sein. Ich liebe dich.

Ich liebe Dich, Herr.

Später. Ich empfinde es immer als so traurig, daß gewisse Leute Maria als Mutter Gottes ablehnen. Ich war furchtbar traurig darüber und beweinte sie. Ich wollte sie so gerne trösten. Da mittendrin griff Satan an: „Vassula, spare deine Tränen, ich hasse all jene Märtyrer …“

Geh! Satan, geh weg! Weiche von mir, Satan! – Herr Jesus?

Ich bin es. Ich will dir hin und wieder zeigen, wie der Teufel dich verachtet, dich und Meine heiligen Wege, jene Wege, die Ich lehre. Wenn du Tränen der Liebe für Meine Mutter vergießt, wird der Teufel zornig darüber. Gesegnet sind jene, die in Meinem Haus leben und fähig sind, deine heilige Mutter als „Mutter Gottes“ und als „Himmelskönigin“ zu erkennen. Komm, Geliebte, Ich will dich segnen.

Jesus stand auf, legte Seine Hand auf meinen Kopf und segnete mich.

Ich segne dich, Meine Vassula.

Ich preise Dich, Jesus.

Ich berührte Sein heiliges Haupt.

Danke, daß Du mich belehrst.

Komm, denke daran: Laß uns teilen! Wir, uns.

Ja, Herr, wir, uns.

18. Geheimnisse sollen unveränderlich bleiben – Die Saat der Rebellion

4. Juni 1988

Herr?

Ich bin es. Ich werde dich nie im Stich lassen. Ich will dich weiter über die Verwirrung in Meiner Kirche aufklären. Mühe dich, Mich zu hören, und tu Mir den Gefallen, den heiligen Rosenkranz zu beten, fühle die Mysterien, sieh sie durch die Augen deiner heiligen Mutter, jene Geheimnisse, die dein Zeitalter zu rationalisieren versucht. Tochter, sie haben es immer noch nicht begriffen, daß Ich sie als Kinder voll Unschuld will, mit einem Glauben wie ein Kind. Ich

habe Meine Kirche in die Fülle und die Herrlichkeit getaucht, um vielen Seelen, ja ganzen Nationen Nahrung zu spenden. Sie ist reich in ihren Mysterien, eben diesen Mysterien, die viele von euch nicht als solche gelten lassen wollen. Meinen Kindern fehlt es heute an Demut und Einfachheit, es fehlt ihnen die Reinheit des Glaubens. Deine Ära möchte heute alles mit dem Verstand erfassen – sogar Meine Mysterien!

Da war ein großes Staunen Gottes über unseren Stumpfsinn.

Wie können sie nur glauben, sie könnten Mich, ihren Gott, entschleiern? Sie versuchen, Meine Mysterien rational zu beschreiben. Diese, Tochter, sind diese „Krähen", von denen Ich dir in der Parabel vom Sämann und den Krähen sprach (siehe am 16. Mai 1988).

Diese „Krähen" bemühen sich, nachdem sie ihren Glauben verloren haben, ihre eigenen Theorien aufzustellen, mit ihrem Verstand Mir beizukommen, wobei sie den Medien nach dem Munde reden. Dies ist in Wahrheit so und kommt durch ihren Glaubensabfall. Meine Mysterien sind unwandelbar, sie sollen in ihrer Reinheit belassen werden. Diese „Krähen" haben Irrtümer innerhalb meiner Kirche verbreitet, die Wahrheit verstellt und Mein Wort verfälscht. Mein Wort und Meine Mysterien sollten unveränderlich bleiben. Meine Kirche liegt heute im Dunkel und in der Verwirrung. Grund dafür ist der Glaubensabfall, der bis in Mein Heiligtum eingedrungen ist, wobei vielen Meiner Priester etwas Irrtümliches eingeimpft wurde. Der Geist ruft und redet zu allen Kirchen: Lehnt Falsches ab, berichtigt Irrtümer, ruft auf zum Gehorsam, aber tut alles mit Geduld und zur Belehrung (2 Tim 2-3).

Jesus bat mich, die Heilige Schrift zu öffnen und den folgenden Abschnitt abzuschreiben: „Es wird eine Zeit kommen, da wird man die gesunde Lehre nicht mehr ertragen, sondern nach eigenem Gutdünken sich Lehrer zusammensuchen, um den Ohren zu schmeicheln. Von der Wahrheit werden sie das Ohr abwenden und Fabeleien sich zuwenden" (2 Tim 4, 3-4).

Sage Mir, Vassula, kann man das Evangelium auseinandernehmen und einen Teil davon abtrennen?

Nein, Herr, das ist unmöglich.

Nimm das als ein Gleichnis auch für Meinen Leib: <u>Mein Leib läßt sich nicht zertrennen</u>, dennoch haben sie ihn zertrennt ... Rebellion drang bis ins Herz Meiner Kirche vor. Zuerst war es ein innerliches Aufbegehren, das einigen Meiner Priester, Bischöfe und Kardinäle in ihre Seele drang, eingegeben von Satan. Das hat sie verfinstert. Beschattet von den Schwingen Satans, fielen sie in seine Fallen. Diese Rebellion ist jetzt unter ihnen. Sie reißt in Mein Herz große Wunden. Zu Beginn haben diese Priesterseelen die Saat der Rebellion vom Satan in sich aufgenommen, über dieser Saat gebrütet, üble Pläne und Winkelzüge ausgeheckt. Sie haben eine Opposition zusammengebraut, dem Nachfolger Petri Widerspruch gegeben, diesem von Mir erwählten „Petrus Meiner Lämmer". Diese Saat des Aufruhrs, die nunmehr voll herangewachsen ist, gab ihnen die Kraft, öffentlich ihren Aufruhr darzulegen, noch einmal Teilung zu bringen und giftige Pfeile auf Meine Kirche abzuschießen ... Sie haben Mich verraten.

Das Wort „verraten" sprach Jesus mit sehr großer Bitterkeit aus.

Sie verrieten dieses Herz, das ganz voll Liebe ist, genau wie Judas in Getsemani ... sie zerrten Mich zur Geißelung ... sie geißeln Mich heute. O Vassula, wie sehr Ich leide ...

O Herr, nein!

Ich konnte unseren Herrn in einer inneren Schau sehen, wie Er, an eine Säule gefesselt, gegeißelt wurde, und bei jedem Geißelhieb, der Seinen Körper zerfetzte, schwankte Er, keuchend und nach Atem ringend. Sein Körper war eine einzige große Wunde.

Mein Herr, wann werden sie jemals damit aufhören?

Sie hören nicht auf. Sie peitschen Mich grausam. Trunken vor Eitelkeit und Ungehorsam gehorchen sie nur Meinen Gegnern und sind nur ihnen treu! Sie ruinieren Meine Kir-

che, sie zerstreuen Meine Schafe, sie treten auf die Füße des Petrus, stoßen ihn beiseite, sie versuchen, ihn zum Schweigen zu bringen ... Kain hat Meinen Abel nie verstanden. O Abel ... Ich werde dich nicht im Stich lassen, dein Gott ist dir nahe, dein Gott kommt mit einer Legion Engel daher, dich zu verteidigen und Meine Feinde zu zertreten. Wer ist dein Feind? Ich bereite Meine Engel vor, und Kain wird dich nicht schlagen. Er wird seine Hand gegen Mich, seinen Gott, erheben. Ich, der Herr, werde ihn überraschen. Meine Kirche wird vereint werden durch Mein heiligstes Herz und das unbefleckte Herz eurer heiligen Mutter. So wie Unsere beiden Herzen vereint sind, so wird Meine Kirche vereint sein. Meine Kirche wird eins sein.

19. Die Legion Engel

7. Juni 1988

Herr?

Ich bin es. Ich bin dir sehr nahe, Kind, höre auf das Schlagen Meines Herzens ... Ich werde alle Meine Engel in Mein Herz hineinziehen (Jesus gab mir zu verstehen, daß die „Legion Engel", erwähnt am 4. Juni 1988, die von der heiligen Jungfrau Maria geführten Priester sind, vereint in der Marianischen Priesterbewegung), ***so daß sie Meine Wunden sehen und fühlen. Und wenn das geschieht, wird ihre Stimme sich zu solcher Stärke erheben, daß Meine Feinde zittern werden. Die Grundfeste der Erde werden erbeben, wenn sie sehen, in welchem Zustand Mein zerfleischtes Herz ist.***

Sie (die Priester) ***werden in ihrem eigenen Herzen eine Flamme der Liebe zu Mir, ihrem Gott, fühlen. Diese Engel, von der heiligen Mutter geschult, mit Liebe vorbereitet, bilden die Legion, die zur Verteidigung Unserer Kirche ausgerüstet wurde*** (die Kirche Jesu Christi und Mariens). ***Diese Engel sollen das Böse mit Liebe zurückzahlen. – Komm, Vassula Meines heiligsten Herzens, Ich, der Herr, liebe dich. Schau Mich an.***

Bedenke, Ich komme jetzt mit Meinem Herzen in der Hand, um es der ganzen Menschheit darzubringen. Wie Ich euch alle liebe!

Ich sah in einer inneren Schau eine Sonne mit Unserer Lieben Frau im Innern, ein Herz und ein Kreuz.

Vassula, vernachlässige es nicht, den heiligen Rosenkranz zu beten.

Nein, Jesus, ich werde es nicht vergessen.

Komm, wir, uns?

Ja, Herr, wir, uns! Gelobt sei der Herr.

20. Selig sind die Armen im Geiste

9. Juni 1988

Vassula, Ich, der Herr, liebe dich trotz deines Elends. Du bist geistig arm, aber Ich habe gesagt: „Selig sind die Armen im Geiste, denn ihrer ist das Himmelreich". Ach, Vassula, das ist genau das, was Ich und deine heilige Mutter getan haben. Unsere Herzen haben einfache Seelen auserwählt, die arm sind im Geiste und die Geringsten Meiner Schöpfung, um Meine Werke der Vorsehung zu offenbaren und um jene zu verwirren, die sich selbst weise nennen. Mein Geist wird immer jene erwählen, die ihr „Unfähige" und „Verachtete" nennt, damit die Weisen beschämt werden. Vassula, sei beharrlich. (Ich versuche täglich den heiligen Rosenkranz zu beten.) ***Ich werde dir immer helfen. Komm, wir, uns?***

Ja, Herr, wir, uns.

Maria: Wir, uns?

Ja, heilige Maria, wir, uns.

21. Ekklesia bedarf der Wiederbelebung

Rom / 6. August 1988

Maria: Verliere niemals den Mut. Ich bin an deiner Seite. Gehe ein in die Wunden Jesu; gehe ein in mein kummervolles Herz und fühle meine Leiden; fühle, wie ich weine. Ich komme zu so vielen Kindern (als Erscheinung). *Ich zeige ihnen mein Herz; ich gebe Zeichen, indem ich meine Bilder Tränen vergießen lasse; ich erscheine an verschiedenen Orten, doch die Herzen meiner Kinder sind wie mit einer dicken Kruste überzogen – einer Schicht des Unglaubens. Sie machen jene lächerlich, welche glauben. Das Wort Gottes bedeutet ihnen nichts – das Rufen Gottes wird ignoriert; sie schenken Unseren Warnungen wenig Beachtung. Niemand möchte auf Offenbarungen hören, die von Gott kommen und aus Seinem Mund gesprochen sind. Der Glaube ist dahingeschwunden in eurem Zeitalter, weggewischt durch Intoleranz, Perversion, Grausamkeit und Schmach. Mein unbeflecktes Herz ist voll Kummer und Sorge! Meine Hand kann den Arm Gottes nicht länger zurückhalten, der im Begriff ist, auf euch zu fallen. Ekklesia bedarf der Wiederbelebung, und ihre Zeit der Läuterung ist jetzt fast vorüber. Der Heilige Geist wird auf euch alle herabkommen und euch Hoffnung, Liebe und Glaube schenken. Er wird euren Glauben wieder aufrichten und eure Seele1 nähren. Das wird als die „große Wiederkunft" bekannt werden, als das Entspringen einer ewigen Quelle, als das Aufblühen der Blumen. Die Reinigung der Kirche wird euch alle vorbereiten, einen neuen Himmel und eine neue Erde zu schauen. Sie wird euch vorbereiten, euren Gott von Angesicht zu schauen. Versteht doch meine innige Liebe, die ich für euch alle hege. – Wir, uns?*

Ja, wir, uns.

Maria: Komm!

22. Die Tage der Abrechnung haben begonnen

15. August 1988 (Mariä Himmelfahrt)

Herr, mögest Du verherrlicht werden!

Ich, der Herr, segne dich. Mein heiliges Herz ist mit Schmerz erfüllt. Voller Dornen, suche Ich Erleichterung und Trö-

stung bei all jenen, die Mich lieben. Suche und preise Mich. Ich wende Mich an Meine kleinen Seelen und finde bei ihnen Trost.

Ach Jesus, es ist so schmerzlich, Dich in solchem Zustand zu sehen …

Bete für jene Seelen, die gerettet werden müssen. Rufe zu Mir, denn Mein Name ist „Derjenige, welcher rettet". Die Stunden entfliehen, die Tage der Abrechnung haben begonnen, die Tage der Vergeltung sind da. Die Bosheit dieser Generation ist so groß und der Glaubensabfall so schwerwiegend, so daß Unsere beiden Herzen durch ihre Ungerechtigkeit und ihre offensichtlichen Beleidigungen völlig durchstochen sind. Ich bitte dich, Schöpfung, zu Mir zurückzukehren und dich Mir zuzuwenden, und Ich werde dir vergeben! Halte fest an der Liebe, und Ich will Meine Segnungen auf dich niederregnen lassen. Seid gerecht und gütig miteinander und liebet einander. Werdet Kinder Meines Lichts. Versteht, warum so viele Katastrophen auf euch herabkommen. Sie werden herbeigezogen durch das Böse, das sich in euren Seelen angesammelt hat. Kehrt zu Mir zurück und laßt Mein Blut euch läutern.

Später.

Maria: Ich bin eure heilige Mutter. Meine Kinder, kehrt zu Gott zurück. Ich bitte euch, zurückzukehren, und Gott wird euch vergeben. Sein Erbarmen wird auf dich herabkommen, Schöpfung, wie Tau, und wie Blumen werdet ihr euch öffnen und Sein Licht in euch aufnehmen. Ich rufe euch, ich ermutige euch, doch wieviele wissen von Unserem Rufen? Wie viele werden diesem Rufen Glauben schenken? Mein Herz schmerzt mich zu sagen, daß nur eine Handvoll von euch diesen Rufen traut. Das Herz dieser Generation hat sich in Granit verwandelt – verblendet vom Rationalismus haben sie Gottes Wege verlassen, sie haben Gottes Wunder vergessen. Sie haben vergessen, daß Er allmächtig und voll Erbarmen ist. Noch nie ist Gottes Schöpfung so tief gefallen, nicht einmal in den Tagen von Sodom und Gomorrha. Eure Gleichgültigkeit hat eure Seligkeit durchstoßen. Euer Mangel an Glaube verurteilt euch. Eure unbarmherzige Verfolgung meiner Erscheinungen auf Erden ist mitschuldig an eurem Fall. Ich, eure heilige Mutter, Mutter eures Erlösers, rufe und bitte euch, zu bereuen und euch zu ändern. Kommt zurück zu Uns, lebt heilig unter Gottes Augen. Seid vorbereitet, Ihn zu schauen mit euren Händen voll guter Taten und in Reinheit.

Später.

Maria: Ich habe dich mit meinem Duft übergossen. Ich wollte, daß du meine Gegenwart fühlst. Ich wollte dich erinnern durch diese dir gegebene Gnade, wie lieb du Uns bist, Kind. Ich bin deine heilige Mutter und bin glücklich, dich Uns nahe zu haben. Geliebte, ich segne dich und deine ganze Familie.

Heilige Mutter, ich danke dir für alles, ich liebe dich.

Blume.

Ja, Jesus.

Nenne deine heilige Mutter „Mama". Sei von nun an so vertraut mit ihr, wie du es mit Mir bist. Wir, uns. Erinnere dich Meiner Lehren.

Ja, Herr.

Ich, der Herr, segne euch alle.

23. Euer Glaubensabfall hat Meine Kirche verraten – Die große Umkehr

16. August 1988

Herr?

Ich bin es. Zweifle nie daran, daß Ich, Jesus Christus, es bin. Ich habe euch von Meinem Kreuz herab gerufen. Es war in Meiner Todesnot, um euch zu zeigen, wo Ich, der Ich das Haupt der Kirche bin, heute zu finden bin. Das Abbild von Mir, wie Ich tot in den Armen Meiner Mutter liege (Statue von Maria mit Jesus nach der Kreuzigung, in San Sylvestro / Rom)***, ist eine symbolische Weise aufzuzeigen, wie euer Glaubensab-***

fall Meine Kirche verriet. Du siehst, Tochter, Ich führte dich dahin, um dir bildhaft den Zustand Meiner gegenwärtigen Kirche zu zeigen. Du hast auf die Trauer Meiner Mutter geschaut und in ihren Armen Meinen toten Körper gesehen – Meinen Körper, der da ist verraten, zerbrochen, gegeißelt, durchbohrt und gekreuzigt. Und das ist genau das Abbild Meiner Kirche heute. Meine Mutter weint über sie blutige Tränen, so wie sie über Meinem Körper auf Golgotha geweint hat. Doch in sehr kurzer Zeit wird sie (die Kirche) ***erneuert werden, umgewandelt und auferweckt, so wie Ich, der Herr, auferweckt worden bin. Sie wird nicht länger in diesem beklagenswerten Zustand daniederliegen. Meine Feinde hatten Meinen Tempel zerstört, doch mit Meiner Kraft, die von oben herabkam, und mit Meiner Gnade richtete Ich, der Herr, Meinen Tempel in drei Tagen wieder auf.***

Ich verspreche euch, daß Meine Kirche wieder aufblühen wird und Ich sie erneuert und umgewandelt haben möchte, so, wie Ich umgewandelt wurde durch Verklärung. Ich will Meinen Tempel, Meine Kirche neu erbauen, und Ganzheit (unversehrte Integrität) ***wird das Linnen um ihre Taille sein, Treue wird der Gürtel um ihre Hüften*** (Jes 11, 5), ***und Reinheit wird ihre Fackel sein, um all jene zu führen und zu läutern, die Meinen Namen verunehrt haben.***

Denn Ich, der Herr der Herren, das Lamm, werde in der Kirche leben und freudig empfangen, wie Ich nach Meiner Auferweckung von den Meinen empfangen worden bin. Dann werde auch Ich wie eine Mutter, die ihr Kind tröstet, euch noch mehr trösten, Ich will mit Meiner großen Liebe Meine Arme um euch breiten. Ach, geliebte Kinder, Ich bereite für euch einen neuen Himmel und eine neue Erde, um darin zu leben, eine Erde, die voller Früchte ist, die vom Baum des Lebens kommen. Dessen Früchte werden die Namen des Friedens, der Heiligkeit und der Liebe tragen, weil ihre Wurzel Liebe ist.

„Gesiegt hat der Löwe aus dem Stamm Juda, der Sproß aus der Wurzel Davids" (Offb 5, 5). – Dieses Verständnis wurde mir erst später, am 1. September 1988, zuteil.

Dann werdet ihr Mich schauen, euren Gott, erfüllt von Meinem Heiligen Geist – wie im ersten Pfingsten. Mein Geist wird euch mit Liebe erfüllen. Meinen Garten will Ich schön machen. Ich will Meine Blumenbeete bewässern. Mein Tau der Gerechtigkeit wird herabkommen auf euch, Geliebte, und Mein Licht wird euch wachsen und reifen lassen, so daß ihr tugendhaft werdet. Mut, Meine Tochter, Mut, ihr Geliebten. Ich weiß wohl, daß es hart ist, in der Wildnis zu leben, doch das Ende dieser Zeiten wird euch bald erreichen.

Bald werde Ich herabkommen, um euch zu reinigen. Ich, der Herr, sage es euch feierlich, daß Ich überraschend komme und Mein Licht über euch bringe. Meine Himmel werden die Erde erschüttern, und alle jene, die Mich lieben, werden die Knie beugen und Mich verherrlichen, und viele werden Meiner gedenken und zu Mir zurückkehren. Dies wird die „Große Umkehr" der Kirche genannt werden. Doch wird es zu Meinem großen Leidwesen auch jene geben, jene eigensinnig verstockten Seelen, die Meinen heiligen Namen mißbrauchten und verhöhnten und auf der Seite Meines Gegners kämpften. Diese Seelen werden Mich sogar noch mehr ablehnen. Wenn dies geschieht, wird Satan sie wegwischen, indem er sie mit sich ins ewige Feuer zieht.

Vassula, fühle Mein heiliges Herz ... Ich leide mehr, als mit menschlichen Worten auszusprechen möglich ist, denn Ich bin ein Gott der Liebe und des Erbarmens. Aber Ich bin auch ein Gott der Gerechtigkeit, und Ich werde euer Richter sein müssen, wenn Meine Schöpfung sich gegen Mich erhebt. Meine Seele ist verwundet, und Mein Blut ergießt sich in Strömen. Ich liebe euch alle, doch ihr habt Mich verwundet! Ich bin euer Heiliger, doch ihr habt Mich durchstochen. Ich bin euer Retter, und auch heute rufe ich euch von Meinem Kreuz herab zu: „Kommt zurück zu Mir! Kehrt heim zu Mir! Kommt und seid heilig, wie Ich heilig bin!" – Komm Kind, Ich bin mit dir, behalte Mich in deinem Herzen und beruhige Mich – sei eins mit Mir.

Ja, mein Herr, ich bete Dich an.

Bete Mich an und schenke Mir Liebe. – Ich bin so wenig geliebt …

Uns, wir, Herr?

Ja, uns, wir, für alle Ewigkeit.

Amen.

Später.

Maria: Vassula, sei innig vertraut mit mir, rufe mich „Mama“. Empfange meinen Frieden. Ich liebe dich.

Ich liebe dich auch, lehre mich, dich mehr zu lieben.

Vassula, Ich habe dich in Mein heiliges Herz verpflanzt.

Herr, Dank sei Dir, daß Du mir diese Gnade gabst, Dich sprechen, fühlen und schauen zu dürfen.

Dies ist Meine Gabe an dich. Immerhin solltest du nicht vergessen, daß dir diese Meine Gabe gegeben wurde um Meiner Interessen und Meiner Verherrlichung willen. Liebkose Mich mit deiner Liebe, sei Mir Duft mit deiner Liebe, verherrliche Mich, deinen Herrn, mit deiner Liebe. Hebe empor dein ganzes Denken und Fühlen zu Mir und zu Mir allein. Ich bin der Eine und Einzige, der zählt, Ich bin Alles. Ich bin der Ewige – das Alpha und das Omega. Ich bin der, der rettet – dein Schöpfer. Ich bin der Heilige aller Heiligen. Ich bin der Geist der Liebe – so komm zu Mir. Ich weiß, wie zerbrechlich du bist. Komm zu Mir und liebe Mich. Ich will dich immer daran erinnern, daß Ich dein Gott bin – wie schwach und armselig du auch sein magst, Meine Stärke wird dich erhalten.

Seele, erinnere dich noch daran, daß Ich eigentlich gar niemanden brauche; Ich bin Mir selbst völlig genug, um Meine Werke zu verrichten, doch liebe Ich es, Meine Werke mit Meiner Schöpfung zu teilen. So schaue auf Mich und freue dich, Seele, daß Ich dich für diese Aufgabe erwählt habe. Viele sind es, die so sehr danach verlangt haben, das zu sehen, was du siehst, und es nie sahen; zu hören, was du hörst, und es nie zu hören bekamen; zu fühlen, was du fühlst, und es nie

zu fühlen bekamen. So freue dich und juble, Seele! Freue dich! Bedecke Mich mit Lobpreisungen, kröne Mich mit Girlanden der Liebe, bringe Mir Weihrauchduft dar, Geliebte. Mein Brot wirst du immer von Mir erhalten, und zwar in Fülle. Ich will deine Seele nähren. Ich bin dein Retter und verspreche dir, daß Ich dir immer nahe sein will auf diese besondere Weise, bis ans Ende. Komm ...

24. Warten heißt schlafen

19. August 1988

Ich will Dir einfach nur sagen, wie sehr ich Dich liebe, und möchte für all das danken, das Du für mich getan hast und noch tust. Ich werde niemals in der Lage sein, Dir alle diese Gnaden zu vergelten. Herr?

Ich bin es. Blume, stütze dich auf Mich. Ich will auch noch den Elendesten von euch geben. Ich bin ein Abgrund an Erbarmen, doch zu Meinem tiefen Leid haben viele von euch vergessen, wie Ich wirklich bin. Ich bin nicht ein Gott, der seine Vorlieben und Lieblinge hat. Ich bin gerecht und gebe auch dem letzten Bösewicht. Erfülle Mein heiliges Herz wieder mit Freude! Schenke Mir deine Liebe, und selbst wenn sie manchmal lau ist, will Ich sie doch annehmen. Gib Mir deine Liebe, und Ich will sie mit Meiner Gottheit vervollkommnen. Komm zu Mir, wie jetzt eben, ohne Selbstinteresse, und bringe Mir deine Liebe dar. Warte nicht damit, bis du vollkommen bist, warte nicht erst ab, bis du zur Heiligen wirst, komm, wie du bist, mit allen deinen Fehlern, und in Meiner Reinheit will Ich deine Liebe in reine Liebe umwandeln, diese von oben in dich hineingießen.

Kleine Seele, alles, was du Mir darbringst, will Ich schön machen. Also komm zu Mir, so wie du bist, und biete Mir deine Liebe an, diese Liebe, die bei vielen nicht zu finden ist. Seele, wenn du nur wüßtest, wieviele Seelen jetzt im Läuterungsfeuer leiden ... Befreie sie aus dem Fegefeuer, daß sie fähig sind, zu Mir zu kommen. Sie verlangen danach, bei

Mir zu sein, doch sind sie dazu nicht in der Lage wegen der Schandmale auf ihrer Seele. Befreie sie durch Gebete und durch Opfer, befreie sie, indem du Mich liebst, Mich anbetest. Befreie sie, indem du dich an Mich und Mein Kreuz ankettest. Befreie sie durch Handlungen der Liebe, befreie sie, indem du Meine Leiden teilst. Vassula, diese Seelen sehnen sich innig nach Mir. Sie verlangen danach, mit Mir wieder vereint zu werden, doch sie müssen sich zuerst läutern, ehe sie in Meiner Gegenwart sein können.

Herr, Du sagtest: „Sie verlangen danach, wieder mit Mir vereint zu werden …“ Sind sie denn nach ihrem Tod eine Zeitlang bei Dir gewesen?

Ich habe ihre Seele von ihrem Körper befreit. Ich habe ihnen Mein heiliges Antlitz für einen Augenblick gezeigt, und gerade in diesem Augenblick löste sich der Schleier von ihren Augen, so daß sie Mich in Meiner Reinheit und in Meinem Licht schauten. Sie schauten ganz direkt und unmittelbar von Angesicht zu Angesicht und erkannten, wie besudelt ihre Seele von der Sünde ist, und so verstehen sie, daß es unmöglich ist, vor der Reinigung ihrer Seele – trotz ihres brennenden Wunsches – in Meine ausgebreiteten Arme zu sinken und Mir zu folgen.

Damit ist die Lehre bestätigt, daß Gott nicht Seinerseits einen Riegel vorschiebt. Das Hindernis kommt alleine von unserer Seite.

So sinken sie mit bohrendem Seelenschmerz zurück und bereiten sich vor, geläutert zu werden. Das schmerzt und brennt sie unsäglich, mehr als Worte es aussprechen können, denn sie können Mich nicht sehen. Meine Abwesenheit brennt sie, ja die Ursache ihrer größten Pein im Fegefeuer ist Meine Abwesenheit. Dazu haben sie auch noch andere Leiden feuriger Art, je nach ihren Sünden, zu erdulden. Bereite deine Seele, Schöpfung, im voraus. Warte nicht, bis der Tod dich überschattet. Halte deine Seele rein und ohne Makel. Nähre dich mit Meinem Leib und trinke Mein Blut, sooft du kannst. Bereue oft, sei bereit für diesen Tag. Halte dich ans Fasten, denn Fasten hilft dir. Höre auf Meine Stimme und bereite deine Seele so vor, als wäre unsere Begegnung noch

am gleichen Tag. Warte nicht, denn <u>warten heißt schlafen</u>. <u>Hinausschieben heißt, eure Lampen ohne Öl lassen</u>. Seid vorbereitet, eurem Schöpfer zu begegnen. Ich liebe euch alle unendlich. Erkennt doch, daß Mein Erbarmen aus Meinem abgrundtiefen Herzen kommt. Ich wünsche, daß ihr euch alle vorbereitet.

Später.

Mama?

Maria: Empfange meinen Frieden. Ich bin deine Mama. (Maria sagte mir hier etwas, das meinen ältesten Sohn betrifft. Unsere Mutter ließ mich verstehen, daß sie es war, damals vor 13 Jahren, die aufgrund ihrer Bitten an unseren himmlischen Vater meinen ältesten Sohn seine Krankheit überleben ließ.) ***Meine Vassula, das habe ich getan. Meine Tränen sowie meine Bitten an den Vater retteten dein Kind. Liebe den Vater, denn Er ist voll Erbarmen.***

Was kann ich da noch sagen? Dir zu danken ist nicht genug. Was immer ich sage oder tue, wird nicht genug sein!

Maria: Mein Kind, verlasse dich auf Ihn. Übergib dich Ihm oft mit deinem ganzen Herzen. Dies gefällt Gott sehr. Sei voll Vertrauen, denn du bist in Seinen Händen. Ich will dir meinen Frieden geben. Verherrliche Gott, indem du Ihm gehorchst.

Ich danke dir, Mutter.

Maria: Ich segne dich und deine Familie.

Später.

Maria: Vassula, ich möchte dir so gern sagen, daß bald schon viel von dem, was in Fatima von mir vorausgesagt wurde, zur Verwirklichung gelangen wird. Ich bin voller Gnade und werde sie von diesem Jahr an auf meine Kinder ausgießen. Die Zeit ist nahe, und wegen der Kürze der Zeit, die noch verbleibt, will ich, eure heilige Mutter, euch näher sein als bisher. Ich will auf viele von euch meine Gnade ausgießen, euch schön machen und näher zu Jesus heranführen, der so sehr leidet. Ach, Tochter, es wird Uns jedesmal ein Dorn aus dem Herzen gezogen, wenn eine Seele zu Uns zurückkehrt. Ein Dorn wird herausgezogen und ersetzt durch eine Blume, sooft jemand zu Uns fleht und sagt: „Ich liebe Euch!" – Friede sei mit dir, Tochter. Wir, uns?

Ja, wir, uns.

25. Die Mutter aller Menschen

26. September 1988

Mein Gott?

Ich bin es. Meine Vassula, behandle Mich als einen König. Führe alle Seelen zu Mir. Jene, die hören wollen, werde Ich erheben und in Mein heiliges Herz aufnehmen.

Maria: Geliebte.

Ja, heilige Mutter?

Maria: Ja, höre mich. Mein Duft ist es, den ich unter euch verbreite.

Schon viele von denen, die dieser Offenbarung folgen, haben Weihrauch und Rosenduft wahrgenommen.

Maria: Erkennt, daß Unsere Gegenwart unter euch ist. Lauscht auf eure Herzen. Wie Wir euch lieben! Kinder, ich bin eure Mutter. Erlaube meinem Sohn, dich zu führen und zu heilen, dich zu läutern. Lasse dich von Jesus heilen. Empfange diese Gnade, die mein Sohn dir anbietet. Begreife, warum Er jeder Seele nachgeht. Jesus liebt euch unermeßlich, grenzenlos. Ich, die Mutter aller Menschen, die Mutter eures Erlösers, bin euch Kindern nahe und helfe euch immer gern. Kommt! Öffnet Uns eure Herzen. Wir sind eure Heilige Familie. Empfanget Unseren Frieden. Jesus und ich segnen euch alle.

Ich danke dir, heilige Mutter, Mutter Gottes.

26. Ich bin dein heiliger Gott, doch du weist Mich zurück

15. November 1988

Heute fühlte ich das Kreuz Jesu auf meinen Schultern. Ich fühlte, wie Sein Herz erfüllt war von gewaltigem Schmerz, ich fühlte, wie sehr Er leidet (für die Welt, die den Herrn abweist).

Herr?

Ich bin es. Fühle Mein Kreuz. Schenke Mir Ruhe, Mein Kind des Lichts. Ich bin so müde. Bleibe bei Mir, tröste Mich in Meiner Verlassenheit. Meine Vassula, höre Mich und schreibe: O Schöpfung, Meine Saat! Ich bin dein heiliger Gott, doch du weist Mich zurück. Ich habe dich von Ewigkeit her geliebt, doch du verachtest Mich. Ich habe dich vom Tode errettet, dennoch greifst du Mich an. Ich nähre dich täglich mit Meinem Brot und reiche dir Meinen Wein, doch in deiner Bosheit beleidigst du Mich. Ich dürste nach Liebe, du aber reichst Mir keinen Becher. Ich heiße dich willkommen, wenn Ich dich übermüdet sehe, um dir in Meinem Herzen Ruhe zu schenken, doch, wenn Ich müde bin, stößt du Mich von dir. Ich öffne Mein Herz für dich und zeige dir, wie du es verwundet hast, doch in deiner Bosheit wiederholst du dein Zustoßen und durchbohrst Mein Herz durch und durch. Ich öffne Meine Arme, dich willkommen zu heißen und dich zu umarmen, doch du wendest dich ab und zeigst Mir die kalte Schulter, wendest Mir den Rücken zu. Voll Zartgefühl öffne Ich Mein heiliges Herz, um dich zu wärmen, wenn Ich aber zu dir komme, machst du Mir die Türe zu und läßt Mich draußen in der Kälte stehen – <u>wie einen Bettler</u>***. Ich rufe dich den ganzen Tag hindurch, strecke Meine Hände nach dir aus, um dich zu heben und zu heilen, du aber ignorierst Mich und lehnst Mich dafür ab. Meine Augen und auch die Meiner Mutter sind ganz verweint, Mein Körper von den Wunden bis zur Unkenntlichkeit entstellt. Alles, worum Ich dich bitte, ist Frieden und Liebe, doch du weigerst dich, Meine Bitten zu hören. Ich bin zu Meinen eigenen Erstlingen gekommen, doch wiederum wurde Ich von ihnen abgelehnt, verachtet und verfolgt. Ihr hetzt die Hunde auf Mich und behandelt Mich als verächtlichen Narren. Ihr verrietet Mich*** (Jesu Stimme war voller Bitterkeit) ***an Meine Feinde, euer Verrat hat Mich alle Tränen gekostet, die in Meinen Augen waren. Eure Bosheit hat die ganze Ewigkeit durchdrungen, so daß sogar die Dämonen erstaunt sind angesichts eurer Bosheit.***

Ach Vassula, Ich bin gekommen aus Mitleid und großem Erbarmen, euch zu warnen und vom Tod zu erretten. Ich habe dich zu den Meinen gesandt, aber sie haben Meine Stimme unterdrückt aus Angst, daß ihre Schuld ans Licht komme und erkennbar würde. Da sie Meine Stimme ersticken und Meinen Geist der Wahrheit nicht willkommen heißen, werde Ich ihre Sünden durch Fremde aufdecken lassen. Ich werde Meine Stimme wie eine Trompete von den Dächern eurer Häuser erschallen lassen. (Pause. Dann traurig:)

Ich bin willkommen geheißen worden von Fremden, die Mich nie kannten. Ich pochte an deren Türe, und sie erlaubten Mir einzutreten. Trotz ihrer Armut teilten sie mit Mir ihr Mahl. Sie haben Mich infolge ihrer Armut nicht gesucht, aber dennoch haben sie Mich gefunden. Ich habe ihnen Meine Wunden gezeigt, sie zu Meinen besten Freunden gemacht, und sie haben sich vor Meinen Wunden niedergekniet, als sie sie sahen. Als sie sahen, wie tief die Wunden waren, die wilde Barbaren Meinem Körper zugefügt haben, da schmolzen ihre Herzen wie Wachs.

Weine nicht, Mein Kind. Meine Stimme wird von Fremden weitergetragen werden. Wenn du das Echo hörst, dann wisse, daß sie von Mir ausgegangen ist. Ich werde durch Fremde erhoben werden, die Mich nie suchten. Ich werde verherrlicht werden von jenen, die Mich nie zuvor kannten. Ich werde zu ihrem Meister werden und sie lehren, und ihre Mängel will Ich vertreiben. Ich werde vernünftig mit ihnen reden, und sie werden Mich verstehen. Sie werden Meine Wunden heilen. Ich bin der Hirte, und Ich werde Meine Lämmer versammeln, da sie von ihren Hütern geschlagen und verstreut wurden.

Diese Botschaft ist für jene verlorenen Seelen, die Gott verleugnen, Seelen, deren Herzen verschlossen sind, und Kleriker, die Gottes heutiges Wirken ableugnen.

O Vassula, all das wird sehr bald in Erfüllung gehen. Komm, ruhe in Mir. Erlaube Mir, in dir zu ruhen, verbunden in Liebe.

Ja, mein Herr, wir, uns, in alle Ewigkeit. Amen.

16. November 1988

Seit gestern greift mich Satan wütend an. Jesus hatte mich gewarnt. Satan kennt meine schwachen Punkte und nützt diese aus. Mein schwächster Punkt ist meine Unsicherheit wegen dieser Offenbarung, hauptsächlich auf Grund dessen, wer und was ich bin. Denn ich bin weder engelhaft noch bin ich heilig. Ich mache eine Menge Fehler und bin mehr als unwissend. Sodann habe ich manchmal das Gefühl, Jesus füge keinerlei übernatürliche Zeichen hinzu, wie bei anderen, und so greift mich Satan hier an, nützt diese Schwachpunkte für seine Zwecke und plagt mich damit.

Vassula, Ich bin es, der Herr. Jedesmal, wenn du zweifelst, versinke Ich in tiefe Traurigkeit. Mein Herz tut weh. Bist du willens, Meine Arbeit fortzuführen?

Ich war mißtrauisch …

Sprich: „Ehre sei Gott“ und „Gelobt sei unser Herr!“

Ehre sei Gott. Gelobt sei unser Herr! Vassula!

Jesu Stimme war sehr sanft und zärtlich. Mein Widerstand brach.

Vassula, Mein Kind, lasse dich von Satan nicht täuschen. Er geht auf dich los mittels Suggestion. Er kämpft gegen Meinen Plan. Jedesmal, wenn dein Fuß einen Schritt aufwärts tut, ist er rasend vor Wut. Ich bin an deiner Seite, Kleine, um dich zu warnen. Vassula, Meine Zeichen sind diesmal, für diese Botschaft (für Vassulas Sendung)***, begrenzt. Ich werde mehr verherrlicht, wenn Ich sie auf diese Weise erteile. Ich habe dir schon erklärt, warum. Ich möchte, daß der Glaube zuerst, an erster Stelle kommt, ohne viele außergewöhnliche Zeichen innerhalb dieser Botschaft. Ich möchte sie schlicht und einfach! Ich habe dir gesagt, daß das einzige Zeichen,***

das Ich geben will, du selbst und deine Früchte sind, die hauptsächlich in Bekehrungen bestehen.

Ich weiß, wie sehr es an Glauben fehlt in deinem Zeitalter, und das ist auch der Grund, warum du verfolgt wirst, doch wurde nicht auch Ich verfolgt? Man hat Mir nicht geglaubt, trotz Meiner Früchte. Ich gebe dir viele Gnaden, Vassula, obwohl du keine verdient hast. Ich habe Diener, die sie eher verdient hätten. Daran will Ich dich nur erinnert haben. Alles, was Ich von dir erbitte, ist Liebe. Liebe Mich, deinen Gott, mit deiner ganzen Seele und mit deinem ganzen Gemüte, denn Ich habe dich erschaffen, damit du Mich liebst. Liebe Mich mit einer besonderen Liebe, tief und grenzenlos.

Ich habe Meine Himmelspforten aufgetan und dich eingelassen. Ich hieß dich in Meinem Saal willkommen, wo nur die Erwählten zu finden sind. Ich habe Meinen Erwählten von Meinem Rettungsplan erzählt. In Meinem grenzenlosen Erbarmen habe Ich ihn im Verborgenen vorbereitet und ins Werk gesetzt. Ich gab es in Meinem Saal bekannt, Ich sagte, daß Mein Auge auf dich gefallen sei. Ich sagte, daß Ich das letzte all Meiner Geschöpfe erwählen würde, das schwächste und elendeste von aller Ewigkeit, um aufzuzeigen, wie groß Mein Erbarmen und Meine Macht ist. Ich bin den ganzen Weg zu dir herabgestiegen, um dich zu suchen unter den Toten und dich aufzuerwecken und emporzuheben zu Mir, denn dies war Mein Wille. Ich bereitete sodann einen Tisch für dich und Mich und schob dir die Nahrung mit eigener Hand in den Mund. Wie Ich, dein Gott, dich liebe! Ich liebe dich eifersüchtig! Sodann salbte Ich dich mit Meinem Öl und machte dich Mein. Ich vermählte dich mit Mir, und Ich wurde dein Meister. Ich bedeckte dich mit Gnaden und machte dich reich mit Meinen Juwelen. Habe Ich dir nicht Mein Kreuz, Meine Nägel und Meine Dornenkrone gereicht? Welch wertvolleren Schatz kann ein Gemahl seiner Geliebten anbieten?

Ich, der Ich der Geist der Liebe bin, habe dich gelehrt, Mich zu lieben und wie du in dieser Liebe wachsen kannst. Ich habe dich Meinen Engeln vorgestellt. Ich teile mit dir alles,

was Ich habe. Du lebst in Meinem Haus. Du lebst in Meinem heiligen Herzen. Gesegnet durch Meine eigene Hand, geweiht durch Meine Gnade, brauchst du nicht lange mehr zu rätseln und zu raten, warum Satan dich verfolgt und Jagd auf dich macht. Es geht ihm um Meinen Plan, ihn will er durchkreuzen und zerstören. Wenn du nur wüßtest, was für eine Schlacht im Gange ist! Doch die Erde bekommt von den Erschütterungen dieser Schlacht etwas zu spüren. Also hüte dich, nimm dich in acht vor Satan und lasse dich nicht von ihm hinters Licht führen!

Wie könnte ich da irgend etwas tun, ohne daß Du mir hilfst! Bitte, laß es nicht zu, daß Satan uns schaden kann! Bitte, wende ihn ab!

Wenn du wüßtest, wie Ich dich beschütze. Hier, wirf einmal einen Blick darauf.

Ich sah mich dastehen, und rings um mich formierte sich ein Kreis von Engeln, die sich an den Händen hielten, so daß der Durchgang versperrt war, wie im Bild.

Satan wird nicht gestattet, einen Finger gegen dich zu erheben (Krankheit oder Tod auf mich zu bringen), ***das verspreche Ich dir. Ich will Meinerseits nie von dir weichen und dich nie vernachlässigen, mit Mir wird dir nichts fehlen. Meinen Frieden habe Ich dir gegeben, und Ich habe dir Meine Liebe für kleine Seelen gezeigt. Ich habe dich Mein heiliges Herz schauen lassen. Also, Meine Vassula, du bist geschaffen, Mich unermeßlich zu lieben und Meine Seele zu entzücken. Du sollst dich immer nach Mir sehnen, Mir gehorchen, Mir gefallen. Du sollst Meinen Zorn besänftigen. Du sollst ganz und vorbehaltlos auf Mich vertrauen. Dies sind die Wünsche Meines Herzens. Ehre Mich, indem du Mein Spiegelbild bist, Mein Abbild, und verherrliche Mich, indem du alles annimmst, was Ich dir zuteile. Blume, lebe nur für Meine***

Interessen und Meine Herrlichkeit. Nimm freudig alles an, was Ich dir gebe.

Ja, mein Herr, ich will es versuchen.

Ich bin zu allen Zeiten dir gegenwärtig. Erinnere dich: Wenn Ich dich nicht zu retten gekommen wäre, würdest du nach Mir und einzig nur nach Mir Verlangen gehabt haben?

Nein, Herr.

Ich habe dich belehrt, was wahres Leben in Mir bedeutet. Bete oft, bete täglich den heiligen Rosenkranz, denn diese kleine Perlenkette soll eben „die Kette" sein, mit der Satan gebunden und überwunden werden wird.

Ich glaube, wenn die Hl. Schrift in Apg 20, 1-2 sagt, daß Satan mit einer Kette gefesselt werden wird, dann wird das, so denke ich, dann sein, wenn die ganze Menschheit den hl. Rosenkranz beten wird, auf dem ganzen Globus. Wenn dieser Tag kommt, wird Satan überwältigt und zerschmettert werden durch „die Kette" des Rosenkranzes.

Ich schenke dir Meinen Frieden. Zweifle nicht mehr! Wir, uns.

Auf immer. Amen.

27. Ich bin euer Hohepriester

21. November 1988

Ehre sei Gott. Gepriesen sei unser Herr! – Mein Herr?

Ich bin es. Fühle, wie Mein Herz ist.

Das heiligste Herz Jesu ist das sanfteste, wärmste und zur Vergebung bereiteste aller Herzen. Wie konnte ich Dir nur Widerstand leisten?

Botschaft für unser Meeting (Gebetstreffen mit Vassula):

Ich bin die Liebe. Ich bin die höchste Quelle der Liebe, deshalb widerstehe Mir nicht. Komm zu Mir, versenke dich in

Mich, denn Ich bin ein Meer der zärtlichsten Liebe und des Friedens. Schöpft alle aus Meinem heiligen Herzen, um eure Seelen zu beleben. Ich will euch schön machen, Ich will euch vervollkommnen. Kommt und eßt von Mir, und ihr werdet auf immer leben, denn Ich bin das lebendige Brot, das Brot des Lebens (Joh 6, 35; 6, 51). *Geliebte, zweifelt nicht an diesen Botschaften der göttlichen Vorsehung. Ich bin immer noch unter euch. Ich bin in euren Versammlungen helfend gegenwärtig. Fühlt Meine Gegenwart! Ich bin der Hohepriester, der in euren Herzen spricht und euch ermutigt, euch Mir zu nahen. Ich versuche beständig, euch nahe an Mich heranzuziehen. Ach, wie verlangt es Mich danach, euch alle in Meine Arme zu nehmen und euch mit großer zärtlicher Liebe zu umfangen. Wie sehr wünsche ich eurerseits, daß ihr Mir naht mit zarter Liebe. Ich bin euer Hoherpriester, aber auch euer heiliger Gott, euer Bruder, euer Gefährte, euer Gemahl. Ich bin euer Schöpfer, und ihr alle seid Meine Saat.*

Vassula, Ich bin da und werde immer da sein in diesen Gebetsversammlungen. Wenn du sagen wirst, es kommt von Mir, aus Meinem Mund, dann werden Meine Worte aus deinem Munde kommen. Habe Ich nicht gesagt, daß Ich Meinen Obstgarten bewässern und Meinen Blumengarten gießen will? Ich will Mich wie Morgentau über euch ausbreiten und auf euch allen Meinen Tau des Friedens und der Liebe zurücklassen.

So widersteht Mir nicht. Ich habe vor, dich, Schöpfung, schön zu machen! Gesegnet sind jene, die sich Mir öffnen und von Meinem Tau des Friedens und der Liebe sich durchdringen lassen. Gesegnet sind jene, die Mir treu sind und Mich lieben, denn Ich will sie immer noch näher an Mich ziehen und sie mit Meiner Liebe erfüllen. Ihr seid geschaffen nach Meinem Bild, und ihr seid aufgerufen, in diesem Bild zu leben, einem Bild, das viele von euch vergessen haben. Doch Ich, der Hohepriester, werde euch an Meine Gottheit und Meine Heiligkeit erinnern. Ich werde euch erkennen lassen, daß Ich heilig bin.

Maria: Blume, habe meinen Frieden. Passe jetzt gut auf, sei gehorsam, und du wirst nichts zu befürchten haben. O Vassula, Jesus liebt dich grenzenlos. Er sorgt für dich. Du und Er, ihr teilt Sein Kreuz. Jesus wird dich niemals verlassen. Komm und ruhe dich etwas aus. Ich bin bei dir. Wir, uns?

Jesus?

Ich bin es. Ich will euch alle daran erinnern, daß Ich heilig bin, auf daß ihr heilig lebt. Ich bin die Liebe, und aus Meiner unendlichen Liebe heraus gebe Ich Warnungen und Zeichen an verschiedenen Orten rings um den Erdball. Habe Ich euch nicht gesagt, daß der Fürsprecher, der Heilige Geist, den der Vater in Meinem Namen senden wird, euch alles lehren und an alles erinnern wird, was Ich euch gesagt habe?

28. Ich will euch vergöttlichen, denn Ich bin Gott

21. November 1988

Jesus?

Ich bin es. Ich bin dein Herr, der Gekreuzigte.

Botschaft für unsere Gebetsversammlung:

Kinder Meiner Seele, von Meinem Herzen Geliebte, die Liebe leidet tief. Begreift, wie Ich leide. Ich fühle Mich verlassen, vergessen und von den Meinen, den Mir Eigenen verraten. Ich bin heute auf Meinem Kreuz und in Meiner zweiten Passion. Das Erdreich ist noch mehr ausgetrocknet als jemals zuvor und ihr, Geliebte, habt unter den Folgen zu leiden, ihr seid die Opfer. Viele von euch werden ausgehungert, andere werden ständig vom Bösen versucht sein. Wie sehr ihr Mir alle leid tut! Mein Herz blutet, all das von Meinem Kreuz herab zu sehen. Meine Augen werden mit blutigen Tränen gefüllt. Ich gebe euch allen zahlreiche Zeichen, doch sehr wenige achten auf sie. Kommt zu Mir in euren Gebeten, Ich bin da und höre euch an! Kommt in die Arme eures Retters. Übergebt Mir eure Fehler, und Ich will euch läutern und hei-

len. Ich will euch vergöttlichen, denn Ich bin Gott und will euch vervollkommnen. Kommt zu Mir, so wie ihr seid.

Fürchtet euch nicht vor Mir. Ich bin ein liebevoller Gott. Ich bin voll Erbarmen für die Elenden. Ich bin ein Gott voller Mitleid! Betet zu Mir, redet mit Mir, ohne zu zögern! Ich warte so sehr auf euch. Meine Liebe für euch alle ist übergroß, so daß Ich, der Heiligste, der Ewige und der Herr über die ganze Schöpfung Mich herabneige zu euch, um euch zu erreichen und euch zu heilen. Ich bin immer unter euch bis ans Ende. Gesegnet sind jene, die Meine Botschaft des Friedens und der Liebe verkünden. Gesegnet sind jene, die zu Mir kommen und Mich trösten. Seid eins mit Mir. Bleibt immer in Meiner Liebe.

29. Kommt und tröstet Jesus

21. November 1988

Maria: Geliebte Kinder, ich bin eure heilige Mutter. Ich bin die Mutter der ganzen Menschheit. Meine Geliebten, Jesus leidet weit mehr, als Menschenworte aussprechen können. Er erleidet nun Seine zweite Passion! Fühlt Unsere Herzen, wie sehr sie leiden. Es ist heute eine große Schlacht im Gange. Satan greift wütend an, und St. Michael bekämpft ihn mit Gottes Engeln. Die Erde spürt die Erschütterungen von dieser großen Schlacht. Ich brauche eure Gebete, Geliebte. Hört niemals auf mit Beten. Betet, meine Geliebten, seid wie leuchtende Lichtengel in dieser Dunkelheit. Betet für die Rettung der Seelen. Betet, meine Geliebten, für die Bekehrung der Sünder. Ich zähle jeden von euch. Bitte, versteht doch, wie eine Mutter sich fühlt, wenn sie ihre Kinder auf das ewige Feuer zugehen sieht, und wie ihr zumute ist, wenn einige von denen, die sie liebt, in dieses ewige Feuer stürzen! Meditiert einmal darüber, und ihr werdet mich besser begreifen! Ich will meine Botschaft schließen, indem ich euch segne im Namen des Vaters, des Sohnes und des Heiligen Geistes. Kommt und tröstet Jesus!

Mein Herr?

Ich bin es. Ich bin immer glücklich, wenn Ich sehe, wie sehr du dich Mir zuliebe bemühst, beim Beten des Rosenkranzes dir die Glaubensgeheimnisse lebendig vor Augen zu führen. Gesegnetes Kind, lehre auch andere den heiligen Rosenkranz langsam, beschaulich zu beten. Es nützt nichts, ihn als bloßes Lippengebet herunterzuleiern. Jedes Gebet sollte vom Herzen kommen. Ihr müßt verspüren, was ihr da sagt. So nehmt euch die Zeit zum Meditieren, betrachtet jedes Geheimnis.

Ich danke Dir, mein Herr.

30. Die Mutter Gottes

3. Dezember 1988

Ich weiß, Mein Kind, einige werden verfolgt von jenen, deren Herzen immer noch verschlossen sind und die mit ihrem menschlich denkenden Verstand, anstatt mit ihrem Herzen, die Gründe für oder gegen diese Botschaften abwägen. Doch durch Meine Gnade werde Ich viele auch von diesen in Mein heiliges Herz ziehen. Kleine Blume, habe Mut, Ich bin dir zur Seite und Meine Augen ruhen stets auf dir. So fürchte dich nicht. Es ist Mein Wunsch, diese Meine Botschaft des Friedens und der Liebe von Norden bis Süden und von Osten bis Westen zu verbreiten. So habe Vertrauen in Mich. Ich habe sie im Verborgenen für diese Zeit vorbereitet.

Ich bitte in Meiner Botschaft darum, daß Meine Kirchen sich vereinen, denn wie der Vater und Ich eins sind, so soll auch Meine Kirche eins sein: alle vereint und in einer Herde. Ich habe Petrus erwählt, euer Hüter zu sein und euch in der Wahrheit zu bewahren, bis zu Meiner Rückkehr. Doch die Menschen haben Mir nicht gehorcht. Sie haben Meine Kirche zersplittert und sich ihre eigenen Regeln aufgestellt. Ich sage euch, wahrlich, <u>hört nicht</u> auf jene, die sich Petrus widersetzen, dem Petrus Meiner Lämmer, der jetzt Johannes Paul II. ist, denn er ist Mein Erwählter und der Geliebte Mei-

ner Seele. Hört nicht auf jene, die ihn verwerfen, sie sind in die Irre geführt. Geliebte, als es kürzlich wieder eine Spaltung unter euch gab, wurde ein Teil von Mir weggerissen. Ja, da haben sie nicht erkannt, daß es ein Teil Meines Körpers ist, der da weggerissen wurde. O Meine Geliebten, verdiene Ich das? Warum Mein Herz zerreißen? Warum am Herzen eures Gottes zerren? Warum Meine Augen mit noch mehr blutigen Tränen füllen?

Das Bildnis Jesu erschien in äußerstem Leiden. Seine Augen waren voller Blut, mit einer Blutkruste ringsum.

Ich bitte euch wie ein Bettler, der von den eigenen Freunden lahmgeschlagen worden ist, daß alle zurückkehren mögen zu Petrus, und eins zu sein, wie der Vater und Ich eins sind. Auch rufe Ich alle, die Meine Mutter ablehnen (die Protestanten), ***die Augen und Ohren aufzumachen. Meine Mutter ist die Himmelskönigin, sie ist im vollen Sinne die „Mutter Gottes". Ich mache jenen, die es nicht wußten, keine Vorwürfe, Ich versuche nur, sie zur Wahrheit zurückzuführen. Auch rufe Ich die Welt zur Bekehrung auf. Erinnere jene, die Meine Allmacht vergessen haben, daß sie bedenken, wer sie sind und wer Ich bin.***

Gemeint sind hier jene, die Gottes Wirken heute „wegrationalisieren".

Ich rufe euch allen ins Gedächtnis, daß ihr in der Endzeit lebt, und daß darum Meine Zeichen sich mehren ... Es erfüllen sich die Schriften ... Ich bin Frieden und Liebe. Ich, euer Herr Jesus, bin immer so voll Erbarmen – ja, Meine Erbarmung ist überaus groß. Glaubt an Mein Erbarmen, ohne zu vergessen, daß Ich auch ein Gott der Gerechtigkeit bin. Meine Läuterung, die Ich herabsenden werde, geschieht aus Liebe. Versteht oder erklärt dies nicht falsch und nennt es nicht Drohungen von seiten Gottes. Ich bedrohe euch nicht. Ich warne euch aus Liebe. So, wie ein Vater sein Kind warnt, das mit ihm zu rechten sucht, und es zur Vernunft bringt, so versuche auch Ich, euch zur Vernunft zu bringen und aufzuzeigen, wie verkehrt und irregeführt einige von euch sind,

und wie Sünden Mein Licht sehr wohl verdunkeln können. Ich komme, um euch aufzuwecken, weil viele von euch in tiefen Schlaf versunken sind. Ich komme zu euch allen aus Meinem grenzenlosen Erbarmen heraus, um die Toten neu zubeleben. Ich komme aus Meiner unendlichen Liebe, die Ich für euch alle hege, euch zu bitten, daß ihr doch bereuen und euer Leben ändern möget und heilig seid. Lebt in Heiligkeit, denn Ich bin heilig. Ich gebe euch Meinen Frieden, damit ihr in Frieden seid und damit ihr diesen Frieden euren Brüdern weitergebt. Kommt jetzt, sammelt euch im Gebet, kommt und liebt einander, wie Ich, euer Herr, euch liebe. Ich segne jeden von euch.

31. Glücklich bist du, wenn Menschen dich schmähen

7. Dezember 1988

Botschaft für die Gebetsversammlung:

Maria: Meine Vassula, empfange meinen Frieden. Geliebte Kinder, ich segne euch. Ich bin eure heilige Mutter, die wie ihr unter der sich immer mehr ausbreitenden unfruchtbaren Dürre leidet. Verliert nicht den Mut. Ich bin euch zur Seite. Ich will euch ermutigen, Jesu Botschaft des Friedens und der Liebe zu verbreiten. Schaut, Jesus offenbart Seine Botschaft durch dieses schwache Werkzeug, eine zerbrechliche Blume, die Er gebildet hat. Doch viele Diener der Kirche werden sich weigern zu glauben, daß dies durch die Allmacht Gottes geschieht, und werden dieses Wirken Gottes nicht verstehen! Viele von ihnen werden auch dann nicht glauben, wenn sie sehen, wie Sünder glauben und bereuen! Diese Sünder werden vor den betreffenden Dienern der Kirche ins Himmelreich eintreten. Fürchte dich nicht, meine Geliebte. Ich, deine heilige Mutter, sehe alles, was geschieht. Ich werde dich immer ermuntern. Ich will dich immer trösten, habe Glauben, und lehne dich immer an Jesus an. Vassula, mein Kind, sei glücklich, wenn dich die Menschen schmähen und verfolgen und allerlei Lästerungen gegen dich aussprechen um Jesu willen, freue dich und frohlocke, denn deine Belohnung im Himmel wird groß sein. Auf diese Weise wurden auch die Propheten vor dir verfolgt, mein Kind (Mt 5, 11-12). Es gibt viele Pfarrer, die den gegenwärtigen Zeichen und Offenbarungen von seiten Gottes wohl Glauben schenken, aber ihre Meinung nicht äußern aus Angst, deswegen verfolgt zu werden. Diese Pfarrer sollten beten, beten, beten und das heiligste Herz Jesu um Mut bitten. Jesus wird ihnen Mut geben. Ich will meine Botschaft abschließen, indem ich euch segne im Namen des Vaters, des Sohnes und des Heiligen Geistes.

32. Ich helfe dir

10. Januar 1989

Herr?

Ich bin es. Alles, was Ich von euch erbitte, ist, daß ihr in Heiligkeit betet. Betet ohne Unterlaß! Seid wie Spiegel, der Meine Heiligkeit und Reinheit widerstrahlt. Laßt die Welt an euch sehen, daß ihr Mein seid, daß ihr Kinder der Gottesliebe seid. Wo der Geist des Herrn ist, da ist Heiligkeit und Liebe, da ist Licht, da ist Helle. Also liebet einander. Liebt eure Feinde! Seid vollkommen, wie der Vater im Himmel vollkommen ist. Seid alle gesegnet. Gesegnet seien auch die neu Hinzugekommenen. Ich sage euch wahrlich: Ich bin die Tür zum ewigen Leben. Wer an Mich glaubt – und wäre er tot –, der wird leben. Ich bin die Auferstehung. Nehmt Meinen Frieden. Ich biete euch Meinen Frieden an, nehmt ihn und verbreitet ihn in der ganzen Welt. Seid die Meinen. Jeder möge Mich in euch erkennen.

Gerade bevor der Herr mich diese Botschaft unter die Leute bringen ließ, kam jemand und brachte mir eine schöne Statue Unserer Lieben Frau von Fatima (70 cm hoch). Da verstand ich, daß Unsere Liebe Frau gekommen war, um mich bei all meinen öffentlichen Gebetstreffen zu begleiten. Nun sagte man mir betreffs eines außerhalb von Lausanne vereinbarten Treffens, ich solle Unsere Liebe Frau von Fatima nicht mitbringen, weil sie alles selbst gestalten wollten. In dieser Nacht sah ich in einem Traum Unsere Liebe Frau von Fatima, als Statue, wie sie mich anschaute. Ich bat sie, mir ein Zeichen zu geben, damit ich wüßte, ob sie mitkommen wolle, um mich bei den Gebetsversammlungen zu begleiten. Kaum hatte ich diese Worte gesagt, öffnete sie ihre Arme und legte sie eng um mich und verharrte so. Am Morgen als ich erwachte, schrieb dann Unsere Liebe Frau von Fatima: „Bitte, lasse mich nicht daheim, nimm mich mit dir mit!“

Maria: Vassula, empfange meinen Frieden. Lies die Zeichen, die der Herr dir gibt. Erkenne sie recht und richte dich danach!

Bitte, hilf mir, daß ich sie bemerke!

Maria: Ich helfe dir.

Ich danke dir, heilige Mutter.

Gestern hörte ich von der Reaktion eines Priesters, der von mir gehört hatte. Er sagte: „Weg von ihr, sie ist ein Scharlatan!“ Irgendwie gefiel mir seine Bemerkung, denn als Lügnerin bezeichnet zu werden, verbindet mich mit Jesus, der von seiten der Pharisäer als Lügenprophet hingestellt wurde. So viele Male sagte Jesus zu mir, daß ich getadelt, verfolgt und genau unter die Lupe genommen würde. So beweist dies nur Seine Worte. Ich bin glücklich, da ich ja um Seinetwillen getadelt und verfolgt werde.

Maria: Mein Kind, bete für jene, die dich beschuldigen und aburteilen. Bete für sie, daß sie ihre Herzen öffnen mögen. Bete für alle jene Seelen, die nicht die erbarmungsvollen Zeichen des Herrn erkennen. Bleibe Mir nahe. Wir, uns?

Ja, wir, uns.

33. Strecke dich aus nach Mir und deiner heiligen Mutter

22. Januar 1989

Herr?

Ich bin bei dir, Kind. Erfülle den Plan, den Ich für dich entwarf. Bete um den Geist der Unterscheidung und der Wahr-

heit, er möge immer auf dich kommen. Sei standhaft, auch wenn sie dich verfolgen. Strecke dich aus nach Mir und deiner heiligen Mutter. Vassula, halte fest an allem, was Ich dir gegeben habe. Du bist nicht die erste Prophetin, die die Meinen verurteilen und ungerecht behandeln, nein, wahrhaftig nicht. Meine besten Freunde fügen Mir tiefste Wunden zu. Sie haben nicht begriffen, sie wissen nicht, was sie tun. Ihre Herzen sind gepeinigt, gepeinigt von der Tatsache, daß Ich dich erwählt habe, Mein Kind. Sie sind gepeinigt, weil Ich auf das Schwache, auf das Armselige herabsteige und solche Menschen liebe. Sie haben Mein Herz überhaupt nicht verstanden, das ein Abgrund des Erbarmens ist.

Viele von ihnen sind nachtragend, ja rachsüchtig. Wenn sie ihr tägliches Vaterunser aufsagen, kommen sie dann zu Ihm mit einem reinen Gewissen? Bitten sie den Vater wirklich, ihnen zu vergeben, wie sie anderen vergeben? Wie können sie den Vater bitten, ihnen zu vergeben, wenn sie bis heute nicht vergeben haben? Sie pflegen ohne Zögern über dich zu richten. Sie erheben ein Geschrei nach Frieden, doch da ist kein Friede. Auch nicht einem von ihnen ist die eigene Bosheit leid, so daß er sie bereuen würde. Wo ist da euer glühender Friedenseifer? Wo ist da euer Wunsch nach Einheit? Wenn ihr heute aufgespalten seid, dann aufgrund eurer Bosheit, wegen eures Geistes des Nichtvergebens. Wo ist die Liebe? Ist überhaupt noch wahre Liebe in dir, Schöpfung? Ist keine Weisheit mehr zu finden in dir? Ich, der Herr, habe gesagt, daß Ich auch dem Geringsten unter euch vergeben will und daß Ich zu den Nationen reden werde durch Menschen fremder Sprachen und durch den Mund von Fremden. Und immer noch hören sie nicht auf Mich.

Meine Vassula, sorge dich nicht. Verfolgungen wird es immer geben. Du, Geliebte, halte dich an das, was Ich dir gegeben habe. Du bist Meine Tochter, weil du von Meinem Heiligen Geist bewegt bist. So klammere dich an Mich. Sei standhaft. Ich werde dich nie verlassen.

Ehre sei Gott für das Erbarmen und die Liebe, die Er mir erwiesen hat.

Sei voll Vertrauen, du bist in deines Vaters Armen. Wir, uns.

Ja, auf immer.

34. Lebt unsere Botschaft!

9. Februar 1989

Maria: Meine Vassula, willst du meine Botschaft niederschreiben?

Ja, heilige Mutter.

Maria: Friede sei mit dir. Meine Geliebten, heute will ich euch bitten, eure Gebete um Einheit zu vermehren –, um diese Einheit, die mein Sohn so sehr wünscht. Betet für jene Priester, die zerstreut sind, daß sie zur Herde zurückkehren –, zur einen und einzigen Herde Petri. Bete, daß sie sich in aller Aufrichtigkeit vereinigen mögen. Bete für jene falschen Königreiche, jene dahintreibenden Königreiche, daß sie begreifen mögen, wie verkehrt sie sind.

Komm und preise den lebendigen Gott, der sich in diesen Tagen an verschiedenen Orten offenbart. Preise Ihn für Seine unendliche Liebe und Sein Erbarmen. Seine Gnade wird sich weiterhin über die ganze Menschheit ergießen. Es sollen jene, die Ihn hören, Seinen heiligen Namen preisen. Lobe Ihn, denn Er ist ein liebevoller Vater. All jene, die Ohren haben, mögen diesen lauten Schrei vom Himmel vernehmen: „Seid heilig, denn Ich bin heilig!" – Meine Blumen, lebt Unsere Botschaft – lebt Unsere Botschaft! Ihr habt Seine Gnade empfangen. Versucht, Gottes Willen zu verstehen. Seid Seine Kinder des Lichtes. Ich segne euch im Namen des Vaters und des Sohnes und des Heiligen Geistes. Amen.

35. Gott ruft euch Seine Grundwahrheiten neu ins Gedächtnis

3. März 1989

Botschaft für die Gebetsversammlung:

Maria: Friede sei mit euch! Meine Lieben, heute bitte ich euch, durchzuhalten in der Liebe. Ich möchte euch alle ermutigen. <u>Verherrlicht</u> Gott, *indem ihr treu zu Ihm haltet. Gebt euch völlig Gott hin. Laßt die Flamme, die jetzt nur flackert, wieder aufleben, und werdet selbst zur lebendigen Fackel, die jedes Auge sieht. Seid fest in eurem Glauben und öffnet euer Herz dem Herrn und empfangt Ihn mit Freude. Preis sei dem Herrn, daß Er euch Seine Botschaften, die Rufe aus Seinem erbarmungsvollen Herzen, sendet. Erwartet nicht irgendeine neue Offenbarung. Seine Rufe sind nur eine Erinnerung an die göttliche Wahrheit, eine Erinnerung zur heiligen Lebensweise, eine Erinnerung, daß Gott die Liebe ist. Gott ruft euch von neuem die Grundwahrheiten ins Gedächtnis, so erfüllt nun euer Leben mit allem, was rein und wahr ist. Laßt in euch keinen Raum leer, damit nicht der Versucher kommt und euch täuscht. So erfüllt euch mit der heiligen Liebe Gottes, denn dazu wurdet ihr erschaffen: zu lieben mit göttlicher Liebe. Betet um Frieden, betet um die Bekehrung eurer Brüder, betet für eine größere Liebe unter euch. Ich stehe euch zur Seite, um euch zu helfen, und werde bei Gott Fürbitte einlegen. Also, zögert nicht und kommt zu mir.*

Ich bin eure Mutter und werde euch immer helfen. Kommt zum Herrn mit Liebe, und Er wird euch mit Seinem Frieden erfüllen. Bittet um Liebe, und ihr werdet sie empfangen. Betet mit Liebe, und ihr werdet erhört. Empfangt Meinen Frieden. Erinnert euch daran: Unsere Botschaften wollen gelebt werden. Ich segne euch alle im Namen des Vaters und des Sohnes und des Heiligen Geistes. Amen.

36. Jesus heißt Retter

3. März 1989

Botschaft für die Gebetsversammlung in Biarritz, Frankreich: (Diese Botschaft soll in der Karwoche bei der Gebetsversammlung vorgelesen werden.)

Friede sei mit euch allen! Ich bin der Herr. Geliebte, zu euch komme Ich durch Meine Dienerin, und durch sie will Ich sprechen. – Ach, Meine Geliebten, Ich schenke Meinen Frieden diesem Hause. Kommt, kommt und hört Mich jetzt. Ich bin euer Gott und euer Schöpfer, der Seinen Odem euch einhauchte, damit ihr lebt. Ich bin die Quelle der allerhöchsten

Liebe und habe euch dazu erschaffen, Mich zu lieben. Seelen, ihr seid Mein, ihr seid Meine Saat. Ich möchte so gerne, daß ihr Meine Worte richtig versteht. Glaubt an Meine heiligen Werke, glaubt an Meine unendliche Liebe und Mein überfließendes Erbarmen. Glaubt an Mich! Ich steige hernieder aus Erbarmen, um euch neu zu beleben, euch aus dieser Müdigkeit und Gleichgültigkeit, die sich wie ein Schleier über eure Augen gelegt hat, zu erwecken. Ich bin Jesus, und Jesus heißt Retter. Wie könnte Ich zuschauen, wie ihr zunehmend tieferem Dunkel entgegengeht, ohne euch zu Hilfe zu eilen? Ich, der Ich der Herr bin, der Heilige der Heiligen, und der Ich umgeben bin von unzähligen Engeln jeder Rangordnung, die Mich ohne Unterlaß anbeten und verehren, habe Meine Glorie und Meinen himmlischen Thron verlassen, um zu euch herabzusteigen und euch vor dem ewigen Feuer zu bewahren.

Ich verließ den Himmel, Mein Königreich, um in eure gegenwärtige Wildnis zu kommen, in eure Verlorenheit auf dieser Erde. Ja, Ich verließ Meinen Thron, der von Cherubim umstellt ist, um zu kommen und in Armut in das Menschengeschlecht hineingeboren zu werden, zu eurer Erlösung. Ich, der Herr der Herren, den die Himmel von aller Ewigkeit her preisen, ließ es geschehen, von Menschen gedemütigt zu werden. Ich habe ihnen Meinen Rücken zum Gegeißeltwerden hingehalten. Ich erlaubte ihnen, Mich mit einer Dornenkrone zu krönen. Ich erlaubte ihnen, Mich zu verspotten und Mir ins Angesicht zu spucken. Ich habe ihnen erlaubt, Mich zu kreuzigen – alles aus Liebe zu euch.

O Kinder des Gekreuzigten, wie konntet ihr all das vergessen? Die Weisheit war herabgestiegen, um nach dem Gesetz mit Gewalt ergriffen zu werden. Ich war verachtet und abgelehnt von den Menschen, um <u>eure</u> Leiden zu tragen. Ich wurde ans Kreuzesholz genagelt, um <u>euch</u> zu befreien. Ich erlaubte ihnen, Mich zu durchbohren, euch aber freizulassen. Ich akzeptierte einen sehr schmerzhaften Tod, damit eure Seele lebe und fähig sei, Mein Königreich zu teilen. Ich ließ Mein Blut in Strömen fließen, auf daß ihr das ewige

Leben erlangen könnt. Um euretwillen ließ Ich Mich als Sünder ansehen.

Heute öffnen sich Meine Wunden neu, aufgrund der Bosheit dieser Generation. Unzählige Male rufe Ich euch zu, euch zu bekehren. Kehrt um zu Mir! Ich liebe euch mit ewiger Liebe. Kommt, und schließt Frieden mit Mir. Ich möchte euch nicht strafen, Ich möchte euch befreien. Darum bekehret euch! Dann werde Ich euch nicht mehr gottlos schelten, ihr werdet Mein Eigentum genannt werden. Ihr seid nicht vaterlos, ihr habt einen Vater im Himmel, einen höchst zärtlichen Vater. Alles, was Ich von euch erbitte, ist eine Anerkennung dieser Tatsache. Kehrt zu Mir zurück, und Ich will euch mit Mir auf ewig vermählen. Ich will euch mit Gerechtigkeit krönen, mit Treue, mit Reinheit, und mit unsagbar zärtlicher Liebe will Ich euch lehren, Mir treu zu sein. Ich will eure Liebe einfangen und in Mein Herz nehmen, damit sie schön werde. Wie ein Gemahl will Ich euch mit Meiner Liebe und Meinem Frieden schmücken. Geliebte, fürchtet euch nicht vor Mir. O kommt, kommt zu Mir. Fallt in Meine liebevollen Arme, und Ich will euch nichts vorwerfen. Ich bin da, um zu vergessen und zu vergeben. Seid doch nicht von Satan so leicht einzufangen. Tut doch eure Augen auf und seht, öffnet eure Ohren und hört Mein Rufen, öffnet eure Herzen und versteht, daß Ich es bin, Jesus, der euch ruft.

Ich habe eure Seele für das ewige Leben erschaffen, um ewig mit Mir zu leben. Wollt ihr darüber meditieren? Ich bin heilig. Glücklich sind jene Seelen, die in Heiligkeit gekleidet sind, denn die Tore des Himmels werden ihnen kein Hindernis sein. Wehe aber jenen Seelen, die sich ihre Kleider, die voller Flecken sind, nicht reingewaschen haben. Diese werden nicht in der Lage sein, in Mein Königreich einzutreten. Bekehrt euch und folgt Meinem Weg, da ihr Mein erbarmungsvolles Rufen hört. Meditiert über Meine Botschaft und lebt sie. Ich, der Herr Jesus Christus, liebe euch alle. Mit Meinem ganzen Herzen liebe Ich euch. Ich segne jeden von euch.

37. Warum hat sich der Herr angekündigt?

3. März 1989

Worte von unserer heiligen Mutter für das Gebetstreffen in Biarritz:

Maria: Lob und Preis sei dem Herrn! Kinder, hört auf die Worte der Weisheit: Verleugnet nie den Herrn! Sucht die Wahrheit, und widersetzt euch ihr nicht. Bitte, fragt euch selbst: „Warum hat sich der Herr uns angekündigt?" Geliebte, der Herr ist zu euch gekommen aus Liebe und Erbarmen, denn heute sind so viele in die Irre gegangen, ohne zu erkennen, wohin sie gelangen. Eure Ära ist geistig tot. Jesus sucht eure Seelen, um sie wiederzubeleben. Laßt eure Herzen sich öffnen, erlaubt dem Herrn, in eure Herzen einzutreten. Wie sonst würde Er euch heilen können? Ich bin eure heilige Mutter, die Tag und Nacht über eure verirrten Seelen weint. Der Herr gibt euch unzählige Zeichen rings um den Erdball zur Warnung. Ihr lebt in der Endzeit, Kinder. Kommt zurück zu Uns, hört Unsere Rufe. Betet zu mir, und ich will für euch eintreten. Kommt und betet mit Liebe. Ich bin immer bei euch, auch wenn ihr mich nicht seht, dicht bei euch. Geliebte, Wir sind immer anwesend. Erfreut den Herrn, indem ihr an Seine Anwesenheit denkt. Ich segne euch alle im Namen des Vaters und des Sohnes und des Heiligen Geistes. Amen.

Der Herr bat mich, aus der Heiligen Schrift 2 Tim 3, 1-17 zu lesen.

Band 3

38. Unsere Herzen werden am Ende triumphieren

Garabandal / 24. März 1989

Vassula, in Wirklichkeit habe Ich dich hierhergebracht. Ich bin der Herr. Empfange Meinen Frieden. Laß die folgenden Worte, sowohl die von Meiner Mutter als auch die von Mir, bekannt werden: Obwohl die Dornen Unserer Feinde Unsere beiden Herzen bedecken, werden am Ende Unsere Herzen triumphieren.

Maria: Jesus und ich sind bei dir, mein Kind. Wir segnen euch alle. Komm!

39. Meine Kinder haben mir den Rücken zugekehrt

29. März 1989

Botschaft für die Gebetsversammlung in Courtetelle, Nord-Schweiz:

Friede sei mit euch! Ich bin der Herr! Fühlt Meine Gegenwart und erkennt sie. Heute komme Ich zu euch, indem Ich durch Meine Dienerin spreche. Ich bin stets bei euch, in jedem Augenblick eures Lebens. Mein heiligstes Herz erfreut sich daran, eure Liebe für Mich zu spüren. Meine Lämmer, wie sehr habe Ich immer danach verlangt, euch alle in Meine Arme zu schließen und vor dem Bösen zu beschützen. Ich liebe euch. Ja, Ich liebe euch mit einer immerwährenden Liebe, einer eifersüchtigen Liebe, die ihr erst voll begreifen werdet, wenn ihr im Himmel sein werdet. Doch trotz Meiner unergründlich großen Liebe haben die meisten Meiner Kinder Mir den Rücken zugekehrt ... Sie haben Meine Passion vergessen und mit der Bezeichnung „Evolution“ Meinen Namen überklebt, der ihnen jetzt nichts mehr bedeutet. Gibt man ihnen Idole, so sind sie die ersten, die sie verehren. Gibt

man ihnen aber etwas, was heilig ist, werden sie darüber spotten.

Ich, der Heilige, leide, und Mein Leib ist verstümmelt durch Ungehorsam, Unreinheit und Bosheit dieser dunklen Welt! Ach Schöpfung! Mein Schrei des Leidens erschüttert den ganzen Himmel, so daß Meine Engel erschaudern und auf ihr Angesicht fallen. Habt ihr Mich noch nicht gehört, ihr, Meine Töchter und Söhne? Mein Schreien vom Himmel läßt sogar die Dämonen erstarren angesichts eurer Taubheit. Blutige Tränen überfluten Meine Augen Tag und Nacht, Stunde um Stunde. Ich warte unaufhörlich auf euch. Habt ihr Meinen Geist für immer zurückgewiesen? Meine Stimme hallt in dieser schauerlichen Wildnis wider, wo keine einzige grüne Weide zur Ruhe einlädt und keine einzige Quelle euch zur Erfrischung herbeieilen läßt. Ich steige von Meinem Thron herab zu Meinen alten Weiden von ehedem und finde sie verwahrlost und unfruchtbar. Meine Blumen, die Ich mit eigener Hand mit so viel Liebe pflanzte, sie gehen eine nach der anderen zugrunde. Meine Blumenbeete sind verwahrlost und trocken, Meine Brunnen nur noch ein leeres, schmutziges, dunkles Loch, in dem Vipern hausen. Wohin sind Meine Gärtner gegangen? Warum haben sie Meinen Garten verwahrlosen lassen? Werde Ich bei Meiner Wiederkehr noch eine einzige Blume finden?

Mein Geist ist zermalmt durch Mangel an Liebe, Mangel an Glaube, Mangel an Friede. Kinder Meines heiligsten Herzens, hört Mein Schreien in dieser Wildnis! Erkennt Meine Stimme, zumindest aber erkennt die Zeichen der Zeit! Kommt all jene, die ihr euch mit Mir noch nicht versöhnt habt, kommt jetzt und versöhnt euch! Eure Bosheiten haben alle Ewigkeit durchdrungen und trennen euch von Mir.

Tut nichts Böses, so wird euch nichts Böses widerfahren. Seid gut zu jedem und liebet einander! Vergebt euren Feinden! Ich wiederhole Meine Worte wieder und wieder, ihr kennt sie schon längst. Doch wie viele von euch setzen sie in die Praxis um? Betet mit euren Herzen! Ich brauche Liebe! Kommt und schmückt Mich mit Gebeten, die aus euren Her-

zen kommen. Kommt und schöpft aus Meinem Herzen, das ein Abgrund der Liebe ist, und füllt damit eure Herzen. Ich sage euch feierlich: Die Stunden fliehen dahin, liebste Seelen. Kommt zurück zu Mir! Friede! Friede! Friede! Schreit hinaus zu den Nationen um Frieden: Frieden, der zur Einigkeit führt. Frieden, der zur Liebe führt, Frieden, der Mich verherrlicht! Der Tag rückt näher, wo alle Visionen, die Meine Seher schauten, sich bewahrheiten werden. Denn was Ich verkünde, erfülle Ich immer. Betet, Meine Geliebten, für Meinen Petrus, betet für den Patriarchen, betet für alle Meine Priester!

Beim Wort „Priester" schwoll das heiligste Herz Jesu in besonderer Liebe für sie. Doch gleichzeitig durchfuhr auch ein Schmerz Sein feinfühlendes heiliges Herz und durchbohrte ebenso auch das meine, als ich Sein Leiden fühlte. Meine Augen füllten sich mit Tränen.

Betet, daß Meine Herde eins sei, so wie Ich und der Vater eins und derselbe sind. Betet, daß Meine Lämmer zurückkehren in die eine Herde unter der Führung von Petrus – bis zu Meiner Rückkehr. O wenn ihr doch nur hören und gehorchen würdet! Werdet ihr jetzt das Vaterunser beten? Ich höre zu ... und Ich verspreche euch, daß Mein Reich kommen wird und daß Mein Wille geschieht, wie im Himmel, so auch auf Erden. Kinder, tragt Früchte in Frieden. Ich, der Herr, liebe und segne euch alle.

Botschaft von unserer heiligen Mutter für dieselbe Versammlung:

Maria: Geliebte, tröstet Jesus, tröstet Jesus! Seid in Frieden miteinander und liebt einander. Seid Gott treu und gebt euch Ihm völlig hin. Gebt euch einfach nur der Liebe Gottes hin und erlaubt Ihm, euch mit Seiner Liebe und Seinem Frieden zu nähren. Der Herr und ich segnen euch alle. Ich liebe euch. Der Herr und ich segnen alle eure religiösen Gegenstände, die in diesem Raum sind. – Tochter, habe meinen Frieden. Übergib dich einfach ganz in die Hände der Liebe, und die Liebe wird dich immer führen. Ich liebe euch. Empfangt nun meinen Segen.

40. Laß Mein Wort deine Lampe sein

5. April 1989

Mein Jesus?

Ich bin es. Ach, wie Ich Mich freue in diesen Augenblicken, wenn du zu Mir kommst und Mir deinen Willen darbringst. Bleibe bei Mir, und Ich werde Meinen Kindern schreiben.

Botschaft für die Gebetsversammlung am 21. April 1989:

Jesus bat mich, aus Eph 4, 17-32 und 5, 1-20 vorzulesen.

Friede sei mit euch! Ich bin der Herr, Ich bin das Wort und Ich bin unter euch. Fühlt Meine Gegenwart, Meine kleinen Kinder. Mein heiligstes Herz freut sich, euch alle zusammen versammelt zu sehen. (Hier meint Jesus alle Christen: die röm.-katholischen wie die protestantischen und orthodoxen.) ***Ich möchte, daß ihr auf dem Weg der Heiligkeit voranschreitet. Auch jene, die noch nicht eingetreten sind in Meinen Pfad, werde Ich nicht zurücklassen. Ich werde zurückgehen und nach ihnen suchen. Ich will jeden von euch aufnehmen und euch Meinen Pfad der Gerechtigkeit und Heiligkeit lehren. Ich will euch hochheben und tragen. Wie ein zärtlicher Vater werde Ich euch aufziehen und euch Meine Weisungen lehren. Ich werde euch mit Meinem Geist der Liebe reich machen. Ich, der Ich der Meister der Liebe bin, werde euch lehren, Mich völlig zu lieben und einander so zu lieben, wie Ich euch liebe. Das wird euer erster Schritt auf Mich zu sein: Ich betrachte euch alle als Meine kleinen Kinder, die kaum wissen, wie sie alleine gehen können. Ich will euch Meine beiden Hände hinreichen, und ihr werdet eure kleinen Hände in die Meinen legen, und zusammen, zusammen, ihr und Ich, werden wir ein paar Schritte voranschreiten ...***

Wißt ihr, wie sehr Ich Mich schon freue? (Jesus erschien so glücklich.) ***Ich will euch voranhelfen und eure Seelen schön machen, indem Ich sie zur Vollkommenheit führe, wenn ihr willens seid, euch gänzlich Mir zu öffnen. Erlaubt Mir, euch Meine Gesetze zu lehren, und Ich werde euch erklären, wie***

ihr Meine Anweisungen einhalten könnt. Ich will die Tore der Tugenden allen auftun, die lernen wollen. Ja, Ich selbst werde euch eigenhändig Meine Früchte in den Mund legen.

Haltet euch an Mich, und Ich werde euch in diesen schwierigen Zeiten retten, wo die Furie losgelassen ist; in diesen Zeiten, in denen viele in Verwirrung geraten sind und nicht mehr wissen, ihre Linke von ihrer Rechten zu unterscheiden. Heute wüten mehr denn je der Böse und seine Dämonen in jeder Ecke dieser Erde und suchen euch alle zu täuschen. Sie stellen Fallen, um euch alle zu Fall zu bringen. Das ist der Grund, weshalb Ich euch ersuche, ohne Unterlaß zu beten. Laßt nicht zu, daß Mein Widersacher euch schlafend vorfindet, sondern seid in diesen Tagen besonders wachsam. Nehmt euch in acht, damit er in euch nicht eine leere Ecke vorfindet, ja seid vielmehr erfüllt von Meinem Wort, von Meiner Liebe, von Meinem Frieden und von Meinen Tugenden. Kommt oft zu Mir und empfangt Mich in der kleinen weißen Hostie, mit reinem Herzen, so daß ihr nicht in Versuchung fallt. Betet ohne Unterlaß! Ich kenne eure Bedürfnisse noch viel besser, als ihr selbst sie kennt, und noch ehe ihr Mich darum bittet. Ich kenne euer Herz. Schaut Mich bei jeder möglichen Gelegenheit an und betet. Betet, um zu sühnen, und ergänzt die fehlenden Gebete auf dieser Erde. Laßt eure Gebete eure Rüstung sein, die euch vor allem Bösen abschirmt, das um euch herum wütet. Entwaffnet den Dämon mit Liebe. Laßt Liebe eure Waffe sein, laßt Frieden auf eurer Stirn geschrieben sein, damit es jeder sehen kann. Ihr sollt aus jedem Teil eures Körpers eine Waffe schmieden zum Kampf auf Meiner Seite, dann wird die Sünde nicht länger mehr euer Leben regieren (Röm 6, 13-14). *Laßt Mein Wort eure Lampe sein. Verbreitet Meine Botschaft der Liebe und des Friedens in jedem Winkel des ganzen Erdballs, um die Herzen zu erreichen und sie zu bekehren. Laßt jene, die Mich noch nicht kennen, kommen und sehen, was für ein Feuerofen der Liebe Mein heiligstes Herz ist. Kommt und fühlt Mein heiligstes Herz, das eine Flamme der Liebe ist. Und wenn ihr das tut, selbst wenn euer Herz noch so versteinert und wüstenhaft aufgrund des Mangels an Liebe ist, werde Ich mit Meiner Flamme der Liebe euer Herz umhüllen und in eine lebendige Fackel verwandeln.*

Geliebte und Gesegnete Meines Herzens, wie sehr schmerzt es Mein Herz, wenn Ich sehe, wie einige von euch Mir immer noch Widerstand leisten. Seht, war Ich je als untreu bekannt? Ich bin der Allgetreue, der euch nie abweist oder in Zeiten der Trübsal verläßt. Ich habe euch niemals im Stich gelassen. Ich gehe euch nach wie ein junger Mann seinem Mädchen, weil Ich euer treuer Gott bin, der von oben mit großer Liebe auf euch schaut. Kommt zu Mir und bietet Mir eure Leiden mit Liebe an. Ich und du, du und Ich, wir werden diese Leiden miteinander teilen.

Meine Töchter und Meine Söhne, werdet ihr mit Mir zusammen das Vaterunser beten? Ehe ihr das tut, sammelt euch und betet langsam und von Herzen, damit dieses Gebet den Vater erreicht. Meditiert über das, was ihr sagt. Betet, Ich höre zu ... und Mein Königreich wird kommen und Mein Wille wird geschehen auf Erden wie im Himmel. Ich werde die gegenwärtige Dunkelheit durch Licht ersetzen. Ich werde Bosheit durch Liebe ersetzen und diese Müdigkeit durch einen lebhaften Verstand, der eure Schritte leitet. Ich werde euch nicht im Stich lassen. Ich werde eure Wunden heilen und eure Mängel mit Meiner zarten Güte reinigen. So kommt zu Mir und liebt Mich, laßt eure Liebe Meine lodernde Gerechtigkeit ersticken. Laßt eure Herzensgebete Meine Wunden lindern. Laßt eure Gebete wie Weihrauch zum Himmel emporsteigen, um Mich zu verherrlichen und zu preisen. Macht die Fehler der anderen gut, die des Nachts kommen, in Meinen Weinberg einfallen und ihn so verwüsten, daß er keine Trauben mehr bringt. Tut Gutes und hört auf, Böses zu tun. Was immer ihr tut, tut es zu Meiner Verherrlichung. Kommt, geliebte Seelen, und teilt Mein Kreuz mit Mir. Mein Kreuz schreit nach Liebe, Frieden und Einheit. Laßt es uns gemeinsam tragen, ihr und Ich, Ich und ihr, vereint in Liebe. Ich, euer Herr Jesus Christus, gebe euch allen Meinen Segen. Seid eins!

Später.

Blume, Ich gebe dir Meinen Frieden. Auf dir ruht Mein Geist. Erneuere Meine Kirche. Sie möge wieder so werden wie am Anfang, in den alten Zeiten, voll Liebe untereinander, bis zu Meiner Wiederkehr. Die geistig Toten mögen auferweckt und erfüllt werden mit Liebe und Frieden. Möge das Land neues Leben hervorbringen. Ach Geliebte, wie sehr sehne Ich Mich nach diesem glorreichen Tag!

Botschaft für die Gebetsversammlung:

Maria: Preise den Herrn, mein Kind, daß Er dir Weisheit schenkt.

Gepriesen sei der Herr für Sein Erbarmen, für Seine Liebe und dafür, daß Er Seine Werke mit mir teilt!

41. Nehmt Zuflucht in unseren Herzen

5. April 1989

Maria: Hier ist meine Botschaft für meine kleinen Seelen: Friede sei mit euch, Kinder. Geliebte, naht euch Gott in Einfachheit, seid wie Kinder, denn der Herr läßt sich von jenen finden, die Ihn nicht auf die Probe stellen. Er zeigt sich den Demütigen und jenen, die Ihm nicht mißtrauen. Ihr seht, meine Kinder, die Allmacht auf die Probe zu stellen, verwirrt die Törichten. Nein, die Weisheit wird niemals Eingang finden in eine hinterlistige Seele. So öffnet eure Herzen dem Herrn und empfangt Ihn in der Einfachheit des Herzens. Erlaubt euch, euch ganz auf Ihn zu stützen, denn dann stützt ihr euch auf Weisheit.

Mehrt euren Glauben an den Herrn, indem ihr betet. Glauben zu haben ist auch eine Gnade, die der Herr schenkt. Meine Geliebten, kommt in mein unbeflecktes Herz, und ich will euch Ruhe schenken. Ihr alle, die ihr leidet, alle, die in Schmerzen sind, kommt zu mir, und ich, die ich eure Mutter bin, werde euch trösten, wie eine Mutter ihr leidendes Kind tröstet. Ich werde sogar noch mehr tun. Ich werde beim Vater für euch eintreten und euch niemals verlassen. Kommt und nehmt Zuflucht in Unseren Herzen. Laßt den Dornenkranz, der jetzt Unsere Herzen erdrosselt, seine Dornen verlieren und junge Schößlinge treiben, die zu Blüten führen. Habt Glau-

ben an Gott, vertraut Ihm ganz. Ich segne euch alle im Namen des Vaters und des Sohnes und des Heiligen Geistes. Amen.

St. Michael: Kinder Gottes, hört nicht auf Satan, und laßt euch auf kein Gespräch mit ihm ein. Wer lügt, läßt sich mit ihm ein, wer Zorn im Herzen hegt, bereitet ihm einen Platz, wo er sich festsetzen kann. Paßt auf, daß eure Zunge nicht zur Ursache eures Falles wird. Betet zu mir, und ich werde für euch eintreten. Habt Vertrauen auf Gott und auf Seine unendliche Barmherzigkeit. Ich segne euch alle.

42. Die Liebe ist die Wurzel des Baums des Lebens – Die Heiligen Schriften erfüllen sich

1. Mai 1989

Herr, möchtest Du nicht die Botschaft für die Versammlung am 19. Mai schreiben?

Bist du bereit?

Ich bin nie bereit, doch Du kannst mich bereit machen.

Bittet, und es wird euch gegeben.

Ich bitte Dich, mein Herr, mich bereit zu machen, Deine Stimme zu hören und zu schreiben.

Öffne nun dein Ohr und höre sorgfältig hin. Schreibe: Friede sei mit euch allen. Ich bin der Herr, Emmanuel, der Heilige der Heiligen, der Ich Mich durch dieses schwache Werkzeug offenbare. Ich komme zu euch Kleinen, ein Volk so hoch begünstigt. Zu euch komme Ich, um euren Augen unmittelbar Mein heiligstes Herz zu enthüllen. Mein Herz ist heilig, rein und voller Liebe. Darum erwacht, wie damals in der Vergangenheit, erwacht aus eurem Schlummer, erwacht und fühlt Mich. Mein Geist wird ständig unter euch in Fülle ausgegossen, und dennoch haben viele unter euch dies nicht begriffen. Ich, der Herr, habe, seit Ich euch erschaffen, Propheten berufen, doch Meine Eigenen wiederholen, was sie

immer wiederholten, sie verfolgten alle Meine Propheten und verfolgen sie immer noch. Sie jagen sie von Stadt zu Stadt. Abels heiliges Blut wird unaufhörlich vergossen. Diese Leute bitten Mich um gerechte Gesetze, sie verlangen danach, daß Ich ihnen nahe sei, doch wenn Ich ihnen Meinen Heiligen Geist sende, machen sie die Augen zu und wollen nicht hören. Ja, sie lassen ihre Herzen in Granit verwandeln, sie rotten sich zusammen und verjagen Meinen Heiligen Geist, wie man einen bösen Vogel verjagt. Mein heiligstes Herz ist voller Pein ...

Öffnet doch! Öffnet doch! (Jesus rief laut). *Versperrt nicht Meinen Weg! Beseitigt diese Blöcke, die die Menschen, die ihr verhungern ließet, davon abhalten, Mich zu erreichen. Ich bin zu euch gekommen, euch zu heilen und euch zu trösten. Ich bin gekommen, euch Frieden und Liebe zu bringen. Ich bin gekommen, Mein Land fruchtbar zu machen und seinen Boden zu bearbeiten. Mein Name ist heilig, und heilig sind Meine Gebote und Meine Gesetze.*

Ja, Ich will diesen durstigen Boden tränken mit Meiner Liebe, und Ich, der Herr, will weiter Meinen Geist auf Meine Kinder ausgießen und sie segnen. Ist euch das nicht klar? Habt ihr noch nicht gemerkt, daß Ich euch zum Empfang eines neuen Himmels und einer neuen Erde vorbereite, wie Ich euch vor langer Zeit versprochen habe? Habt ihr immer noch nicht verstanden? Habt ihr nicht gesehen, wie Ich vorgehe? Ich rufe euch zu, von einem Ende der Erde bis zum anderen, doch Meine Stimme zu hören.

Ach Geliebte, Ich bin gekommen, eure Verletzungen zu heilen, eure Wunden und eure Krankheiten, alles, was in dieser Finsternis euch so grausam heimsuchte. Nein, Geliebte, eure Verwundungen sind nicht unheilbar, sie können geheilt werden, denn Ich bin bei euch und euch immer so nah. So kommt zu Mir mit Liebe, bittet Mich mit Liebe, und ihr werdet empfangen, ruft Mich an mit Liebe, und Ich werde euch erhören. Ich will euch an Meine Brust nehmen und euch wiegen, euch trösten. Hört Meinen Ruf der Liebe und des Friedens: Die Liebe liebt euch! Die Liebe ist die Wurzel des Baums des Lebens. So laßt es Liebe sein, was aus eurem Herzen kommt.

Wenn die Liebe sich dort zeigt, wo das Böse ist, dann löscht die Liebe alle Bosheit aus. Sie löst sie auf, wie Nebel sich auflöst in den ersten warmen Strahlen der Sonne.

Um Meiner Frommen willen werde Ich alle Toten aufwecken. Ich werde nicht Ruhe geben. Ich will euch alle mit Meinem Wort aufwecken. Ich werde nicht still sein, bis Ich Meinen Leib verherrliche und Meine ganze Kirche erneuere. Lernt alle, ihr, die ihr Meinen Geist der Gnade unterdrücken und Meine Stimme leise machen wollt, daß eure üblen Absichten und Anstrengungen umsonst, ja allesamt vergebens sind. Ich werde weiterhin Meine Hand nach jedem ausstrecken. Sogar den Rebellen werde Ich sie entgegenhalten, sogar denen, die Mich Tag und Nacht herausfordern. Seht, ihr alle seid Mein Volk, ganz gleich, von welchem Glaubensbekenntnis und welcher Rasse der einzelne ist. Denkt daran, daß Ich die Liebe bin und euch alle erschaffen habe. Heute erstreckt sich Mein Heilsplan über die ganze Welt. Ich war und Ich bin und sende euch Boten in jede Nation, um euch in eurem Glauben voranzubringen, euch zu bekehren, um Frieden und Liebe aufzurichten, um euch zu einen. So macht erst gar nicht den Versuch, Meine Stimme und die Stimme Meiner Mutter zu unterdrücken. Unsere Stimmen werden weiterhin laut wie ein gewaltiger Hammer, der Felsen (Herzen aus Stein) *zerschmettert, über euch kommen, bis zum Tag Meiner Glorie.*

Freut euch und lobt Meinen fruchtbaren Weinberg, denn mit Meiner eigenen Hand ist der Boden umgebrochen und zerkleinert worden. Durch Meine eigene Hand sind die Dornen und wildes Gestrüpp ausgerodet und verbrannt worden. Mit Meinem eigenen Umhang schütze Ich ihn vor den ausdörrenden Winden und vor den Stürmen, die Mein Feind entfacht. Ich bin sein hingebungsvoller Gärtner, der ständig und für immer und ewig über ihn wacht. Dieser Weinberg ist Meine Gabe an euch, und seine Trauben werden euch freigebig zum Genuß angeboten, zur Nahrung für die ganze Welt.

Ach, Geliebte Meiner Seele, hört genau hin auf Meine Worte und versucht sie zu verstehen. Zweifelt nicht, stellt Mich nicht unaufhörlich auf die Probe ... Ich, der Herr, erkläre euch höchst feierlich: Die Heiligen Schriften erfüllen sich. Warum also sind viele von euch überrascht, wenn Mein Geist ausgegossen wird? Warum seid ihr überrascht, wenn eure Jugendlichen Visionen haben? Ich trete in euer Blickfeld, um eure Kenntnis Meines Wortes aufzufrischen. Ich komme mit großer Liebe zu euch, um die Körper Meiner toten Söhne und Töchter neu zu beleben. Ich komme, euch zu bekehren und euch an Meine Gesetze zu erinnern. Ich komme, die Sünder zur Beichte zu rufen. Ich komme, all jene Priester, Bischöfe und Kardinäle zur Reue aufzurufen, die Mein heiligstes Herz so böse verwundeten und Mich, ihren Freund und Gott, verrieten.

Ich komme nicht als Richter – noch nicht. Ich komme zu euch als der Bettler, in Lumpen gekleidet, barfuß und mit ausgedörrten Lippen, der euch zutiefst um etwas Liebe anfleht, um Erwiderung der Liebe. Heute habt ihr vor euch einen flehenden Bettler mit ständig ausgestreckter Hand, der euch um Erwiderung der Liebe bittet: Ich bitte euch, kommt zurück zu Mir und liebt Mich. Lernet Mich zu lieben, lernet Mich zu lieben, schließt Frieden mit Mir, schließt Frieden mit Mir, Ich werde euch nicht zurückweisen. Ich bin die Liebe, und Ich liebe euch ewiglich. Kommt zu Mir, denn die große Stunde ist noch nicht gekommen. Wartet nicht auf das Eintreten Meiner Gerechtigkeit, laßt nicht zu, daß Meine Gerechtigkeit euch überraschend und unvorbereitet antrifft. Denkt daran, daß Ich in jener furchtbar schrecklichen Stunde vor euch stehen werde als ein hoheitsvoller, strenger Richter und Meine Stimme, die einst die Stimme eines klagenden Bettlers war, sich in eine verschlingende Feuerlohe verwandeln wird, in Wolkenbruch, Regenguß und Hagelstürme. Mein Atem wird dann wie ein Strom von Schwefel sein, der überall Feuer entzündet, um euch alle zu läutern und zu erneuern und in ein einziges, heiliges Volk zu vereinen.

Glücklich sind all jene, die ihre Hoffnung auf Mich setzen und Meinen Geist der Gnade willkommen heißen, den Ich jetzt so großzügig über die ganze Menschheit ausgieße, denn ihr werdet Mich, euren Gott, schauen. Gesegnet sind, die

arm im Geiste sind, denn ihrer ist das Königreich des Himmels. Glücklich sind all jene, die Ohren haben zu hören und die einfachen Herzens sind, die Meinen Geist der Gnade mit einem kindlichen Glauben willkommen heißen. Denn in diesen einfachen, kleinen Herzen wird Mein Wort Wurzeln schlagen. Gesegnet sind jene, die um der gerechten Sache willen verfolgt werden, ihnen wird das Himmelreich zuteil.

In ganz kurzer Zeit, eine Weile nur, dann werde Ich bei euch sein, Meine kleinen Tauben. Empfanget Meinen Frieden. Ich segne einen jeden von euch, Ich, Jesus Christus. Segnet und vergebt euren Verfolgern, denn sie wissen nicht, was sie tun. Ich, der Herr, liebe euch alle ewiglich.

Der Herr diktierte dann, welche Stelle aus der Heiligen Schrift ich ihnen vorlesen sollte, nämlich Hebr 3, 7-19 und 4, 1-17.

Jahwe, mein Abba, erinnere mich an Deine Gebote, damit ich sie befolge und Dir treu sei. Ich weiß, daß Deine Weisungen gerecht sind, mein Abba, und ich weiß und glaube, daß Du mich der Treue wegen leiden läßt. Es war gut, von Deinem bitteren Kelch zu kosten und zu trinken. Nun, Herr, laß bitte Deine Liebe mich trösten. Komm, und sei gütig zu mir, und ich werde leben, denn Dein Gesetz ist mein Leben und meine Freude. Lenke meine Schritte auf Dein Haus hin, wie Du mir versprochen hast. Ich sehne mich nach dem Vater im Himmel, ich warte auf Dich, Jahwe, mein Abba, ich warte auf Dich.

Die Liebe liebt dich, Mein Kind, und Ich werde keinem erlauben, dich von Mir zu trennen. Du bist jetzt ein Teil von Mir. Laß uns arbeiten!

43. Übergib Mir deinen Willen

1. Mai 1989

Ich sah in einem Traumbild in der Nacht das Antlitz Jesu. Ich bemerkte, daß Seine Augen sich mit Tränen füllten. Noch ehe sie auf den Boden fallen konnten, sprang ich schnell hinzu und fing sie mit offener Hand auf. Mit der Handfläche voll kostbarer Tränen

Jesu fing ich an, mich auf den Weg zu machen. Dabei erwog ich, ob ich Seine Tränen wohl trinken solle.

Tochter, empfange Meinen Frieden. Komm, Ich bin bei dir! Bist du glücklich, bei Mir zu sein?

O ja, mein Herr Jesus!

Und bist du noch willens, deinen Willen Mir zu übergeben und für Mich zu arbeiten?

Ja, Herr. Bitte, nenne mir wieder Deinen Namen.

Ich bin der Herr Jesus Christus, dein Retter.

Dann ja, Herr, wenn das Dein Wunsch ist.

Es ist Mein Wunsch. Bringe Mir also deinen Willen dar und Ich will ihn einsetzen.

Ich bringe Dir meinen Willen dar. Nimm meinen Willen und tu mit mir, was Dir gefällt.

Nimm denn Meine Hand, Ich und du zusammen. Ich liebe dich. Liebe Mich!

Ich versuchte nun, mich vor dem Herrn zu sammeln. Ich versuchte, Seine heilige Gegenwart zu fühlen und eins mit Ihm zu sein.

Mein kleines Kind, jedesmal, wenn Ich spüre, wie du dich mühst, erfreut sich innig Mein heiligstes Herz. Ich bin der Allerhöchste, und Ich liebe dich. Willst du dich sammeln und mit Glauben beten?

Das will ich versuchen, mein Herr. Hilf mir beten, wie Du es willst.

Dann übergib dich Mir völlig. Gefalle Mir und sprich: „Jesus, ich liebe Dich." Mach Mich glücklich mit spontanen Worten der Liebe, die aufrichtig sind und von Herzen kommen. Mein heiligstes Herz ist deine Zuflucht, ruhe in Mir. Komm, vermehre deine Liebe zu Mir, Ich möchte dich vollkommen haben.

Ich möchte Deinen Willen erfüllen und Dir ganz und gar gefallen.

Ich will dir helfen, Meine Vassula. Wir, uns?

Für immer.

Komm, ruhe in Meinem Herzen.

Ruhe in dem meinigen, Herr.

Das werde Ich.

44. Bekehrt sein heißt: den Wunsch haben, bei Gott zu sein

12. Mai 1989

Jesus?

Ich bin es. Fühle Mich und betrachte Mich. Ich bin die Liebe, und Ich bin heilig. Liebe Mich und sei heilig. Ich werde dich lehren, denn Ich bin die Weisheit. Komm, Meine Mutter liebt dich. Sie wird jetzt die Botschaft schreiben.

Botschaft für die Gebetsversammlung am 19. Mai 1989 in Martigny:

Maria: Mein Kind, ich, deine heilige Mutter, segne dich. Hier ist meine Botschaft: Friede sei mit euch allen! Ich liebe euch alle und segne euch. Hört und beachtet Unsere Rufe von heute, erkennt, wie sehr die Zeit drängt. Jesus und ich rufen euch Tag und Nacht zu eurer Bekehrung auf. Unsere Rufe, damit ihr euch bekehrt, tönen jetzt über die ganze Welt und werden sich noch vermehren. Die Zeit drängt, meine Kinder. Mein Herz ist heute voller Schmerz, weil so viele von euch nicht zu verstehen scheinen, wie dringlich Unsere Rufe sind. Ich bitte euch zu meditieren und euch zu prüfen. Testet euch, um zu sehen, ob ihr bekehrt und auf Gottes Wegen seid.

Meine geliebten Kinder! Es geht nicht nur darum, an Gott zu glauben und zu beten. Bekehrt zu sein heißt: Gott wohlgefällig sein in tiefer Betrachtung. Bekehrt sein heißt: heilig sein und in Heiligkeit leben. Bekehrt sein heißt: Frieden schließen mit Gott und Gott mit eurer ganzen Seele lieben. Denkt immer an die Liebe, die Jesus über euch ergießt. Ihr sollt in Christus leben, euch reinigen und eure Herzen ganz öffnen, so daß Jesus euch heilen kann. Bekehrt sein heißt: den Wunsch haben, bei Gott zu sein, und von ganzem Herzen nach Ihm verlangen. Viele vergessen, daß die höchste geistige Gabe die Liebe ist. Ich erinnere euch noch einmal an das Gebot Jesu: Liebet einander, wie Ich euch liebe. Erfreut mich und lebt Unsere Botschaften. Seid Unsere kleinen Lautsprecher, die Unsere Samenkörner überallhin verstreuen, damit jene, die Ohren haben, hören. Erkennt die Dringlichkeit Unserer Botschaften.

Ich bin glücklich, euch alle heute abend hier versammelt zu finden. Wir segnen alles, was ihr an religiösen Gegenständen bei euch habt. Laßt diesen Abend einen besonderen Abend der Meditation sein, eine gründliche Erforschung eurer Seele. Jesus und ich sind immer gegenwärtig, um euch zu helfen. So sprecht zu Uns mit eurem Herzen, und Wir werden zuhören. Ich segne euch alle im Namen des Vaters und des Sohnes und des Heiligen Geistes. Amen.

45. Am Fest des Heiligsten Herzens

1. Juni 1989

Heiligstes Herz Jesu?

Ich bin es. Heute ruft Mein heiligstes Herz alle Nationen auf, Meine Stimme zu hören: Ich bin die Liebe. Ich bin der Friede. Ich bin der Weg, die Wahrheit und das Leben. Es gibt keine andere Zufluchtsstätte für die Rettung deiner Seele als Mein heiligstes Herz. Tochter, schreibe mit Mir die Gebete nieder, die Ich dir letztes Jahr diktiert hatte:

> ***„O heiligstes Herz Jesu, lehre mich Deine Wege. Heiligstes Herz Jesu, führe mich auf dem Pfad der Rechtschaffenheit. Halte mich fern von dem Bösen, überlaß mich nicht seinen Angriffen. Heiligstes Herz Jesu, sei Du der Fels, der mich schützt, denn Du bist meine Zuflucht. Schenke mir Deine Liebe und Deinen Frieden, um mich zu führen und mich vor allem Schädlichen zu bewahren. Amen.“***

Heiligstes Herz Jesu, Du läßt Segen in Fülle auf uns herabregnen. Heiligstes Herz Jesu, Du gewährst den Einsamen ein bleibendes Heim. Deine „Familie“ hat wahrlich eine Wohnung gefunden. Gelobt sei unser Herr bei Tag und Nacht, der uns rettet und Seele um Seele in Sein heiligstes Herz hineinholt. Gepriesen sei unser

Herr, der unsere Bürden auf sich genommen hat und unsere Leiden teilt. – Herr?

Ich bin es. Fühle Meine Gegenwart. Sammle dich und höre Mich.

46. Ich bin auf der Suche nach euren Herzen

1. Juni 1989

Botschaft für die Gebetsversammlung:

Friede sei mit euch allen! Ich bin der Herr, euer Erlöser und derjenige, der euer Herz sucht. Ich bin der, der unermüdlich vor jeder Türe steht und anklopft. Ich bin der, der dem Sünder nachgeht, und der, der den Weisen verblüfft stehen läßt. Ich bin der, der die Gnaden vermehrt und die Seinen behutsam vorbereitet, in Mein neues Jerusalem einzutreten. Ich bin die Heiligste Dreifaltigkeit, alle in ein und demselben, der Ich mit Meinem Rettungsplan euch alle vorbereite, euch alle in einer einzigen Herde zu vereinen. Ich bin der, der die hohen Bäume stutzt und den kleinen ein Wachsen erlaubt. Fürchtet euch nicht, Geliebte, denn in dieser Wildnis werde Ich neue Samen der Liebe und des Friedens säen. Ich werde Meinen Garten wieder aufblühen lassen, damit jene, die gottlos und böse sind, es sehen und wissen, daß Meine heilige Hand auf euch allen ruht. Die steinharten Herzen werden Meine grenzenlose Barmherzigkeit verstehen und erkennen, daß Ich, der Heilige, unter euch bin.

Ich stehe zu deiner Rechten. Fühle Meine Gegenwart. Ich werde dich nicht im Stich lassen. So fürchte dich also nicht. Ja, Ich werde jeden von euch an die Hand nehmen und bilden, so daß ihr Kinder des Lichtes genannt werdet und der rechten Sache dient. Ich, der Herr, habe von Anfang an gesagt, daß Ich euch heilig haben will, so wie Ich heilig bin. Da Ich euer Gott bin und ihr Mein Volk seid, werdet ihr Mein Gesetz befolgen müssen. Mein Gesetz ist ein Gesetz der Liebe. Lernet Mich zu lieben, lernet Mich zu verehren. Ich bin auf der Suche nach euren Herzen. Hört nicht auf die Welt, hört

auf Meinen Ruf der Liebe, lauscht auf Mein pochendes Herz. Jeder einzelne Schlag Meines Herzens ist ein Ruf nach einer Seele.

Kommt zu Mir, in Meine geöffneten Arme, werft euch Mir an die Brust und <u>fühlt</u> diese Liebe, die Ich für euch alle habe. <u>Fühlt</u> diese Barmherzigkeit, die Ich in Mir trage. Kehrt zurück zu Mir, und Ich werde euch heilen. Sammelt Meine Worte wie Schätze und prägt sie tief in euer Herz ein. Laßt Meine Worte nicht von den vier Winden davontragen, kommt und heftet eure Augen auf Mich und gestattet niemandem, eure Augen von Mir abzulenken. Erkennt die Gnaden, die Ich euch anbiete, wenn Ich, der Herr, ... – Blume, überwinde deine Müdigkeit!

Herr Jesus, hilf mir, sie zu überwinden.

Gefalle Mir und höre Mich.

Hilf mir, Dich gut zu hören, mein Herr ...

Jesus fährt mit dem Diktat fort:

... zugegen bin. Ich bitte feierlich jeden von euch, seine Schuld zu bekennen und sich nach Mir zu sehnen. Mein Geist der Gnade ist über euch <u>allen</u> ausgegossen, um euch wegzuführen von diesem Geist der Trägheit, der schwer auf euch lastet, und euch neu zu beleben, ehe ihr anfangt rückwärts zu gehen. Öffnet also eure Ohren und hört Mich. Ich weiß wohl, daß die meisten von euch jetzt noch tot sind, auch wenn ihr glaubt, ihr lebt. Aber das ist wegen eures Widerstandes, euch völlig Mir zu überlassen. Vertraut Mir und widersteht Mir nicht. Überlaßt euch Mir, übergebt euch Mir, übergebt euch Mir. Erlaubt Mir, eurem liebenden Gott, eure kleinen Herzen ganz in Besitz zu nehmen. Fürchtet euch nicht, Ich bin die Liebe, und die Liebe wünscht, eure Herzen zu verschönern. So achtet sorgfältig auf Meine Worte. Sie mögen euch recht schlicht erscheinen, doch Ich bin ein Gott der Einfachheit, Ich bin sanft und demütig.

Ich weiß wohl, daß manche von euch immer wieder denken, Ich wiederhole Mich ja selbst. Doch das tue Ich, weil es so

aussieht, als drängen Meine Worte nicht in euch hinein. Wenn Ich Mich wiederhole, so ist dies wegen eurer Trägheit, wegen eurer Taubheit, es ist, weil so viele von euch Meine Worte nicht in die Praxis umsetzen. Ich komme mit Meinem Herzen in der Hand und biete es euch an. Ich komme und bringe euch Meinen Frieden und Meine Liebe dar. Ich komme, um euch allesamt zurück in eine einzige Herde zu führen. Ich komme, um dieses tote Zeitalter in ein lebendiges zu erheben.

Kommt und preist Mich, euren Herrn, Mich, der Ich hinabgestiegen bin von Meinem Himmelsthron zu euch, um euch zu Mir heraufzuziehen und euch zu beleben. Preist Mich, ihr alle, die ihr auf Meinen Geist der Gnade gewartet habt, daß Er über euch komme! Geht hin und verkündet Meine Gerechtigkeit allen Nationen und laßt Meine Botschaft die Enden dieser Erde erreichen. Laßt sie Meine Rufe der Liebe hören! Seid voller Freude und frohlockt jetzt alle, die ihr nach Mir dürstet, denn Ich will euch erfüllen. Trocknet eure Tränen, ihr alle, die ihr Tag und Nacht unterdrückt werdet, denn Ich bin hier, um euch zu trösten und zu behüten.

Mein heiligstes Herz ruft euch alle, zu Mir zu kommen in Heiligkeit, euch auf Mich zu stützen. Ich werde euch zu Meinem Tabernakel führen, wo Ich Tag und Nacht auf euch warte. Ich biete Mich euch täglich an. Kommt, kommt und empfangt Mich in Heiligkeit und in Reinheit. Beleidigt Mich nicht, seid rein und heilig, wenn ihr Mich empfangt, sammelt euch und erkennt Meine lebendige Gegenwart in der kleinen weißen Hostie. Laßt Mich eure Heiligkeit und Reinheit spüren. Ach, wenn ihr doch wüßtet, was für eine Gnade Ich euch anbiete! Kommt und erfreut Mich, indem ihr über Meine Botschaft meditiert. Erfreut Mich und lebt Meine Botschaft, ändert Mir zuliebe euer Leben.

Glücklich der Mensch, der über das meditiert, was Ich ihm heute anbiete, der sein Herz prüft und seine Seele untersucht, denn Ich werde ihn emporheben. Glücklich sind Meine Priester, Bischöfe und Kardinäle, die zu Mir kommen wie der Zöllner, der seine Schuld bekennt (Lk 18, 9-14), *denn in diesen Herzen wird Mein Wort Wurzel fassen und Frucht bringen. Ich will dann den Schleier von ihren Augen nehmen, damit sie sehen und verstehen in ihrem Herzen, daß alles, was Ich brauche, Liebe ist, Liebe und Anbetung. Doch wehe! So viele von diesen Kirchendienern haben sich von Satan betören lassen! Wie kann Ich ihre Formalitäten ertragen und ihre falsche Demut hinnehmen, wenn dadurch in ihnen die Liebe fehlt? Wer bleibt noch übrig, Mich zu verehren? Wer unter ihnen wird der erste sein, der Meinen Kindern Beispiel gibt und mit einem liebevollen Herzen zu Mir kommt, in Meiner heiligen Gegenwart niederfällt und Mich in der Stille anbetet? Alles, worum Ich bitte, Geliebte, ist Liebe in Heiligkeit. Ich bin auf der Suche nach euren Herzen. Kommt und bringt Mir euer Herz dar, und Ich werde es mit Meiner Liebe tränken, so daß ihr wiederum die Herzen Meiner Kinder erfüllen möget.*

Ich bin euer Gott, der euch die einfache Frage stellt: „Wo ist die euch einst anvertraute Herde, die Herde, die euer ganzer Stolz war?“ (Jer 13, 20). *Läutert euch, bereut und gehorcht dem Statthalter Meiner Kirche, Johannes Paul II., der nie versagt, doch den ihr beiseite schiebt und ignoriert. Ihr alle, die ihr dennoch über ihn spottet, ihr liegt Mir so schwer in Meinem heiligsten Herzen ... Verraten bin Ich, und das von den Meinen ... denn wie lange noch werdet ihr eine täuschende Oase für Meine Herde sein? Eine Fata Morgana einer endlosen Wüste? Brüder, alles, was Ich von euch erbitte, ist Liebe. Kommt und betet Mich an! Verschwendet keine Zeit damit, Mich dort zu suchen, wo Ich nicht bin. Seid vielmehr Vorbild für Meine Herde. Die Liebe steht wartend da, kommt und betet Mich an, kommt und betet Mich, euren Gott und König, an. Kommt zurück zu Mir, ihr Meine Brüder, und Ich, euer Jesus, mit Meinem heiligsten Herzen, das mit ewigwährender Liebe schlägt, werde Erbarmen mit euch haben. Ich werde eure Sünden an Mir vorüberziehen lassen und euch niemals mehr an eine einzige erinnern.*

Sucht Mich, solange Ich noch zu finden bin in Meiner Barmherzigkeit (bevor Seine Gerechtigkeit kommt), *und Ich werde kommen und die Augen der Blinden öffnen, und von den*

Ohren jener, die Ich taub werden ließ, werde Ich das Siegel entfernen. Ich will euch erlauben, Mein Licht zu schauen und Mein Wort zu hören und zu verstehen, damit ihr euch bekehren möget und fähig seid, Mich, euren Gott, aus den Tiefen eures Herzens zu preisen, zu erheben und zu verherrlichen. Ich, der Herr, lege Meine Hand auf euer Haupt und segne euch. Seid eins!

Ich segne dich, Mein Kind, komm und höre Meine Mutter:

Maria: Blume, fühle mich, ich liebe dich. Erinnere dich daran, daß ich dich verteidigen werde wie eine Löwin ihre Jungen verteidigt. Sei gesegnet und höre meine Botschaft: Meine kleinen Kinder, leistet den Rufen Gottes keinen Widerstand, sondern überlaßt euch Ihm, stützt euch auf Ihn und laßt Ihn euer Herz völlig einnehmen. Hört auf Ihn und tut, was Er sagt. Ich bin eure heilige Mutter, die euch alle daran erinnert, daß das Wort des Herrn Leben ist, daß das Wort Gottes Licht ist. Viele von euch hören Seine Liebesbitte, doch kaum seid ihr draußen, nimmt die Welt euch wieder für sich in Anspruch, und so ist Seine Liebesbitte alsbald vergessen.

Ich habe euch in meiner letzten Botschaft gebeten, zu meditieren und euer Gewissen zu durchforschen. Heute frage ich euch: Warum sind so viele von euch, die meine Botschaft hörten, heute hierhergekommen, um eine neue Botschaft zu hören, obwohl sie die vorhergehende weder meditiert noch ein zweites Mal gelesen haben? Mein unbeflecktes Herz liebt euch alle, liebe Kinder, und das ist der Grund, warum ich euch heute bitte, nochmals meine früheren Botschaften durchzulesen und sie in die Praxis umzusetzen. Ich liebe euch alle. Vergeßt nie, daß mein unbeflecktes Herz euer heilender Balsam für eure Leiden ist. Ich segne euch alle im Namen des Vaters und des Sohnes und des Heiligen Geistes. Amen.

Als Schriftlesung wurde angegeben: 1 Tim 4, 1-16; 1 Tim 6, 20-21; 2 Tim 2, 14-26 und 2 Tim 3, 1-17.

47. Alles, was Ich möchte, ist dein Wille

4. Juli 1989

Mein Herr?

Ich bin es. Sammle dich bei jeder Gebetsversammlung. Sammle dich und fürchte dich nicht. Meine Lehren sind gesund. Erlaube Mir, deine Seele zu erziehen. Erlaube Mir, Meinen göttlichen Plan fortzuführen. Alles, was Ich möchte, ist dein Wille.

Bei den letzten Worten sah ich innerlich, wie Jesus mir Seine Hand hinhielt.

Ich gebe dir Meinen Frieden, Meine Liebe, in alle Ewigkeit. Ich will dich niemals verlassen. Friede, Mein Kind. Höre Meine Mutter.

Ja, Herr.

Maria: Vassula, laß deine Seele in Jesu heiligstem Herzen ruhen und überlaß alles übrige Ihm. Komm, ich will dir meine Botschaft diktieren.

Botschaft für die Gebetsversammlung am 14. Juli 1989 in Fribourg:

Maria: Friede sei mit euch. Ich bin bei euch allen, die Hände über euch erhoben, um euch zu segnen. Hört auf die Worte der Weisheit. Alles, was der Herr sucht, ist euer Herz. Verweigert es Ihm nicht. Wenn ihr Ihm euer Herz anbietet, wird Er euch die Gabe Seiner Liebe geben, um euch zu führen und euch in Sein heiligstes Herz, das eure Heimstätte ist, hineinzunehmen. Es ist die Heimat eurer Seele. Kehrt zurück zum Herrn und bringt Ihm euren Willen dar. Kommt zurück zum Allerhöchsten, und Er wird euch in den Duft Seiner Liebe hüllen. Ich rufe euch heute, um euch allen Mut zu machen.

Unsere Rufe erschallen rings um diese dunkle Erde, die so voll Bedrängnis und Pein ist, ja, zu einem Zeitalter der Bedrängnis und Pein geworden ist. Ich ersuche euch eindringlich: Jede Seele möge darüber nachdenken, warum Jesus und ich euch auf alle möglichen Weisen erscheinen und drängen, euch zu bekehren, und dies nicht nur hier, sondern an vielen Orten auf der ganzen Erde. Wir gleichen beunruhigten Eltern, die auf alle Arten versuchen, euch zu erreichen und euch zu warnen, weil ihr Unsere so geliebten Kinder seid. So nehmt euch Unsere Warnungen und Rufe zu Herzen. Bereut und betet mit dem Herzen. Kommt mit Liebe zum Herrn, kommt und betet den Herrn an. Nehmt die Liebe an, die Er euch schenkt, erfreut Sein Herz und kommt alle zur Stunde der Anbetung. Die Liebe ver-

langt nach Liebe, die Liebe sucht euer Herz. Kommt zur Liebe, kommt zu dem, der der Heilige ist und der euch zuruft, Seine Liebe zu erwidern. Ich bin eure heilige Mutter, die euch liebt. Hegt keine Zweifel. Ich segne euch alle im Namen des Vaters und des Sohnes und des Heiligen Geistes. Amen.

48. Wo ist jetzt die Herde, derer ihr euch rühmt?

9. August 1989

Botschaft für die Gebetsversammlung am 18.8.1989 in der kath. Kapelle von Caux:

Herr?

Ich bin es. Hört Mich, Geliebte, Ich bin heilig, und Ich bereite euch vor, auf dem Weg der Heiligkeit zu wandeln. Meine kleinen Kinder, denkt daran, daß ihr euch nicht an irdischen Besitz klammert, sondern an all das, was von oben kommt und himmlisch und heilig ist. Ich bin heilig, und da ihr Meine Kinder seid, wünsche Ich, daß ihr in Heiligkeit lebt. Haltet Meinen Namen in Ehren, heiligt Meinen Namen.

Meine Lieben, kommt zu Mir und findet Mich in der Stille, fühlt Mich ... öffnet euch Mir ganz. Wenn ihr das tut, werde Ich damit beginnen, euch in großer Freude den Weg zu weisen. Ich werde auf euch Meine Weisheit herabregnen lassen, und Ich werde eure Seelen zu Mir erheben und sie schön machen. Ich bin der stete Erinnerer an Mein heiliges Wort. Ich bin die Disziplin und die Weisheit. Ich bin der Eine und Einzigartige, derjenige, der alle jene erzieht, die sich Mir überlassen. Lebt in Meinem Licht und sucht Schutz unter Meinen Flügeln. Eßt von Meiner Speise und versucht nicht voreilig, die geistige Verbindung mit Mir zu unterbrechen. Erlaubt Mir, euch völlig vorzubereiten und eure Seele bis zur Reife und zur Vollkommenheit zu nähren, damit ihr im Leben bestehen könnt. Wendet euch nicht ab von Mir. Geht den Weg mit Mir.

Den ganzen Tag und die ganze Nacht rufe Ich immer wieder all jene, die immer noch in dieser Wildnis umherirren und Mich suchen. Kommt, ihr, die ihr in dieser Wildnis umherirrt und sagt: „Ich habe meinen Erlöser gesucht, habe Ihn aber nicht gefunden." – Findet Mich, Meine Geliebten, in der Reinheit des Herzens, indem ihr Mich ohne Selbstinteresse liebt. Findet Mich in der Heiligkeit, in der Selbsthingabe, die Ich von euch wünsche. Findet Mich, indem ihr Meine Gebote beachtet. Findet Mich, indem ihr Böses mit Liebe ersetzt. Findet Mich in der Schlichtheit des Herzens. Sündigt nicht mehr. Hört auf, Böses zu tun. Lernt Gutes tun. Strebt nach Gerechtigkeit. Helft den Unterdrückten. Laßt diese Wüste und diese Trockenheit frohlocken. Laßt eure Lauheit zu glühendem Eifer entflammen. Laßt eure Gleichgültigkeit und Müdigkeit fahren und ersetzt sie durch Eifer und Inbrunst. Ja, tut all das, damit ihr sagen könnt: „Ich habe meinen Erlöser gesucht und Ihn gefunden. Er war mir nahe die ganze Zeit, doch in der Dunkelheit konnte ich Ihn nicht sehen. O, Dank und Ehre sei Gott! Gelobt sei unser Herr! Wie konnte ich nur so blind sein?" Ich werde euch dann an Meine Grundsätze erinnern und euch helfen, diese hochzuhalten, auf daß ihr lebt.

O kommt zu Mir, all ihr Hirten, die ihr von der Wahrheit abgewichen seid. Wie konntet ihr sagen, ihr hättet keinen Weg der Gesetzlosigkeit unerforscht gelassen? Wie konntet ihr euch rühmen, Wüsten ohne irgendwelche Spuren durchquert zu haben? Was hat euer Großtun und eure Überheblichkeit Meiner Herde nicht alles angetan? Ja, wo ist denn jetzt die Herde, derer ihr euch rühmt? Könnt ihr jetzt noch behaupten, ihr hättet sie richtig regiert? Habt ihr euch jemals selbst aufrichtig gefragt, ob ihr euch verhieltet, wie Ich, der Hirte, Mich zu verhalten pflege? So zu verhalten pflege? So hört denn auf Mich und versteht und nehmt diese Worte als Warnung: Ihr, die ihr den Hirtenstab mit einem Zepter der Falschheit vertauscht habt und Tausende regiert: War nicht Ich es, der euch die Last von den Schultern nahm? War nicht Ich es, der für euch sühnte? Hätte Ich denn noch

länger mitansehen sollen, wie ihr das Brot der Tränen aßet? Alles, was Ich getan habe, geschah, um euch Erleichterung zu verschaffen und zu Hilfe zu eilen. Und mit großer zärtlicher Liebe habe Ich euch beim Namen genannt, Meine Hirten. Die Zeit ist jetzt nur noch kurz. Ich schenke euch Wunder und erfülle das Himmelszelt mit bedeutungsvollen Zeichen. Ich gebe euch eine Warnung nach der anderen. Ich gebe euch große Zeichen Meiner Liebe und Meines Erbarmens, doch ihr merkt es nicht ...

Ist euer Herz heute bereit, Mich zu empfangen? Ist euer Mund bereit, zu sprechen und Meinen Geist der Gnade anzuerkennen, den Ich in diesen Tagen auf euch ergieße? Sind eure Augen willens zu sehen? Sind eure Ohren bereit, Meine Liebesrufe zu vernehmen? Sind eure Herzen willens, sich zu öffnen und Meine Gnadenerweise von heute anzuerkennen? Sind eure Füße bereit zu wandeln, und auch zu kommen und zur Zeit der Anbetung niederzuknieen, so wie es die allerersten Hirten zu Meiner Verherrlichung schon bei Meiner Geburt getan haben, als sie kamen, um Mich anzubeten? Seid ihr bereit, Mich dieses Mal von ganzem Herzen zu verherrlichen, und Meiner Herde eure Liebe und eure Treue Mir gegenüber aufzuzeigen? Ihr behauptet, ihr seid lebendig und nicht tot. Wie aber kommt es, daß Ich von euch keinen Laut vernehme? Wie kommt es, daß Ich keine Segensrufe von euch höre?

Ich bin der Herr, der alle jene, die Ich liebe, Mir vornehme und erziehe. Kommt und bereut, erfüllt heute Mein heiligstes Herz mit Freude, und richtet eure Augen auf Mich, euren Hirten, damit ihr nicht noch länger in dieser Wüste ziellos umherirrt. Ich bin bereit, eure Füße auf die Wege des Friedens, der Liebe und der Einheit zu lenken. Ich bitte euch flehentlich, den Schlüssel zu Meinem Königreich zu nehmen und zu gebrauchen. Der Schlüssel zu Meinem Reich ist die Liebe, die Liebe in all ihrer Herrlichkeit; die Liebe, und die Demut ist der andere Schlüssel zur Einheit. Nehmt diese Schlüssel und benützt sie. Benützt sie, Meine Geliebten, und seid eins. Seid ein einziges heiliges Volk. Ich segne einen

jeden von euch und lasse Meinen Seufzer nach Liebe auf euren Stirnen zurück.

Ich möchte noch folgendes zu Meiner Botschaft hinzufügen: Jeder, der behauptet, er sei im Licht, aber seinen Bruder haßt, ist immer noch im Dunkeln. Vergebt, vergebt, wie Ich, der Herr, euch immer wieder vergebe. Seid heilig, genauso wie Ich heilig bin. Betrachtet Meine Botschaft, betrachtet sie, nehmt Meine Botschaft ganz in euch auf. Die Liebe liebt euch alle.

Unsere heilige Mutter gibt uns jetzt ihre Botschaft:

Maria: Ich segne einen jeden von euch. Ich wünsche von euch, daß ihr den Herrn beständig preist, Ihm für Seine Botschaft dankt. Noch gibt es eine lebendige Kraft unter denen, die Seine Botschaft gläubig befolgen. Seid also voll Vertrauen, wenn ihr euch dem Thron der Gnaden naht, denn ihr habt Sein Erbarmen und Seine Liebe, weil Er ja voll mitfühlendem Erbarmen ist. Folgt Seinen Anweisungen und lebt Seine Botschaften. Lest sie nicht nur, um sie dann zur Seite zu legen, um auf die nächste zu warten, sondern setzt sie um in die Praxis, weil das Seinem heiligsten Herzen sehr gefallen wird. Hört auf Seine Stimme. Meine Kinder, bringt Ihm eure Probleme und eure Leiden dar, und Er wird euch segnen. Haltet Seinen Namen heilig. Die Liebe ist unter euch. Kommt, ich segne jeden einzelnen von euch.

49. Der Tag vor Mariä Himmelfahrt

14. August 1989

Am Tag vor der Aufnahme Mariens in den Himmel (Festtag bei den Orthodoxen).

Ich bin der Herr. Mein Kind, kaum hatte Ich dieses Exil durchquert, da fand Ich auch schon dich, du, von Meinem Herzen geliebt. Ich hielt dich fest und führte dich zurück auf den geraden Weg. Niemals würde Ich dich gehen lassen, bevor Ich dich in das Haus Meiner Mutter gebracht hätte, in den Raum, in dem sie Mich empfing. Weihe Mir morgen deinen Tag und sei Mein Weihrauch und Mein Wohlgeruch in

deiner Umgebung. Mein Geist ruht auf dir. Habe Mut! Ich werde dich nicht verlassen. Mein Segen weilt auf dir, Mein Kind.

50. Kommt zu Ihm, wie ihr seid

4. September 1989

Botschaft von Maria für die Gebetsversammlung:

Maria: Friede sei mit euch allen! Gott allein ist Weisheit. Hört auf die Stimme der Weisheit, die in dieser Wüste laut nach euch ruft. Öffnet eure Ohren und erkennt Seine Stimme. Jesus ist es, der euch alle ruft, einen nach dem anderen, zu Ihm zurückzukehren, zurückzukehren zur Liebe und Ihm in Seinen Fußstapfen nachzufolgen. Mein Sohn weiß um eure Schwäche und um eure Fehler, doch braucht ihr nicht zu verzagen, wenn ihr euch völlig in Seine göttlichen Hände überlaßt und Ihm vertraut. Kommt zu Ihm, wie ihr seid, und bietet Ihm euren Willen an, bringt Ihm eure Liebe dar. Bringt Ihm eure Leiden, eure Sorgen, eure Qualen, eure Probleme –, bringt Ihm alles dar und vertraut Ihm. Erlaubt Ihm, euch in die Tiefen Seines heiligsten Herzens zu führen, wo ihr Seinen Frieden finden werdet – diesen Frieden, den eure Seele so sehr braucht.

Ich möchte, daß ihr euch immer vor dem Bösen in acht nehmt, der Schwierigkeiten, Spaltungen und Verwirrung fördern will und mehr denn je den Rettungsplan Gottes bekämpft. Er täuscht sogar noch die Erwählten, indem er sie verwirrt, aber jeder, der den Namen des Herrn anruft, wird erhört und vor dem Fall bewahrt. Jene aber, die der Stimme des Bösen Gehör schenken, werden die Gerechtigkeit und die Rechtschaffenheit, die von Gott kommt, nicht erkennen können. Sie werden die Stimme der Liebe nicht erkennen können. Denkt immer daran, daß die Schritte jener, die gute Nachrichten bringen, wohlklingend und willkommen sind.

Betet, geliebte Kinder, mit eurem Herzen und heißt den Heiligen Geist willkommen, der jetzt über viele Nationen und Völker ausgegossen wird. Spürt doch, wie die Tage nahen, an denen die Liebe wiederkehrt, und daß die Gnaden freigebig über so viele von euch ausgegossen werden.

Meine Botschaft möchte ich damit beschließen, daß ich euch daran erinnere: Ihr wurdet aus Liebe und für die Liebe erschaffen, um euren Schöp-

fer zu lieben, und alles, was da ins Dasein gerufen wurde, ist durch Ihn und für Ihn erschaffen. So preist Ihn und gebt die Ehre Gott, der euch erschuf. Erfreut mich, eure Mutter, und betrachtet Unsere Botschaften und lebt danach. Ich segne euch alle, besonders eure Familien. Ich, eure heilige Mutter, liebe euch alle.

51. Ich will meine Rufe vermehren

22. September 1989

Botschaft von unserer heiligen Mutter:

Maria: Geliebte Tochter. Abba liebt euch alle.

Gelobt sei der Herr!

Maria: Sage meinen Kindern folgendes: Friede sei mit euch! Meine Söhne und Töchter, öffnet euch, so daß Jesus in euer Herz eintreten und euch heilen kann. Meine heutige Botschaft wird euch daran erinnern, wer Jesus ist. Jesus ist die Quelle allerhöchster Liebe, das Licht der Welt. Um euch zu erlösen, hat Er den Tod am Kreuz erlitten, ohne Rücksicht auf die Schande, die es bedeutete. Er ist sanftmütig und demütig. Kommt und erkennt Ihn an als euren Gott, denn Ihn anzuerkennen <u>ist tatsächlich</u> die vollkommenste Tugend. Fühlt Ihn, fühlt Seine heilige Gegenwart. Lernt Ihn zu schätzen, Er weilt unter euch. Lernt zu sagen: „wir, uns". Vergeßt Ihn auch nicht, wenn ihr betet, sondern behaltet Ihn ständig in eurem Herzen, schließt Ihn in euer Herz.

Betrachtet Unsere Botschaften nicht als Drohungen. Unsere Botschaften sind Botschaften der Liebe und des Friedens, die aus Gottes unendlichem Erbarmen hervorgehen. Erfreut Gott damit, daß ihr nachdenkt, ehe ihr den Mund aufmacht, um was auch immer zu sagen. Erlaubt nicht, daß eure Lippen euch dadurch verurteilen. Alles, was ihr sagt, soll euch als Kinder Gottes ausweisen, soll von einem Geist der Heiligkeit, Ergebenheit und Reinheit zeugen. Seid eifrig darin, der rechten Sache zu dienen. Heute stelle ich euch die Gewissensfrage, euch, die ihr Mich hört: „Liebst du deinen Nächsten, so wie dich selbst?" Ich möchte daran erinnern, daß selbst in eurer Schwäche noch die Möglichkeit besteht, daß ihr vollkommen werdet: wenn ihr euch nur vom Herrn führen laßet, euch täglich Ihm übergebt, Ihm furchtlos euren Willen aufopfert. Er kennt eure Fähigkeiten und wird nie von euch etwas verlangen, das euch schadet.

Erhebt eure Seele, indem ihr betet. Wachset in der Heiligkeit, wachset in der Liebe. Gott beschenkt euch so reichlich. Hört nie auf den Rebellen. Laßt keinen Leerraum in eurem Herzen, so daß der Dämon euch versuchen kann, sondern lebt einzig im Glauben, in der Hoffnung und in der Liebe. Dies sollen die Früchte sein, die euer Herz erfüllen. Gott ist unter euch, um eurer Seele alles zu geben, was ihr fehlt. Die Weinberge des Herrn werden sich vervielfachen und genug Früchte bringen, um Tausende zu nähren. Der Schöpfer bereitet euch vor, in das neue Zeitalter der Liebe einzutreten. Seht euren Schöpfer als euren heiligen Gefährten, euren Vater, euren Bräutigam, euren Erlöser und euren Ratgeber an.

Preist den Herrn für Seine erbarmungsvollen Rufe, denn Er spricht: „Ich will Meine Rufe vermehren und nicht vermindern. Ich will Meine Kinder nahe an Mich ziehen, um sie mit Meiner eigenen Hand zu nähren. Ich will Mein Gesetz in ihr Herz legen, und sie werden in Meiner Liebe Wohnung und Schutz finden. Ich will sie trösten und sie zurückführen zu Mir, zurück zur Wahrheit. Ich werde sie an die wirkliche Nahrung gewöhnen, so daß die Tage, wo Segen nicht willkommen war, tot sein werden. Ich will das Leichentuch wegziehen, das die Toten bedeckt und sie mit Meinem Licht auferwecken." Die Liebe wird zu euch zurückkehren als Liebe und unter euch leben.

Meditiert über Unseren Botschaften und lebt Unsere Botschaften. Fühlt euch geborgen, denn Wir sind bei euch allen. Ich segne euch und eure Familien. Betet, und ich werde mit euch beten. – Komm, Tochter!

52. Gott will, daß ihr euch täglich Ihm übergebt

25. Oktober 1989

Botschaft unserer heiligen Mutter für die Gebetsgruppe:

Maria: Mein Friede ist mit euch! Die Kirche wird wieder leben. Kommt, schenkt euch täglich dem Herrn und bereitet Ihm dadurch Freude. Erlaubt Ihm, euch in hingebungsvolle Kinder umzuwandeln, in Kinder des Lichtes. Verändert euer Leben in der Weise, daß ihr euch von weltlichen Dingen loslöst, Meine Kleinen, denn ihr seid nur vorübergehend in dieser Welt. Ich erinnere euch ständig daran, daß eure Seele ewig leben wird, deshalb warne ich euch immer wieder: Ändert euer Leben! Was will denn Gott von euch, was ist als das Vollkommene zu tun? Gott möchte, daß ihr euch täglich Ihm ganz vorbehaltlos übergebt, damit Er euch in ein vollkommenes Wesen umformen kann. Das Vollkommenste ist also, dem Willen Gottes zu gehorchen durch Hingabe des eigenen Willens an Ihn. Sucht Ihn, sucht alles, was Ihm gehört. Ich bitte euch, nicht auf die Einflüsterungen des Dämons zu hören, sondern eure Seele durch ständiges Beten emporzuheben.

Ich liebe euch, Kinder, und meine Augen lassen euch auch nicht einen Augenblick allein. Lernt aus Unseren Botschaften, Gutes zu tun. Mögen Unsere Botschaften eure armen Seelen nähren und euch zur Erkenntnis zurückführen. Mögen sie euch zur Heiligen Schrift führen, zur Wahrheit und zum Leben. Ich möchte euch aus den Netzen des Teufels erretten. Ich möchte eure Seele in eine höhere Stufe des Gebets erheben. Heute abend, liebe Kinder, werde ich auf ganz besondere Weise für euch beim Vater eintreten. Ihr sollt wissen, daß ihr durch Seine Güte viele Gnaden erlangen könnt. Ihr sollt wissen, wie unendlich reich Er an Gnade ist. Ersehnt den Herrn, seid immer voll Verlangen nach dem Herrn, bringt Ihm eure Sorgen dar, vertraut Ihm. Erweitert Sein Königreich mit eurer Liebe zu Ihm und zu euren Brüdern. Zahlt Böses durch Liebe heim. Laßt Liebe den Schwerpunkt in eurem Leben sein, laßt sie eure Wurzel sein. Achtet auf eure Gedanken! Richtet nicht über andere, denn eure Wege sind nicht wie die des Herrn. Bemüht euch, dem Herrn zu gefallen, indem ihr demütig euch jeglichen Urteils über andere enthaltet. Gottes Liebe wird auch dem Letzten von euch geoffenbart.

Geht in Frieden, Geliebte, in eure Wohnungen, ohne Uns draußen zu lassen, nehmt Uns mit hinein. Lernt, Unsere heilige Gegenwart fühlen. Lernt „wir" statt „ich" zu sagen, „uns" statt „mir". Ich segne euch alle. Seid eins, so, wie der Herr es wünscht. Seid nicht zerspalten, denn im Himmel seid ihr eins. Seid im Frieden und lebt im Frieden!

53. Die drei eisernen Stäbe

26. Oktober 1989

Vassula, zeichne drei Eisenstangen, jede oben mit einem Kopf. Diese stellen die Römisch-Katholischen, die Orthodoxen und die Protestanten dar. Ich möchte sie biegen und vereinen. Doch diese Eisenstangen sind immer noch sehr steif und können sich von sich aus nicht biegen. So werde Ich zu

ihnen kommen müssen mit Meinem Feuer, und mit der Kraft Meiner Flamme werden sie weich werden und sich biegen und sich formen zu einer einzigen festen Eisenstange. Dann wird Meine Herrlichkeit die ganze Erde erfüllen.

Betet oft zum Heiligen Geist dieses Gebet:

> ***„Komm, Heiliger Geist, komm durch die mächtige Fürsprache des Unbefleckten Herzens Mariens, Deiner so geliebten Braut. Amen."***

Wenn ihr so betet, wird der Heilige Geist eilends über euch kommen. Betet eifrig um die Ausgießung des Heiligen Geistes, damit Er über euch komme.

54. Eine Nation, die Seinem heiligen Namen geweiht ist, wird auferweckt

31. Oktober 1989

Mein Herr und Erlöser?

Ich bin es. Friede sei mit dir, Mein Kind. Fürchte dich nicht. Fürchte niemals Meine Gegenwart, fürchte Mich nur, wenn du gegen Mich rebellierst. Wer nicht mit Mir ist, zerstreut. Denke daran! Meine Offenbarung an dich zerstreut nicht. Sie sammelt. Meine Offenbarung bringt euch zusammen zu einem Leib. Empfange Meinen Frieden, Mein Kind. Bleibe ein Nichts, bleibe in Mir. Ich, der Herr, segne dich.

Das wurde wegen der Zweifel gesagt, die ich hie und da habe, wenn ich meine, ich könnte einen Fehler begehen oder im Irrtum sein.

Später. Ich neigte mich zur Statue Unserer Lieben Frau von Fatima, die auf meinem kleinen Tischchen steht, an dem ich schreibe. Ich neigte mich zu ihrem rechten Ohr und flüsterte ihr zu:

Du weißt, Jesus hat mir etwas sehr Kostbares zum Verwalten anvertraut. Es hat mit der Verherrlichung Seines Leibes, der Kirche, zu tun. Es ist auch für die Rettung der Seelen! So komme ich zu dir, liebe Mutter, und bitte dich, ob du es nicht aufbewahren kannst, hüte und verteidige es für mich. Ja, es ist die Offenbarung des Herrn. Ich übergebe sie völlig in deine Hände. Inzwischen will ich das Werk des heiligen Herzens Jesu weiterführen, der mir diese Mission aufgetragen und mich dazu angeleitet hat.

Bald schon werden die Toten ihre Gräber beim Schall Seiner Stimme verlassen. Alles geschieht zu Seiner Verherrlichung. Bald schon wird eine Nation auferweckt, eine Nation, die Seinem heiligen Namen geweiht ist, denn dies ist schon vor so langer Zeit verkündet worden. (Bemerkung, die später, 1992, eingefügt wurde: Ohne daß ich es wußte, prophezeite ich den Fall des Kommunismus in Rußland.)

Maria: Mein Kind, nichts kann sich zwischen Gottes Liebe und Seiner Liebe zur Menschheit stellen. Auch wenn du verfolgt wirst, betrübt bist und angegriffen, sei klug und gehorche Gott. Keiner hat das Recht, jene anzuklagen, die Gott erwählt hat. Ich will diese Offenbarung hüten, wie ich alle anderen Offenbarungen Gottes hüte. Habe Vertrauen in den Heiligen, Er wacht über Seinen Werken. Offenbare ohne Angst Gottes Liebe, meine Vassula. Komm, sei in ständigem Gebet zum Vater.

Ich danke dir und ich preise dich, heilige Mutter.

55. Mein Rußland wird das lebendige Vorbild für eure Zeiten sein

13. und 14. November 1989

Eine Prophezeiung.

Friede sei mit dir, Mein Kind! Verkündige die Frohbotschaft mit Liebe für die Liebe. Die Kirche wird wieder aufleben, weil Ich, der Herr, all die Betrüger stürze, die sich selbst auf einen hohen Amtssitz in ihr erhoben. Tochter, beseitige diese Dornen, die Mein Haupt durchdringen; Dornen, die so viel Blut fließen lassen. Fürchte sie nicht, Tochter, denn Ich bin dir zur Seite, und Ich sage dir wahrlich, daß mit Meiner Kraft und Meiner großen Barmherzigkeit Ich jeden von die-

sen stürzen werde. Du siehst, Mein Kind, der ganze Himmel war zu lange schon in Trauer um deine so ungeliebte Schwester (Rußland), ***denn seit Jahren schlucken Wir Unsere bitteren Tränen. ...***

O Rußland, du bloßes Geschöpf aus Fleisch! Das Böse schlängelte sich sogar in deinem Schoß. Geschöpf aus bloßem Staub und Asche, Ich, der Höchste, werde dich auferstehen lassen, denn Ich bin die Auferstehung. Ich will dich pflegen, damit du wieder lebst, und Ich werde mit Meinem Finger auf dir dich in eine herrliche Nation umwandeln, so wie Ich umgewandelt wurde. Du wirst königlich in strahlendweiße Gewänder gekleidet sein, und der ganze Himmel wird seine Trauergewänder ablegen, und die bitteren Tränen des Himmels sollen sich in Freudentränen verwandeln. Der ganze Himmel wird deine Auferstehung feiern, und all die Märtyrer-Heiligen, die unaufhörlich zu Füßen deiner heiligen Mutter um ihre Fürsprache beteten, werden in diesen Tagen ebenfalls zusammen mit Meiner Mutter und ihren unzähligen heiligen Engeln alle herabkommen in die Wohnungen von euren Kindern, und sie werden zusammen mit ihnen wohnen. Sodann werde Ich ihnen Meinen Leib zu essen geben und Mein Blut zu trinken anbieten. Rußland wird Mich essen und Mich trinken mit großer Liebe und Mich dabei preisen. Mein Rußland wird das lebendige Vorbild für eure Zeiten und für kommende Generationen sein, aufgrund seiner großen Bekehrung. Deine einst so ungeliebte Schwester wird ihr ganzes schlechtes Benehmen aufgeben und wird Mich, ihren Gott, rufen mit ihrer ganzen Macht. Vassula, kannst du hören? Höre, ... höre auf die Klagen der Kinder deiner Schwester.

Hier fing ich an zu weinen, nicht nur wegen der leidenden Kinder Rußlands, sondern auch, weil Gott sich so unbeschreiblich traurig anhörte.

Ihre Kinder klagen, man hört das Wehklagen und Jammern. Es sind die Kinder Meines Rußlands, die weinen. Der ganze Himmel hört deutlich, wie sie sich grämen. Der Himmel ist zutiefst von ihrer Not bewegt, und Ich, der nie aufhörte, sie

zu lieben, bin jetzt nahe ihrem toten Körper und halte Meine Hand auf ihr kaltes Herz, so daß ihr Gebein neu aus ihrem Grab erblühen wird. Gut wird man von ihrem Namen sprechen, denn Ich werde sie und ihre Söhne und Töchter schmücken. Es wird fernerhin ein Friedens- und Liebesbündnis zwischen Mir und ihr unterzeichnet und versiegelt werden. Ich liebe sie und habe sie immer geliebt, auch in ihrer Untreue gegenüber Mir, und sogar in ihrer Bosheit segnete Ich sie noch und noch. Dies wird Mein glorreiches Wunder sein. Warte nur und sieh. Jene, die eingeschlafen sind in ihrem Haß – sie haßten Mich ohne Grund –, auch jene will Ich ins Leben zurückholen, weil sie ihre Söhne sind und immer noch in ihrem Mutterleib (gemeint ist Russland) ***leben. Alle diese Dinge werden bald stattfinden.***

Tochter, Ich bin der Heilige, der Allerhöchste, Ich bin die Allerheiligste Dreifaltigkeit. Gefalle Mir und höre Mich, wie du Mich heute schon gehört hast. (Gott schien zufrieden zu sein.)

56. Es ist ganz wichtig zu beten und Meine Gaben zu erbitten

16. November 1989

Herr? Ich richte meine Augen auf Dich, ich erhebe meine Seele zu Dir, ich verlange nach Dir, Du mein Erlöser. Deine heilige Gegenwart ist meine Wonne, o nimm Dich meiner Sache an und verteidige mich!

Meine Blume, die Liebe ist dir nahe. Obwohl du Mich nur mit den Augen deiner Seele siehst, lasse deinen Glauben nicht kleiner werden. Lächle Mir zu, denn das gefällt Mir. Ach Mein Kind, komm doch, nimm Mein Joch auf dich; Mein Joch drückt nicht, und Meine Last ist leicht. Bete in der Weise, wie Ich es dich gelehrt habe: mit deinem Herzen. Es ist ganz wichtig, zu beten und Meine Gaben zu erbitten, denn so wird Mein Gesetz erfüllt. Gehe jede Minute ein in Mein hei-

ligstes Herz. Ich sehne Mich danach, dich zu trösten. Ich sehne Mich danach, in dir zu ruhen. Erlaube nun Meiner Mutter, dich zu lehren.

Maria: Meine Vassula, ich bin dir nahe, sei dessen gewiß. Tröste meinen Sohn, indem du Ihn liebst; tröste Jesus, indem du zu Ihm sprichst und Ihn an die erste Stelle setzt. Laß nie Unsere Hände aus, suche nie hinter Seine Schultern zu schauen, sondern halte dich in Einklang mit Uns. Bete Ihn an und verkündige für Ihn mit Liebe die Frohbotschaft; vertraue Ihm; sorge dich nicht, was morgen sein wird, der morgige Tag wird für sich selber sorgen; schaue nicht nach links und nicht nach rechts. Der Herr möchte deine volle Hingabe, um aus dir ein vollkommenes Wesen zu machen, das Sein göttliches Bild widerspiegelt. Euer Zeitalter hat dieses göttliche Abbild verloren. Wenn Jesus und ich mittels Unserer Botschaften „hinabsteigen", so nicht deshalb, um dich zu richten. Wir kommen nicht, um dich zu richten oder dich zu verurteilen. Wir kommen vielmehr zu dir mit großer Liebe und großem Erbarmen, um euch alle zu Uns zurückzuholen und aus euch allen „göttliche Wesen" zu machen. Ich segne euch! Ich bin mit euch!

Ich preise dich, heilige Mutter. Amen.

57. Ich segne dich für diesen kleinen Glauben, den du Mir gibst

29. November 1989

Mein Herz ist bereit, mein Gott, Dich zu empfangen. Ich höre zu; hier bin ich.

Botschaft für die Gebetsversammlung im Dezember:

Meine Vassula, es freut Mich, daß du Mir erlaubst, dich zu gebrauchen. Höre und schreibe: Friede sei mit euch! Ich bin euer Erlöser, der König des Friedens. Ich bin euer Tröster. Ich bin die Liebe, und es ist die Liebe, welcher ihr nun euer Ohr leiht. Und wegen niemand anderem als um eures Friedensfürsten willen seid ihr von überallher gekommen. Ihn nur

wollt ihr hören. Es ist ja euer Heiland und Erlöser, derjenige, der euch losgekauft hat, den ihr heute hören dürft.

Was ihr sucht, ist Frieden, und Ich sage euch: Ich gebe euch Meinen Frieden. Sucht ihr auch Trost, Meine Geliebten? Kommt, Ich will euch Trost spenden in Fülle. Und ist es Liebe, wonach ihr dürstet? O kommt! Fallt in Meine offenen Arme, Ich bin die Liebe! Meine kleinen Kinder, betrübt nicht euer Herz, Ich habe euch nie verlassen, Ich, Jesus, bin euch immer zur Seite. Der Grund also, warum Ich auf diese Weise hinabsteige, ist, um euch zu trösten und euch Mein Gesetz in Erinnerung zu rufen. Ich möchte euch alle zurückrufen zur Liebe, zum Frieden und zur Einheit.

Ich komme nicht, um euch zu richten, auch komme Ich nicht, um euch zu verwerfen. Ich komme aufgrund Meines unendlichen Erbarmens, um euch zu erinnern, daß Ich heilig bin und auch ihr heilig leben sollt. Ich bin ein Gott der Liebe, nicht ein Gott, der euch zur Verzweiflung treibt. Ich bin ein Gott der Hoffnung, und Ich komme, um euch Hoffnung zu geben. Gesegnete, Ich bin derjenige, der euch am meisten liebt. Ich bin derjenige, der wegen Seiner Liebe zu euch Sein Leben hingab. Werde Ich dann nicht in diesen Tagen der Dunkelheit alle Hebel in Bewegung setzen, um euch zu warnen und vom Bösen wegzubringen? Um euch näher an Mein Herz zu ziehen und euch zu zeigen, daß eure Wohnung tatsächlich Mein heiligstes Herz ist?

Ich komme, um all jene, die noch nicht versöhnt sind mit Mir, zu bitten, sich doch zu versöhnen und Frieden mit Mir zu schließen. Alles, was Ich von euch erbitte, ist Liebe. Mein Geist wird in Überfülle über eure Generation ausgegossen – alles aus Meiner unendlichen Barmherzigkeit heraus –, und ihr solltet es nicht für unglaubhaft halten, daß Ich auf diese Weise spreche, bin Ich doch der Allmächtige. Meine Botschaften haben den Zweck, viele von euch, die in die Irre gegangen sind, zurück und zur Vernunft zu bringen, und an die Wahrheit zu erinnern. Und jenen, die immer noch nicht glauben wollen, daß es sich um göttliche Werke der Barmherzigkeit handelt, stelle Ich dieselbe Frage, die Ich einst den Pharisäern stellte: Wer von euch wird seinen Sohn, der in einen Brunnen fällt, oder sei es auch nur sein Ochse, nicht sogleich herausziehen, auch wenn es Sabbat ist? (Lk 14, 5). *Geliebte, Ich bin ein Abgrund an Erbarmen, Ich bin unendlicher Reichtum. Meine Stimme wird gehört werden auf dem ganzen Erdkreis und sogar noch darunter, dort, wo in den dunklen Eingeweiden der Erde die Toten liegen, wird Meine Stimme gehört werden. Und Ich werde zu ihnen hingehen und sie auferwecken, ja sogar Säulen des Lichts aus ihnen machen. Und zu jenen, die auch dann noch fortfahren werden, Meine Werke zu verwerfen, werde Ich sagen: Suchet den Herrn in der Einfalt des Herzens.*

Meine Priester, Meine Priester ... ihr alle, die ihr Abbild Meines göttlichen Bildes seid, erlaubt Mir, euch an diesem Jahresende zu ermahnen: Kommt zu Mir und schöpft aus Meinem Herzen, das ein Abgrund an Liebe ist, um eures damit zu füllen. Hört auf Meine Worte und handelt danach! Seid nicht wie ein Haus, das nur auf den Boden gestellt ist und keine rechten Fundamente hat, da es beim nächsten Hochwasser bestimmt in sich zusammenfällt! Seid standhaft und setzt das von Mir Gelehrte in die Tat um! Ich werde alle Menschen an Mich ziehen, und der Geist der Liebe wird euch allen Mein heiliges Antlitz offenbaren. Ich komme zu euch, um euch, Meine geliebten Brüder, zu ermutigen: Verbleibt in Meiner Liebe, seid weiterhin Hirten Meines Volkes, die es mit Liebe für die Liebe hüten.

Wandelt in Meinem Licht, und Ich will euch leiten. Ich bin das Licht der Welt, und ihr, die ihr Meine Freunde seid, Meine Erwählten, geht ein in Mein heiligstes Herz, geht ein in diesen Feuerofen der Liebe und erlaubt Mir, euch das Herz zu entzünden, damit ihr wiederum hingehen und andere Herzen entflammen könnt. Kommt zu Mir, unvollkommen wie ihr seid, und teilt Meine große Liebe. Eure Liebe sollte nicht nur in Worten, in bloßem Reden bestehen, sondern sich entsprechend tätig und helfend erweisen.

Vergeltet Böses mit Gutem ... Ungerechtigkeit mit Gerechtigkeit ... Haß mit Liebe ... Vergebt, vergebt! ... Laßt stets in all

eurem Tun die Liebe bestimmend sein. Kinder Meines heiligsten Herzens, in diesen Tagen lebt ihr in schwierigen Zeiten, wo Mein Gegner seine Herrschaft wie einen Schleier über alles ausbreitet. Das ist der Grund, weshalb Ich komme und euch bitte, eure Gebete zu verdoppeln, Gebete aber, die aus dem Herzen kommen und Mich erreichen. Kommt und bereut! ...

Bekenne deine Sünden, Mein Kind, komme nicht unwürdig daher, um Mich dann in der kleinen weißen Hostie zu empfangen. Komm und trinke Mich, komm und iß Mich, und erinnere dich, wen du in diesem heiligen Moment empfängst! Du empfängst Mich, du empfängst das Leben. Sei also rein, wenn du Mich empfängst! Verlange nach diesem heiligen Augenblick wie nie zuvor, sehne dich danach, deinen Gott zu empfangen. Selbst Meine Engel schauen von oben auf dich, haben Sehnsucht nach diesem Mahl und wünschen sich, einer von euch zu sein. Laß dein Herz von edler Gesinnung bewegt sein! Sprich zu Mir: „Jesus, ich Sünder bitte um Vergebung; ich bin es nicht wert, Dich zu empfangen, doch weiß ich, daß ein Wort von Dir schon genügt, um mich zu heilen." Halte an diesen Worten fest, sie gefallen Mir, und sie lassen Mich, euren Gott, eilends zu euch kommen. Sie erfüllen Mein heiligstes Herz mit Erbarmen. Ruft laut zu Mir: „Kyrie eleison! Christe eleison! Vergib mir, vergib mir Sünder!" Erniedrigt euch, und Ich will euch erheben ... Stellt euch selbst in den Schatten, und Ich werde euch zu Mir hochheben und euch in Meinem heiligsten Herzen verbergen. Ich bitte euch von nun an zu beherzigen: Lebt in beständigem Glauben, in Liebe und Heiligkeit. Laßt Meine Bitte euer Motto für dieses kommende Jahr sein.

Kommt, seid eins in Meinem heiligen Namen, wie Ich und der Vater eins sind und derselbe. Ich, der Herr Jesus Christus, segne euch alle und hinterlasse auf eurer Stirn Meine Liebesseufzer. Die Liebe liebt dich.

Botschaft von unserer heiligen Mutter:

Maria: Kinder Gottes, der Friede sei mit euch! Ich, eure heilige Mutter, brauche eure Gebete für die Verwirklichung des Rettungsund Heilsplans

Gottes. Ich brauche aber Gebete, die aus eurem Herzen kommen. Laßt diese Gebete zum Himmel emporsteigen, lasset sie sein wie Weihrauch. Erfüllt eure Herzen mit Gottes Liebe und freut euch, daß euch ein Heiland zu eurer Erlösung geboren wurde, ein Retter mit sanftmütigem Herzen, der zu dienen auf die Erde herabgekommen ist, um die Bedrückten zu rufen. Er ist gekommen, „blinde Augen zu öffnen, Gefangene aus dem Kerker zu holen, und jene, die im Dunkel leben, aus ihrer Haft zu befreien“ (Jes 42, 7). *Geliebte Kinder, es ist derselbe Retter, der heute nach euch ruft, derselbe Heiland, der einen jeden von euch bei seinem Namen ruft. Kommt zurück zu Ihm! Es ist derselbe Jesus, der euch an Seine Lehren erinnert, es ist derselbe Jesus, den ich als Seine Mutter in meinen Armen hielt und einst in Windeln wickelte.*

Er war geboren, um zu dienen, geboren, euch zu erlösen. Und jetzt ist es derselbe Jesus, der zu eurer Rettung so unentwegt nach euch ruft. Es ist derselbe Retter, der euch daran erinnert, daß ihr alle Ihm gehört. Einst sichtbar (wesenhaft) *gemacht im Fleisch, opferte Er Sich für euch, meine Kinder, um euch freizubekommen. Kommt denn und freut euch und seid voll Frohlocken! Kommt und verkündigt die Größe Seines heiligen Namens! Kommt und seid die freudigen Botschafter, die Sein Wort weitertragen.*

Ich liebe euch und – das dürft ihr mir glauben – mein Schutzmantel ist weit genug, euch alle darin zu verbergen. (Unsere heilige Mutter lächelte bei diesen Worten.) *Kommt zum Herrn! Fürchtet euch nicht, Ihm eure Schwächen zu zeigen. Kommt zum Herrn und schenkt Ihm euer Herz, und Er wird es wie Myrrhe, wie Weihrauch und Gold entgegennehmen. Wir lieben euch … Wir lieben euch unermeßlich. Übergebt euch Ihm. Jesus kommt zu einem jeden von euch. Er kommt, die Gefangenen von dieser Welt zu befreien, ihnen die wahre Freiheit zu schenken. Er kommt zu diesen Gefangenen, die vom Bösen wie Tauben eingefangen und in Käfige gesperrt wurden. Jesus geht unermüdlich von Käfig zu Käfig und setzt jeden einzelnen Gefangenen frei. Meine Kinder, lebt entsprechend den himmlischen Anweisungen, nach dem Gesetz des Herrn, welches sich in einem einzigen Wort zusammenfassen läßt: LIEBE. Ich, eure heilige Mutter, vermittle und bete für euch Tag und Nacht, ich schenke euch meine Liebe und segne euch alle samt euren Familien.*

58. Jede Hingabe an Meine Mutter gefällt Meinem Herzen

4. Dezember 1989

Ich fühlte, daß Jesus mich rief. So mußte ich schnell zu Ihm eilen.

Tochter, du bist Mein Augapfel. Laß dich von niemandem verleiten, eine andere Denkweise anzunehmen. Deine Schwäche betört Mich unaufhörlich. Deine Unfähigkeit erinnert Mich an Meine ersten Jünger, wie sie noch fest von Mir, ihrem Meister, abhängig waren. Tochter, verehre Mich und halte dich an Mir fest, denn Ich bin das Leben.

Meine Vassula, der Gehorsam Mir, deinem Gott, gegenüber, kommt vor dem Gehorsam den Menschen gegenüber. Meditiere über diese Worte.

Herr, ich habe heute Schwierigkeiten, mich zu konzentrieren.

Erhebe deine Seele zu Mir, indem du deine auf Äußerliches bezogenen Gedanken einschränkst. Sammle dich innerlich und fühle Meine Gegenwart. Laß deine Seele aus der Meditation in die Kontemplation emporsteigen. Erreiche Mich, deinen Gott, in der Stille. Komm zu Mir in der betrachtenden Anbetung. Verstehst du? – Bete jetzt den Rosenkranz (Jesus meinte: während des Diktats). ***Ich höre zu, zusammen mit Meiner Mutter.***

Ich betete die Einleitung des Rosenkranzes bis zum ersten Geheimnis, dem ersten der glorreichen Geheimnisse, welche für jenen Tag vorgesehen waren.

Ich bin auferstanden. – Sollen wir beten? Ich werde dir meditieren helfen, komm ...

Nach Beendigung des ersten Geheimnisses:

Achte darauf, daß du in deiner Konzentration nicht nachläßt. Komm ins nächste Geheimnis, wo Ich zum Vater aufgestiegen bin. Geliebte, bete! Amen.

Begib dich jetzt ins dritte Geheimnis, wo Mein Heiliger Geist wie Feuerzungen herabgekommen ist. Bete um das kommen-

de Pfingsten. Schon diese eure Generation erlebt seine Geburtswehen. Die Nacht ist fast vorüber, bald schon wird die Dämmerung anbrechen. Mit dem Tagesanbruch aber wird all das Böse, das nur mühelos in der Nacht umherstreift, fliehen. Ja, in der Tat, Mein Geist der Gnade wird sich über die ganze Menschheit ergießen, und deine Generation wird direkt von Mir ernährt werden. Ihr werdet belehrt und geführt werden durch Mich, ja selbst Meinen Heiligen und Meinen Engeln von oben werdet ihr an jeder Straßenecke begegnen. Ich will Mein Brot über euch herabregnen lassen. Freut euch und seid frohen Sinnes. Ich, der Herr, bin das Licht der Welt. Laß jene, die Ohren haben, hören. Faßt Mut, die Morgendämmerung ist bald schon bei euch. Komm, meditiere …

Nun kommt das vierte Geheimnis: die Aufnahme Meiner geliebten Mutter in den Himmel. Sei gesegnet und meditiere …

Gesegnete, laß uns nun zum fünften Geheimnis übergehen, wo Ich, der Herr, Meine Mutter kröne und sie Himmelskönigin nenne. Tochter, Ich wünsche, daß du über dieses glorreiche Geheimnis eine Betrachtung hältst. Verstehe gut: Jede Hingebung an Meine Mutter gefällt Meinem Herzen. Komm und schreibe! Ich bin bei dir, freue dich, Seele. Nimm nun deinen Stift und schreibe all dies ab.

59. Sie schätzen nicht mehr die Früchte unserer Herzen

10. Januar 1990

Jesus rief mich zum Diktat Seiner Botschaft für unsere Gebetsgruppe, deren nächstes Treffen am 27. Januar stattfinden sollte.

Friede sei mit euch! Fühlt Meine Gegenwart, Ich bin unter euch. Macht eure Herzen bereit, Meine Worte zu hören und zu verstehen. Geliebte Kinder, es geht nun schon gut ein Jahr so, daß Ich, der Herr, auf diese besondere Weise bei euch bin, indem Ich euch diese Meine Botschaften schenke. Und auf eben diesem Weg habe Ich euch die Wunden Meines heiligsten Herzens gezeigt, habe euch den heutigen Zustand Meiner Kirche erkennen lassen und euch begreiflich gemacht, warum Meine Seele solche Bitterkeit erleidet. Ich habe mit euch allen Mein Kreuz des Friedens und der Liebe geteilt. Ich habe euch Meine innigsten Wünsche mitgeteilt, und Mein Heiliger Geist hat euch an Meine Gebote erinnert. Ich habe euch die Lehren Meiner Kirche ins Gedächtnis zurückgerufen. Ich habe euch versammelt, weil ihr Mein Eigentum seid und es die Meinen sind, zu denen Ich komme, um Meine Herrlichkeit zu offenbaren. Ich bin in euch und ihr seid in Mir. Ich bin das Licht der Welt, und ihr, Meine Kleinen, seid die Gefäße, die Mein Licht weitertragen, und mit ihm Meine Botschaft des Friedens und der Liebe. Ich habe euch versammelt, wie ein Hirte, der seine Schafe in die Herde zurückführt, und mit Meinen Armen euch eingekreist. Doch gibt es auch noch andere Schafe, die Ich ebensowohl führen muß.

Ich bereite euch vor, unter den neuen Himmeln und auf der neuen Erde zu leben, denn die Zeit naht jetzt, wo die Liebe zurückkehren soll, um unter euch zu leben. Bald schon werdet ihr die Schritte der Liebe auf dem Pfad der Wiederkehr hallen hören. Diese Meine Wiederkehr ist auch der Grund dafür, daß rings um die Erde Meine Stimme ertönt, und auch dafür, daß eure Jungen Visionen haben. Ich habe gesagt, daß Ich Meinen Geist auf die ganze Menschheit ausgießen werde und daß eure Söhne und Töchter prophezeien werden und Ich auch dem Letzten Mein Segen zuteil werden lasse. Ja, Meine Stimme ruft heute in der Wildnis. Ich rufe jeden einzelnen von euch, doch manch einer hat nicht verstanden, was Mein Geist sagen möchte, und kann sich weder Meine Zeichen noch die Visionen der Jungen zu Herzen nehmen. Sie schätzen nicht mehr die Früchte Unserer (Jesu und Mariä) *Herzen, sondern sie behandeln Meine Erwählten als Lügner.*

Ich werde auf diese Weise nur noch eine kurze Zeit bei euch bleiben. Nicht aber, daß ihr dann verlassen sein werdet, nein, Ich werde sicherstellen, daß ihr Schutz und Weide findet. Ich bin euer guter Hirte, der für euch sorgt. Ich bin der

Herr, der wie ein Wächter von oben auf euch achtgibt. Wie könnte Ich auch widerstehen und nicht zu euch hinabkommen und das letzte Mittel ergreifen, wenn Ich euer Klagen und eure Todesangst höre? Wie könnte Ich zögern und euch nicht entgegeneilen, wenn Ich so viele von euch kopfvoran ins ewige Feuer stürzen sehe? Ich komme zu euch auf diesem Weg, nicht um zu verurteilen, sondern um euch wachzurütteln. Ich komme, die Welt zu retten, nicht sie zu verdammen. Wieder aber wird die Welt die Zeichen der Zeit mißdeuten, wie sie es schon zur Zeit Meines Kommens als der Messias tat. Denn da sie Mich nicht erkannten, behandelten sie Mich, wie es ihnen paßte, und lieferten Mich den Heiden aus. Ja, die Welt erkannte auch nicht die Zeichen der Zeit, als derjenige kam, der den Weg vor Mir bereiten sollte. Sie erkannten Johannes den Täufer nicht, der in aller Rechtschaffenheit kam als Elias – und behandelten ihn ebenfalls, wie es ihnen paßte.

Und heute? Heute wird eure Generation die Zeichen der Zeit wieder einmal verkennen und falsch auslegen, weil diese Zeichen der Zeit bei ihr nicht beliebt sind. Ich habe gesagt, daß in den letzten Tagen, die kommen, Ich euch Moses und Elias auf die Erde sende, doch leider wird eure Generation sie nicht erkennen. Sie wird diese weder anhören noch sie begreifen, sondern sie nur schmähen und ablehnen, wie sie einst Johannes den Täufer und Mich als den Messias abgelehnt haben. Ich habe gesagt, daß in den letzten Tagen viele falsche „Christusse" aufstehen werden, und Ich habe euch geraten, auf der Hut zu sein vor diesen falschen „Christussen", welche in euren Tagen in der Gestalt von falschen Religionen auftreten. Ich habe euch Mein Wort gegeben, und Ich habe euch gewarnt, euch nicht aufzumachen und diesen Sekten nachzulaufen. Ich habe Petrus über Meine Kirche gesetzt und ihn gebeten, euch zu weiden, nach euch zu schauen und euch zu lieben. Ich sage euch feierlich: Ehe diese Generation vorüber ist, wird alles, was Ich euch gesagt habe, stattgefunden haben. Also laßt euch nicht täuschen, sondern widersteht euren Gegnern, widersteht jenen, die

Petrus bekämpfen. Ich selbst werde euch Beredsamkeit verleihen, damit ihr erkennen könnt, was der Geist heute den Kirchen sagt. So sollt ihr eure Verteidigungsrede nicht vorbereiten ... Der Feigenbaum ist reif, und Mein Königreich ist euch jetzt nahe.

Jesus sprach diese Worte sehr majestätisch, als würde Er zu sich selbst sprechen.

Betet für jene, die nicht begreifen. Zu glauben ist auch eine von Mir gegebene Gnade. Ich habe euch erwählt, und das ist der Grund, weshalb ihr verfolgt werdet, doch laßt euer Herz nicht beunruhigt sein. Liebet einander und richtet nicht! Laßt diese Liebe, die Ich euch gezeigt habe, das Merkmal Meiner neuen Jünger sein, damit alle erkennen mögen, daß ihr aus Meiner Herde seid, daß ihr Kinder Gottes und in Gott seid. Meine kleinen Kinder, liebet einander, wie Ich euch liebe. Bittet nicht um Zeichen! Seid zufrieden mit dem, was der Geist euch jetzt gibt. Ich sage euch feierlich, daß es bald nur noch eine einzige Herde geben wird, geleitet und geführt von einem einzigen Hirten. Ich bin Geist, und Ich möchte, daß ihr Mich im Geist und in der Wahrheit verehrt, nicht aber mit leeren Worten. Deshalb lernt mit eurem Herzen zu beten. Betet für die ganze Kirche. Seid der Weihrauch in Meiner Kirche, womit Ich ausdrücken will: Betet für all jene, die Mein Wort verkünden, für den Statthalter, der Mich vertritt, wie für die Apostel und Propheten eurer Tage, für die Priesterseelen und die gottgeweihten Seelen wie für die Laien, damit sie bereit sein mögen, zu begreifen, daß alle, die Ich erwähnte, Teil des einen Leibes, Meines Leibes sind. Ja, ihr alle seid in Mir ein Leib.

Betet für jene, die nicht hören wollen, daß sie ihre Verweigerungshaltung aufgeben und bereit sein mögen, eine vom göttlichen Geist eingegebene Predigt oder Offenbarung anzuhören und anzunehmen. Erbetet ihnen, daß sie doch begreifen mögen, wie Mein Geist auf unterschiedliche Weisen am Werke ist und wie Mein Geist euch belehrt, euch erinnert, euch warnt. Betet darum, daß sie Meinen Geist zu Wort kommen lassen mögen. Ich offenbare nichts Neues. Ich habe

euch all das schon längst gesagt, so daß euer Glaube nicht wanken darf, wenn härtere Zeiten kommen. Bedenkt doch, ihr Kleinen, daß jemand, der noch keine Prüfungen durchgemacht hat, sehr wenig weiß. Ich für Meinen Teil werde getreu über euch wachen, doch wünsche Ich Mir von euch, daß ihr euch Mir völlig übergebt, damit Ich euch nach Meinem Gefallen formen kann. Ich möchte, daß ihr wie Lehm in der Hand des Töpfers seid. Ich möchte euch alle in Mein göttliches Bild zurückverwandeln. Ich will euch die Göttlichkeit zurückgeben, die ihr einst hattet, aber verloren habt. Meine Blume, Ich bin der, der euch am meisten Liebe entgegenbringt. Ich segne euch alle und lasse auf euren Stirnen den Seufzer Meiner Liebe zurück. Seid eins! Kommt, hört nun Meine Mutter!

60. Ein Appell der Mutter des Herrn an alle Christen

10. Januar 1990

Maria: Empfange meine Botschaft, Vassula. Blume, ich segne dich.

Ich preise dich, heilige Mutter, und höre dich an.

Maria: Friede sei mit euch! Jesus und ich segnen euch alle. Der Heilige ist unter euch, und die Weisheit ist euer Lehrer. Hört mich: Unsere Liebe für euch ist so groß, daß kein Mensch auf Erden dies auch nur annähernd verstehen könnte. (Keiner hat Gott je geschaut, keiner Gottes Liebe jemals <u>voll</u> verstanden. Also haben wir Ihn nicht geschaut.)

Der Heilige hat eurem Volk Sein heiliges Antlitz geoffenbart. Er hat Seine Liebe aufgedeckt und euch die Wunden Seines heiligsten Herzens schauen lassen. Gott hat die Welt so sehr geliebt, daß Er Seinen einzigen Sohn sandte, sandte als Opfer, das eure Sünden hinwegnimmt. Er, der Seinen Platz zur Rechten Gottes, des Vaters, hat und aus Seiner unendlichen Barmherzigkeit erneut „hinabgestiegen" ist, um unter den Seinen auf diese besondere Weise gegenwärtig zu sein. Der Heilige der Heiligen ist gekommen, <u>euer Volk zu erinnern, daß sie heilig leben sollen, weil Er heilig ist</u>. Er ist gekommen, euch zu erinnern, daß alles Fleisch wie Gras und des-

sen Schönheit wie die von wilden Blumen ist; das Gras aber verdorrt und die Blumen verwelken, während Sein Wort auf immer und ewig bleibt (1 Petr 1, 24-25; Jes 40, 7-8).

Meine kleinen Kinder, der Weinberg des Herrn breitet sich in euren Tagen in vielen Weltteilen aus, Seine Stimme wird mehr und mehr in dieser eurer Wüste vernommen. Ja, Er wird weiterhin solch kleine Oasen Seines Reichs schaffen, sie zahlreich werden lassen, auf daß Sein Reich auf Erden wie das im Himmel sei. Seid also nicht erstaunt oder verblüfft, im Gegenteil, ihr solltet euch freuen! Freuet euch, daß Sein Heiliger Geist so überreich ausgegossen wird auf jedes Volk und neue Jünger erstehen läßt. Oh, wenn ihr nur anhören wolltet, was Wir euch heute sagen, statt eure Herzen zu verhärten wie in den Zeiten der Rebellion …

Die Zeit vergeht rasch, und ich flehe euch an, auf Uns zu hören, weil ihr mich schon in Kürze nicht mehr sehen werdet. Meine lieben Kinder, lebt in Christus, lebt in Ihm. Seid jederzeit bereit, dem Herrn zu begegnen, denn der Herr ist unter euch. Seid glücklich und freut euch mit mir! Tut weiter alles, was ihr von Uns gelernt habt; lebt Unsere Botschaften, und Gott wird sie euch klarer erkennen lassen; meditiert über Unsere Worte – tut dies, damit sich Gottes Plan schließlich verwirklicht. Sein Wunsch ist es, eure Körper umzuwandeln in Abbilder Seines göttlichen Bildes. Er beabsichtigt, euch zurückzuholen in die Göttlichkeit und aus euch allen einen reinen und heiligen Leib zu bilden. Die Einheit kann nur sein auf den einen Gott hin, zur Ehre Gottes. So kommt und preist den Herrn. Seid nicht wie die Heiden, – ihr, die ihr in Christus seid – und grenzt euch nicht voneinander ab. Ihr alle, die ihr in Christus seid, sollt einander helfen und so das Gesetz Christi erfüllen. Dies ist ein Appell an alle Christen, gegeben von der Mutter des Herrn. Der Herr bereitet euch alle, ihr, die ihr unter Seinem Namen seid, auf diesen glorreichen Tag vor.

Ja, der Herr wird Sein Volk einen und es von allen Übeln befreien. Barmherzigkeit und Gerechtigkeit vollbringen solch große Wunderwerke wie seit vielen Generationen nicht mehr … und die Einheit, sie wird bei euch anbrechen wie die Morgendämmerung, und dies so plötzlich wie der Fall des Kommunismus. Sie wird von Gott selbst kommen, und eure Völker werden vom „Großen Wunder“, vom gesegneten Tag in der Geschichte der Menschheit sprechen. Dieses Wunder wird ganz zur Ehre Gottes sein, und in diesen kommenden Tagen werden alle Himmel feiern, sich freuen und jubeln … Das nun ist der Grund, warum ich euch, meine Kinder, geradezu anflehe, in ständigem Gebet zu sein und einander zu lieben. Schenkt und überlaßt euch Gott ganz und gar, und Er wird das übrige tun. Ich segne einen jeden von euch. Meine Gegenwart wird von vielen von euch empfunden werden, wenn ihr in eure Heimstätten eintretet. Ich liebe euch alle.

61. Die Welt ist undankbar gegenüber der Liebe

26. Januar 1990

Friede sei mit dir! Die Liebe liebt dich. Verbreite die Botschaft mit Liebe für die Liebe. Sprich Mir folgende Worte nach:

> ***„Mein Herr und König, erhalte meinen Geist beständig und willig. Dann lehre ich Abtrünnige den Weg zu Dir, und die Sünder kehren um zu Dir. Amen“*** (Ps 51, 14-15).

Später:

Erfreue Mich und bleibe in Meinem Licht. Ich bin das Licht. Bete, Meine Vassula, daß jene Seelen, die Mich verwunden, das Licht schauen mögen und ihre Rechte von ihrer Linken zu unterscheiden lernen. Höre nun Meine Mutter.

Maria: Heute ist mein Herz in Tränen wegen so vieler Sünden. Die Welt erweist sich so undankbar der Liebe gegenüber. Ich erscheine vielen und rufe den Menschen zu und flehe sie an, umzukehren zu Gott und ihr Leben zu ändern, doch nur sehr wenige tun es wirklich. So viele ändern sich nicht. Tochter, bete für diese eigensinnigen Seelen.

Ich werde beten, heilige Mutter.

Maria: Ich segne dich und alle jene, die für diese beten.

62. Gott hat euch mit der Gabe Seiner Liebe beschenkt

31. Januar 1990

Gestern stand ich sieben Stunden lang unter dem Diktat des Herrn, heute um die sechs Stunden. Zum Schluß dann fragte ich Jesus: „Sollen wir jetzt gehen und andere Arbeit tun?“ (Ich hatte nämlich vor, die Küche zu putzen.) Darauf Jesus sogleich, ohne das geringste Zögern: „Dann laß uns sofort gehen!“ Es klang so, als sei Er voller Eifer, mich aufstehen und an die Küchenarbeit gehen zu lassen. Er benahm sich so, als ob diese Arbeit eine sehr wichtige und dringende wäre...

Botschaft von unserer heiligen Mutter, die beim Gebetstreffen in Nizza (am 11. d.M.) vorgelesen werden soll:

Maria: Friede sei mit euch! Meine kleinen Kinder, ich bin eure himmlische Mutter, die Mutter eures Erretters, die Mutter eures Erlösers. Heute lade ich euch alle ein, euch nach den Dingen umzuschauen, die im Himmel sind. Meine Bitte ist: Löst euch los von den Grundsätzen dieser Welt und erhebt eure Häupter zum Himmel, um alles zu suchen, was himmlisch ist. Sucht das Licht, und das Licht wird euch nicht versagt werden. Gefallet Gott und wendet euch Ihm zu. Haltet nicht an der Welt fest, sondern haltet euch an den Einen, der eure Schritte zum Himmel lenken wird.

Ach geliebte Kinder, habt ihr noch nicht verstanden? Der Himmel ist eure Heimat und die Erde ist eure Vorbereitung, eure Vorbereitung, um Gott zu begegnen. Gott hat euch mit der Gabe Seiner Liebe beschenkt. Wollt ihr nicht empfänglich sein für diese Seine Gabe?

Schon viele von euch haben die vielen Zeichen gesehen. Diese Zeichen gilt es zu beobachten, denn es sind die Zeichen vom Ende der Zeit. Wohlgemerkt, es sind nicht die Zeichen für das Ende der Welt, sondern Zeichen dafür, daß ein Zeitalter zu Ende geht. Jesus und ich bereiten euch alle vor, in das Zeitalter der Liebe und des Friedens einzutreten, in das Zeitalter des neuen Himmels und der neuen Erde, die euch schon vor langer Zeit verheißen worden sind. Ich bitte euch darum sehr, daß ihr umkehrt, ehe der Tag der Läuterung naht, denn die Zeit drängt jetzt sehr. Ich sage euch, daß alles, was ich durch meine erwählten Seelen euch sagte – von Fatima bis heute – eingetreten sein wird, noch ehe diese Generation vergangen ist.

Geliebte Kinder, bedenkt, daß Unsere Anwesenheit ein großes Mysterium bedeutet, und denkt daran, daß ihr niemals alleine seid. Lernt, ohne Unterlaß und mit eurem Herzen zu beten. Lernt fasten und Buße tun! Lernt, monatlich beichten zu gehen! Werdet nicht müde, Gutes zu tun, setzt euch ein für andere! Lebt das Gesetz des Herrn! Ich liebe euch, Kinder, und aus Liebe geschieht es, daß ich euch vorbereite, dem Herrn zu begegnen. Ich segne einen jeden von euch. Geht nun heim mit Unserem Frieden und vergeßt nie, daß Wir bei euch sind.

Zur Lesung aus der Hl. Schrift wurde Lk 18, 1-8 angegeben.

63. Folgt dem Pfad des Glaubens

9. Februar 1990

Botschaft für Sion, einen Kapuzinerkonvent:

Eine Botschaft unserer heiligen Mutter:

Maria: Friede sei mit euch! Meine geliebten Kinder, tut, wie der Herr euch zu tun bittet. Betet für meine anderen Söhne und Töchter, die fern von Uns sind. Betet um deren Bekehrung! Strebt stets nach dem, was heilig ist! Seid wie Sonnenblumen, die die Sonne suchen und sich nach ihr ausrichten, und folgt auch ihr dem Licht. Schaut auf das, was der Herr euch anbietet, und preist Seinen heiligen Namen. Naht euch Ihm, ihr, die ihr Ihn begehrt habt, Ihm nahe sein wolltet, und nehmt in Fülle von Seinen Früchten. Gott ist euer Schöpfer, und Er kann auch euer Erzieher sein. Hört auch dann nicht auf zu beten, wenn alles gut geht. Betet sogar in eurer Freude. Kommt und preiset Ihn, kommt und erhebet Ihn. Gott ist auch euer Hüter. Verlaßt euch auf Ihn, und Er wird euch nicht verlassen; Sein Licht ist eure Leuchte in der Dunkelheit. Beachtet Seine Gebote, Geliebte, und seid gelehrig in den Händen eures Vaters. Seid eifrig darauf bedacht und macht die Weisheit zu zu eurer Lehrmeisterin und Führerin. Wachset in der Weisheit, wachset im Geist des Herrn, damit ihr im Frieden seid und völlig vereint mit dem Herrn.

Und noch einen Rat für heute: Folgt dem Pfad des Glaubens, haltet das Gesetz! Bitte, lebt Unsere Botschaften, meditiert über Unsere Botschaften. Erkennt, welche große Freude Jesus und ich daran haben, euch zu lehren. Doch Unsere Freude wird erst an dem Tage vollständig sein, wo ihr alle Lauheit und Müdigkeit gänzlich überwunden haben werdet und euch ganz Gott überlaßt und Ihm vertraut. Ich segne einen jeden von euch. Erinnert euch Unserer heiligen Gegenwart, geht nicht ohne Uns davon … Betet, ihr Meine geliebten Kinder, erfüllt eure Tage mit der Gegenwart der Liebe.

64. Ich bin die Auferstehung

15. Februar 1990

Jesus?

Ich bin es; lehne dich ganz an Mich an. Meine Lämmer ermahnen und ihnen Mein Brot reichen, das verherrlicht Mich. Komm, laß Mich dir ein paar Worte des Lichts geben: Ich bin die Auferstehung, Ich bin der, der den Toten das Leben bringt. – Gehe deinen Weg jetzt weiter und denke stets daran. Geh hinaus und sprich davon!

Von Deiner Gegenwart, Herr?

Ja, von Meiner Gegenwart, und auch von der Meiner Mutter. Tochter!

65. Diese Gabe ist dir jetzt zuteil geworden

16. Februar 1990 (Freitag)

Am frühen Nachmittag knieten Pater James und ich vor meinem kleinen Altar, um den Rosenkranz zu beten, und zwar die schmerzhaften Geheimnisse. Kaum hatten wir mit dem schmerzhaften Geheimnis von Getsemani begonnen, bekam ich große Schwierigkeiten, klar zu sprechen. Bald war ich unfähig, auch nur ein Wort zu artikulieren, und es geschah, daß mein Geist wieder in eine Art Entrückung ging, und ich solcherweise in die Todesleiden Jesu im Garten Getsemani eintrat. Ich verblieb in diesem Zustand bis zum letzten „Gegrüßet seist du, Maria". Dann begann Pater James, der weiterbetete, mit dem zweiten Geheimnis, der Geißelung. Sogleich fand ich mich heftig niedergeworfen und ausgestreckt auf dem Teppich liegend, mit den Armen etwas über dem Kopf. Mein Leib zuckte unter den Geißelhieben heftig zusammen. Erstmals führte mich unsere heilige Mutter auf diese Weise in jedes der Geheimnisse ein. Hineingenommen in die gesamte Passion bis zur Kreuzigung, erlitt ich auch all die Peinigungen und Leiden Jesu. Es waren keine körperlichen, sondern innere Schmerzen, die ich erlitt. Eine

Stunde später etwa erlitt ich nochmals die ganze Passion. Dann, um 18.30 Uhr, wiederum, und zwar heftiger denn je.

Diese Gabe ist dir jetzt aus Meiner Liebe zuteil geworden. Du hast Meine Gabe nicht verdient, dennoch: Ich bin dein Gott und übersehe alle deine Schwächen, ja, deine Sünden habe Ich dir vergeben.

66. Kommt und schöpft aus dem heiligsten Herzen Jesu ... Kommt und betet Ihn an

10. März 1990

Botschaft von der heiligen Jungfrau Maria:

Maria: Friede sei mit euch! Fühlt meine Gegenwart unter euch! Möge diese Gnade euch allen zuteil werden ... Geliebte Kinder, ich bitte euch heute, eure Seele zu läutern, eure Seele in diesen Tagen der Fastenzeit vorzubereiten, auf daß ihr die Passion Christi zu begreifen und ganz tief in sie einzudringen vermögt. Begreift, daß Er Sich für euch geopfert hat, um euch freizumachen von aller Bosheit und euch zu reinigen, damit ihr Seine angenommenen Kinder sein könnt. Gott bittet euch, daß ihr euch versöhnt und Buße tut, bereut und an die Frohbotschaft glaubt. Seid mit Gott versöhnt, und ihr werdet Seine Erben, die Erben des ewigen Lebens werden. Gott möchte euch vollkommen sehen, und um Vollkommenheit zu erreichen, müßt ihr – daran laßt euch von mir erinnern – durch Ihn und für Ihn Versöhnung erlangt haben. Selbstverleugnung wird euch auf den Weg der Vollkommenheit führen. Ich, eure heilige Mutter, trete unaufhörlich für euch alle beim Vater ein, um euch die Gnade der freiwilligen Hingabe und des Vollkommenwerdens zu erlangen. Jesus und ich kommen zu euch auf diese Weise, euch zu warnen und zu wecken aus eurem Schlaf.

Die Zeit eilt dahin, und obwohl viele von euch aufgewacht sind, hat Satan seinerseits seine Bosheit verstärkt und die Fallen verdoppelt und bringt so viele wieder dazu, in tiefen Schlaf zurückzusinken. Sein Ziel ist, euch zu spalten, Streit unter euch zu bringen und euch vom Weinstock abzuschneiden. Widersteht allen Versuchungen, widersteht dem Bösen und überwindet es mit der Liebe. Überwindet jeden Egoismus mit Opfern, überwindet Bosheit mit gutem Tun. Beweist Gott eure Liebe zu Ihm mit guten Werken. Liebt euren Nächsten wie euch selbst. Unsere Botschaften sind zu befolgen, nicht nur einfach zu lesen. Sie sollen gelebt werden! Zeigt Gott, daß ihr Seine Kinder seid, indem ihr rein seid, demütig, gehorsam und selbstentsagend.

Meine Priester … ich liebe euch, ihr, die ihr die Schafe seid, die Jesus in Seine Arme schließt und unterweist. Kommt doch und holt euch aus dem heiligsten Herzen Jesu, um eure Liebe zu einer eifrigen Flamme anzufachen und dieselbe den Lämmern Jesu weiterzureichen. Folgt dem König des Friedens, und ihr werdet lernen, Ihn zu erkennen. Jesus, der das Opfer selbst ist, wird euch zu stärkerer Selbstaufopferung verhelfen. Findet Ihn, Geliebte, in der Einfachheit des Herzens. Gott ist nicht kompliziert. Der Heilige der Heiligen spricht einmal auf diese Art, dann wieder auf jene, damit ihr begreift: Die Zeit drängt sehr! Ich bin von Schmerz erfüllt und von Tränen wie erstickt, und mein Herz ist voll Kummer, weil ich so viele meiner Kinder in tiefem Schlaf vorfinde, weil ich sehe, wie sie alle Unsere erbarmungsvollen Warnungen abweisen. Ich rufe den ganzen Tag lang, ich erscheine auf dem ganzen Erdenrund und flehe euch an, euch zu bekehren, euch Gott zu nähern. Ich komme ja nicht, meine geliebten Kinder, um euch Vorwürfe zu machen, sondern ich komme aus Liebe, um euch zu warnen, um euch zu helfen und in eurem geistigen Wachstum voranzubringen.

Als eure Mutter beobachte ich, wie ihr wachst. Ich liebe euch, und mein Ziel ist es, euch auf Gott hin zu erziehen, auf ein Wachsen in Ihm. Nehmt mit Freude diese Tage der Gnade an. Gott hat euch weder verlassen, noch hat Er euch verdammt. Er hat nie Sein heiliges Antlitz von euch abgewandt. So empfangt Seinen Heiligen Geist der Gnade mit Freude und mit Gesang. Erfreut Unsere Herzen und verbreitet Unsere Botschaften bis an die Enden der Erde, bekehrt durch sie weitere Seelen. Ich wünsche, alle Kirchen voll zu sehen, voll Leben und Wärme. So lebt denn Unsere Botschaften! Ich gieße auf euch Gnaden aus, um euch zu ermutigen. Seid gesegnet und kommt näher zum Kreuz, zu den Füßen Jesu, so wie ich mit Johannes und den heiligen Frauen ganz nahe am Kreuz stand. Kommt und betet Ihn an, kommt und verehrt Ihn! Laßt den Geist der Heiligkeit unter euch weilen auf immer und ewig. Ich, eure heilige Mutter, segne euch und eure Familien (Lesung aus der Hl. Schrift: Mt 5, 17-26).

67. Seid nicht gleichgültig unseren Rufen gegenüber

12. April 1990

Für Paris und Italien folgende Botschaft:

Friede sei mit euch! Ich bin die Auferstehung. Wer an Mich glaubt, wird leben, auch wenn er stirbt. Ich bin der Heilige Geist der Wahrheit, Ich bin der Erinnerer an Meine Worte, der zu euch kommt und euch aus eurem tiefen Schlaf wachrüttelt. Es ist gesagt worden, daß Mein Geist der Gnade über die ganze Menschheit in Fülle ausgegossen werden wird und daß eure Söhne und Töchter prophezeien werden. Alles, was die Schrift sagt, wird erfüllt werden. Ich bereite euch vom Himmel aus vor, die Wahrheit anzuerkennen; Ich ermutige euch, indem Ich im Himmel wie auf Erden Vorzeichen und Wunder wirke. Ich gebe den Armen und Kleinen Visionen zu schauen; Ich sende euch Meine Mutter als Lehrerin in verschiedene Völker, um euch zu lehren; Ich breite Mein unendliches Erbarmen wie ein Banner über euren Häuptern aus, o Generation, um euch zu erziehen und zurückzubringen zur Ebenbildlichkeit Gottes. Heute noch, wenn ihr Mir nur zuhören wollt, werde Ich eure Seele emporheben, und ihr werdet den Ort der Ruhe erreichen.

O du Menschengeschlecht! Du hast lange genug alle Art namenloser und toter Götzen verehrt, hast Erfindungen gemacht, die dir Tod und Verderben gebracht haben. Jenen hast du göttliche Ehren erwiesen und so dein Leben ruiniert. Jahrelang habe Ich weder den Laut deiner Stimme noch den deines Schritts vernommen; du hast Mich nicht angerufen und Meine Wunder nicht gepriesen. Ach Menschengeschlecht, warum hast du Mich, deinen Heiligen, verworfen? Komm doch und hör Mich wieder an: Die Liebe wird zu dir zurückkehren als Liebe! Nimm dies als Mein Versprechen und sei bereit, Mich zu empfangen. Ich will dir die Gabe Meiner Liebe schenken und die Gabe Meiner Heiligkeit.

Geliebte, die ihr heute hier versammelt seid, lernt, daß Ich es bin, Jesus, der euch suchte und euch anrief, euch aufzumachen auf den Weg aus der Wüste, um in Meinen herrlichen Garten einzutreten. Meine Versammelten! Es ist Mein heiligstes Herz, das so überaus feinfühlig ist, das euch bittet, Frieden mit Mir zu schließen, euch mit Mir zu versöhnen. Laßt die Dornen, die Mein heiligstes Herz umgeben, doch erblühen zu einem Kranz von Blüten. Öffnet Mir euer Herz und heißt Mich willkommen; schenkt Mir euer Herz, und Ich will euch entzücken – zur Freude Meines eigenen Herzens. Sprecht zu Mir mit eurem Herzen, und Ich werde nicht teilnahmslos bleiben.

Erkennt, daß Ich, der Ich euer König und Herrscher über alles bin, diesen weiten Weg zu euch komme, herabsteige in diese von Sünden getränkte Welt, um euch zu suchen. Mein Freund, wie lange noch soll Ich dich suchen müssen? Meine Augen sind müde vom vielen Ausschauhalten nach deiner bereitwilligen Annahme Meines Geistes der Gnade. Ich öffne Meinen Mund vor dürstendem Verlangen nach einem Wort der Erwiderung, dieses aber ist noch nicht einmal bis zu deiner Zunge gelangt ... Mein Geist der Gnade schreit nach dir, um dich in die Tiefen Meines heiligsten Herzens zu führen, doch bis heute erhält Mein Geist der Gnade keinen Dank für Seine Barmherzigkeit ... Ich beuge Mich ganz weit hinab zu dir, von Meinem Thron bis zu deiner Tür; Ich komme zu dir, müde und wie ein in Lumpen gekleideter Bettler, so sehr verwundet, daß ein Erkennen nicht mehr möglich ist – barfuß und verzweifelt.

Hört doch Meine Klagen: Ich bin es doch, Christus ... Ich bin durstig ... Ich dürste nach eurer Liebe ... Meine Lippen sind ausgedörrt im Verlangen nach Liebe ... Mein Mund ist trockener als Pergament vom Wiederholen Meiner Bitten ... Mein Herz ist krank vor Liebe ... Ich liebe euch wie wahnsinnig und das trotz eures furchteinflößenden Stolzes und eurer Bosheit. Ich komme zu euch, Meine Kleinen, mit Meinem Herzen in Meiner Hand. Ich weiß wohl, wie arm ihr seid, aber darf Ich euer Mahl mit euch teilen? Wollt ihr Meinen

Durst stillen? Wollt ihr Meine Wunden pflegen? – Nein, ihr habt Mich nicht gesucht, sondern Ich bin es, der euch suchte und euch fand, nackt in dieser Wüste, in der ihr lebt.

Erlaubt Mir einzutreten in euer Herz, und Ich werde euch würdevoll schmücken. Wenn ihr Mir erlaubt, in euer Herz einzutreten, werde Ich euch Meine Wunden zeigen, die Mir im Haus Meiner besten Freunde zugefügt worden sind. Ihr werdet ob ihrer Tiefe ganz ergriffen und angesichts der zahlreichen Male tief getroffen sein, die Meinem Leib so grausam zugefügt worden sind. Die Wunden Meines Leibes sind solcherart, als ob sie Mich nach ihrer Schlacht verkrüppelt zurückgelassen hätten.

Ich erkläre euch feierlich, daß einer, der das Königreich Gottes nicht willkommen heißt wie ein kleines Kind, es niemals betreten wird. Sucht Mich in der Einfalt des Herzens, und ihr werdet Mich finden! Stellt Mich nicht auf die Probe, und ihr werdet Mich verstehen und Meine Allmacht anerkennen. Bleibt nicht abseits stehen und seid nicht gleichgültig Unseren Rufen gegenüber. Seid nicht taub, sondern hört Unser Flehen, öffnet eure Ohren und erkennt den Ruf des Hirten. Wenn ihr schwach seid, werde Ich euch aufheben und euch auf Meinen Schultern tragen. Ich bin bereit, jede eurer Sünden auszulöschen – in der Kraft Meiner Reinheit und Meines Lichtes.

O Freund! Warum stehst du noch und zögerst? Deine Nabelschnur läßt dich noch immer mit Mir verbunden sein. Ich bin die Quelle deines Atems, Ich bin die reichlich fließende und so nahrhafte Quelle, und es geschieht durch Mein Wort, daß Ich dir Leben gebe und dich vor dem Tode bewahre. Nicht die verschiedenen Feldfrüchte, die du ißt, Mein Freund, sind es, die dir das Leben verleihen, sondern Ich bin es, der dir Leben gibt. So erhebe denn deine Augen zu Mir und bewahre Mein Wort als Schatz in deinem Herzen, und du wirst leben! Komm und bitte Mich, dir deine Augen zu öffnen, und Ich werde eifrigst kommen und dir den Schleier von den Augen nehmen, Mein Freund. Komm doch und bitte Mich, dich heimzuholen aus deinem Exil, wohin viele von

euch sich verirrt haben, und Ich werde wie im Flug zu dir kommen. Und selbst wenn du eine Mauer quer über Meinen Weg gebaut hast während der Zeit deiner Bosheit, um von Mir getrennt zu sein, werde Ich mit einem einzigen Hauch Meines Atems diese Mauer niederreißen. Dann werde Ich dich an Meine Liebe erinnern. Ich werde dich daran erinnern, daß Ich es bin, der dich am meisten liebt, und daß deine Wohnung in Meinem heiligsten Herzen ist.

Euch alle will Ich ermahnen, keine Trennungen unter den Meinen zu schaffen. Ich fordere euch auf, euch mit Herz und Seele zu vereinen und einander so zu lieben, wie Ich euch liebe. Ja, Ich bin es, der beharrliche Erinnerer an Mein Wort, der zu euch spricht, um euer Gedächtnis aufzufrischen. Empfanget Meinen Heiligen Geist ... Ich segne einen jeden von euch, und in genau diesem Augenblick des Segens lasse Ich auf eurer Stirn das Siegel Meiner Liebe zurück. Seid eins!

68. Das zweite Pfingsten

22. April 1990

Botschaft von unserer heiligen Mutter für die Gebetsversammlung in Lens (Diese Botschaft ist auch für Italien und Paris bestimmt):

Maria: Friede sei mit euch, ihr kleinen Kinder! Ich bin eure heilige Mutter der Liebe, die Mutter des fleischgewordenen Wortes. Ich komme zu euch in diesen Tagen der Dunkelheit, um euch die Wege des Göttlichen zu lehren. Seid wachsam und euch völlig im klaren, daß Satan, der Feind, um euch herumschleicht wie ein brüllender Löwe und nach jeder Gelegenheit sucht, euch zu Fall zu bringen. Steht auf gegen ihn und bekämpft ihn zusammen mit mir: Bekämpft ihn mit euren Gebeten! Eure Gebete sind die mächtigste Waffe gegen ihn. Gehorsam und Demut schlagen den Dämon in die Flucht. Gott bietet euch die Gabe Seiner Liebe an. Gebt Antwort auf Sein barmherziges Rufen! Gott spricht, Er und ich rufen euch von den vier Enden der Erde auf, euch zu bekehren, denn die Zeit drängt sehr.

Meine kleinen Kinder, bleibt klein und einfach! Seid das Salz der Erde, indem ihr klein bleibt, denn ihr seid das Licht der Welt, ihr seid die auserwählten Seelen Unseres Herzens ... und das Königreich des Himmels gehört den Kindern und den ganz Kleinen. Ich erscheine heute in verschiedenen Völkern, um euer Herz dem göttlichen Licht zuzukehren. Ich möchte euer Seelenheil wiederherstellen, möchte euch daran erinnern, daß ihr alle dem Vater gehört und daß der Vater heilig ist, weshalb auch ihr heilig leben sollt. Laßt euch nur nicht entmutigen, denn ich bin ja bei euch, um euch Schritt für Schritt zu leiten. Ich kann euch Unsere Segen zusichern, ja jeden Schritt, den ihr tut, den segnen Wir.

Ich möchte euch so gern, wenn ihr es nur zulaßt, zum Widerschein des ewigen Lichtes machen, so daß, wenn ihr Gott begegnet, ihr einem ungetrübten Spiegel von Gottes wirkender Kraft gleicht und ein Abbild Seiner Heiligkeit und Seiner Güte seid. Heute lade ich euch alle ein, mit Innigkeit für die Erneuerung der Kirche zu beten, zu beten für das zweite Kommen des Herrn: für das zweite Pfingsten. Euch alle auf diese Ankunft vorzubereiten, dies ist der Grund, warum Jesus und ich heute in verschiedenen Ländern erscheinen. Betet und führt ein Leben der Anbetung. Betet für die Bekehrung der Seelen, damit jeder für die Wiederkehr des Herrn bereit sei!

Die Liebe ist auf dem Weg der Wiederkehr. Hört genau hin, denn schon könnt ihr den Hall Seiner Schritte hören. Das also ist der Grund, warum ich euch anflehe, euer Leben zu ändern und nur für Gott und in Gott zu leben. Erinnert euch, daß geschrieben steht: „Wer da sagt, er sei im Licht, aber seinen Bruder haßt, der lebt noch in der Finsternis“ (1 Joh 2, 9). *So versöhnt euch mit eurem Bruder, versöhnt euch mit Gott, schließt Frieden mit Gott. Ihr Geliebten, denkt an Unsere Gegenwart! Ich segne einen jeden von euch. Seid im Frieden!*

69. Betet so zu eurem Vater

15. Mai 1990

Die Botschaft unserer heiligen Mutter für Lens/Sion:

Maria: Der Friede sei mit euch, Kinder! Ich, eure heilige Mutter, bereite euch vor, dem Herrn zu begegnen. Ich forme euch in eurem geistigen

Wachstum. Ich bedecke euch mit Gnaden, euch zu helfen und zu ermutigen. Erkennt, daß dies besondere Tage sind, in denen ihr lebt; es sind die Tage, die dem Kommen des Herrn vorangehen. Sie eröffnen den Weg, auf dem der Herr kommen wird. Diese Tage sind die Vorbereitung für die Herabkunft eures Königs. Betet, damit ein jeder bereit sein möge! Betet, meine kleinen Kinder, betet inbrünstig für jene Seelen, die sich weigern zu hören und die nicht sehen wollen! Betet zu eurem Vater, der im Himmel ist, wie folgt:

> *„Barmherziger Vater, laß diese, die hören und immer wieder hören und doch nicht verstehen, jetzt Deine Stimme hören und verstehen, daß Du der Allerheiligste bist. Öffne die Augen derer, die sehen, aber doch nicht erkennen, damit sie jetzt mit ihren Augen Dein heiligstes Antlitz und Deine Herrlichkeit sehen.*
>
> *Lege Deinen Finger auf ihr Herz, damit ihr Herz sich öffne und Deine Treue begreife. Um all dies bitte ich Dich, gerechter Vater, auf daß alle Völker bekehrt und geheilt werden durch die Wunden Deines geliebten Sohnes Jesus Christus. Amen.“*

Bittet den Vater, den so eigensinnigen Seelen, die zu hören und zu sehen sich weigern, zu vergeben. Der Vater ist allbarmherzig, und Er wird auf alle Seine Kinder blicken. Ja, ihr Kleinen, ihr seid wie Weihrauch, der zu Gott aufsteigt, wenn ihr für die Rettung eurer Brüder betet. Je intensiver ihr betet, desto machtvoller werden eure Gebete. Dankt dem Herrn, der euch rief, der euch mit Seiner Gnade Seinen Ruf hören ließ! Und betet doch für jene, die zu hören sich weigern. Die Zeit drängt, doch viele sind sich dessen noch immer nicht bewußt und schlafen tief dahin. Die Tage enteilen, und Mein Herz ist in tiefen Kummer getaucht, wenn Ich auf die Jugend von heute blicke. Die Liebe fehlt … aber sie sind auch keiner Liebe begegnet; viele von ihnen haben nicht einmal Wärme oder Liebe von ihrer Mutter empfangen, weil diese keine zu geben vermochte. Die Welt ist so kalt geworden, ja eisig kalt. Die Eltern wenden sich gegeneinander, das Kind wiederum wendet sich gegen seine Eltern – mangels Liebe. Die Mutter, sie will nicht sehen, wie sich ihr Kind nach Liebe sehnt. Die Welt ist der Liebe abgestorben, sie liegt in tiefer Dunkelheit, denn Haß, Gier und Selbstsucht beherrschen die gesamte Erde bis ins Innerste.

Ich bin erschüttert beim Anblick des Schrecklichen, der Bosheiten dieser dunklen Welt und des Glaubensabfalls, der bis ins Heiligtum vorgedrungen ist. Katastrophen, Hungersnöte und Elend, Kriege und Seuchen – dies alles habt ihr selbst auf euch gezogen. Alles, was von der Erde kommt, kehrt auch zur Erde zurück. Die Erde zerstört sich selbst; es ist nicht Gott, der euch all diese Verheerungen schickt, wie viele von euch dazu neigen, das zu glauben. Gott ist gerecht und allbarmherzig, nur das Böse zieht Böses herbei. Betet viel, betet mit eurem Herzen für die Bekehrung und die Rettung eures Zeitalters. Meine Kinder, betet mit mir, ich brauche eure Gebete! Betet, und ich werde die Gebete Gott darbringen. Ich versichere euch, daß ich bei euch bin, wohin ihr auch geht. Ich verlasse euch nie, denn ihr seid meine Kinder. Ich segne euch alle.

70. Zähle nicht die Stunden, die du mit Mir verbringst

22. Mai 1990

Friede sei mit dir, Blume! Erfreue Mich und meditiere mehr, bete mehr, sei geschmeidig, so daß Ich dich nach Meinem Bilde formen kann! Fürchte dich nur, wenn du nicht Meine Sprache sprichst. Kannst du denn jetzt die Stimme deines Meisters vernehmen?

Ja, mein Herr, ich kann es.

Warum?

Weil Du mich Gutes lehrst und Deine Sprache die Liebe ist.

So teile denn all diese Lehren mit den anderen. Alles, was du von Mir lernst, teile es mit deinen Freunden! Verherrliche Mich! Erfreue Mich und teile freitags Meine Passion mit Mir. Gehe ein in Meine Wunden! Opfere Mir mehr von deiner Zeit! Lebe heilig, opfere, indem du alles, was du von Mir empfangen hast, weitergibst. Zähle nicht die Stunden, die du mit Mir verbringst. Ich möchte dich großmütig haben. Ich möchte, daß du Mir täglich deinen Willen aufopferst. Bringe Mir deine Schmerzen dar, opfere Mir deine Leiden auf, ja biete Mir sogar den geringfügigsten Kratzer an, auf daß Ich all das benützen kann, was du Mir darbringst, um deine Sünden zu tilgen und andere Seelen aus ihrem Läuterungsfeuer

zu befreien. Laß diese Dinge nicht vergebens vorbeigehen, sondern bringe Mir alles dar, und Ich will es benützen. Und noch etwas: Bevor du ruhst, bete das Salve Regina. Ich lausche; erfreue Mein Herz und auch das deiner Mutter! ... (Ich betete es.) ***Gut! Komm, Tochter, gehe jetzt und ruhe. Ich segne dich und dein Kind. Ruhe in Meinem Herzen, wie Ich in dem deinen ruhen will. Habe Vertrauen in all das, was du empfängst. Die Liebe liebt dich.***

71. Ich sende Meine Mutter als Lehrerin ... Mein Gleichnis vom Unkraut

8. Juni 1990

Herr, hilf mir, das Gelübde, das ich abgelegt habe, zu erfüllen.

Friede sei mit dir! Ich will dir helfen, liebste Seele, empfange Meinen Heiligen Geist der Gnade. Beherzige Meine Lehren und denke daran: Eure Wege sind nicht Meine Wege. Bete um die Gabe der Unterscheidung!

Ich bitte Dich, Herr, mir die Gabe der Unterscheidung zu geben, um Dein Wort zu bewahren und um fähig zu sein, das Rechte vom Falschen, das Böse vom Guten, die Wahrheit von der Lüge unterscheiden zu können.

Ich werde dein Unterscheidungsvermögen stärken, Ich will dich nicht ohne Hilfe lassen. Bleibe du in Meiner Liebe! Und höre auf Mich: Rufe hinaus in die Völker, daß Meine Wiederkehr euch nahe bevorsteht. Alle, die Ohren haben, sollen hören, und jene, die Augen haben, mögen sehen! Ich, der Herr, steige herab – weil Mein Erbarmen grenzenlos ist – um euch zu warnen und zu Mir zurückzurufen.

Hört her! Kurz vor Meiner Wiederkehr werde Ich der Menschheit noch größere Zeichen geben, als Ich sie euch heute schon gebe. Seid also wachsam, denn je größer Meine Zeichen werden, um so mehr wird Satan seine Wut an euch auslassen. Ich habe Propheten erweckt, um das Ende der Zeiten anzuzeigen, und Ich sende Meine Mutter als Lehrerin, um euch auf dem ganzen Erdenrund zu lehren. Sie ist ausgesandt,

um in dieser Wüste einen Pfad für Meine Rückkehr zu bereiten, einen geebneten Weg für Mich, euren Gott, welcher quer durch die Wildnis geht. Bleibt wachsam, denn je mehr Sprachrohre Ich erwecke, desto mehr falsche Propheten wird Satan zu euer aller Verwirrung ausstreuen. Betet, Meine Geliebten, um die einen von den anderen unterscheiden zu können. Betet, damit ihr nicht zu den Getäuschten gehört! Ich habe euch gewarnt, nicht diesen falschen Propheten hinterherzulaufen.

Denkt daran: Wer zu Meiner Verherrlichung Gutes sät, wird später belohnt. Auch möchte Ich euch daran erinnern, daß unter die guten Saaten, die gesät worden sind und nun zu einer guten Ernte heranwachsen, Mein Feind niemals seine Zeit verliert seinerseits seine falschen Propheten auch aussendet, um seine Saatkörner unter Meine gute Saat zu säen. Doch laßt sie nur gewähren, habt Geduld bis zur Zeit Meiner Ernte. So habe Ich schon in Meinem Gleichnis vom Unkraut (Mt 13, 24-30) *gesagt: Versucht nicht, das Unkraut auszureißen und zu jäten, damit nicht mit dem Unkraut zugleich Meine Ernte ausgerissen wird! Laßt vielmehr beides bis zur Ernte heranwachsen, und zur Erntezeit werde Ich den Schnittern sagen: Sammelt zuerst das Unkraut und bindet es in Bündel, damit es verbrannt wird, dann bringt Meine Ernte in Meine Scheune ein!*

Bleibt wachsam, und ihr werdet immer in der Lage sein, den Unterschied zu erkennen und zu wissen. Seid klug, und bittet Mich um Führung! Ein jeder sollte Meinen Rat beherzigen. Seid auf der Hut, Mein Feind ist wie eine wilde Bestie, die verletzt wurde und darum nur noch um so wilder und gefährlicher ist, denn die Stunde Meiner Rückkehr wird euch schon bald erreichen. Und da Ich euch noch größere Zeichen als die heutigen geben will, verbreitet Satan jetzt schon, also am Vorabend dieser großen Zeichen, Verwirrung in Meinen heiligen Stätten, Verwirrung unter euch, um euch uneins zu machen. Seid allesamt im Frieden, vertraut Mir und lehnt euch an Mich an! Tut alles, was ihr könnt, und das übrige will Ich durch Meine Werke vollbringen. Merkt euch, daß Ich alle Schlüssel zu allen Türen habe, und

Ich werde jede Tür in der von Mir ausgewählten Stunde öffnen. Die Liebe liebt euch. Ich segne euch. Preist Mich und liebt Mich!

72. Rationalismus ... die Waffe, um gegen Meine Gottheit zu kämpfen

6. Juli 1990

Friede sei mit dir! Hier ist Meine Botschaft: Friede sei mit euch! Es ist euer Erlöser, der zu euch spricht. Ich bin derjenige, der euch am meisten liebt. Ich bin zu eurem Volk gekommen, um den Blinden die Sicht zu geben und sie jenen zu nehmen, die meinen, sie seien sehend ... Ich bin zu euch gekommen, damit ihr Meine Stimme hört, die Stimme Meines Heiligen Geistes, des ständigen Erinnerers an Mein Wort und an alles, was Ich euch gegeben habe. Hört auf Mich: Bewohner der Erde, wie sehr Ich euch liebe! Trotz eurer furchtbaren Gottlosigkeit und Schlechtigkeit und eurer Gleichgültigkeit Mir gegenüber liebe Ich, euer Jesus, euch noch immer. Heute, Meine Geliebten, komme Ich und stehe vor euch als euer Hirte, um euch zu sagen: Mein Reich ist nahe, und noch ehe diese Generation vergangen ist, wird alles, was durch Meine Propheten von heute vorhergesagt worden ist, eingetreten sein.

Betet für jene, denen Ich einen Mund gab, um Mich zu preisen, die ihn aber nur benützen, um Meinen heiligen Namen zu entehren. Betet für jene, denen Ich Augen gab, um Meine Schönheit, Meine Heiligkeit und Meine Wunder zu schauen, die aber blind geworden sind, wegen ihrer Sünden und ihre Augen von Schuppen bedeckt sind. Betet für jene, denen Ich Ohren gab, um Mein Wort und Meine Hymnen der Liebe zu hören, die aber ihre Ohren schwerhörig werden ließen aus Angst, sie könnten hören und sich bekehren. Betet für jene, aus deren Mund falsche Aussagen kommen, ohne daß sie es merken; ihre Führer werden stürzen, und sie werden der Gerechtigkeit ins Antlitz schauen müssen. Betet für jene, die immerfort mit giftigen Pfeilen aufeinander schießen; sie

werden erkennen müssen, wie sehr sie Meinem Leib Schaden zufügen.

Betet das Gebet, das eure heilige Mutter euch in ihrer letzten Botschaft gab, („Barmherziger Vater, ...“) ***um die Gerechtigkeit Meines Vaters zu erweichen und zurückzuhalten. Bittet den Vater, diesem Menschengeschlecht noch einmal Gehör zu schenken. Macht für jene verstockten Seelen wieder gut, die nicht aufhören wollen, Böses zu tun. Betet für all diese Seelen, Meine kleinen Herzen, weil ihr das Salz der Erde seid. Und Ich, Jesus, sage euch: Faßt Mut, ihr kleinen Herzen, denn Ich bin mit euch!***

Ich werde darauf bedacht sein, daß Mein Name heiliggehalten wird, wenn auch Meine Feinde den großen Glaubensabfall in Meine Kirche und einen unheilvollen Schandfleck ins Herz Meines Heiligtums brachten und wegen ihres Hochmuts auch noch daran festhalten. Wahrlich, Ich sage euch: Mein Wohnsitz wird auf seinen ersten Steinen neu erbaut werden. Der Tag ist nahe, da Ich über diese gelehrten Menschen kommen und ihre ganze sogenannte Weisheit und ihre Feindschaft gegenüber Meiner Gottheit vernichten werde. Ich werde sie mitsamt den Wurzeln ausreißen, damit sie niemals mehr gedeihen werden. Sie sind von Mir abgefallen, ja, sie haben sich bereits daran gewöhnt, in der Abtrünnigkeit zu wandeln. Zum Führer und Reisegefährten haben sie den Rationalismus. Er ist die Waffe, um gegen Meine Gottheit zu kämpfen. Wenn einer nach Erkenntnis dürstet, so möge er zu Mir kommen und trinken, denn Ich werde ihm lebendiges Wasser reichen. Geht nicht hin, um die Lehren menschlicher Erkenntnis zu trinken, das, was sich des Menschen Verstand zurechtgedacht hat. Wer das tut, stellt die menschliche Ehre vor die Ehre, die von Gott kommt. Deshalb sage Ich zu jenen: Wehe euch, wenn die Welt gut von euch spricht! Der Tag wird kommen, wo sie vom Boden aus sprechen müssen, doch ehe ihre Stimme Mich erreichen kann, werden sie vom Staub und der dicken Kruste ihrer Sünden erstickt sein. Dann wird Gerechtigkeit herrschen.

Ich sage euch feierlich, daß in diesen kommenden Tagen Satan und all die bösen Geister nicht mehr im verborgenen

wirken werden wie bisher. Nein, die Zeit ist jetzt angebrochen, wo er und jene üblen Geister sich offen jedem Einwohner der Erde zeigen werden. Satan wird falsche Propheten aussenden – sie werden zahlreich sein wie der Sand am Meer –, um Verwirrung unter euch zu stiften und sogar noch die Erwählten zu täuschen. Also nehmt euch in acht, damit keiner euch hinters Licht führe. Dieses Zeichen ist das Vorzeichen am Vorabend Meiner großen Zeichen, die kommen sollen.

Der Dämon gleicht heute einer wilden Bestie, die verwundet ist und dadurch noch gefährlicher wurde. Doch fürchtet euch nicht, ihr, die ihr Mich liebt, Ich will euch die Sicherheit gewähren, nach der ihr seufzt. Doch wehe jenen, die Mein Heiligtum beschmutzten, indem sie den großen Glaubensabfall in Meiner Kirche herbeiführten. Schwefel und Feuer wird auf sie herabkommen! Wahrlich Ich sage euch: In den Lagern, wo die Schakale wohnen (hier spielt Jesus auf die Freimaurer in Seinem Heiligtum an), ***wird bald eine Straße verlaufen; sie wird ohne Befleckung sein und heiliger Weg genannt werden. Kein Unreiner wird auf ihm wandeln, sondern nur die Lebendigen, welche wissen, wie man Mich recht verehrt; diese werden ihre Knie beugen und zu Mir sprechen: Amen, Amen ...***

Ihr kleinen Kinder, hegt nie Groll oder Neid gegeneinander, seid vereinigt, seid vereinigt – seid eins! Ich, Jesus, bin es, der dies von euch erbittet. Ich segne euch alle und hinterlasse Meinen Seufzer der Liebe auf eurer Stirn. Dieses Siegel kennzeichnet euch als die Meinen.

73. Welche größere Gabe könnte es geben als Seine Liebe?

6. Juli 1990

Botschaft unserer heiligen Mutter:

Maria: Friede sei mit euch! Meine Kinder, ich möchte heute gerne, daß ihr Lukas 15, 4-7 lest und darüber meditiert. Ja, Jesus will nicht, daß auch nur einer von euch verlorengeht. Hierin liegt der Grund, warum Er so bestän-

dig auf der Suche nach eurem Herzen ist. Betet, meine kleinen Kinder, wie nie zuvor! Haltet den Namen Gottes heilig und denkt daran, daß jeder, der den Herrn sucht, Ihn auch findet. Jedem, der anklopft, wird die Tür aufgetan. Arbeitet für euer Heil, für eure Rettung. Betet um alles, was ihr nötig habt. Ich möchte, daß ihr glücklich seid und im Frieden mit dem Herrn, denn der Herr hat euch die Gabe Seiner Liebe gereicht. Welche größere Gabe könnte es geben als Seine Liebe? Findet den Frieden im Herrn, diesen Frieden, den so viele von euch vermissen. Dringt ein in Gottes Liebe, und Er wird eure Seele läutern. Preist den Herrn, denn Er ist gut und geduldig. Kommt nicht nur wegen eurer Anliegen zu Ihm, kommt auch nicht nur aus Pflichtgefühl zu Ihm, sondern kommt zum Herrn, um Ihn zu preisen und Ihn zu lieben. Denkt an die Wohltaten, die Gott euch täglich gewährt, stellt Betrachtungen darüber an und bringt Ihm eurerseits eure Herzen dar. Dankt Ihm, Geliebte, ja zeigt Ihm auch einmal eure Dankbarkeit. Jesus ist die Liebe, Jesus ist die Hoffnung, und Jesus bedeutet „Derjenige-der-rettet“. So zweifelt nicht an der Größe Seiner Liebe. Habt Vertrauen zu Ihm! Er kommt doch, um selbst den Geringsten von euch zu retten. Gebt den Völkern Zeugnis von dieser großen Liebe und verbreitet Seine Botschaften bis an die vier Enden der Erde. Ich, eure heilige Mutter, bin euch immer nahe. Meine Kinder, ich segne euch. Möge der Frieden meines Sohnes in euren Herzen regieren!

74. Ich bin von Ihm gesandt, den Weg für Seine Wiederkunft zu bereiten

22. Juli 1990

Botschaft von unserer heiligen Mutter:

Maria: Friede sei mit euch, geliebte Kinder! Es spricht eure heilige Mutter: Ich danke euch, daß ihr hieher gekommen seid, Uns zu hören. Öffnet eure Herzen und versteht jedes Wort, das Wir an euch richten. Jesus schenkt euch Seine Liebe und Seinen Frieden. Er führt euch zum Heil, und Er hat mich gesandt, den Weg für Seine Wiederkunft zu bereiten. Ich komme, Ihm abermals den Weg zu öffnen.

Seid nicht überrascht, ihr Kleinen. Ich weiß wohl, daß es hart ist, in der Wildnis zu leben, doch ich komme zu euch in vielen Nationen, um euch vorzubereiten. Ich schule euch in den Regeln der Rechtschaffenheit, um euch frei zu machen. Bittet den Herrn, Er möge eure Schritte auf den Weg Seiner Gebote leiten. Erquickt Ihn mit eurer Liebe, tröstet Ihn mit eurer Liebe, seid Sein Balsam. Fühlt euch geliebt von mir, fühlt euch geliebt von meinem Sohn.

Heute rufe Ich die Kranken, um ihnen zu sagen: Mein Kind, sei nicht niedergedrückt, denn ich bin deine heilige Mutter und liebe dich. Aber bete zum Herrn, und Er wird dich heilen. Läutere dein Herz von allen Unreinheiten, indem du bereust. Öffnet alle eure Herzen für Gott, und Er wird euch mit Seiner Liebe überschütten. Betet ohne Unterlaß, schlummert nicht dahin! Betet mit eurem Herzen und seid wie Rosen in den Tagen des Frühlings, wie ein Blumenstrauß, der dem Allerhöchsten dargebracht wird. Laßt eure Gebete wie duftenden Weihrauch sein, der zu Seinem Thron emporsteigt. Laßt Mich daran erinnern, wonach der Allerhöchste sich sehnt: nach eurem Herzen! Bringt Ihm euer Herz dar und erlaubt Ihm, euer Führer zu sein auf dem Weg, den ich für euch vorbereite. Meine Kinder, die Liebe steht vor euren Türen. Preist den Herrn und liebt Ihn! Gott ist die Liebe! Ich segne euch alle. Ich segne auch all jene, die in einem Gefängnis eingesperrt sind; der Friede sei mit ihnen. Er möge sich wie ein Strom in ihre Herzen ergießen. – Vassula, sei geduldig, mein Sohn Jesus liebt dich, ja liebt dich bis hin zu Tränen der tiefen Zuneigung. Zweifle nie, fühle Seine Liebe! Beende den Tag stets mit einem Lobpreis an Ihn. Empfange meinen Frieden. Wir, uns?

Ja, heilige Mutter, wir, uns.

Band 4

75. Es ist die Liebe, die zu einer feindseligen Welt spricht

12. September 1990

Jesus?

Ich bin es, Friede sei mit dir, Blume. Schreibe Meine Botschaft nieder, welche für alle Kontinente gilt:

Friede sei mit euch! Kinder Meines Herzens, erkennt, wie der Himmel sich jeden Tag mit Gnaden für euch öffnet, euch zur Bekehrung aufruft ... euch an Mein Wort erinnert ... euch lehrt, Meine Gebote zu halten. Der Himmel tut Seine Tore täglich an verschiedenen Orten der Welt auf, um euch Frieden und Liebe zu bringen. Und die Weisheit mit all ihrem Ruhm steigt hinab auf einen Thron mitten unter euch allen, um die Augen der Blinden zu öffnen, die Ohren der Tauben aufzutun und die Toten aufzuerwecken, die in dieser Wüste umherliegen. Nein, die Weisheit wird sich nicht der selbstherrlichen Seele zeigen. Sie steigt nur hernieder zu den Armen und Einfältigen, sie zu unterweisen und alle ihre Werke auf sie auszugießen, denn gerade diese Seelen verstehen es, Mich, den Herrn, zu fürchten, und an Meinem Wort festzuhalten.

Welch größere Gabe gibt es, als sie (die Weisheit) ***bis an eure Türschwellen zu bringen? Welche Freude könnte größer sein, als ihr Lächeln über euch zu wissen? Welch größeres Entzücken gibt es, als zu hören, wie sie euch ihr neues Lied der Liebe singt? So freue dich also, Schöpfung, bin Ich es doch, der an deiner Türe steht ... Diese Freude ist für eure Zeit aufbewahrt worden, o Menschengeschlecht, auch wenn Satan und sein ganzes Reich mit weltumfassender Macht in Meiner Kirche und in allen Völkern jetzt alles auf die Spitze treibt. Mit ihm vereint ist der falsche Prophet, dessen Schritte ihr täglich deutlicher hören könnt. Sie sind bis an die Zähne bewaffnet und führen Krieg gegen Meine Kirche und all jene, die Meine Gebote halten.***

Ich habe, geliebte Kinder, dies himmlische, von Meinem Geist geschenkte Manna zurückbehalten für eure Zeiten. Es ist das verborgene Manna (siehe Offb 2, 17), ***das Ich für die Zeiten der Verwilderung und Verderbtheit vorbehalten hatte. Es ist die Nahrung der Armen und jener, die ausgehungert sind, und Ich verspreche euch, sie können davon essen, soviel sie wollen, und ihnen werde Ich Meinen neuen Namen übertragen. Es ist diese himmlische Nahrung, die Ich vom Himmel strömen lasse. Es ist das Ausgießen Meines Heiligen Geistes, um eure innere Leere zu erfüllen. Es ist die Liebe, die zu einer feindseligen Welt spricht. Es ist Liebe, die an jede verschlossene Türe klopft. Es ist Liebe, die von der anderen Seite der Mauer ruft, welche uns trennt und welche von Meinen Feinden erbaut worden ist. Es ist Liebe, die wie ein Bettler kommt und um Gegenliebe bittet ... um ein Lächeln ... um ein Bedauern ... um einen Seufzer ... Ich bin es: das heiligste Herz.***

Ich komme noch einmal, um die in euren Herzen erlöschende Flamme in ein verzehrendes Feuer der Zärtlichkeit und Liebe zu verwandeln. Ich steige hinab, um all die Schätze Meines Herzens in verschwenderischer Fülle auf euch auszugießen, auf dich Menschheit ... und um jenen Licht zu bringen, die im Dunkel und im Schatten des Todes leben. Ich komme, die Tore eurer Verliese zu zersplittern und mit Meiner Glut eure Sündenketten aufzuschmelzen. Ich komme, euch aus eurer Gefangenschaft zu befreien und von eurer Bosheit, und euren Ausschweifungen ein Ende zu setzen. Ich habe vor, dich, o Menschheit, zu retten, auch wenn Ich dich zur Strafe heranziehen und zu dir sprechen muß, indem Ich dir deine Dürre zeige und wie sehr dein ganzer Körper mit Dunkelheit erfüllt ist. Ich werde es tun, um dich zu retten. Ach, Schöpfung, was würde Ich nicht alles für dich tun! ...

Mein Geist ist über euch, und Er wird für immer und ewig auf euch ruhen. So öffnet eure Herzen und laßt euch von Meiner Gnade erfüllen. Kommt und holt euch Stärke von Mir. Stärkt eure Wurzeln in Mir, denn was wollt ihr am Tag der Trübsal tun, wenn eure Wurzeln zu schwach sind? Ihr wer-

det im Winde schwanken und vom Sturmestoben hinweggetrieben werden, eure Zweige werden wie dünnes Glas abbrechen. Nein, ihr werdet nicht überleben können.

Kommt also zu Mir und gedeiht in Meinen Reichtümern, dann werdet ihr nicht dahinwelken. Kommt zu Mir, wie ihr seid! Wartet nicht, bis ihr Heilige werdet, um als solche zu Mir zu kommen. Kommt zu Mir, wie ihr seid, und Ich will euch eure Sünden vergeben und eure Seelen läutern! Ich werde euch dann mit Meiner Gottheit umkleiden um Meines heiligen Namens willen, um euch für unsere geistige Vermählung vorzubereiten. Ich, der Herr, beabsichtige, euch in Meiner Herrlichkeit zu „ehelichen“ und dich, o Menschheit, völlig Mein zu machen. Ich habe vor, euch den rechten Weg finden und eure Füße von den krummen Pfaden abkommen zu lassen. Ich will euch darauf vorbereiten, Mein zu sein auf immer und für alle Ewigkeit.

Heute beuge Ich Mich den ganzen Weg vom Himmel hinab, aus Liebe und Erbarmen, doch zur gleichen Zeit ist Meine Seele traurig und voll Kummer, gilt es doch, Meine Lämmer und Meine Schafe zu finden. Einige von ihnen sind weit verstreut, andere verloren und noch andere von Wölfen verschlungen, die unter Schafspelzen verborgen waren. So seid also nicht überrascht, wenn Ich euch aufsuche, denn mit jedem Tag, der vergeht, werdet ihr Mich mehr und mehr sehen, bis ihr Mir von Angesicht zu Angesicht begegnet. Ich werde in loderndem Feuer kommen, um alle hinwegzufegen, die Mich nicht als ihren Gott anerkennen, und Ich sage euch: Die Zeit drängt, die Stunden entfliehen, und der Tag Meiner Herrlichkeit ist bald bei euch. Seid nicht wie jene, die sprechen: „Nun, wo bleibt denn diese Ankunft?“ – „Was ist aus dieser Verheißung geworden?“ – Mein Kommen vollzieht sich bald, Meine Verheißung ist schon dabei, sich zu erfüllen, und euer Erwarten wird abgekürzt um der Bitten Meiner Mutter und aller Meiner Heiligen willen.

Also denn, Meine Geliebten, die ihr in Erwartung seid, söhnt euch aus und lebt heilig, damit Ich euch im Frieden vorfinde. Ich komme nun sehr bald schon als Liebe. Alles geht sei-

nem Ende entgegen, und eines Tages werdet ihr alle Mir Rede und Antwort stehen und Mir Rechenschaft ablegen müssen. Was wird dann mit den Bösen und den Sündern geschehen? Und was wird mit jenen geschehen, die Mich weiterhin beleidigen? Ich bin treu und wahrhaftig, und Mein Versprechen wird sich bewahrheiten. Ich werde nichts aufschieben, im Gegenteil, je mehr ihr die Schritte des falschen Propheten und seines Gefolges auf dem Angesicht dieser Erde vernehmt, um so mehr werde Ich euch Meine eigenen Schritte hören lassen. Mit Meinem Blut will Ich die Giftspuren beseitigen, entfernen die Köder, die sie euretwegen auf ihrem Weg hinterlassen. Dieser Rebell und seine Gefolgschaft sind jetzt sehr erfolgreich. Verkleidet in Hohepriestergewänder oder im Lammpelz, und auftretend als die Wahrheit, täuschen sie viele und führen sie in den Tod.

Ich spreche jetzt nicht in Gleichnissen, sondern offen und klar. Die Zeiten sind gegeben, jene in den Schriften vorhergesagten Zeiten, da Meine Feinde einen falschen Titel schaffen werden, der nicht zu Mir gehört und nicht Mich offenbart: ein falscher Christus, ein lebloses Bild, ein falscher Gott, ein Götze, subtil versteckt unter einem falschen Ökumenismus – das ist die Lanzenspitze, die tief in Meinem heiligsten Herzen steckt und so viel Bluten verursacht ... Mit dem Schwert werden sie euch zwingen, ihre vergiftete Nahrung zu essen: eine Portion Rationalismus an dem einen Tag, eine Portion Naturalismus am anderen, usw. Sie äffen die Wahrheit nach, Mein Wort, die Weisheit, ja selbst die Sprache Meines Kreuzes. Doch Feuer wird vom Himmel über sie herniedergehen und den Aufrührer mitsamt seiner Gefolgschaft hinwegraffen. Das ist gewiß, es wird sich als wahr erweisen!

Ich sage euch all diese Dinge, Geliebte, um euch vor diesen falschen Lehrern zu warnen, zu warnen vor ihren menschlichen Lehren, und um euch zu sagen, daß auch in diesen kommenden Tagen der Trübsale Mein heiligstes Herz – ganz in Liebe entflammt – euch nachgehen wird. So wie ein Bettler auf Almosen hofft, so hoffe auch Ich, euer Herz zu gewinnen,

ehe die Finsternis über euch hereinbricht. Ich segne einen jeden von euch und gebe euch Meinen Kuß der Liebe auf die Stirn. Ich, Jesus Christus, der geliebte Sohn Gottes und euer Heiland, hinterlasse euch von ganzem Herzen Meinen Frieden. Ich liebe euch grenzenlos. Seid eins!

76. Mein Königreich wird einem armen Volk gegeben werden

18. September 1990

Mein Herr, Du bewahrst mich vor dem Bösen und umarmst meine Seele mit Deinen Liedern der Liebe. Laß Dein heiliges Antlitz leuchten über allen, die Dich lieben. Lehre die Jugend von heute, Dir nachzufolgen und Dich nachzuahmen! Zeige ihnen die Schätze Deines heiligsten Herzens und unterweise jene, die immer noch nicht verstehen und unentschlossen schwanken hinsichtlich des heiligen Namens, den Du Dir erwählt hast, der Bezeichnung „Heiligstes Herz". Laß sie erfahren, daß Du es bist, Christus! Laß jene, die daran festhalten, getrennt zu sein wegen theologischer Auffassungen, doch endlich vereint sein unter Deinem heiligen Namen! Bringe sie zur Vernunft und laß sie erkennen, wie sie die Spaltung in der Christenheit nur fördern, und wie sie Deinen Willen mißachten, während sie Satan einmal mehr gewähren lassen, uns getrennt zu halten und Deine Kirche auf diese Weise zu schwächen. Du bist Jesus Christus, der vielgeliebte Sohn Gottes und Erlöser, das heiligste Herz, das Wort, das Alpha und das Omega, das Licht, der Heiland, der Pantokrator – Du bist der eine Christus! Du bist nicht in Stücke geteilt! So bete ich zu Dir, der Du uns eins haben möchtest, uns wieder zu vereinen – in der Liebe, in den Herzen, in unserem Glauben und im ganzen Handeln.

Es ist dies, Mein Kind, was du sie lehren sollst, nämlich zu glauben, und überzeuge sie, es zu tun. Wisse aber auch, Mein Kind, daß da jene sein werden, die nicht hören wollen, nicht hören werden aufgrund ihrer Überheblichkeit. Diese Seelen liegen Mir schwer am Herzen. Es fehlt ihnen die Demut und wahre Weisheit. Sie sind voller gegensätzlicher Meinungen

über Wissen, das gar kein wahres Wissen ist, geht es doch oft nur darum, zu richten, zu verurteilen und über Worte zu streiten. Unaufhörlich erheben sie Fragen, merken aber doch nicht, wie sie dem Versucher zum Opfer fallen. O Mein Kind, trage diese Mühsale um Meinetwillen. Nichts wird umsonst sein. Eines Tages wirst du das Licht von Angesicht zu Angesicht schauen ...

Komm, und erfreue dich jetzt an Meiner Liebe und Zärtlichkeit, bette dein Haupt auf Mein Herz und höre auf die Rufe der Liebe! Erfreue dich Meiner, erfreue dich Meiner Pracht und Meines Reichtums! Ich habe all diese Reichtümer für dich, o Menschengeschlecht, aufbewahrt, um dich mit den Fesseln der Liebe zu Mir zu führen. Auf eure Frage: „Wie lange dauert es noch, bis dieses Wunder stattfindet?" sage Ich euch: Es hat schon begonnen. Einige von euch haben bereits Meine Schritte vernommen. Der Herr, den ihr sucht, wird plötzlich bei euch sein; der Eine, nach dem ihr euch sehnt, ist auf dem Weg. Und darum sage ich euch: Widersteht nicht Meinem Heiligen Geist, der jetzt mit gewaltiger Kraft heranbraust, um die Leichentücher wegzunehmen, mit denen eure Völker bedeckt sind und die euch daran hindern, das Licht zu sehen. Ich will machtvoll mit Meinem Geist hinabsteigen, um die Verführer zu entlarven und die Händler hinauszutreiben, die in Mein Heiligtum eingedrungen sind.

Erhebe deine Augen zu Mir, o Menschengeschlecht, und siehe, welche Freude schon bald auf dich zukommt! Mein Heiliger Geist wird in seiner ganzen Fülle hinabkommen, nicht nur, um die Elenden zu retten, nein, denn Ich werde auch zum Gericht hinabkommen. Die Blinden will Ich sehend machen und jenen, die sagen, sie seien sehend, die Sicht nehmen; und jene, die sich weise und gelehrt nennen, will Ich verwirren, so daß sie nicht mehr wissen, wer sie sind und woher sie kommen. Ich sage euch feierlich: Ich will die Unwürdigen lehren, und jene, die als närrisch und nichtswürdig bezeichnet werden, will Ich aufrichten und belehren und sie mit Meinem Wissen in hingebungsvolle Schüler der Wahrheit verwandeln, um jene zu beschämen, die ihnen Mein Reich vorenthalten haben.

Ich sage euch: Die Toten werden noch vor euch (den „Weisen") ***Eingang in Mein Königreich finden. Mein Geist der Gnade kam zu euch bis an eure Türen, doch ihr wolltet nicht an Meine Zeichen und Wunder glauben, während diejenigen, die ihr als Außenseiter eurer Gesellschaft verächtlich behandelt, demütig glaubten, voller Hingabe und mit Liebe. So kommt es, daß Ich die Sünder zurückholen und die Toten zu Säulen des Lichts erheben werde. Aber zu Meinem größten Kummer werdet ihr selbst angesichts dieser großen Wunder immer noch alles besser wissen wollen und euch weiterhin weigern, an Meine gegenwärtigen göttlichen Werke zu glauben. So sage Ich euch: Mein Reich wird von euch genommen, um armen Leuten anvertraut zu werden, einem Volk, das zuvor die Rechte nicht von der Linken zu unterscheiden vermochte. Und diesen Elenden werde Ich Meinen neuen Namen geben.***

77. Mein Kind, willkommen in deines Vaters Haus

20. September 1990

Herr?

Ich bin es. Komm und tröste Mich, komm und sei gut zu Mir, gönne Mir Ruhe! Ich habe dich doch erschaffen, so laß Mich der Eine und Einzige in deinem Herzen sein. Ich habe dich erschaffen, damit du Mir die Dornen entfernst, die Meinen Körper durchdrangen. Ich habe dich erschaffen, damit du das Opfer Meines Herzens bist. Ich liebe dich leidenschaftlich. Nimm Meine Liebe an, nimm Mein Wissen an, nimm die Prüfungen mit Geduld an und laß keinen Widerwillen aufkommen. Ich habe Mein Kreuz mit großer Liebe angenommen, tat dies mit Gehorsam, und Ich trank Meinen Kelch bis zum letzten Tropfen aus, alles aus Liebe und um dem Vater im Himmel zu gefallen.

Ich erziehe dich nur mäßig, Meine Tochter. Wenn du auf Mich hörst, wirst du lernen. Meine Augen sind ständig auf

dich gerichtet, sie beobachten dich und segnen dich. Ich bin es, der dich am meisten liebt, so habe keine Angst, Meine Tochter Vassula. Fürchte Meine Züchtigung nicht, die dich in Meine Richtung führen wird, die dir die Herrlichkeit Meiner Werke und deren Großartigkeit, den Reichtum Meines Herzens und das verzehrende Feuer Meiner Liebe zeigt.

Habe Ich dich jemals im Stich gelassen? Habe Ich jemals deinen Rufen widerstanden, wenn du Mich brauchtest? – Gesegnete Völker, gesegnete Menschheit, gesegnete Schöpfung! Wie kommt es, daß ihr euch Meiner Liebe widersetzt, daß ihr vom rechten Weg abgeirrt seid, um eine leichte Beute für Satan zu werden, daß ihr euch erlaubt, Meinen Namen vergeblich zu nennen? Der Geist, welcher in dir ist, o Generation, ist der eines Rebellen. Er leitet euch alle an, ein sinnliches Leben, ein sinnloses Leben, ein gottloses Leben zu führen und hat so Heiligkeit durch Perversion ersetzt.

O Menschengeschlecht, wo ist das Zeichen zwischen Mir und dir? Was habt ihr damit gemacht? Wo ist euer Glaube an Mich? Wie habt ihr es nur fertiggebracht, Mich aufzugeben? Habt ihr denn nie zuvor gehört, daß, je näher ihr zu Mir kommt, desto näher Ich zu euch kommen werde? Haltet eure Augen auf Mich gerichtet, ohne nach links oder rechts zu schauen. Laßt Mich eines Tages sagen können: Mein Kind, willkommen in deines Vaters Haus, du bist ein beruhigender Duft für Mich gewesen, du hast Mein Gesetz gehalten und heilig gelebt, du bist fruchtbar gewesen und hast die Armen genährt. Komm also, Mein Kind, wirf dich in deines Vaters Arme und lebe für immer und ewig in Meinem Herzen.

78. Liebkose Mich mit schlichten Worten

24. September 1990

Friede sei mit dir! Vassula, Ich werde dich niemals verlassen. Es gefällt Meinem Herzen, wenn du länger zu Mir betest. Sprich:

„Jesus, Du, der Du mich gerettet hast, sei gepriesen. Jesus, Du, der Du mich nährst, sei gepriesen. Jesus, ich liebe Dich; lehre mich, Dich noch mehr zu lieben. Amen."

Liebkose Mich mit schlichten Worten, die aber aus deinem Herzen kommen sollen. Ach Meine Geliebte! Preise Mich ohne Unterlaß, ruhe in Meinem Herzen und tröste Mich, wie Ich dich tröste. Dies, Meine Vassula, ist es, was Ich jetzt nötig habe.

79. Gott möchte, daß jeder gerettet werde

25. September 1990

Eine Botschaft von unserer heiligen Mutter an uns alle:

Maria: Der Friede sei mit euch, geliebte Kinder! Erlaubt mir, euch daran zu erinnern, daß der Herr jedes Herz kennt. Der Herr ist auf der Suche nach euren Herzen. Kommt zu Ihm mit einem reinen Herzen, und Er wird euch lehren. Der Herr wird eure Seelen trösten. Er wird euch auf Seinem Weg und in die Wahrheit führen. Ich bitte euch, diejenigen unter euch, die immer noch unschlüssig sind, verschließt eure Herzen nicht der Einsicht. Kehrt zum Herrn zurück, und Er wird zu euch zurückkehren. Eine Freude wird nun vom Himmel zu euch hinabsteigen, ein Licht wird in eurer Mitte aufleuchten. Seid darauf vorbereitet, dieses Licht zu empfangen. Seid bereit, dem Herrn zu begegnen.

Heutzutage, wessen Hände sind da rein? Und wer kann aufrichtig sagen, sein Herz wäre rein? Wessen Seele steht in vollkommenem Einklang mit dem Herrn? Geliebte! Mein Eigentum! Meine Kinder ... Die Straße zum Herrn liegt in eurer Mitte, <u>sie findet sich im Land der Lebenden</u>. Streckt nur eure Hände aus nach Seinem Heiligtum, und der Herr wird euch vom Himmel herab die Hand reichen, um euch zu sich emporzuziehen. Streckt eure Hände zu Ihm aus, und Er wird sich voll Erbarmen zu euch hinabneigen. Kommt ohne zu zögern zum Herrn! Hebt eure Augen zum Himmel empor und schaut auf keinen anderen als auf Ihn, den Herrn, euren Gott, erfreut euch in keinem anderen außer in Ihm, eurem Retter und Heiland. Suchet, suchet keinen sonst außer den Herrn, euren Erlöser. Singet, singet keinem außer dem Heiligen. Muß ich euch denn daran erinnern, daß der

Herr Zärtlichkeit und Mitleid ist, langsam im Zorn und reich an Barmherzigkeit?

Jesus war der Stein, den die Bauleute verworfen haben und der zum Schlußstein geworden ist. Ich sage euch wahrlich, daß das Königreich Gottes mitten unter euch ist, und Sein Heiliger Geist der Gnade weht schon mild über eure Nationen, um euch zu beleben. So kommt und schaut die Hochzeit des Heiligen Geistes, der sich mit euren Ländern verbinden will. Lehnt Ihn nicht ab, den Heiligen Geist, der so offenkundig über euch ausgegossen wird. Seid nicht wie die Bauleute, die den Stein verwarfen, der zum Eckstein bestimmt war.

Gott möchte, daß jeder gerettet werde, und dies ist jetzt meine ernste Warnung an alle, welche die Prophezeiungen dieses Buches hören: Unterdrückt nicht den Heiligen Geist, den Geist, der jetzt über euch weht, inmitten und auf dem Gipfel eures Glaubensabfalls. Sagt später, wenn der Tag des Gerichtes anbricht, nur ja nicht: „Ich habe nie davon gehört, ich habe nichts davon gewußt." Jesus und ich offenbaren die Dinge im voraus, ehe sie geschehen, so daß ihr, wenn ihr Gott von Angesicht zu Angesicht begegnet, nicht sagen könnt: „Ich war in Unkenntnis ..." – ... Die Festung des Stolzes wird fallen ... und die Teufelsbrut wird hinausgeworfen werden. Möget ihr alle gesegnet sein; möget ihr alle gesegnet sein, die ihr mich anhört. Ich bin eure geliebte Mutter, die Théotokos, die euch alle liebt.

80. Ich habe dich Mir vermählt, um Mein Kreuz zu teilen

1. Oktober 1990

Meine Vassula, Ich bin es, der Herr. Fühle Mich, Ich bin dir nahe, erkenne Mich! (Hier berührte Jesus meinen Arm.) ***Ich teile Mein Kreuz mit dir, Meine Dornenkrone, Meine Nägel. Ich habe dich aus dem Reich der Toten erwählt und in Meinem Herzen neu belebt, um dich zum Opfer Meiner so unersättlichen Liebe zu machen. Ich mache dich zu einer Sühneseele für viele Seelen, die es vorziehen, abgesondert zu bleiben und sich von Meinem heiligen Namen zu trennen. Ich teile Meine Leiden und Meinen Kummer mit dir, Tochter. Tröste Mich, und Ich will dich trösten. Vassula, Mein Kind,***

Ich habe dich aufgerichtet, um Meine Gerechtigkeit zu beruhigen. Ich habe dich aufgerichtet, um Meine Seele zu erfreuen. So fürchte dich nicht, Mein Kind. Mein Vater hat Gefallen an dir gefunden um all dessentwillen, was du nicht bist. Du hast keine Verdienste, überhaupt keine, aber trotz deiner Erbärmlichkeit begünstigte Ich dich, denn Meine Treue und Meine Güte sind ohne Maß. Opfere mehr, Mein Kind, denn Weihrauch und Myrrhe bist du Mir! Wie Ich dich liebe! Für Mich, deinen Gott, werde Ich dich eifrig machen und treu für Meine Gebote. Ich will dich mit Meinem Öl salben. O du Mein Eigentum, lebe in Mir und erlaube auch Mir, in dir zu leben. Ich bin derjenige, dem du nie Widerstand leisten, den du nie verlassen, nie verleugnen solltest. Ich bin es, der in dich das Leben haucht. Erlaube Mir, dich völlig einzunehmen, zeige Mir keinen Widerstand. Überschütte Ich dich nicht mit Gnadenerweisen? Verzehre Ich dich nicht ganz mit der Liebesflamme Meines Herzens? Habe Ich dich nicht Meinen Engeln gezeigt und den Heiligen, die in Meiner Gemeinschaft leben? Habe Ich dich jemals vom Leiden ausgeschlossen, Seele? Deshalb bist du es Mir nun schuldig, Mich zu lieben. Du bist verpflichtet, Seele, dich vor Mir niederzuwerfen und Mich anzubeten. Dein Beitrag ist es jetzt, Meine Seele zu erfreuen und Mich in Meinem heiligen Opfer zu empfangen.

Komm ... komm ... nähere dich Mir, erlaube Mir hie und da, dir von Meiner Liebe zu dir ins Ohr zu flüstern. Erlaube Mir, dich mit Meiner Zärtlichkeit zu liebkosen. Erlaube Mir, dich mit Meinen Segnungen zu umarmen. Komm und neige dein Haupt an Mein Herz. Du bist nicht nur Mein Schreibheft, Seele, du bist auch Meine geliebte Braut, die Mein Herz liebt und der es Lieder singen möchte. Meine Stimme ist angenehm und Mein Herz ein lodernder Schmelzofen der Liebe, und Mein Duft ist verlockend und fein. Siehst du, wie Ich zu dir geflogen komme, noch ehe du deine Lippen öffnest und ein Wort für Mich in deinem Munde hast? Wie eine Blume unter Disteln halte Ich dich jetzt; wie ein Netz im Meer ausgeworfen wird, so habe Ich dich ausgeworfen, um Seelen für Mich, deinen König, zu fangen.

Wenn du das nicht weißt, Vassula, Meine Tochter, so sage Ich es dir jetzt: Folge den Spuren Meines Blutes und nimm das Kreuz auf dich, das Ich dir anvertraut habe. Diese Spuren hast du von deiner Jugend an gesucht. (Als Kind hatte ich Visionen von Jesus, auf dem Weg nach Golgota und wie ich bei Ihm unter dem Kreuze stand.) ***Sie werden dich zu Mir hinführen, in Meine Arme und in Mein Herz, o Vassula! Ich werde dich wie***

Meinen Augapfel hüten. Ich habe dich aus der Tiefe geholt, um dir einen Platz unter den von Mir bevorzugten Seelen Meines Herzens zu geben. Ich habe dich Mir vermählt, um Mein Kreuz als unser Ehebett zu teilen, und dich fortan für alle Ewigkeit zu der Meinigen gemacht. Senke jetzt deine Augen vor deinem König und Bräutigam, senke deine Augen und erlaube Meiner Hand, auf deinem Haupt zu ruhen, dich zu segnen und Meinen süßen Seufzer der Liebe auf deine Stirn zu hauchen, den Hauch Meiner Zärtlichkeit.

Mein Kind, wie gerne möchte Ich dich frei von aller Sorge sehen. Ich warte nur darauf, dir gnädig zu sein. Ich warte nur darauf, dich ewig in Meinem heiligsten Herzen zu verbergen, wo du den <u>wahren Frieden</u> finden wirst.

81. Laß Meinen Königshof den Weg für Mich bereiten – Ich sende euch Meine Mutter vor Mir her

10. Oktober 1990

Der Friede sei mit dir, Kind! Erlaube Mir, deine Hand zu benützen. Ich bin es ja, dein Jesus. Es ist die Liebe, die zu dir spricht und dich bittet …

O komm und nimm mich ganz ein!

Ach, Meine Vassula, Ich will dich denn erfüllen … Höre Mich und schreibe Meine Botschaft für die gesamte Welt: Der Friede sei mit euch! Es spricht die Liebe. Die Liebe bietet sich an. Die Liebe heilt, heilt selbst solche Wunden, die unheilbar zu sein scheinen. Die Liebe tröstet jene, um die sich niemand

kümmert. Meine Liebe für euch währt ewig, und Ich bin dafür bekannt, treu in Meiner Zuneigung zu sein. Kommt her, ... kommt nahe zu Mir, indem ihr mit eurem Herzen betet. Ich biete euch einen Platz in Meiner Schule an. Ich biete euch die Weisheit an, um euch Mein Wissen zu lehren. Gesegnet sind jene, die demütig Meine Belehrungen annehmen und sich Meine Worte zu Herzen nehmen.

Hört Mich, Meine Geliebten! In den Schriften steht: „Die Sprache vom Kreuz ist für jene unlogisch, die nicht auf dem Weg zum Heil sind, doch diejenigen, die auf dem Weg sind, sehen sie als Gottes Rettungsmacht“ (1 Kor 1, 18). *Und um euch diese Sprache zu lehren, komme Ich. Es ist dies die Sprache der Liebe, die ihr in Meiner Schule zu hören bekommt, und ihr, die ihr willens seid zu lernen, seid gesegnet, seid eifrig und glücklich. Obwohl Hindernisse notwendigerweise kommen müssen, fürchtet euch nicht, verlaßt euch auf Mich. Doch wehe dem, durch den dieselben kommen! Er wird sich am Tage des Gerichts vor Mir verantworten müssen. Meine Wiederkunft steht bevor, und Ich gebe euch ständig Zeichen, damit ihr euch vorbereitet. Die Liebe ist auf dem Weg der Rückkehr. Ich bin auf dem Weg zurück zu euch.*

Sage Mir, wenn ein König in eine Stadt einzieht, werden da nicht Vorbereitungen für den Empfang getroffen? Die ganze Stadt ist in Aufruhr, und der König wird seine Erwählten und seine königlichen Hofleute vor sich hersenden, damit diese vorbereitende Maßnahmen treffen und ihm den Weg ebnen. Er wird seine Boten senden, um sein Kommen anzukündigen. Er wird sie auffordern, mit lauter Stimme auszurufen: „Hier ist euer König! Euer König kommt mit Seinem Herzen in Seiner Hand, um Es euch anzubieten. Die Barmherzigkeit neigt sich jetzt vom Himmel herab, neigt sich herab von Seinem Thron. Er hat Mitleid mit euch.“

Das nun ist der Grund, weshalb Ich vor Meiner Rückkehr dich vor Mir hersende, die Arche des Bundes. Ich sende euch die Frau der Apokalypse, die Zweite Eva, die mit ihrer Ferse der Schlange das Haupt zerschmettern wird. Ich sende euch Meine Mutter vor Mir her, um eine breite Straße zu erschließen und sie in diese Wüste zu bahnen. Ich sende euch die Königin des Himmels, das Tor zum Himmel, um euch vorzubereiten, um alle von euch, die noch im Staub liegen, zu unterrichten, auf daß ihr vortretet und Frieden schließt mit Mir, eurem König, und zwar noch vor Meiner großen Wiederkehr. Ich sende euch die Königin des Friedens, damit sie von einem Ende der Erde bis zum anderen alles durchsiebt, um euch einen nach dem anderen zu gewinnen.

Ich sende euch vor Meiner großen Wiederkehr Meine Diener, die Propheten, um euch an Mein Gesetz zu erinnern und euch von euren üblen Wegen abzubringen, und damit ihr heilig lebt. Ich lasse euch Ereignisse ankündigen, ehe diese stattfinden. Ich sende euch Meine Engel, um euch an Meine Heiligkeit zu erinnern, an Meine Herrlichkeit und Meine Größe. Ich sende euch Meine Sprachrohre und lasse von den Dächern eurer Häuser herab die Hochzeit Meines Heiligen Geistes ausrufen und verkünden. Ich werde nicht müde werden, euch aufzufordern, euch eng mit Mir zu verbinden. Ich werde Mich nicht entmutigen lassen, weder durch euer feindseliges Verhalten noch durch eure Unfruchtbarkeit.

Vielmehr werde Ich Mich um eure Herzen bemühen und euch nachgehen wie ein junger Freier einem Mädchen. Der Eine, den ihr die ganze Zeit über verwundet habt, will sich euch vermählen. Und Ich in Meiner Liebe werde euch den Dornenkranz, der Mein Herz umgibt, durch einen Blütenkranz ersetzen lassen, und wie ein Bräutigam, der seinen Hochzeitskranz trägt, werde auch Ich ihn tragen, weil dieses Gebinde Mein Siegeskranz sein wird; dies wird der Siegespreis Meiner Barmherzigkeit sein ...

O Generation, Ich werde dich Mein machen. Ich werde dich emporheben und dich tragen, so wie ein Bräutigam seine Braut in seine Wohnung trägt, und in Meiner immerwährenden Liebe bringe Ich dich in Mein heiligstes Herz und mache dich Mein für alle Ewigkeit. Bald, nun schon sehr bald werde Ich den Himmel aufreißen und mit großer Macht herabkommen. Wenn ihr völlig verstehen könntet, was Ich meine, würdet ihr eure Zeit nicht mit Schläfrigkeit vertun, sondern ihr würdet in ständigem Gebet zu Mir verharren, denn plötzlich und so geschwind wie ein Blitz werde Ich mit der Heftigkeit verzehrenden Feuers herabkommen und alles enthüllen, was vor euch verborgen gewesen ist. Ich werde euch mit Meinem Finger all jene zeigen, die Mich nur mit ihren Lippen ehrten und Mir nie mit der Sprache dienten, die Ich sie gelehrt hatte: die Sprache Meines Kreuzes, die Sprache der Liebe, die Sprache, die euch Dinge lehrt, die über menschliches Verstehen hinausreichen. Ich werde euch die Kains zeigen, deren Sprache nicht Meine Sprache ist, sondern die der reichen Kaufleute und Händler. Betet für jene Kains, richtet sie nicht! Verbringt eure Zeit mit Gebeten für sie! Erlaubt eurer Zunge keinen Ausschlüpfer!

Seid nicht wie jene, die zu Meinen Sehern sagen: „Schaut keine Visionen!" und zu Meinen Propheten: „Prophezeit nicht!" Laßt Meinen Königshof den Weg für Mich bereiten. Keine Prophezeiung kam jemals auf Initiative von Menschen. Wenn Meine Seher und Propheten für Mich sprechen, dann geschieht dies durch die Gnade, daß sie es tun, und durch Meinen Heiligen Geist, der sie erfüllt, sie antreibt und ihnen den Mund öffnet, damit sie Meine Worte wiedergeben. Ich lasse euch durch Meine Sprachrohre die Wahrheit wieder und wieder ins Gedächtnis rufen, und selbst dann, wenn ihr die Wahrheit schon kennt. Und Ich werde weiterhin Meine Pläne Meinen Dienern, den Propheten, kundtun und Meine Seher in Visionen Meine Herrlichkeit schauen lassen. Behindert nicht Meine Erwählten und Meine bevorzugten Seelen, denn sie ebnen den Weg für Mich, euren König. Laßt sie ihr Zeugnis vollenden! Ich sende euch Meinen himmlischen Hofstaat, um für diese Endzeit in der Wildnis eures Zeitalters zu weissagen, um euch zu bekehren ehe Mein großer Tag kommt.

Erkennt, daß Ich nicht nur aus Erbarmen komme, sondern auch, um Gericht zu halten. Ich sage Meinen Boten nicht, sie sollten nur die Gerechten rufen, im Gegenteil, Ich trage ihnen auf, auch die Ungerechten zu rufen, die Armen, die Lahmen, die Ausgestoßenen eurer Gesellschaft und jeden, den sie auf den Straßen treffen; sie mögen kommen und Meine Schule füllen. Ich möchte all jene rufen, die Mich nie gesucht und nie erkannt haben, sie mögen kommen und in

Meinem Haus gedeihen, denn jetzt ist die Zeit der Barmherzigkeit und der Gnade.

Dann laßt alle, die euch sehen, eure Verklärung bestaunen und aufnehmen. Laßt sie an euren Gesichtern ablesen und an der Glut eurer Herzen erspüren, daß ihr Meine Schule besucht habt und daß ihr Meine Schüler seid und Ich euer Meister bin. Laßt sie in euren Augen die Widerspiegelung von allem erfahren, dessen ihr Zeuge wurdet. Laßt sie auf eurem Körper die Male Meiner Wunden schauen, und wenn euch jemand fragt, wie ihr sie empfangen habt, dann sagt ihnen, daß ihr sie im Haus der Freunde eures Meisters erhalten habt, wo Er selbst sie zuerst empfing ... Dann nehmt euer Kreuz auf euch und folgt Mir nach! Ich, Jesus Christus, der vielgeliebte Sohn Gottes und Heiland, hauche Meinen Atem über euch, segne euch alle und drücke den Seufzer Meiner Liebe auf eure Stirn. Gehet in Frieden, und seid eins in Meinem Namen!

Botschaft unserer heiligen Mutter:

Maria: Friede sei mit euch! Weihrauch Gottes, faßt Mut, denn ich bin mit euch. Ich bin bei euch und umgebe euch mit meinen unzähligen Engeln, um euch zu beschützen. Ich komme herab mit den Heiligen, um euch zu führen. Ich bin die Königin des Himmels, ich bin die Königin des Friedens, ich bin die Mutter eures Erlösers. Ich bin die Eine, die dem Kommen des Herrn vorangeht. Ich bin die Eine, die eine breite Straße für euren Erlöser auftat, damit Er auf die Erde herabkommen kann. Heute wieder sendet mich der Allerhöchste aus, um einen Weg zu ebnen und zu glätten für Seine Wiederkehr. Obwohl Satan Helfer unter den Menschen einspannt, um Meine Arbeit zu hemmen und Hindernisse aufzurichten, fürchtet euch nicht, denn der Herr ist allmächtig, und am Ende werden unsere Herzen siegen. Verlaßt euch auf Seine Macht und Stärke, denn Er kann Berge versetzen und Felsen schmelzen. Nichts kann Seine mächtige Hand aufhalten.

Was seht ihr über euch? Schaut über eure Häupter, was der Herr da hochhält! Der Herr läßt über euch das Banner Seiner großen Liebe und Seines Erbarmens entfalten. Er kommt, um euch mit Seinen Liebkosungen wiederzubeleben und zu erfreuen. Er kommt, um euch mit Seinem auserlesenen Duft von Myrrhe zu erfüllen. Er kommt, um eure Wunden mit Seinem

Balsam der Güte zu lindern. Er kommt herab, um Sein Öl auf dich, o Generation, zu gießen und dich zu salben. Der König wird dich in Seine Räume holen, um dich zu trösten und deine Tränen zu trocknen. Wie Seinen eigenen Augapfel wird Er dich hüten, und du, würdest du deinerseits Seine Liebe erwidern? Biete Ihm dein Herz und deinen Willen dar!

Viele von euch haben die Wege Gottes vergessen, ihr seid wie von der Strömung in einem See abgetrieben, in einen Tümpel lethargischen Trübsinns abgedriftet. Vergiftet durch den Materialismus, hat sich euer Kurs verändert, und von der Heiligkeit und dem rechten Weg seid ihr direkt in die Netze des Teufels und in den Rachen des Löwen getrieben worden. Ihr seid nicht den Spuren des kostbaren Blutes gefolgt, die Jesus als Wegmarke für euch hinterließ, um Ihm nachfolgen zu können. Nein, ihr seid den schmutzigen Anweisungen gefolgt, die Satan euch gegeben hat, Anweisungen, die alle in die Wüste führen, dorthin, wo keiner ist, der euch eure Wunden verbindet, und keiner, der euch tröstet, und wo ihr elend zugrunde geht. Eure Generation hat es versäumt, Gottes große Liebe richtig zu würdigen. Das ist der Grund, weshalb eure Länder durch Egoismus, durch Gottlosigkeit und durch die Wut Satans in Flammen stehen. Und bis auf den heutigen Tag ist seine Hand erhoben, um euch zu schlagen und alle Nationen anzuzünden. Mit eurem Atheismus und eurer Verkehrtheit habt ihr euch in ein Leichentuch gehüllt und eure Lieben in eine Wolke von Schwefel und Pulverdampf. In Schmerz und Pein rufe ich von oben zu euch allen hinab, Frieden zu schließen mit Gott und euch mit euren Familien auszusöhnen.

Wenn ihr unterwegs seid auf Pilgerfahrten und dabei betet, kommt ihr dann auch mit einem reinen Herzen? Habt ihr aufgehört, Böses zu tun? Seid ihr im Frieden mit euren Nachbarn? Habt ihr eure Sünden aufrichtig gebeichtet und bereut? Habt ihr euren Feinden vergeben und sie gesegnet? Habt ihr Böses mit Liebe vergolten? Seid ihr wirklich bereit, dem Herrn mit euren Händen voller guter Werke zu begegnen? Segnet jene, die euch verfolgen, und betet für sie, richtet sie nicht! Seid beharrlich im Gebet, denn was haben eure Opfer für einen Wert, wenn euer Herz unversöhnlich ist und am Groll festhält? Wo bleibt dann eure Heiligkeit? Läutert euch und lebt im Lichte Gottes und in der Liebe Gottes! Seid wahre Zeugen des Evangeliums durch die Wärme und das Leuchten in euren Herzen. Seid Zeugen für Jesus, indem ihr Ihm Sein Kreuz tragen helft. Seid Zeugen für die Kirche, indem ihr getreu im Glauben und mit dem Statthalter Christi vereint bleibt. Erlaubt eurer Zunge keinen Ausrutscher, sondern seid vollkommen, wie der Herr vollkommen ist. Laßt erkennen, daß ihr wirklich die

Erstlingsfrüchte von Gottes großer Liebe seid. Laßt jedes Auge euer gutes Verhalten bezeugen und alle wissen, daß dies daher kommt, weil ihr Kinder des Allerhöchsten seid. Laßt die Male Seiner fünf Wunden auch auf eurem Körper sichtbar werden als Zeichen dafür, daß ihr Seine Schüler seid und Er euer göttlicher Meister ist. Lebt unsere Botschaften und seid wie Samenkörner, die ausgestreut werden. Laßt eure Liebesschreie um die ganze Welt gehen und bis an die Enden der Erde dringen. Ich segne einen jeden von euch und danke euch dafür, daß ihr mir eure Zeit schenkt. Gehet hin in Frieden!

82. Durch deine Nichtigkeit habe ich Meine Größe geoffenbart

24. Oktober 1990

Mein Herz möchte Deiner Größe dienen, doch ich bin bedürftig und in Elend und unfähig, ohne Dich auch nur meinen Finger zu rühren.

Stimmt, denn wäre Ich dir nicht beigestanden, würdest du überhaupt nicht stehen. Seele, in Mein Licht eingehüllt, bist du gewillt, Meine Gebote zu befolgen?

Ich bin gewillt, Deine Gebote zu befolgen.

So komm, und habe teil an Meinem Mantel. Laß Mich dein Führer sein, und Ich werde dir weiterhin die Geheimnisse Meines heiligsten Herzens offenbaren. Ich werde fortfahren, dir die Weiten des Himmels zu öffnen. Ich werde dich, Seele, nicht verlassen ... Bleibe arm, bedürftig und glühend im Verlangen nach Meiner Nahrung. Ja, hungere nach Meiner Speise und begehre sie! Sei nicht wie die Reichen, die keinen Hunger haben nach Meiner Nahrung und sie auch nicht begehren. Suche die Reichtümer Meines Herzens! Durch deine Nichtigkeit habe Ich Meine Größe geoffenbart. Durch dein Elend zeigte Ich Mein Erbarmen und durch deine Schwachheit Meine Stärke. Ich habe der Welt jetzt die in glühender Flamme brennenden Wünsche Meines Herzens

kundgetan. Alles, was Ich von dir jetzt will, ist eine Erwiderung der Liebe.

Tochter? Wahrlich, Ich sage dir, die du Mir, deinem Gott, dienen willst: Sooft du deinen Mund auftun wirst, um Zeugnis für die Wahrheit abzulegen, werde Ich dich segnen. Jedesmal, wenn du von Mir sprichst, werde Ich ein Feuer in dir entzünden. Bete und bitte, und Ich werde dir mehr geben, als du erbeten hast. Ich werde dich immer an Meine Anweisungen erinnern, damit du Meine Worte wiederholen kannst. Ich werde dich nicht verlassen. Ich bin als der Allgetreue bekannt. Meine Vassula, erlaube Mir also, dich zu benützen, bis Ich komme und dich hole. Gesegnete! (Es kam mir der Gedanke, was der Herr wohl mit mir tun werde, nachdem Er mich geholt hat. Dies war kein besonders gescheiter Gedanke, weshalb Jesus überrascht sagte: „Gesegnete!")

Du Mein Überbleibsel! Blume, komm zu Mir im rechten Geist und vertraue Mir! Willst du Mir die Füße küssen? Komm, nimm die Hand deines Meisters und folge Mir nach!

83. Gott ist ein höchst zärtlicher Vater

3. November 1990

Botschaft von unserer heiligen Mutter:

Maria: Der Friede sei mit euch, ihr kleinen Kinder! Wie eine Mutter ihre kleinen Kinder ernährt und tröstet, so ernähre auch ich eure Seelen, indem ich euch das Wort Gottes gebe. Wie eine Mutter ihre Kinder tröstet, wenn diese Kummer haben oder Not leiden, so neige ich mich auch zu euch hinab, um euch zu trösten. Ich kümmere mich um eure Seelen durch meine Fürsprache. Der Herr führt seine Versprechen rasch aus, wartet jedoch geduldig, damit ein jeder noch die Gnade haben kann, das Licht zu schauen und sich zu bekehren. Schon sehr nahe sind euch jetzt der neue Himmel und die neue Erde, die euch verheißen sind. Währenddessen ihr wartet, reinigt – ich bitte euch darum! – euer Leben von den Sünden, und lebt heilig! Ich möchte in euch, liebe Kinder, eine wirkliche Bekehrung sehen! Wer den Lastern der Welt entronnen ist, sich dann aber von Grundsätzen leiten läßt, die nicht aus der Weisheit, sondern von der Torheit kommen, kann sicher sein, daß er fällt.

Gott ist die Liebe! Er vergibt, und Er gerät nicht sehr schnell in Zorn. Gott ist ein höchst zärtlicher Vater. Prüft von Zeit zu Zeit eure Seelen, damit ihr wißt, ob ihr in Seinem Licht steht oder nicht. Seid für den Herrn wie ein Garten, worin Er sich Seiner Ruhepause in euch erfreuen kann, wo Er Seine Seele in Ihrem herrlichen Wesen entzücken und Sein Haupt auf grünem Gras ausruhen kann. Laßt mich euer Herz in einen schönen Garten für den Herrn verwandeln, so daß, wenn der König der Könige kommt, um euch zu besuchen, Er Seine Augen nicht von euch abwenden muß, sondern euch anbieten kann, ein Opfer Seiner Seele, ein Gefangener Seines Herzens zu werden. Verliert also keine Zeit, denn Seine Augen beobachten ständig jeden eurer Schritte.

Der Friedensfürst ermahnt euch, für den Frieden zu beten, und auch ich, die Königin des Friedens, bitte euch, um Frieden zu beten. Satan ist jetzt wie ein wilder Stier, und mein Herz ist krank bei dem, was ich kommen sehe, obwohl mir der Vater aus Erbarmen nicht alles gezeigt hat. Ich durchstreife die ganze Erde, um Ausschau nach großmütigen Seelen zu halten, doch ich finde nicht genug Großmut vor, um sie Jesus darzubringen und des Vaters Gerechtigkeit zu besänftigen. Gewaltige Wiedergutmachung ist noch zu leisten! Jesus braucht großmütige Seelen, die gewillt sind, für andere zu sühnen. Das ist der Grund, weshalb ich weine. Meine Augen sind in blutige Tränen aufgelöst beim Schreckensanblick dessen, was ich kommen sehe. Wenn ich euch heute all dies erzähle, dann tue ich das nicht, um euch zu beeindrucken oder zu erschrecken, sondern um euch zu bitten, für den Frieden zu beten. Gott und Sein Liebeswerk sind es, die mich rings um die Erde senden und in jedes Haus schicken, um euch einzeln aufzulesen und euch noch vor Seinem Tag zu bekehren. Geliebte Kinder, kommt zu diesen Versammlungen nicht nur um der Zeichen willen. Wenn ich den langen, weiten Weg vom Himmel bis zu eurer Türschwelle komme, dann geschieht dies, um euch den Frieden des Herrn und meinen Frieden zu bringen.

Erlaubt mir also, eure Herzen umzuwandeln in einen wunderschönen Garten für den Einen, Heiligen, damit Er in eurem Innersten einen Geist der Heiligkeit, der Liebe, des Friedens, der Reinheit, des Gehorsams, der Demut und der Treue finden möge. Dann wird euer König alle diese Tugen-

den benützen, um die Kräfte des Bösen zu bekämpfen. Erhebt euch aus eurem Schlaf, Kinder, und ändert eure Herzen! Ich bin glücklich, so viele von euch bei Wasser und Brot fasten zu sehen, und heute bitte ich diese großmütigen Seelen, ihren Fasttagen noch etwas hinzuzufügen. Ich bitte euch zu bereuen und zu beichten. Liebe Kinder, habt acht auf eure Lippen, damit sie nicht über andere richten! Erlaubt bei all eurem Fasten euren Lippen nicht, die Ursache eurer Verdammnis zu sein. Liebet einander! Lebt unsere Botschaften! Euer König sendet euch Seinen Frieden. Ich will weiterhin die Welt durchstreifen, um dem Herrn jene zu bringen, die von Ihm weit entfernt sind. Ich brauche eure großmütigen Gebete, meine Kinder. Ich segne euch alle, ich segne eure Familien, eure Freunde und sogar jene, die euch eure Herzen schwer machen. Ja, alle sind Kinder Gottes.

84. Deine Mutter sorgt für dich, Mein Kind

4. Dezember 1990

Herr, Du bist alles, und ich bin nichts. Du bist so unermeßlich groß, was sind da schon meine Lobpreisungen für Dich, den Heiligen der Heiligen? Kein Mensch kann Dich jemals genug verherrlichen. Doch mein Herz ruft unaufhörlich Deinen Namen, weil Du mein Herz auf Dich ausgerichtet hast.

Deine Lobpreisungen und deine Anrufungen sind nicht umsonst. Liebe Mich und preise Mich ohne Unterlaß, denn solange diese aus deinem Herzen kommen, sind sie Mir wohlgefällig.

Herr, Du hast mir die Tore des Himmels geöffnet, und aus den Schatzkammern des Himmels hast Du mir das Manna gereicht, das Du für meine Seele aufbewahrt hattest. Du gabst mir das Brot des Himmels.

Alle die Worte, die Ich zu dir gesprochen habe, sind Geist, und sie sind Leben. Wachse in Meinem Geist, damit du ein vollkommener Zeuge Meines heiligen Namens wirst. Und jetzt bitte Ich dich, nicht betrübt zu sein. (Ich war wegen mehreren Schikanen traurig.) ***Sieh, Meine Vassula, Mein Kreuz ist***

schwer, und, ach! Ich brauche hie und da Ruhe. Ich sagte: „Wer ist großmütig genug, Mein Kreuz für Mich zu tragen?“ Und du hast geantwortet: „Nimm mich, läutere mich und benütze mich, wie es Dir gefällt!“ Das Kreuz des Friedens und der Liebe, um euch alle zu einigen, lastet jetzt auf dir ... Aber, Schülerin! Von aller Ewigkeit an hatte Ich dieses Kreuz für dich bestimmt. Du gehörst zu Mir, und aus diesem Grunde mußt du Mein göttliches Bild widerspiegeln. Ich bin Der, der deine Seele aus Meinen unendlichen Quellen versorgt. Ich werde dich nicht verlassen, Seele! Ich fülle dich wie eine Weihrauchschale, damit deine Liebe wie eine duftende Rauchsäule in den Himmel hinaufreicht.

Werde deshalb des Schreibens nicht überdrüssig, werde nicht müde, deine Peiniger zu segnen, werde nicht müde, deinen Rücken den Schlägern darzubieten. Du magst zu Tode betrübt sein, aber die Königin pflegt dich immer zu Freude und Leben zurück. Die Königin versorgt dich mit Mut und kommt und verbindet deine Wunden mit ihrer mütterlichen Liebe und Zuneigung. Deine Mutter sorgt für dich, Mein Kind, wie sie für Mich gesorgt hat. In deiner Not und Pein kommt sie geflogen und nimmt dich in ihr Gemach (ihr Herz), *dasselbe Gemach, in dem sie Mich empfing.*

So halte deine Tränen nicht zurück. Solange du in diesem Exil wegen den Mauern weinst, die Meine Leute nach allen Richtungen in Meinem Hause errichtet haben, um sich selbst voneinander abzutrennen, vergieße auch Ich blutige Tränen, die sich mit deinen vermischen. Wenn also der Vater deine Tränen mit den Meinen vermischt sieht, wird Er deine Bitten, den Bann aufzuheben, nicht abschlagen, denn dann werden es nicht länger deine Tränen sein, sondern die Meinen. Rufe laut, Schülerin, damit die ganze Erde von einem Ende zum anderen bereuen wird und zu Mir unter Meinem heiligen Namen, als dem einzigen, zurückkehrt. Vassula, trage Mein Kreuz mit Liebe und nicht mit Bestürzung. Sei glücklich!

85. Du wirst von nun an die Sklavin Meiner Liebe sein

10. Dezember 1990

Gott! Wie läßt Du mich an Deiner Liebe leiden! Wie läßt Du mich Durst leiden nach Dir!

Tochter, wie würdest du denn gerne in Meinen Wunden leben?

Ich möchte gerne alles, was Du zuläßt.

Dann werde Ich dich in Heiligkeit kleiden. Ich werde dich stark machen in deiner Liebe zu Mir, die ewig währen soll. Obwohl du noch weit davon entfernt bist, vollkommen zu sein, kann Ich dich vollkommen machen. Ich habe dich auf diese besondere Weise erschaffen, um Zeugnis für die Wahrheit abzulegen und Mich zu verherrlichen. Ich habe dich zu einem Volk gesandt, das nicht dein eigenes ist, um Meine Liebe zu verkünden. Laß jene, die hören möchten, hören, und jene, die nicht hören möchten – laß sie eben nicht hören! Werde nicht müde zu meditieren und zu schreiben! Du mußt dich nicht beraubt fühlen, Ich bin ja bei dir, an deiner Seite, in diesem Exil. Liebe Mich, bete Mich an und lebe für Mich, deinen Herrn! Erlaube Mir und überlasse es Mir frei, dich in Meine unendliche Liebe zu hüllen. Ach ... Wie Ich Mich freue, wenn du Mich begehrst und nach Mir dürstest! Wiedergeborene! (Jesus nannte mich bei diesem Namen.)

Bete Mich an! Sicherlich willst du den Bräutigam nicht zu lange warten lassen, oder? Komm schnell zu deinem Heiligen, und Er wird dein Haupt an Sein heiligstes Herz legen. Und wenn du Seinem Herzschlag lauschen willst, wirst du Ihm nicht länger widerstehen. Du würdest nur noch den Wunsch haben, Es zu verherrlichen, und Er wird Seinen Geist über dir ausgießen, um deinen Geist ganz zu erfüllen und alles zunichte zu machen, was du bist. Niemals wieder wirst du „du" sein. Dein Du wird nicht mehr sein. Ich werde in dich, Kleine, ganz eindringen, so daß deine Beweggründe

Meine Beweggründe sein werden, deine Wünsche werden Meine Wünsche sein, deine Worte Meine Worte, deine Gedanken Meine Gedanken. Ich werde dich an der tiefsten Stelle Meines heiligsten Herzens verbergen. Ich werde dein Du ganz und gar auslöschen, sofern du es Mir erlaubst. Von nun an, nach deiner Weihe an Mein heiligstes Herz (Ich besaß einen Weiheakt, den ich an diesem Abend verrichten wollte), ***wirst du Mich aus den Tiefen deines Herzens verehren und Mir mit innerer Begeisterung dienen. Du wirst Mir in treuer Ergebenheit und glühender als je zuvor dienen.***

Schwach bist du, aber Meine Stärke wird dich stützen. Ich werde nicht zulassen, daß du Mich aus den Augen verlierst, und auch deinem Herzen werde Ich nicht gestatten, anderswohin zu flattern. Dein Herz wird allein nach Mir suchen und unaufhörlich Mich alleine begehren. Ich werde bewirken, daß du zu allem, was gegen Meine Heiligkeit und Meinen Willen ist, eine Abneigung hegst. Ich werde dich durchsieben und sorgfältig prüfen, um sicherzugehen, daß auch wirklich kein Rivale in dir verblieben ist. Von heute an werde Ich die Fesseln, mit denen Ich dich umschlungen habe, noch enger ziehen. Ich werde bewirken, daß deine Seele nach Mir dürstet und dein Herz krank ist vor Liebe zu Mir, deinem Gott. Ich warte jetzt nur darauf, dein ganzes Wesen mit den Flammen Meines Herzens und Meiner Liebe zu verzehren. Was immer du von nun an tun wirst, wird einzig für Meine Interessen und zu Meiner Verherrlichung getan werden, und nichts für dich. Du wirst von nun an, mit anderen Worten gesagt, die Sklavin Meiner Liebe sein, das Opfer Meines Herzens und die Wohltat Meiner Freuden, das Spielzeug Meiner Seele. Ich werde deine Merkmale den Meinen ähnlich machen durch den Kummer und die Betrübnis, wenn du die Taubheit der Seelen siehst, und von der Pein, sie fallen zu sehen.

Meine Vassula, Ich werde deiner Seele ihre Fülle geben. Nein, Ich werde dir Mein Kreuz nicht ersparen, so wie der Vater es Mir nicht erspart hat. Wie könnte Ich auch? Meine Zuneigung zu dir ist unermeßlich. Außerdem kommt alles

aus Meiner Großmut und Meiner unendlichen Liebe. Ich werde deine Augen, deine Gedanken und Wünsche anhalten, damit sie ganz die Gefangenen Meines Herzens werden. Die Liebe sucht die Liebe. Unwürdig bist du und verdienst nichts, aber deine Schwachheit, dein Elend, deine völlige Unfähigkeit und deine Nichtigkeit haben Meine Zuneigung erstürmt und Meinen Zorn zurückgenommen. Schau Mir in die Augen ... (Ich schaute in die Augen meines Erlösers.)

Verstehst du? Du hast die Treue und Wahrheit von Angesicht zu Angesicht geschaut. Von nun an sollst du deiner Weihe treu sein, du sollst Meinen Namen Tag und Nacht, bei Nacht und Tag anrufen. Ich werde bewirken, daß dein Geist alles, was nicht Ich bin, von sich weist. Wie ein durstiger Wanderer wirst du nach allem dürsten, was heilig ist. Aber Ich werde immer bereit sein, dir Wasser aus den Quellen des Lebens und Blut aus Meinem göttlichen Herzen anzubieten. Deine Seele wird mehr denn je zuvor die Male Meines Leibes tragen – zur Bekehrung vieler Seelen. Das ist der Grund, weshalb du freiwillig den Weg nach Golgota gehen wirst. Ich werde deinen Eifer entfachen, um Mir überdies zu gefallen und Mein Gesetz zu befolgen, damit du alles, was Ich dir gab, aufbaust und bepflanzt.

... Erhebe dich jetzt und stelle Mein Haus wieder her! Höre nicht auf, Mich zu lieben – andernfalls wirst du so schnell wie Gras verdorren und dahinschwinden. Und merke dir eine bedeutende Sache: Die Liebe liebt dich!

Gepriesen sei der Herr! Ehre sei Gott!

Wie Lehm in den Händen eines Töpfers forme Ich dich, ganz wie es Mir gefällt, weil du Mir die Freiheit gegeben hast, so zu handeln, und auch deinen Willen.

Gepriesen sei der Herr! Du hast mich gebeten, die Sklavin deiner Liebe zu sein. Doch weil ich nicht würdig bin, Deine Sklavin zu sein, die Sklavin Gottes, so führe mich in Dein reinigendes Feuer und läutere mich, mein König, so wie Gold geläutert wird, so daß ich fähig werden möge, Dich zu verherrlichen. Denn ich begehe immer wieder Sünde auf Sünde. So laß aus Erbarmen, Herr, Dein Licht in mein Dunkel leuchten. Lehre mich, das Opfer Deines Herzens zu sein und Dein Kreuz inbrünstig und nicht mit Bestürzung zu umarmen, wenn ich auf dem Weg nach Golgota bin, diesem Weg, der zum Glück führt, da es der Weg der Heiligkeit ist, und den Du als das vollkommene Opfer zuerst beschritten hast. Ich sündige fortwährend, und doch strafst Du mich nicht, wie meine Sünden es verdient hätten. Du verschonst mich unaufhörlich, und Du erlaubst Deinem Licht, in mir zu sein. So weiß ich also, daß Gott auf meiner Seite ist. Nun muß ich die Gelübde erfüllen, die ich Dir gegenüber bei der Weihe an Dein heiligstes Herz abgelegt habe. Erlaube mir, für immer in Deinem Zelt zu wohnen; erlaube mir, mich an Dich zu klammern und Dein heiliges Antlitz zu betrachten, und ich will Dich mein Leben lang preisen, und meine Seele wird sich in Dir und Deiner Gegenwart festlich erfreuen.

Schülerin! Erfreue dich denn in Meinem Zelt und bete Mich an. Denke daran, daß Ich dir etwas sehr Kostbares gegeben habe. Hüte es und umarme es mit Liebe! Mein Kreuz wird dich, kleine Seele, in die Heiligkeit führen. Ich gebe dir Meinen Frieden.

Ich preise Dich, Jesus!

Der Eine, der dich am meisten liebt, segnet dich!

86. O, wie wenig ihr die Heilige Dreifaltigkeit kennt!

8. Januar 1991

Botschaft unserer heiligen Mutter für die Gebetsgruppe am 19. Januar 1991:

Maria: Der Friede sei mit euch, meine geliebten Kinder! Heute lade ich euch alle ein, für die Einheit zu beten. Um euch zu vereinigen, müßt ihr lieben; um euch zu vereinigen, müßt ihr demütig und gehorsam sein. Laßt euch von niemandem durch andere Lehren irreführen! Bleibt treu, und ihr werdet nicht straucheln. Heutzutage bringen die Länder kein Glück und auch keine Tugend hervor, denn eure Generation hat den Herrn verlassen, und die Folge davon ist die Sünde. Glücklich der Mensch, welcher davor

bewahrt worden ist. Wäre eure Generation auf dem Wege Gottes gewandelt, würdet ihr in Frieden gelebt haben.

O Kinder, ich rufe euch auf; meine Rufe ergehen an alle Nationen! Die Toten (die geistig Toten) *können den Herrn nicht hören und auch nicht preisen. Aber ihr, die ihr auf meine Rufe aufmerksam achtet, preiset den Herrn, verherrlicht den Herrn mit eurer Liebe, mit eurem Glauben und mit eurer Hoffnung. Der Himmel gehört dir, Mein Kind. Und so bitte ich euch, die ihr einen Mund habt, sprecht zum Herrn und preist Ihn. Und ihr, die ihr Augen habt, betrachtet Seine Schönheit! Und nehmt euch mehr Zeit, über Seinen Wunden zu meditieren, die Wunden, die Ihm zugefügt wurden für eure Rettung. Ihr, die ihr Ohren habt, hört unser flehentliches Bitten. Ihr, die ihr ein Herz habt, liebet den Herrn, betet Ihn an und bringt Ihm euer Herz dar. Nein, die Toten* (geistig Toten), *sie können nicht sprechen und auch nicht sehen, sie können nicht hören und auch nicht fühlen.*

Geliebte, Er, der euch erschaffen hat, läßt sich zu euch herab, mit Seinem Herzen in Seiner Hand, um es euch darzubieten. Wie ein Bräutigam seiner Braut zum Zeichen der Verbindung einen Ring schenkt, so bietet euch der Heilige Sein heiligstes Herz als Zeichen Seiner Liebe an, um sich mit euch zu vermählen. Wie eine juwelengeschmückte Braut wird der Herr, der König der Könige, euch mit Seinen Juwelen (Seiner Dornenkrone, Seinen Nägeln und Seinem Kreuz) *schmücken. Schlaft nicht, sondern bleibt wach! Ihr seid mit Seinem kostbaren Blut erkauft und bezahlt worden. Laßt euch nicht von der erstbesten Strömung ergreifen und hinwegtreiben! Laßt euch von Seinem Feuer in einer lebendigen Fackel in Seiner Kirche verzehren! Laßt euch von Ihm zu Seinem Abbild umformen, damit ihr treu und standhaft seid und Er euch als Säulen in Seiner neuen Kirche benützen kann.*

O Kinder! Fürchtet euch nicht, denn Gott hat schon immer große Dinge vollbracht. Habt Vertrauen zu Ihm! Eine Gesandtschaft von Engeln ist zu euch geschickt, um die himmlischen Saatkörner überall in der Welt auszustreuen und eine Botschaft des Friedens und der Liebe in eure großen Drangsale zu bringen. Diese Saatkörner werden willkommen sein wie Regen auf trockenem Boden. Habt ihr denn noch nicht bemerkt, daß Gott die Tore des Himmels geöffnet hat, um Sein himmlisches Manna herabregnen zu lassen, ja, sogar Seinen Heiligen Geist der Gnade? Der Allmächtige hat Mitleid mit euch gehabt und gesagt: „Laßt Mein Volk essen, laßt sie das Brot des Himmels essen!“ Sein Befehl war von oben her ergangen. Wie zu Zeiten des Moses, so nährte der Vater Sein Volk in der Wüste mit Manna, und Er gab mehr, als sie essen konnten. Und Jesus, Sein Sohn, hat Er nicht die Brotlaibe und Fische vermehrt? Haben die Menschenmengen nicht gegessen, soviel sie wollten? Und heute, warum sind so manche von euch überrascht, daß der Heilige Geist mit voller Kraft auf euch herabkommt, um eure Nationen mit diesem himmlischen Manna zu versorgen? O, wie wenig ihr die Heilige Dreifaltigkeit kennt!

Ihr werdet nicht bedrängt und ausgehungert im Stich gelassen, nein, ihr sollt auch nicht verlassen umherirren, in dieser Wüste verkümmern. Die Verderbtheit eures Zeitalters wird nicht ewig währen, eure Sünden werden bald geläutert und das Tier bald lahmgelegt sein. Mit seinem ganzen Anhang wird es sich im Staub wälzen, weil schon bald ein Licht am Horizont erscheinen wird, welches das große Zeichen sein wird.

Wenn also eure Füße immer noch zwischen Gut und Böse hin- und herschwanken, dann betet, daß sie euch nicht in die Versuchung führen. Wenn euer Herz sich immer noch weigert, dem Herrn ein Liebeslied zu singen, dann betet, daß der Böse euch nicht irreführe. Wenn eure Augen es vermeiden, auf der Suche nach himmlischen Dingen zum Himmel emporzuschauen, dann betet, daß eure Wohnstätte im Himmel euch eines Tages aufnehmen wird. Wenn eure Seele immer noch der Welt angehört, so betet, daß die Untugenden der Welt sich nicht in euch einschleichen, denn ihr würdet einer Schlange gestatten, sich in euch einzunisten. Betet mit eurem Herzen, opfert mit Freude, laßt eure Arbeit der Mühe wert sein, und ich verspreche euch, daß eure Lampe in der Nacht nicht ausgehen wird. Dürstet nach Gott! Ich wache über euch alle, und in eben dieser Minute neige ich mich euch zu, um euch alle zu segnen.

87. Gott ruft jeden zu sich

31. Januar 1991

Botschaft unserer heiligen Mutter für den 23. Februar:

Maria: Gepriesen sei der Herr, und Friede euch allen! Gott ruft euch zu sich. Denkt darüber nach! Gott hat euch gerufen, schon seit ihr geboren wurdet, geboren für Ihn; geboren, um Ihn zu lieben; geboren, um Ihm zu gefallen; geboren, um zu Ihm zurückzukehren. Antwortet auf Seinen Ruf! Ich habe durch Meine Botschaften hier und in anderen Teilen der Welt versucht, euch mit Liebe zurückzuholen, zu einem wahren Leben in Gott, für eure Rettung. Kleine, ja, ich nenne euch Kleine, weil der Herr euch Sein Antlitz geoffenbart hat, und nicht den Gelehrten und nicht den Klugen. Begreift auch, daß es nicht Fleisch und Blut waren, welche euch die Wahrheit offenbarten, die drohende Gefahr und die Gnade dieser Botschaften für eure Zeit zu eurer Rettung, und euch dazu brachten, an sie zu glauben, sondern der Vater selbst mit Seiner Gnade über euch. Wenn also euer Nächster noch nicht mit dem Siegel des Heiligen Geistes der Gnade gekennzeichnet worden ist, dann betet, daß auch er diese Gnade für seine Bekehrung erhält und in das Reich Gottes eingeht.

Gott ruft jeden zu sich. Versucht Gottes Friedensruf zu verstehen. Ich ermahne euch, für den Frieden zu beten, seid eifrig bedacht auf den Frieden. Gesegnete Kinder, laßt mich euch nochmals sagen, daß ich eure Gebete für den Frieden brauche, denn ich nehme sie alle und bringe sie wie einen Strauß von Frühlingsblumen dem Allmächtigen dar. Eure Gebete sind nicht vergeblich, sie sind eine wirkliche Verherrlichung Gottes, sie sind ein Beweis eurer Liebe. Satan ist überaus mächtig, und seine wilde Wut verfolgt alle Erstlinge des Herrn, jene, die Zeugnis für Jesus ablegen. Jesus hatte euch in Seinen früheren Botschaften verständlich gemacht, wie Satan die kleine Flamme, die in dieser Welt noch übriggeblieben ist, auszulöschen versucht, um euch ohne Licht zu lassen, ohne Glück, ohne Erbarmen. Er lästert über alle Kräfte Gottes. Ohne eure inbrünstigen Gebete um Frieden wird die Erde in der Tat spüren, wie Satan einen Strom ausspeit (vgl. Offb 12, 15), *um das kleine, in euch noch verbliebene Lichtlein auszulöschen. Das macht mich unaussprechlich traurig. Ich habe für euch alle gebetet und werde es immerfort tun. Kinder, bitte denkt über unsere Botschaften nach und lebt aufs Wort nach unseren Botschaften. Ich, eure selige Mutter, segne euch.*

88. Ich bin die Hoffnung, nach der die Welt sucht ... Ihr habt Mein Haus industrialisiert

7. Februar 1991

Botschaft für die Welt:

Der Friede sei mit euch! Ich bin Jesus. Ich bin die Hoffnung, nach der die Welt sucht. Diese Hoffnung, nach der sie aus-

schauen, liegt in ihrer Reichweite. Sie müssen nur ihre Hände zum Himmel hin ausstrecken und Himmlisches ausfindig machen. Sie können Mich fragen, und Ich werde ihnen antworten. Ich verberge Mein Angesicht nicht, auch Meine Augen wende Ich nicht von ihnen ab. Meine Augen überwachen euch alle und begutachten alle eure Schritte. Mein Geist erfüllt in der Tat die ganze Welt, um diese Dunkelheit zu erhellen und jenen Hoffnung zu geben, die sich in dieser endlosen Nacht vorwärtstasten. Geliebte, mit dem Himmel als Heimat und der Erde als Pilgerfahrt habt ihr einen um so triftigeren Grund, euch zu freuen und zu hoffen. O Schöpfung, sollte Ich dir dein Totentuch entfernen und dich nicht wieder zum Leben zurückrufen? Oder soll Ich, der zum Leben zurückbringt, dich wieder dem Tod ausliefern?

Ich bin die Barmherzigkeit, Ich bin die Liebe. Schau hinauf zum Himmel und erkenne die Zeichen der Zeit! Ich komme, um ein Volk nach dem anderen zu sammeln und einem jeden von euch Mein heiliges Antlitz zu zeigen und euch an Meine Liebe zu erinnern. Seht doch, der Anfang eures Leidens hat begonnen, eure Geburtswehen haben auch eingesetzt. Ihr seid Zeugen, weil ihr zu Gläubigen wurdet; das, was ihr in den Schriften lest, wird Wirklichkeit: In diesen letzten Tagen der Finsternis wird Mein Geist in verschwenderischer Fülle über die Menschheit ausgegossen werden und sie überströmen. Ihr seid Zeugen von Dingen, die verschlüsselt und in Gleichnissen ausgedrückt waren. Ihr seid Zeugen von Satans Grausamkeit, aber Ich verspreche euch, ihr kleinen Kinder, daß bald nach euren Leiden – die sich noch verschlimmern werden – die Freude kommen wird, und nach euren Geburtswehen wird die Liebe unter euch geboren werden.

Doch heute schaue Ich entsetzt von oben her auf die Missetaten dieser Generation, die nunmehr die Sünden von Sodom und Gomorrha übertroffen hat. Denn ihr habt eure Hoffnungen auf einen falschen Christus gesetzt. Dieses Geschlecht ist abscheulich, aufrührerisch und mit Blut befleckt und lebt im Schatten Satans. O Zeitalter! Deine scharfsinnige

sogenannte Weisheit hat Mich tatsächlich ausgegrenzt, weil eure aufgeblasenen und mit Anmaßung und Überheblichkeit gefüllten Herzen sich Mir, eurem Gott, für ebenbürtig halten. „Werdet ihr, wenn ihr euren Mördern gegenübersteht, immer noch sagen: Ich bin ein Gott?" (vgl. Ez 28, 9).

Schon fließt Blut auf euren Straßen. In eurer gottlosen Verruchtheit baut ihr eure Hoffnungen auf alles, was nicht Mir ist. Ihr habt eure Hoffnungen auf Menschen und nicht auf Mich gesetzt, auf Reichtümer, die euch nicht retten – und wollt nichts wissen von dem Schatz, den Ich euch im Himmel anzubieten habe. Ihr verlaßt euch in euren Erwartungen auf die Menschheit, aufgebaut auf eine Lüge, weil ihr glaubt, ihr könntet alles aus eigener, menschlicher Kraft vollbringen. In der Tat, ihr habt durch euer geschäftiges Treiben großen Reichtum angehäuft (Gott spielt hier auf die freimaurerische Art des Denkens an), ***doch morgen werdet ihr sterben. Nur wenige sind es, die fragen: „Wie kommt es, daß der Herr und Seine Mutter so unerwartet zu uns herabsteigen?" Und nur ein kleiner Rest Meiner Priesterseelen ist interessiert an Unseren regelmäßigen Erscheinungen.***

Ich habe gesagt, daß „Ich hingehen und Meinen Boten senden werde, damit er einen Weg für Mich bereite (vgl. Mal 3, 1). ***Und genau das ist es, was Meine Mutter, die auch eure Mutter ist, tut. Die Schriften erfüllen sich, und Ich sage euch allen Ernstes, daß der Eine, den Meine Abels und Meine Jakobs ersehnten, ganz plötzlich kommen und in Seinen Tempel eintreten wird, um die Kains und Esaus zu vernichten, die Meine Kirche verwüsteten und zugrunde richteten. Ihr habt Mein Haus industrialisiert, dieses Haus, das ein Haus des Gebets hätte sein sollen! Ihr habt tatsächlich Mein Haus in eine Räuberhöhle verwandelt. Wenn Ich also der „Heilige" bin, wie ihr*** (die Kains und Esaus) ***sagt, wo bleibt dann die Ehre, die ihr Mir schuldet? Wenn Ich wirklich euer Meister bin, wo bleibt dann die Ehrerbietung vor Mir? Wenn Ich euer Gott bin, wo bleibt Meine Anbetung und Mein Weihrauch? Wo ist eure Ergebenheit, eure Hingabe an Mich? Wie kommt es, daß ihr die Zeichen der Zeit nicht zu deuten***

vermögt? Wie kommt es, daß ihr die himmlischen Dinge nicht versteht? Wie kommt es, daß ihr nicht mehr an Meine Wunder glaubt? Warum verfolgt ihr Meine Abels und Meine Jakobs, wenn nicht öffentlich, dann doch heimlich?

Ich erscheine ebenso wie eure heilige Mutter, und Wir offenbaren Uns durch Seelen in vielen Nationen, doch Unsere Erscheinungen langweilen euch, ja, ärgern euch sogar. „Wie lästig all das ist", sagt ihr (vgl. Mal 1, 13), ***weil ihr bis heute das Himmlische wie Meine Abels und Jakobs nicht begriffen habt. Nein, ihr habt weder Meine Liebe verstanden noch die Verehrung, die ihr Meiner Mutter schuldet. Ihr fordert zu Glauben und Vertrauen auf und vertraut doch auf eure Kraft, eure Macht und euren Verstand. Meine Stimme, die heute die Sünder zur Reue aufruft, stört eure Ohren.***

Wenn plötzlich die Rechtschaffenheit mit Heilungen in ihren Strahlen hervorleuchtet, lehnt ihr Meine Gabe ab, die euch heute in dieser so dunklen Zeit angeboten wird. Soll Ich denn immer weiter eure Schikanen hinnehmen? Soll Ich Jahr für Jahr Meine Abels und Meine Jakobs opfern, die der Weihrauch Meiner Altäre und die festen Stützen Meiner Kirche sind? Ihr habt eure Ohren für Meine Stimme verschlossen, um nur eure eigene zu hören. Ihr habt viele davon abgehalten, von den Früchten Meiner neuen Weinberge zu essen, denn Satan ist in euch eingedrungen und hat euren Geist überfallen. Aber seht, andere sühnen für eure Verbrechen (die Stimme Jesu wurde plötzlich weich und traurig), ***andere sühnen für eure Eitelkeit und eure Torheit – um euch zu retten!***

Tagtäglich bieten diese großmütigen Seelen ihre Wangen dar, um geschlagen, um gedemütigt und gequält zu werden – um euretwillen. Diese so großmütigen Seelen sühnen mit ihrem eigenen Blut – um euch zu retten. Ich warte darauf, euch zu hören, doch ihr sprecht nicht aus, was ihr sagen solltet. Ihr bereut nicht, sondern geht in die Irre, da ihr eurem eigenen Kurs folgt und Millionen hinter euch herzieht. Ihr strebt nach guten Posten und Einfluß und Ansehen, aber nicht danach, Seelen zu gewinnen und sie zu retten. Doch ihr werdet fallen … und dieser beständige

Glaubensabfall wird aufhören ... und in euch, Meinen Abels und Meinen Jakobs, will Ich Meine Altäre wieder errichten, die einst waren, aber jetzt in Trümmern liegen. Ich werde kristallklare Ströme aus euch hervorfließen lassen, und euer Zeugnis wird fruchtbar sein, weil diese Wasser aus Meiner Quelle kommen werden. Und wie die Bäume des Lebens durch diesen heiligen Strom wachsen, werden Meine Kinder durch euer Zeugnis gedeihen. Kinder, habt Mut, Ich habe euch nicht verlassen und auch nicht vergessen. Jeder, der in Mir lebt, wird Meine Liebe spüren. Keiner, der sich von Mir ernährt, wird abgeschnitten werden, um zu sterben. Wer in Mir bleibt, wird leben. Ich, der Bräutigam, steige hinab, um euch in Meinem Frieden und in Meiner Liebe eng mit Mir zu verbinden und euch daran zu erinnern, daß ihr von allem Anfang an Mein wart. Ich, der Herr, segne euch und lasse den Seufzer Meiner Liebe auf euren Stirnen. Seid eins unter Meinem heiligen Namen!

89. Sterbt selbst ab, damit Gott in euch leben kann ... Hört nie auf, den Rosenkranz zu beten

18. März 1991

Botschaft unserer heiligen Mutter:

Maria: Meine Vassula, dies ist meine Botschaft: Empfangt meinen Frieden! Ihr Kinder meines Herzens, Gott ist in eurer Mitte, und Sein Königreich ist euch nahe. Wenn ihr Augen habt, werdet ihr es sehen. Liebste Kinder, hört in diesen Tagen der Fastenzeit auf Gottes Stimme, hört auf Gottes Stimme, indem ihr euch herabsetzt, damit Gott in euch zunehmen kann. Haltet euch zurück, damit Sein Geist in euch sichtbar wird. Sterbt selbst ab, so daß Gott in euch leben kann. Seid nichts, damit Er alles sein kann! Erlaubt Ihm auf diese Weise, voll Besitz von euch zu ergreifen und aus euch Sein Eigentum zu machen. So sage ich euch, Kinder meines Herzens: Solange ihr euch abmüht, etwas zu werden, wird der Geist der Heiligkeit, der in euch leben möchte, durch diesen euren Wetteifer erstickt. Laßt euren eigenen Geist nicht zum Rivalen Gottes werden. Werdet klein, damit Er sich vergrößert. Erlaubt Seinem Geist, euch in dieser Weise zu einem Weg der Heiligkeit zu bilden. Macht euch klar, daß Demut, Fügsamkeit und Selbstauslöschung die Schlüsseltugenden sind, die Gott erfreuen, und mit diesen werdet ihr arm im Geist und somit untadelig.

Liebste Kinder, Jesus war so demütig, daß Er selbst den Tod annahm. Seid nicht von denen, die da sagen: „Ich habe alles und weiß alles, und ich brauche von niemandem einen Rat." Bleibt arm, ja, seid arm, damit in dieser eurer Armut Gott in euch regieren und König sein kann. Erlaubt keiner Anmaßung oder Eitelkeit, von euch Besitz zu ergreifen. Meine inständigen Bitten und Gebete gehen dahin, daß eure Heiligkeit in Ihm, der euch erschuf, zunehmen und daß eure Liebe zum Nächsten wachsen, ja, sich verstärken und überquellen möge, damit diese Welt von ihrer Verruchtheit und Bosheit und ihrem Glaubensabfall gereinigt werde. Hört nie auf, den Rosenkranz zu beten, kommt mit Freude zum Rosenkranzgebet! Der Reiche wird nicht reagieren, aber der Arme wird mit seinem Rosenkranz zu mir kommen, und in seiner Armut werde ich ihn anhören, während er dieses einfache Gebet betet. Denn alles, was arm und einfach ist, das ist für Satan tödlich, der ja die Eitelkeit selbst ist. Das ist einer der Hauptgründe, warum Satan den Rosenkranz haßt. Satan ist stark, und heute siebt er euch alle wie Weizen, denn dies ist seine Stunde. Dies ist die Herrschaft der Finsternis.

Bleibt dem Hause Gottes treu, und haltet an der Überlieferung fest, die euch gelehrt worden ist, und hört auf meinen geliebten und gesegneten Statthalter meines Sohnes. Ein jeder Priester hat von Gott die Gnade erhalten, zu wirken und meinen Sohn zu vertreten. Und so bete ich für jene, die sich dem Statthalter der Kirche noch nicht in Demut unterordnen, daß sie sich fügen und willig sein mögen. Jesus ist treu und wahr. Ahmt euren Gott nach, Ihn, der die Vollkommenheit ist. Seid vollkommen, indem ihr Ihn in Seiner Demut, Seiner Ergebenheit, Seinem Gehorsam, Seiner Fügsamkeit nachahmt, damit auch ihr die größeren Gaben des Leidens und der Demütigung und Abtötung empfangen möget. Diese alle werden euch zur Heiligkeit und in Sein heiligstes Herz – eure Wohnstätte – führen.

Meine Priester, seid wie ein durch häufigen Regen gut bewässertes Gelände, damit Jesu Lämmer von seinen grünen Weiden angezogen werden und Nahrung darauf finden. Kein Lamm möchte gerne auf Disteln und Dor-

nen grasen. Gestattet mir, eure Tempel wieder aufzubauen und sie Gott wohlgefällig zu machen. Glückselig die Ohren, die hören und verstehen, was ich sage, denn ich sage euch, nicht jedermanns Name ist in des Opferlammes Buch des Lebens eingetragen. Betet deshalb für jene, die nicht zu verstehen scheinen und nicht willig sind, sich zu öffnen, daß auch sie die Gottesgnade erlangen mögen, mit ihren Ohren zu hören und mit ihren Herzen zu verstehen, und sich folglich bekehren und Gottes Herrlichkeit schauen werden. Ich segne euch, meine liebsten Kinder, einen jeden von euch. Ich liebe euch!

90. Ich lasse Meine Gnaden verstärkt auf euch herabkommen

25. März 1991

Herr, diese Woche ist die heilige Osterwoche für die römischen Katholiken, und nächste Woche ist die heilige Osterwoche für die Orthodoxen. Ich halte es nicht für richtig, dafür verschiedene Zeitpunkte zu haben und uns in bezug auf Dich voneinander zu trennen. Man muß ja sogar Bemerkungen hören wie: „Deren Jesus ist nicht unser Jesus.“

Ich liebe euch alle gleich, auch wenn viele von euch das nicht zu begreifen scheinen. Erbärmlich seid ihr allesamt, Sünder seid ihr allesamt, schwach seid ihr allesamt, doch ihr alle seid Meine Nachkommenschaft. Siehst du, Vassula? Habe Ich irgendeinen Unterschied gemacht? Ich bin zu dir gekommen und zeigte dir Mein heiligstes Herz. (Jesus will sagen, Er sei zu einer griechischen Orthodoxen und nicht zu einer Katholikin gekommen und spreche zu mir in katholischer Terminologie.)

Ich ging in alle Richtungen und suchte Mittel und Wege, mit denen Ich dich zu der Meinen machen konnte. Segen über Segen ließ Ich auf dich regnen, um dich von den Toten zu erwecken und dich heranzubilden, denn es fehlte dir die Weisheit. Ich bemühte Mich um dich, und in Meiner Güte habe Ich dich erwählt, damit du Zeugin wirst bei einem

Volk, das nicht dein eigenes ist, und von dem viele weit davon entfernt sind zu begreifen, weshalb die Weisheit eine Fremde unter ihnen erwählt hat. Ich, das heiligste Herz, bin entschlossen, ihnen zu zeigen, daß Ich dich, eine für sie Fremde, angenommen habe, um dich an den Schätzen Meines heiligsten Herzens teilhaben zu lassen und mit dir Freud und Leid zu teilen.

Ja, Ich bin gekommen, um auch Fremdlinge über die Reichtümer Meines heiligsten Herzens zu unterrichten. Heute habe Ich ein neues Lied für sie gemacht, denn Ich bin ein und derselbe.

Daher, Schülerin, mache du selbst weiterhin auch keinen Unterschied unter Meinem Namen. Selbst wenn du vom Atem Meiner Feinde hinweggewirbelt wirst, lasse Ich dich nicht schutzlos zurück. Immer werde Ich dir zu Hilfe kommen, Mein Kind. Wenn sie dich zur Rede stellen (die Laien, Priester und Bischöfe der römisch-katholischen Kirche. Einige sagen, ich solle römisch-katholisch werden, um mich glaubwürdig zu machen)***, dann bleibe die Antwort schuldig. <u>Ich</u> werde an deiner Stelle antworten.***

Die Schrift sagt: Gott kennt keine Günstlinge, sondern welcher Nationalität auch jemand angehört, wenn er Gott fürchtet und das Rechte tut, ist er Ihm willkommen (vgl. Apg 10, 34-35). ***Aber die Menschen haben sich selbst auseinandergebracht. Sie haben sich unter Meiner Heiligkeit voneinander abgespaltet. Aber wartet, und ihr werdet sehen, daß Mein Heiliger Geist – zum großen Erstaunen vieler –, auch auf die Heiden ausgegossen wird. Ich sage euch mit feierlichem Ernst: Diese Dinge werden stattfinden, ehe diese Generation vergangen sein wird. Also Mut, Mein Kind, fürchte dich nicht, Ich werde euch am Ende allesamt vereinigen, und der Schlange wird nicht länger mehr erlaubt, ihr Gift weiterhin in eure Nahrung zu spritzen, dir, du Generation. Eure Nahrung soll vollkommen und rein sein. Kummer und Jammer haben dann ein Ende. Ich liebe euch, und Mein Volk wird Meinen heiligen Namen*** (ganz einfach Christen sein, unter Christus) ***in einem in diese Einheit tragen.***

O daß Du doch den Himmel aufreißen und herabkommen mögest! Bei Deiner Gegenwart würden nicht nur die Berge erweichen, wie der Prophet Jesaja sagt (vgl. Jes 63, 19), *sondern auch die drei Eisenstäbe, die Du mich zeichnen ließest und die die römisch-katholischen Gläubigen, die Orthodoxen und die Protestanten darstellen.*

Ich verspreche dir: Ich lasse Meine Kirche nicht mehr lange im geteilten Zustand. Ich selbst werde mit großer Macht über sie kommen und sie neu erbauen. Habe Vertrauen zu Mir, Meine Geliebte. Ich werde diese treulose Generation nicht mehr hinnehmen. Nach alledem kann des Vaters Zorn nicht mehr länger zurückgehalten werden. Und aus eben diesem Grunde, und um euch zu retten, lasse Ich Meine Gnaden verstärkt auf euch herabkommen. Vassula, die Erde hat bisher Meinen Frieden noch nicht völlig besessen. Wie trockener Boden dürstet sie nach diesem Frieden, den Ich euch allen hinterließ. Und Ich werde wie ein Wasserlauf, der in einen Garten rinnt, auf euch hinabkommen und euch bewässern. Und du, Mein Kind, freue dich! Denn in dir habe Ich Wurzeln geschlagen und Meine Wohnung genommen. Und in dir werde Ich wachsen, wenn du es Mir erlaubst. Bete jetzt mit Mir zum Vater, Mein Kind! Sprich Mir folgendes Gebet nach:

> ***„Vater, gepriesen sei Dein Name! Dein geliebter Sohn Jesus Christus kam auf die Welt, nicht um sie zu verdammen, sondern um sie zu retten. Habe Erbarmen mit uns! Schaue auf die heiligen Wunden Deines Sohnes, die nun weit geöffnet sind, und erinnere Dich an den Preis, den Er für uns entrichtet hat, um uns alle zu erlösen. Gedenke Seiner heiligen Wunden und der beiden Herzen, die Du selbst in Liebe vereint hast und die zusammen litten – dasjenige der Unbefleckten Empfängnis und das Deines geliebten Sohnes.***
>
> ***O Vater, erinnere Dich jetzt an Sein Versprechen, und sende uns den Fürsprecher, reich an Macht, den Heiligen Geist der Wahrheit, um die Welt an die Wahrheit zu erinnern und an das Sichfügen Deines Sohnes, an Seine Demut, Seinen Gehorsam und an Seine große Liebe.***

Vater, die Zeit ist gekommen, da das geteilte Reich nach Frieden und Einheit ruft. Die Zeit ist gekommen, da der verwundete Leib Deines Sohnes nach Gerechtigkeit schreit, wie sie die Welt bisher noch nicht kannte. Doch durch das unbefleckte Herz Mariens und das heiligste Herz Jesu gib uns, edelster Vater, diesen Frieden in unseren Herzen und erfülle die Schriften, indem Du das Gebet Deines geliebten Sohnes an Dich erfüllst, daß wir alle eins sein mögen, eins in der göttlichen Heiligen Dreieinigkeit, damit wir alle, um einen einzigen Tabernakel versammelt, Dich anbeten und preisen. Amen."

Meine Tochter, liebe Mich, so wie Ich dich liebe; liebet einander, so wie Ich euch liebe. Seid gesegnet. Komm!

91. Ein Gebet um die Einheit

8. April 1991

Mein Herr?

Ich bin es, Kleine, der Friede sei mit dir. Liebe Mich und halte an Mir fest, denn du hast noch nicht das Letzte von Mir gesehen. (Jesus meint auf diese Art, innerlich, und ihn in den Redeweisen hören.)

Ich freue mich und bin erleichtert.

Ich werde nicht zulassen, daß deine Kräfte verfallen. Ich werde dir Meine Speise reichen, wie Ich es immer tat. Blume, Meine Botschaft ist diesmal ein Gebet für alle Nationen, ein Gebet um die Einheit. Komm und schreibe:

„Gepriesen seist Du, Herr, für die himmlische Speise (geistige Nahrung), ***die Du uns gibst. Und dies geschieht, damit die Schrift erfüllt und Dein Werk vollendet werde. Bloß Kindern hast Du Dein Wissen gegeben und nicht den Gelehrten, denn so hat es Dir gefallen, Herr.***

Gepriesen seist Du, Herr, denn Du hast Wege bereitet, damit Dein Volk darauf gehen und zu Dir kommen und

Dein Haus füllen kann. Denn obschon Du Deinen Sohn in die Welt sandtest und die Welt klar und deutlich das Licht sah, haben nicht alle dieses Licht angenommen, sondern sich statt dessen der Finsternis zugewandt und sind in Glaubensabfall geraten. Die Welt hat den Glauben verloren, weil sie die Wahrheit abgewiesen hat und es vorzog, unter der Lüge zu leben. Ja, Herr, Du bringst der Welt so viel Liebe entgegen, daß Du uns heute trotz unserer Schlechtigkeit vorbehaltlos Deinen Heiligen Geist sendest, um uns zu beleben, die Welt wieder aufblühen zu lassen und jedes Geschöpf zu erneuern, damit ein jeder Deine Herrlichkeit schaue und glaube und sich bekehre.

Gepriesen seist Du, Herr, daß Du die Himmelstore auftust, um aus Deinen Vorräten dies verborgene Manna auszuschütten (vgl. Offb 2, 17), ***welches für unsere Zeit aufbewahrt war. Nein, nicht Moses war es, der das Brot vom Himmel gab, sondern Du, Vater, warst es, der mit dem wahren Brot speiste. Und wie Dein Sohn, Jesus Christus, das Brot des Lebens ist, so ernährt uns auch der Heilige Geist, denn alles Brot, das vom Himmel herabkommt, ist Leben. Es steht in den Schriften geschrieben: Sie alle werden von Gott unterwiesen werden*** (vgl. Jes 54, 13). ***Fleisch und Bein können die Wahrheit nicht offenbaren, es sei denn, die Wahrheit wird durch eben diesen Einen gegeben, der die Wahrheit schuf und sie in unsere Herzen einprägte.***

Vater, Dein Name möge stets gepriesen und außerdem verherrlicht werden. Laß die Welt von der Finsternis zum Licht gelangen, von der Lüge zur völligen Wahrheit, von der Abgestumpftheit zu Eifer und Inbrunst. Vater, Schöpfer des Himmels und der Erde, die Stunde ist gekommen, uns den neuen Himmel und die neue Erde zu zeigen, wo Dein Heiliger Geist seine Wohnung in uns aufschlagen wird.

Allerzärtlichster Vater, wie Du Deinen Sohn verherrlichtest und Dein Sohn Dich verherrlichte, so laß Deinen

Heiligen Geist der Wahrheit wiederum Deinen Sohn verherrlichen. In kurzer Zeit schon, Vater, wird gemäß den Schriften der erste Himmel und die erste Erde schnell vergehen, um der Welt zu bekunden, daß Dein Wort etwas Lebendiges und Aktives ist und daß Jesus die Welt wirklich überwunden hat. Wenn jener Tag kommt, wird auch das an Dich gerichtete Gebet Deines Sohnes erfüllt sein, denn wir alle werden eins sein in Dir, so wie die Heilige Dreifaltigkeit eins und dieselbe ist. Wir werden uns nicht länger unter Deinem Namen voneinander getrennt halten.

Gepriesen seist Du, Herr, Lob und Preis sei dem Höchsten! Denn Du hast uns in unserem großen Glaubensabfall unsere heilige Mutter gesandt, deren Herz Du selbst in Liebe mit dem Herzen Jesu vereint hast, und die zusammen litten. Und es geschieht wiederum gemeinsam, daß die beiden heiligen Herzen uns zu erneuern suchen und uns ins Leben in Dir zurückbringen wollen. Verlorene Schafe werden gefunden, umherwandernde Lämmer werden an ihre wahre Kirche und ihren wahren Hirten erinnert – diesen Hirten, der weder seine Herde verläßt noch die Verlorenen aufgibt, sondern die Verwundeten heilt und die Erschöpften trägt.

Gepriesen seist Du, Herr, denn in Deinem Heiligen Geist empfangen wir die Taufe. In der Tat strömen Quellen lebendigen Wassers hervor, das demjenigen gegeben wird, der durstig ist. Seitdem entspringen sie reichlich aus Deinem Heiligtum (der Brust Jesu), *diesem Heiligtum, das Du in drei Tagen aufgerichtet hast. Und aus Deiner Fülle empfangen wir in diesen letzten Tagen die Gnaden Deines Heiligen Geistes, die uns wieder aufleben lassen. Denn dies ist Dein Manna vom Himmel, die geistige Nahrung, die aus dem Geist hervorgeht. Laß Dein Volk, Vater, erkennen, daß der Bann bald schon aufgehoben sein und der Thron des Lammes und auch der Deine bald an seinem Ort und unter uns sein wird. Bereite uns also vor, gerechter Vater, für diesen glorrei-*

chen Tag, wenn wir Dich alle, um den einen, heiligen Tabernakel vereint, preisen und verherrlichen können.

Vater, ich danke Dir, daß Du mein Gebet angehört und mir die Worte vorgegeben hast, um die Welt auf die Schätze des heiligsten Herzens hinzuweisen. Amen."

Komm jetzt, Meine Tochter, komm nun, kleine Freundin, und höre nicht auf, Mich zu lieben! Worte der Ermutigung wirst du stets von Mir hören. Sei also zuversichtlich, und vertraue Mir!

92. Ich brauche ihre Herzen, um in diesen Meine Kirche zu einer einzigen aufzubauen

13. April 1991

Herr, unsere Spaltung – und ich rede jetzt nur von der zwischen Orthodoxen und Katholiken – ist wahrhaft ein Skandal! Wie ist es nur möglich, daß wir Christen den geteilten Zustand hinnehmen, daß wir uns nicht nur vorübergehend, sondern in einer andauernden und tief verwurzelten Teilung sehen, die auf Konflikten und Gegensätzen beruhen, die überaus absurd sind? Jeder ist ein Rivale für den anderen, einige von uns hegen sogar noch Wut und Haß. Wie ist es möglich, rechtschaffen dazustehen und zu sprechen, wenn ein alter Streit ungelöst in unseren Herzen schmort? Können wir wirklich vor Dich hintreten und sagen, wir seien mit unseren Brüdern versöhnt und könnten mit gutem Gewissen kommen und unsere Gaben an Deinen Altar bringen? Nein, das können wir nicht, denn solange wir unter Deinem heiligen Namen leben und nicht versöhnt sind, kann von einem reinen Gewissen keine Rede sein. Gleichwohl wissen wir alle, daß Dein allergrößter Wunsch, lieber Christus, die Einheit ist. Und trotzdem halten wir an den trennenden Wänden fest und scheinen nicht die Ehrlichkeit aufzubringen, um zu sagen: „Wir sind nicht geneigt, uns zu beugen, weil ja wir es sind, die im Besitze des wahren Glaubens und der Wahrheit sind."

Können wir nicht begreifen, wieviel schöner Deine Braut aussehen würde, wenn wir uns einten? Wieviel kräftiger die Kirche doch werden könnte! Wie viele Fortschritte sie machen könnte! Und wie viele Früchte sie zusätzlich hervorbringen würde! Jetzt ist sie wie gelähmt. Können wir ehrlich sagen, sie mache Fortschritte und gewinne Seelen, wenn wir täglich vor Augen haben müssen, wie mehr und mehr Seelen Deine Braut verlassen, verlassen zugunsten zweitrangiger Philosophien, ja sogar esoterischer Sekten wie New Age, Zeugen Jehovas und anderen? Und doch, diese Menschen sind, das spüre ich, auf der Suche nach Dir. Hilf Du ihnen, Dich zu finden!

Ach, Meine Taube, Ich habe dich nicht umsonst gelehrt ... Sie haben bisher nicht begriffen, daß Ich ihre Herzen benötige, um sie zu einigen. Ich brauche ihre Herzen, um in diesen Meine Kirche zu einer einzigen aufzubauen. Einheit, die geht nur über das Herz. Siehe, Ich habe dich gesandt, um Zeugnis abzulegen vor einem Volk, das nicht dein eigenes ist, doch viele von den deinen haben noch nicht begriffen, weshalb die Weisheit dich zu Fremden sandte. Dein Volk glaubt, du hättest dich den Fremden ausgeliefert. Sie haben nicht erkannt, daß Ich es bin, der Herr, der dein Herz mit dem ihren vereint hat. Sogar doppelt lastet dein Kreuz auf dir, Mein Kind, da du auch von einigen der Fremden umhergewirbelt wirst, die dich unaufhörlich auffordern, eine der ihren zu werden. Indem du bleibst, was du bist, lehre Ich beiden Seiten eine Lektion, wie ihr euch einigen solltet und wie die Einheit aussehen müßte. Einheit bedeutet nicht, Unterschiede unter Meinem heiligen Namen zu machen, sondern Einheit heißt, die heilige Kommunion zu teilen und an Meine wirkliche Gegenwart in der heiligen Eucharistie zu glauben. Einheit, Mein Kind, heißt, einander seine Reichtümer zu geben.

Herr, lehre uns, wenn wir richten, Deine Güte widerzuspiegeln, und wenn wir selber gerichtet werden, nach Erbarmen auszuschauen (vgl. Weish 12, 22).

Ach, Mein Kind, dein Kampf ist noch nicht zu Ende. Aber denke daran, daß Ich vor dir bin, und deine Mutter ist dir zur Seite, um dich zu unterstützen. Und auf den Fersen folgt dir dein Schutzengel, um dich zu beschützen. – Höre Mich: Unter Brüdern gehört dem Führenden die Ehre, also ehre Meinen Petrus! Das ist nur eine Erinnerung vom Allerhöchsten.

Jetzt weiß ich, daß ich niemals verlassen sein werde. Du hast meine Seele zu Dir geführt. Ich habe meine Hände zum Himmel ausgestreckt, und Du hast mich erhoben. Meine Seele freut sich in Dir – o möchtest Du auch an meinen Brüdern tun, was Du an mir getan hast!

Nicht nur deine Brüder will Ich in Mein Herz erheben, Tochter, sondern sogar Menschen, die Mich nicht kennen, werde Ich in Mein Herz nehmen. Von jetzt an sollen Erbarmen und Gnade sogar die Heiden erreichen, denn auch sie sind ein Teil Meiner Schöpfung. Tochter, Ich bin als Helfer der Armen und Elenden bekannt ... Komm jetzt und liebkose Mich wieder mit deinen freundlichen Worten, die aus deinem Herzen kommen – wiederhole sie Mir!

Herr Jesus, verwende mich zum Trocknen Deiner Tränen. Herr Jesus, verwende Mich zum Wegwischen Deiner Tränen. Heiligstes Herz, gebrauche mich zum Trösten Deines Herzens. Heiligstes Herz, gebrauche mich zum Herausziehen Deiner Dornen, die Dein Haupt und Dein Herz umkränzen. Herr Jesus, benütze mich als Ruheort für Dein Haupt. Süßer und sanfter Jesus, benütze mich auf jede Weise, um Dir zu gefallen und um Dich zu trösten. Mein größter Wunsch ist, Deine Lippen zum Lächeln zu bringen.

Ich werde dich also benützen, wenn du Mir auch noch deinen Willen darbringst.

Ich bringe Dir, Jesus, meinen Willen dar, mein Herz, meine Seele, meinen Geist, meinen Leib, alles.

Die Liebe wird denn Ihren Willen in dir wirken, und Mein Friede wird in deinem Herzen regieren. Mein Bildnis wird sich in deiner Seele widerspiegeln, und dein Geist wird Mich

anbeten in Übereinstimmung mit Meinem Geist. Ja, und dein Leib wird alles zurückweisen, was nicht heilig ist, denn Ich werde ihn verklären und in Meinen verherrlichten Leib vervollkommnen, damit er ein Altar für Mich werde, für Mich, deinen Gott. Du wirst Meine Leiden teilen, aber auch Meine Freude. Ich werde dich weiterhin unterweisen, damit du Zeugnis ablegen kannst, nicht nur für den gekreuzigten Christus, sondern ebenso für den auferstandenen und siegreichen Christus. Ich werde jedermann daran erinnern, daß auch das Staunen, die Wunder und Zeichen ein Teil von Mir sind. Komm also!

93. In euren Herzen werde Ich die Einheit Meiner Kirche wiederherstellen

2. Mai 1991

Botschaft für eine bestimmte Person:

Der Friede sei mit dir! Das Kommen Meiner Herrschaft auf Erden steht nahe bevor, und Mein Wille soll auf Erden getan werden, so wie es im Himmel ist. (Während Jesus dies sprach – Er sprach es sehr majestätisch –, blickte Er zum Himmel empor.)

Und in euren Herzen werde Ich die Einheit Meiner Kirche wiederherstellen. Ich werde nicht mehr länger auf die menschliche Zustimmung warten, und Meine Braut wird nun wieder in strahlende Herrlichkeit gehüllt werden. Der Bann der Spaltung wird aufgehoben werden, und die mit dem Glanz der Sonne bekleidete Frau, die Ich vor Mir hersende, um euch zu erziehen, will euch ermutigen. Ich habe ihr die Macht über jede Rasse und jedes Land gegeben, damit sie einen breiten Weg für Mich erschließe.

Der Rauch, der bis ins Herz Meines Heiligtums eingedrungen ist, um Kelch, Tabernakel und alles zu beflecken, was heilig ist, wird mit einem einzigen Hauch Meines Atems hinweggefegt werden. Die Völker werden dann eine einzige Sprache sprechen, und sie alle werden Mich anbeten, ver-

sammelt um einen einzigen Tabernakel – diesen einen des Opferlammes, diesen einen, auf dem das immerwährende Opfer dargebracht wird, das Meine Feinde abzuschaffen und durch ihre unheilvollen Greuel zu ersetzen versuchen. Sehr bald jetzt, Mein Freund, werde Ich wieder bei euch allen sein, und Mein priesterliches Gebet zum Vater wird erfüllt sein:

Ihr werdet eins sein, wie Wir eins sind in der Heiligsten Dreifaltigkeit. Ich halte immer noch in Meinem heiligsten Herzen viele Dinge verborgen, die Ich euch bekanntmachen und zeigen möchte – denn die Schätze, die Ich in Mir habe, sind zahllos –, jedoch wären sie zuviel für euch, ihr könntet sie jetzt nicht erfassen. (Jesus sprach mit Humor.)

Eure Seele ist nicht imstande, alles aufzunehmen, doch nach und nach werde Ich euch die Kostbarkeiten Meines heiligsten Herzens entfalten, und Schritt für Schritt werde Ich euch in das hineinführen, was wie ein Leuchtturm aussieht: ein Mysterium unergründlicher Reichtümer, die für Generationen und Jahrhunderte verborgen geblieben sind. Ich werde dir, Mein Freund, die reiche Pracht der Hoffnung, Weisheit und Erkenntnis offenbaren. Sei in Mir verwurzelt, und du wirst Frucht tragen. Bleibe in Mir, und du wirst leben. Ich habe dir, Mein Freund, dies alles gesagt, damit du, wenn Prüfungen kommen, nicht schwanken mögest. Die Liebe ist an deiner Seite. Liebe Mich!

94. Der Glaubensabfall fordert Meine Barmherzigkeit heraus … Die mit der Sonne bekleidete Frau

6. Mai 1991

Herr, mein Gott, wer könnte uns Rettung bringen außer Dir? Wer könnte uns heimholen außer Dir? Wer könnte uns wahres Glück bringen außer Dir? – Also: Maranatha!

Tochter, die Toten können Mich nicht lobpreisen. Daher steige Ich in Fülle und Macht zu euch hinab und erhebe euch alle, um euch an Meine Erhabenheit, Meine Größe und Meine Souveränität zu erinnern. Komm und schreibe, Meine Vassula:

Der Friede sei mit euch, Meine Söhne und Töchter! Ich habe Meine Schafe gezählt, und Mein Herz ist von Kummer zermalmt: Nur ein kläglicher Rest ist heute übrig, der noch nicht vom Glaubensabfall betroffen ist; nur eine Handvoll hat noch nicht den Glauben verloren; nur ein paar sind übriggeblieben, die den Gefahren des Rationalismus entgangen sind. Ich habe Mir von oben her die Augen ausgeschaut, darauf wartend, daß ihr Mir euer Herz darbietet und euch Mir völlig überlaßt, aber das Herz dieser Generation ist roh und stumpf vor Torheit. Aber selbst wenn ihr nicht Mein Gesetz der Liebe befolgt habt, sondern eure Herzen abwandtet und euch euer eigenes Recht und Gesetz schufet – Ich werde nicht dabeistehen und zusehen, wie ihr mehr und mehr von Meinen Geboten abirrt. Ich habe vor, dich, Generation, zu retten. Ich beabsichtige, euch wieder zu Verstand und Besinnung zurückzuschulen und euch mit viel Liebe auf den Weg der Rechtschaffenheit zurückzuführen. Ich werde euch lehren, Meinen Namen anzurufen. Ich werde euch lehren, in Meiner Gegenwart zu wandeln. Ich werde euch lehren, ein Leben des Gebetes zu führen, Mein Kind. Ich werde euch lehren, Mich mit eurer ganzen Seele zu lieben. Ich werde die Bande des Todes lösen, die eure Seelen an all das binden, was Meine Seele verabscheut, wenn ihr Mir euren Willen übergebt.

Mein Kind, schau, schau dich um, Mein Heiliger Geist kommt, um euch zu begegnen und euch alle neu zu beleben. Als Bettler gekleidet, mit blutigen Tränen, die von Meinen Wangen fließen, steige Ich von Meinem Thron und neige Mich den weiten Weg zu euch hinab, um eure Seelen vor dem Unheil und vor der Notlage zu bewahren. Um Meines heiligen Namens willen werde Ich Mich durch eben diese Dinge demonstrieren, die ihr nicht mehr glaubt. Ich werde Meinen

Heiligen Geist durch Wunderdinge und Wundertaten kundtun. Ich werde Meine Macht wie nie zuvor durch Schwachheit und Erbärmlichkeit beweisen. Ich werde mit Tausenden Myriaden von Engeln kommen, um auf dich, Generation, Mein himmlisches Manna auszugießen, dieses verborgene Manna (vgl. Offb 2, 17), *und deinen Mund mit Meiner Speise füllen, so daß dein Mund Meinen Ruhm verkündet. Der Glaubensabfall fordert Meine Barmherzigkeit heraus, der Rationalismus, diese Geißel eurer Zeit, Meine Macht. Mir voraus sende Ich die Frau, die mit der Sonne bekleidet ist, die zweite Eva, um euch zu unterrichten, euch zu schulen und euch Schritt für Schritt in den Himmel zu führen. Ich sende euch Meinen Heiligen Geist in diese Nacht, damit Er euer Gefährte und Tröster sei und euch an Mein Wort gemahne. Ich sende euch eine Schar von Engeln der Hoffnung, um eure Ängste zu vertreiben. Kommt und hört, ihr alle, die ihr ausgehungert seid. Glücklich der Mensch, den Ich zur Hochzeit Meines Heiligen Geistes einlade; er wird von Meiner himmlischen Speise erfüllt sein. Und auch wenn sie von ihren Fehlern überwältigt werden, wird Mein Heiliger Geist diese auslöschen, während Er in ihnen ruht.*

Verstehe, Meine Geliebte, daß Mein Besuch auf Erden nicht den Zweck hat, euch zu verdammen, sondern euch zu erretten. Wer wird Mich sehen wollen? Wer wird aufmerken? Wer wird den Thron erkennen, der vom Himmel herabkommt, mitten unter euch? Sträubt euch nicht gegen Meinen Heiligen Geist der Gnaden! Ich bin immer mit euch. Betet inbrünstig um die Bekehrung eures Zeitalters! Öffnet eure Herzen, und sprecht mit Mir! Werdet ihr Mir euren Willen darbringen? O du Mein Haus! Komm, komm zu Mir, und wandle in Meinem Licht! Doch wenn Ich zurückkehre in Meiner großen Wiederkunft – werde Ich da auf der Erde noch etwas Glauben vorfinden? Heute spreche Ich in einfachen, schlichten Worten. Meine kleinen Kinder, in kurzer Zeit wird die Liebe als Liebe zurückkehren. Ja, Ich will zu euch zurückkehren und sage euch aufrichtig: Wenn ihr Meinen Heiligen Geist erkannt und Ihn gesehen habt, dann deshalb, weil ihr zu

Mir gehört. Die Welt dagegen kann Ihn weder erkennen noch sehen noch Ihn empfangen.

Ach, Meine Kleinen, was will Ich nicht alles für euch tun! Ich sehne Mich danach, euch mit den Gaben, die Ich über euch ausgieße, gestärkt zu sehen.

Jesus hielt hier inne, um sodann majestätisch aufgerichtet und ohne jede Bewegung folgende Worte zu sprechen:

Empfangt eure Stärke im Gebet, einem unaufhörlichen Beten zu Mir. Ich segne einen jeden von euch. Und du (Jesus spricht zu einer bestimmten Person in der Gruppe)***, der du kamst, weil dein Kreuz dich zu zermalmen droht, stütze dich auf Mich, Geliebter, und bringe Mir deinen Kummer und deine Mühsal dar! Ich liebe dich, und Ich werde dir zu Hilfe kommen. – Verherrlicht Mich, indem ihr Meinen Namen preist. Empfanget den Atem Meines Heiligen Geistes auf euren Stirnen und seid eins unter Meinem heiligen Namen!***

95. Laßt eure Duldsamkeit euer Zeuge sein … Legt auch euren Lippen Zügel an

13. Mai 1991

Botschaft unserer heiligen Mutter für die Gebetsgruppen:

Maria: Kinder, ich rufe heute einen jeden von euch auf, eure Herzen zu prüfen. Laßt eure Duldsamkeit euer Zeuge sein. Ich flehe euch an, eure Herzen nochmals zu prüfen. Gottes Botschaft an euch alle ist der Nachweis Seiner Treue. Gott zeigt sich nicht, um euch zu richten, Gott veranschaulicht sich, um Seine Treue in eurem Mangel an Treue nachzuweisen. Gott sucht eure Aussöhnung! Er kommt, um euch der Macht der Finsternis zu entreißen und Sein Reich auf Erden kundzutun. Der unsichtbare Gott wird in euren Herzen in Seiner Glorie sichtbar werden, und die himmlischen Dinge werden in euren Herzen sichtbar werden, und der blasse Abglanz dessen, was euch zuvor wie Schatten erschien, wird sich als Wirklichkeit erweisen. Die Herrschaft von Gottes Reich auf Erden ist euch jetzt sehr nahe. Deshalb flehe Ich euch an, für diesen Tag bereit zu sein.

Wenn ihr sagt, ihr seid euch selbst und den Grundsätzen dieser Welt abgestorben, so verhindert doch, daß eure Herzen in diese Welt hinausflattern. Lebt für Gott, und setzt Ihn an die erste Stelle! Gebt euch nicht länger her für Hader, Streit, Zank und Beschuldigungen! Erlaubt euren Lippen nicht, einander zu verurteilen! Fürchtet den Herrn, und die Weisheit wird bald schon über euch kommen wie der Tagesanbruch. Der Herr sucht und verlangt ein ungeteiltes Herz. Ich hatte euch gebeten und bitte euch wiederum zu beten. Betet, betet mit dem Herzen! Führt ein schlichtes Gespräch mit eurem Vater, der im Himmel ist. Denn wenn ich euch heute ersuche, daß ihr Gott ein ungeteiltes Herz darbringt, so deshalb, weil ich euch lehren will, treu an den Grundsätzen festzuhalten, die ich euch gelehrt habe. Was Gott schätzt, das ist ein Herz, das Ihn ehrt, indem es sich von allen Versuchungen befreit, die zur Sünde führen.

Wenn ihr eure Körper durch Fasten an Disziplin gewöhnt habt, so ersuche ich euch, auch euren Lippen Zügel anzulegen, damit sie einzig und allein dem Herrn Gebete und Lobpreisungen aussprechen. Erlaubt euren Lippen nicht, einander zu verurteilen. Richtet euer Herz, euer Gemüt, eure Augen und Lippen auf Jesus aus, und seid ganz und ungeteilt! Ich lade euch ein, liebe Kinder, alle diese Dinge in die Praxis umzusetzen, ohne indessen die anderen Werte des Gesetzes ungetan zu lassen. Und vergeßt nicht, daß das Herz des Gesetzes die Liebe ist. Ich segne euch alle!

96. Unsere beiden Herzen sind vereint

13. Juni 1991

Eine Botschaft von unserer heiligen Mutter:

Maria: Vassula, willst du meine Worte niederschreiben, um dieser Wüste Linderung zu bringen?

Ja, heilige Mutter, Mutter Gottes.

Maria: Schreibe, meine Tochter: Gesegnete meiner Seele, Geliebte meines Herzens, heute bitte ich einen jeden von euch, euer Herz zu gebrauchen, um mit Gott zu wandeln. Gott ist eure Kraft, euer Leben und euer Glück. Kein Mensch kann ohne Gott leben. Jesus ist der wahre Weinstock, und ihr seid die Rebzweige. Ein Zweig, der vom Weinstock abgeschnitten ist, verwelkt und verdorrt sofort. Er ist dann zu nichts mehr nütze und wird ins Feuer geworfen. Wandelt mit dem Licht, und fürchtet euch nicht, euch völlig an Ihn hinzugeben. Übergebt euch Gott, und eure Herzen werden von Freude erfüllt sein. Versteht doch, geliebte Kinder, daß Gott in diesen Tagen kommt, um euch zu retten, um euch aus Satans Netzen zu befreien und euch zu Seinem heiligsten Herzen zurückzubringen. Unsere beiden Herzen, sie sind vereint, obwohl die Welt diese Wahrheit ablehnt, leugnet und bestreitet. Denn nicht alle haben diese Wahrheit, sondern sie benutzen statt dessen diese Wahrheit, um sich gegenseitig zu bekämpfen. Unsere beiden Herzen sind vereint und dürsten zusammen nach eurer Rettung.

Kinder, kommt und hört Uns diesmal an: Macht Frieden mit Gott, versöhnt euch! Erhebt euer Antlitz zu Gott und bittet Ihn, euer Herz mit Seinem Licht zu erfüllen. Lernt Gott als euren Vater lieben, Er, der euch mehr liebt, als sich jemand vorstellen kann, und der euch ohne Unterlaß aus Seinem Herzen Seinen Strom des Friedens sendet, um die innere Wüste eurer Seele zu erleichtern. Lebt nicht nur von Worten, sondern lebt und handelt nach jedem Wort, das euch in den Evangelien gegeben ist. Seid nicht unempfänglich gegenüber dem Buchstaben des Gesetzes, lebt danach! Fürchtet euch nicht, wenn euch jemand verspottet oder es ablehnt, an die Wunder zu glauben, die Gott heute für euch wirkt, denn ich sage euch: Wenn euch jemand zum Schweigen bringen will, werden die Steine um so heftiger schreien (vgl. Lk 19, 40. Blutige Tränen weinende Bilder oder Statuen von Jesus und Maria sind göttliche Offenbarung, wenn die Menschen den Heiligen Geist zu ersticken trachten).

Gott allein kann euch Frieden und Glück schenken. Ich bete für euch ohne Unterlaß, damit die Herzen dieser Generation, die hart wie Stein sind, sich Gott zuwenden und wie ein bewässerter Garten seien, damit aus einer unbewohnbaren Wüste eine heilige Stadt werde, erfüllt vom Lichte Gottes, einem Licht also, das von Gott kommt, und nicht von Sonne oder Mond (vgl. Offb 21, 23). *Wenn dann das Unwetter vorüber sein wird, werden Blumen hervorsprießen* (das sind die ersten Früchte: die Neubekehrten – eine Anspielung auf Offb 21, 1-3), *und das Antlitz der Erde wird sich verändern. Ich, eure heilige Mutter, segne jeden von euch.*

97. Der Dorn

18. Juni 1991

Heiligstes Herz, Du bist der Gegenstand meines Lebens. Du bist mir zur Seite und stets bereit, mir zu helfen. Nun hast Du mich zu Dei-

nem Eigentum gemacht, und Deine Arme sind meine Einfriedung – was könnte ich noch mehr wollen? Du hast meine Ankläger im Nu weggejagt, und das Feuer, das sich um mich erhob, ist nicht mehr da. Herr, Du hast mir nun abermals eine Vision von Deinem heiligsten Herzen gegeben; ich konnte kaum erkennen, daß es überhaupt ein Herz war. Dein Herz sah wie eine einzige große Wunde aus ... Kaum daß ich mich von meinen Verfolgern abgewandt hatte, stellte ich fest, daß ein anderes Feuer entzündet worden ist, noch eine weitere Wunde Deinem Herzen zugefügt, ein weiterer großer Dorn in Deinem Haupt. Mein Jesus ... diesmal will ich mit Dir verhandeln, wenn Du gestattest. Folgendes schlage ich vor: Du nimmst diesen großen Dorn von Dir hinweg und überträgst ihn statt dessen mir. Ich werde ihn behalten, bis der Vater diesem Priester die Gnade und das Licht gibt, das er braucht, um seinen Fehler zu erkennen, und daß ich zu Dir gehöre.

Vassula, laß es so sein! Lasse es sein, wie du es verlangst. Ich nehme dein Opfer an. Mein Kind, sei gesegnet! Ich bin nicht allein, um Meine Tränen hinunterzuschlucken, auch deine heilige Mutter weint. Komm zu Uns, indem du auf diese Art Anteil nimmst. Auch dieser Sturm wird besänftigt werden. Der Vater sieht alles, Mein Kind. Ich würde ganze Täler umwenden und Berge einreißen, würden diese ebenfalls zu einer drohenden Gefahr für Meine Liebesverse werden, die ein Ruf zu eurer Bekehrung sind. Meine Liebesbotschaften werden weitergehen. Satans Griff löst sich bald, und Ich werde ihm schon bald einen Maulkorb anlegen. Die Liebe ist dir jederzeit nahe, und Er, Gott, schaut dann und wann auch in Seine Wohnung hinein (mein Herz, Gottes Ruheort)***, um zu prüfen, ob alles in Ordnung ist, dort, am Ort Seiner Ruhe. Ich bin Jahwe. Blume, St. Beda ist an deiner Seite.***

Wer ist das?

Jahwe liebt dich!

(Anm. d. Übers.: Beda Venerabilis (der Verehrungswürdige), Heiliger und (seit 1899) Kirchenlehrer; ein Benediktiner um 700 in England, Übersetzer des Johannesevangeliums ins Angelsächsische, bedeutender Theologe und Naturwissenschaftler, Geschichtsschreiber.)

98. Der Raum, wo sie Mich empfing

6. Juli 1991

Herr, heile mich!

Wenn du sorgfältig herhörst und Mir keine Einwendungen bringst, keine Rivalen und keine Zweifel, wenn du kommst und zugibst, daß du eine Sünderin bist, und nicht zögerst zu bereuen, werde Ich dich heilen. Du gehörst zu Mir, und Ich habe dir Mein Herz gegeben. Deshalb wünsche Ich von dir, daß du alles abtötest, was du bist. Laß die einzigen Male auf deinem Leibe jene sein, die auch Ich an Meinem Leib habe. Wenn du Fußspuren siehst, die nicht Mir gehören, dann folge ihnen nicht. Meine Fußspuren sind mit Blut befleckt und duften nach Myrrhe. Solltest du etwas von jemandem hören, der in herrliche Gewänder gehüllt ist, so laß es mit ihm zugrunde gehen und beachte nicht, was er sagt. Ich, dein Erlöser, bin in Lumpen und Sackleinwand gekleidet (vgl. Offb 11, 3) ***und gehe barfuß. Mein Mantel ist durchtränkt mit Blut, und Mein Herz ist von Feuerflammen eingehüllt. Meine Lippen, sie sind aus Mangel an Liebe wie ausgedörrt.***

Herr, heile jeden, jeden!

Erfülle Mein Herz mit Freude, und bete für all jene, deren Herzen sich gegen die Vernunft und gegen Meine Weisheit verschließen.

Aus diesem Grunde, Herr, ziehe uns näher zu Dir. Wir sind müde, in dieser Verbannung zu wandeln …

Mein Tau aus Meinem Munde wird dein Herz erleichtern. Ich werde dich von deinem Kummer befreien. Meine Augen schauen zur Erde hinab, sie mustern, sie prüfen jeden von euch genau. Würde Ich jetzt hinabsteigen, Ich würde nur eine Handvoll finden, die Mein Zeichen auf ihrer Stirn tragen. Den Himmel habe Ich um den Preis Meines Lebens aufgetan, damit er auch euch gehöre. – Ich frage euch: Welcher Mensch klammert sich an den Tod und nicht an das Leben?

Doch wie lange noch wollt ihr keine Vernunft annehmen? Auf ewig? Wieviel länger noch muß eure Zurückweisung Meiner Liebe euren Gesalbten verleugnen und beleidigen? Rechtschaffenheit und Gerechtigkeit sitzen auf dem Thron, der aus dem Himmel zwischen euch kommen wird, um euch zu sagen, daß der Weg zu eurer himmlischen Wohnung, der Heimat des Lichts, durch Mich geht. Wenn ihr euch Mir hingebt, werde Ich euch den Weg in die Heimat weisen. Wenn ihr Meiner Liebe vertraut, werde Ich euch in den Raum bringen, wo Sie Mich empfing, damit Sie euch gesundpflegt. Ich schnüre kein Seil um eure Freiheit, Ich binde euch nur mit Girlanden der Liebe. Ich liebe euch mit einer immerwährenden Liebe, und Meine Zärtlichkeit für euch ist eine unerschöpfliche Quelle. Höre, Tochter, und sage dies den Fremden und deinen eigenen, sage ihnen, wie sehr Mein Herz unter dem Liebesmangel leidet.

99. Drücke unsere beiden heiligsten Herzen wie ein Siegel auf dein Herz

2. August 1991

Für die griechische Gebetsgruppe auf Rhodos:

Jesus, mein Herr, gepriesen sei Dein Name! Möge Dein heiliger Name auf immer und ewig verherrlicht werden!

Mein heiliger Name steht und wird in all seiner Glorie immer bestehen.

Möge Deine Hand uns zur Wahrheit geleiten, geleiten zu der einen und einzigen Wahrheit! Laß nichts mich von dieser Wahrheit trennen, die Du selbst uns gegeben hast.

Du kamst mit leeren Händen zu Mir und gingst mit vollen hinweg. Ich fürchtete Mich nie vor Größe und Macht und auch nicht vor Kraft und Stärke. Von Mir selbst hast du Meine Weisheit in den Mund gelegt bekommen, damit du lernen und nicht in Irrtum fallen mögest. Ich habe dich unter-

wiesen und gelehrt, damit du Abwehr und Verteidigung darin finden mögest. Höre nun und verstehe: Drücke Unsere beiden heiligsten Herzen wie ein Siegel auf dein Herz. – Das heiligste Herz deiner Mutter wird dein Schutzwall sein und Mein eigenes heiligstes Herz deine Heimat. Mit diesem Zeichen als Siegel auf deinem Herzen können die Füchse eingefangen werden, die Meine jetzt Früchte tragenden Weinberge verwüsten. Ihr, Meine Kleinen, seid unser Weinberg von Unseren beiden heiligsten Herzen (die Gebetsgruppe nennt sich „Gebetsgruppe von den beiden heiligsten Herzen").

Kommt, Meine kleinen Kinder, und horcht: Wer von euch freut sich auf das ewige Leben? Betet Mich also an im Glanz Meiner Heiligkeit und seid beharrlich in euren Gebeten. – Satan wird durch den Rosenkranz angekettet. – Seid auch beharrlich, was das Beichten angeht, ihr kleinen Kinder, damit ihr sooft als nur möglich kommen könnt, um Mich in der heiligen Eucharistie zu empfangen. Fastet an zwei Tagen in der Woche bei Brot und Wasser, um Genugtuung zu leisten und Opfer zu bringen. Schaut nicht nach links und nicht nach rechts, sondern nur geradeaus, wo Ich vor euch bin. Wohin Ich gehe, sollt auch ihr hingehen, wo immer Ich lebe, da sollt ihr leben. Dies, Meine Geliebten, sind Meine Grundsätze. Mein Wort sollte von euch eingenommen werden wie euer tägliches Brot, denn es ist euer himmlisches Brot, es ist euer Leben. Kommt oft zu Mir, und weiht euch Meinem heiligsten Herzen, und Ich werde euch anhauchen und zu den Meinigen machen, die Mein Wort bis zu den Enden der Erde ausbreiten. Und denkt daran: Laßt Meine Gedanken eure Gedanken sein, eure Wünsche Meine Wünsche! – Ahmt Mich nach!

Gesegnet seid ihr, die ihr Mich nicht seht und doch glaubt. Ich lasse Mein Aufatmen der Liebe auf eurer Stirn. Preist Mich und liebt Mich! – Sage ihnen, Meine Vassula, wie sehr Ich den Raum ehre, in dem Ich empfangen wurde *(Herz: Mariens Herz).*

100. Laßt euer Herz wie ein Garten sein

2. August 1991

Eine Botschaft von unserer heiligen Mutter für dieselbe Gruppe:

Maria: Gesegnete Kinder, laßt euer Herz wie ein Garten sein, der dem Herrn gefällt, einen Ruheort für euren König. Erlaubt Ihm, in euer Herz einzutreten, so daß Er es selbst dann, wenn Er es trocken und trostlos vorfindet, umwandeln kann in einen Garten der Freude. Erlaubt Ihm, in eurem Herzen zu atmen, um es neu zu beleben. Sein Odem ist von feinstem Wohlgeruch. Dann wird Er mit Seinem Blut, das wie der Tau des Morgens ist, eure Makel wegwaschen, um euch, meine Kleinen, zu vervollkommnen.

Ach ... wie ich euch liebe ... Kommt und hört auf euren Gott! Sein Umgang, Sein Gespräch ist die Süßigkeit selbst, Erbarmen in seiner Fülle. Betet, meine Geliebten, betet ohne Unterlaß! Die Lösung für eure Probleme kann im beständigen Gebet gefunden werden. Dies soll eure Waffe sein. Betet mit eurem Herzen, sprecht mit Gott auf diese Weise! – Satan flieht jedesmal, wenn ihr Gott mit Liebe anruft. Daher sage ich heute, morgen und stets zu euch: Betet, betet, betet! Meine Liebe zu euch ist groß. Laßt nicht zu, daß Satan euch in Versuchung führt und eure Verbundenheit mit mir durchtrennt. – Seid auf der Hut! – Ich, eure heilige Mutter, segne euch alle.

101. Ich bin ein unerschöpfliches Feuer

2. August 1991

Ja, mein Jesus ... (Jesus rief mich).

***Gebetsgruppe von den beiden heiligsten Herzen*, so sollen deine Gebetsgruppen genannt werden, Vassula. Sind doch Unsere Herzen in der Liebe vereint und eins. – Ich bin an deiner Seite. Die Liebe ist nahe bei dir.**

Später, am späten Abend, fragte ich Jesus, was denn mit mir geschehe, wenn ich die Passion erlebe.

Wir sind vereint, wie in einem einzigen Körper. Dann ... halte Ich dich, Ich ergreife dich völlig, weil du Mein Eigentum bist, und Ich fessele deinen Geist. Wie ein Kern vom Fruchtfleisch umgeben ist, so ähnlich umfasse auch Ich dich. Dein Geist wird in Meinen Geist aufgenommen, mit Mir, deinem Christus, vereinigt. Liebe Mich, verehre Mich und bete! Ich bin von dir nicht zu trennen. O komm, komm, laß deine Liebe ein nicht zu löschendes Feuer sein. Ich bin ein unerschöpfliches Feuer, das die Seelen verzehrt. Ahme Mich, deinen Gott, nach; das ist Meine Bitte an jeden. Empfange Meinen Frieden!

102. Ich, Jesus Christus, deine Mutter, die Heiligen und dein Schutzengel, wir alle sind dir zur Seite

Rhodos/4. August 1991

Herr, wenn die Zeit kommt, da Du uns aufsuchst, werden wir da bereit sein? Keiner kennt die verborgenen Dinge, die Du besitzt, jedoch wie viele werden mit der Unterdrückung Deiner Botschaft fortfahren? Sie verdrehen Deine Worte. Sie haben nichts Besseres im Sinn als der Welt zu beweisen, daß diese Botschaften teuflisch sind, mit New Age zu tun haben oder von einem bösen Geist seien. Doch, mein Gott Jahwe, den ich verehre, ich möchte Dir, so Du mir Deine Stärke verleihst, meine Dankopfer darbringen, denn Du hast mich vom Tode errettet, um in Deiner Gegenwart zu wandeln (vgl. Ps 56, 13-14).

Du Mein Wohlgeruch, stütze dich auf Mich! Höre Mich: Rufe laut! Schreie ohne Furcht hinaus zu den Nationen: Bereut! Denn die Zeit der Barmherzigkeit ist fast schon vorüber. Ändert euer Leben und lebt heilig, opfert und bessert euer Leben, ehe der Herr kommt! Betet, betet für jene, die Meinen Geist unterdrücken! Betet für jene, die zwar von Einheit sprechen, aber denen, die sie ausüben, Fallstricke legen. Ich werde von ihnen Rechenschaft fordern am Tage des Gerichts, denn Ich habe sie gerufen, und keiner wollte ant-

worten. Ich habe öffentlich gesprochen, doch keiner hörte her. Das Haus, das Ich wiedererrichtete um den Preis des Blutes Meiner Märtyrerheiligen, reißen sie immer wieder nieder. Betet für den Frieden Meines Hauses, für den Frieden zwischen Brüdern, um Aufrichtigkeit der Herzen, um Demut und Liebe, dann ... Die Einheit wird in jedem Herzen erblühen ... und Meine heilige Stadt, Jerusalem, wird Mich in einer vereinigten Gesamtheit verherrlichen.

Ach Vassula, nichts ist umsonst. Mein Werk, das dich bis tief in die Nacht hinein wach hält, wird nicht untergehen. Mein Wort wird bis an die Enden dieser Welt gelangen. Sei dessen sicher, Mein Kind, Ich, Jesus Christus, deine Mutter, die Heiligen und dein Schutzengel, wir alle sind dir zur Seite. Fürchte dich nicht, dein Abba ist deine Stärke und dein Schutz. Du bist überaus kostbar für Mich, Mein Kind.

103. Betet, betet, betet und haltet fest am Gebet!

Rhodos / 10. August 1991

Der Ich-bin-es bittet euch, ihr mögt euch täglich neu Mir übergeben. Sucht Mich, und ihr werdet Mich finden. Ich und eure heilige Mutter sagen euch: Betet, betet, betet und haltet fest am Gebet! Satan kommt, wenn ihr schlaft. Deshalb gebt Satan keinen Raum zum Stehen, keinen Halt. Betet, denn das Gebet ist eure Waffe gegen Satan. Die Liebe liebt euch.

104. Ich lasse Mein Herz berührt sein

Rhodos / 12. August 1991

Für die Gruppe:

Mein Herr und Mein Gott?

Ich bin es, Ich werde ganz offen zu Meinen Lämmern sprechen: Alles, worum Ich euch bitte, ist Liebe. Liebt Mich ohne

Einschränkung. Ich bin die Quelle erhabener Liebe. Kommt zu Mir und schöpft aus Mir, füllt eure Herzen mit Liebe, damit ihr diese Liebe an andere weitergeben könnt. Ich bin zugegen, wo immer ihr seid. So vergeßt niemals, daß da, wo ihr seid, auch Ich bin. Ich, der Herr, segne euch. Sorgt für eure Brüder und Schwestern und führt sie zu Mir. Laßt auch sie Mein heiligstes Antlitz schauen. Meine kleinen Kinder, Ich habe euch aus Liebe erschaffen, damit ihr Mich liebt, Mich tröstet, Mich preist. – Ihr wollt Mich lobpreisen? Dann liebt Mich und verehrt Mich! Die Tür zum Himmel – das sind eure Gebete zu Mir. Ich wünsche Gebete, die aus eurem Herzen kommen. So sage Ich euch: Betet, betet, betet!

Denkt daran, daß das Herz eurer Mutter mit dem Meinigen in Liebe vereint ist. So kommt, ihr, die Mein Herz liebt, kommt zu uns beiden, und Ich werde euch in Meinem heiligsten Herzen Ruhe bieten, während ihr im Herzen eurer Mutter Schutz findet. – Ich bin die Auferstehung und werde noch viele von euch wiedererwecken, so wie Ich dich wiedererweckt habe. Ich bin die Barmherzigkeit, und aus Meinem grenzenlosen Erbarmen heraus lasse Ich Mein Herz berührt sein. Die Liebe und die Barmherzigkeit – sie sind jetzt wahrhaftig vor euren Türen.

105. Die Grundfeste der Erde werden wanken

11. September 1991

Herr, ich schaue empor zum Himmel und suche nach himmlischen Dingen. Ich suche Dein heiliges Antlitz, um den Frieden zu fühlen und um mich erfreuen zu können. Ich suche nach Deinem heiligen Antlitz, um Betrachtung halten zu können.

Und Ich Meinerseits schaue mit Meinen Augen auf die Welt von heute hinab und prüfe Nation um Nation, taste Seele um Seele ab nach ein klein wenig Wärme, nach etwas Großmut und nach ein bißchen Liebe, doch nur sehr, sehr wenige genießen Meine Gunst. Ja, sehr wenige nur geben sich Mühe, ein heiligmäßiges Leben zu führen. Und die Tage entfliehen,

und die Stunden sind jetzt gezählt, bis die große Vergeltung kommt.

Meine Städte (dieses Wort steht für „Seelen") ***sind zu Hurenstädten geworden! Erbarmungslos! Sie sind zu Zitadellen für Dämonen geworden, von innen vollständig korrupt, verdorben, vom Wurm zerfressen. Ein Refugium für Nattern und Skorpione! Wie dürfte Ich da nicht Mein läuterndes, reinigendes Feuer über diese Abtrünnigen ausströmen? ...*** (Plötzlich änderte Jesus seinen Ton, und mit Verzögerung von einigen Sekunden sprach Er sehr ernst und ehrfurchtgebietend:) ***Die Erde wird schwanken, zittern und beben ... und alles Böse, das in Türme*** (wie der Turm von Babel) ***hineingebaut ist, wird zu einem Haufen Schutt einstürzen und im Staub der Sünde begraben sein! Droben wird der Himmel erzittern, und die Grundfeste der Erde werden wanken.***

Bete, daß die Hand des Vaters nicht im Winter herabkomme. Die Inseln, das Meer und die Kontinente werden durch Mich völlig unerwartet heimgesucht, heimgesucht mit Donnergewalt und von Feuer. Hört gut auf Meine letzten Warnrufe, hört jetzt, da noch Zeit ist! Lest unsere Botschaften (die von Jesus und Maria, den beiden Zeugen)***, und unterbindet es, spöttisch oder verächtlich oder taub zu sein, wenn der Himmel spricht! Senkt eure Stimmen, und ihr werdet die Unseren hören. Überlegt gründlich, bevor ihr ein Urteil fällt, überlegt noch sehr viel mehr, bevor ihr die Werke des Heiligen Geistes verwerft. Ich werde keinen schonen, der den Heiligen Geist verhöhnt oder vorbehaltlos wider Ihn lästert. Die Gerechtigkeit wird sie in die Unterwelt hinabschicken.***

Ihr alle, erhebt euer Angesicht und sucht im Himmel nach Meinem heiligen Antlitz, um es nachdenklich zu betrachten. Richtet eure Augen gen Himmel, und ihr werdet nicht zugrunde gehen. Bereut! Und bittet den Vater, daß Er sich erweichen lasse. Bald, nun schon sehr bald, wird sich der Himmel auftun, und Ich werde euch schauen lassen – den Richter.

106. Ihr werdet lernen, ein wahres Leben in Gott zu leben ... Der Tag des Herrn ist nahe

19. September 1991

Mein Herr, Du bist mein Kelch, und im tiefsten Grunde meiner Seele frohlocke ich in Dir. Deine Zärtlichkeit ist so groß, sie gibt mir die Durchhaltekraft, diese Wüste zu durchqueren, Seite an Seite mit Dir, meine Hand in der Deinen. – Deinetwegen ertrage ich Beleidigungen, die mich mit Schimpf und Schande bedecken. Entfremdet bin ich den eigenen Brüdern, zum Fremdling geworden im eigenen Land. Doch der Eifer für Dein Haus verzehrt mich! (vgl. Ps 69, 8-10).

Vassula, laß Mich Meine Worte dir ins Ohr flüstern, damit du Mich verherrlichen kannst. Höre nicht, Mein Lamm, auf das, was die Welt spricht, denn von ihr kommt nichts Gutes. Höre auf Mich, der Ich dein Vater bin, und wenn du aufmerksam zuhörst, wirst du die Arbeit ausführen können, mit der Ich dich betraut habe. Vertraue Mir, Mein Kind, und komme zu Mir, wenn du Rat brauchst, komme zu Mir, wenn du Trost brauchst. Komme zu Mir, wenn das Fieber dieser Welt sich gegen dich erhebt und dich verbrennt. Komme schnell zu Mir, deinem Abba, und Ich werde deine Brandblasen heilen. Ich bin es, der dich so überaus zärtlich liebt, und Ich will dich immer wieder gesundpflegen. Stets will Ich dir die Wunden lindern, die die Welt dir zufügt um Meines heiligen Namens willen und weil du Zeugnis ablegst für Meine Liebe. Denke daran: Oben im Himmel wacht der Ich-bin-es über dir und nimmt sich all deiner Sorgen an. Bedenke auch, daß alles, was du tust, nicht für deine Interessen und nicht zu deiner Verherrlichung geschieht, sondern für die Interessen und zur Verherrlichung dessen, der dich gesandt hat.

Laß Meinen Geist der Wahrheit über dir leuchten, damit du wiederum Mein Bildnis widerspiegelst und die Welt an Mein wahres Gesicht erinnerst, da die Welt Mein wahres Bild vergessen zu haben scheint. – In Kürze werdet ihr alle lernen,

ein wahres Leben in Gott zu leben und eins zu sein mit Mir, so wie die Heilige Dreieinigkeit eins und wesensgleich in den drei Personen ist.

Meine kleinen Kinder, nicht mehr lange dauert es, denn Ich bin schon auf dem Weg der Rückkehr. Ich sage euch dies, ehe das Ereignis eintritt, damit ihr dann, wenn es eintritt, glauben könnt, daß diese Stimme, die ihr all die Jahre gehört habt, von Mir kam. Ich sage euch dies, auf daß ihr euch freuen möget, denn auch Ich freue Mich auf diesen Tag, da Satans Haupt von der Ferse Meiner Mutter zertreten wird. Hört Mich: Ich werde Meinen Geist auf dieses böse Geschlecht ausgießen, um die Herzen zu erobern und einen jeden zur vollen Wahrheit zurückzuführen, denn ihr sollt ein vollkommenes Leben führen in Mir, eurem Gott. Doch seid tapfer, denn es wird vor Meinem Tag noch ein Feuer kommen. Habt jetzt keine Angst, und seid nicht betrübt, denn ohne dieses Feuer kann das Antlitz der Welt nicht gewandelt werden ... Und wenn es kommt, wird der Welt aufgezeigt werden, wie verkehrt sie war. Es wird ihre Gottlosigkeit aufdecken, ihren Rationalismus und Materialismus, ihre Selbstsucht, ihren Stolz und Hochmut, ihre Gier und Bosheit, kurzum, alle jene Laster, die die Welt anbetet. Keiner wird sagen können, Ich hätte euch nicht von Anfang an Meine Pläne dargelegt. Keiner kann sagen, Ich hätte Meine Pläne vor euch geheimgehalten.

Ich bin die Wahrheit! Und die Wahrheit wird immer ein offenes Herz haben und euch ihre mit Eifer verfolgten Pläne darlegen, wie sie sind ... Die Wahrheit wird euch stets die Möglichkeit geben, euch vor ihr zu beweisen. – Hätte Ich nicht zu euch gesprochen, hätte Ich euch nicht jetzt den Himmel aufgetan, wäret ihr entschuldigt. Ich habe euch jedoch bei Tag und bei Nacht gerufen; ohne Unterlaß habe Ich Meine Engel ausgesandt, um zu euch zu sprechen. Ich habe ganz erbärmliche Seelen aus dem Nichts erweckt und sie zu eifrigen Jüngern herangebildet, damit sie gehen und an eure Türen klopfen und euch die Worte wiederholen, die

Ich ihnen mitgab. Nein, sie sprachen nicht aus sich selbst, sondern sie gaben nur weiter, worin Ich selbst sie unterwies.

Sie gingen hin zu euch, kamen in ihrer Armut und barfüßig, um euch von den Dingen zu sprechen, die da kommen sollen, ohne etwas hinzuzufügen oder wegzulassen von dem, was Ich ihnen mit auf den Weg gab. Alles, was sie sagten, war von der Weisheit selber empfangen worden. Nun sage Ich euch mit allem Ernst, daß wenn der Tag der Läuterung kommt, viele zu Tode bekümmert sein werden, weil sie nicht Meinen Heiligen Geist, den Geist der Wahrheit, in ihr Haus eingelassen haben (d.h. in ihre Seele), ***sondern an dessen Stelle die Schlange willkommen hießen, den Greuel der Verwüstung, und lieber Seite an Seite mit Meinem Feind Mahl hielten. Sie hießen jenen in ihrem Haus willkommen, der den Heiligen nachäfft; sie ehrten den Betrüger, der sie lehrte, Meinen Heiligen Geist in falschem Licht zu sehen – Meinen Heiligen Geist, der doch der Geber des Lebens und die innere Kraft ihrer Seele ist, derjenige, der ihnen eine aktive Seele eingehaucht und sie mit einem lebendigen Geist erfüllt hat.***

Ich sage euch ernstlich, Mein Feuer wird auf diese Welt schneller herabkommen, als ihr es erwartet, so daß jene, die ihre Sünden nicht einsehen, plötzlich ihre Schuld erkennen werden. Es steht in Meiner Macht, diesen Tag herbeizuführen, und ebenso steht es in Meiner Macht, diese Stunde abzukürzen – diese Stunde, die so große Pein mit sich bringen wird, daß viele die Stunde ihrer Geburt verwünschen werden. Sie werden wünschen, die Täler öffneten sich, um sie zu verschlingen, die Berge fielen über sie, um sie zu begraben, die Geier würden sie schnell beseitigen. Ja, am liebsten würden sie sich selbst zerschmettern. Jedoch keiner wird dieser Stunde entrinnen können. Diejenigen, die Mich aufrichtig lieben, werden lediglich darunter leiden, daß sie nicht mehr für Mich getan haben. Auch sie werden geläutert. Doch wehe denen, die Mich ablehnten und sich weigerten, Mich anzuerkennen: Ihr Urteil ist schon gesprochen. Die Wahrheit, die ihnen gegeben worden war, wird an jenem großen Tag ihr Richter sein.

Wie viele Male hörtet ihr doch durch Meine Sprachrohre, daß „<u>der Tag des Herrn nahe ist</u>" und Meine Rückkehr unmittelbar bevorsteht. Wenn ihr Mich liebtet, würdet ihr euch freuen zu wissen, daß Mein Heiliger Geist mit Seiner Kraft und Fülle und in Seiner ganzen Herrlichkeit auf euch herabkommen wird. Wenn ihr Mich liebt, werdet ihr auch weiterhin um die Bekehrung aller Meiner Kinder beten, die immer noch nicht begriffen haben, daß sie unter der Herrschaft Satans stehen. Wer Mich liebt, so wie Ich euch alle liebe, wird auf Mich hören und bis zuletzt treu in seinem Amt bleiben. Ihr kleinen Kinder, wenn ihr Mich liebtet, würdet ihr sogar noch größere Werke tun als jene, die Ich wirkte, als Ich auf Erden weilte. Keiner aber hat je etwas Größeres vollbracht, weil ihr kleingläubig seid und so wenig Vertrauen zu Mir habt und so sehr wenig Liebe füreinander. Noch keiner hat Mich jemals so geliebt, wie Ich euch liebe. Doch am Tag der Reinigung werdet ihr verstehen, wie wenig ihr getan habt, denn Ich werde Mein heiligstes Antlitz in euch zeigen. – Hört ihr die Schritte? Es sind Meine. Hört ihr bereits den Hauch Meines Atems? Es ist der süße Laut Meines Heiligen Geistes, der durch eure Wildnis und Dürre weht. Ihr fühltet einen Atemhauch über euer Gesicht streichen? Fürchtet euch nicht! Wie von den Schwingen der Taube gestreift, so berührte Mein Heiliger Geist euch sachte, während Er über euch schwebte.

O kommt! Kommt zu Mir, und wie Moses in der Wüste die Schlange erhöhte, so will auch Ich eure Seele zu Mir emporheben und euch wiederbeleben. So wie Ich in den Himmel emporgehoben wurde, so werdet auch ihr zu Mir emporgehoben, um an Meiner Brust genährt zu werden. O kommt zu Mir! Werdet wiederum durstig, dürstet nach Meinen immerwährenden Brunnen, dürstet danach, bei Mir zu sein, eurem Gott! Ich will euch ohne Zögern zu trinken anbieten, und Mein Wasser soll wiederum zu einer Quelle in euch werden, welche ins ewige Leben quillt. Denn aus Meiner Brust fließen die Ströme des lebendigen Wassers; sie ist eine unerschöpfliche Quelle. O kommt zu Mir! Hungert wieder nach Meinem

Brot, und ihr werdet nicht sterben! Heute wie gestern stelle Ich Mich hin und rufe laut: „Wenn einer durstig ist, der komme zu Mir. Es komme und trinke, wer an Mich glaubt!" (Joh 7, 37). ***Meine Langmut ist groß, und das, obgleich Ich weiß, daß ihr Sünder seid und die Erde mit unschuldigem Blut befleckt habt*** (besonders die Abtreibungen sind gemeint, wie Jesus mir in den Sinn gab). ***Wenn ihr reumütig zu Mir kommt, will Ich eure Schuld und eure Verbrechen vergeben.***

Ich bin ein Abgrund an Erbarmen, so fürchtet euch nicht ... Habt keine Angst vor Mir, fürchtet euch vielmehr davor, daß die Stunde unversehens hereinbrechen und euch schlafend vorfinden könnte! – Dies ist die Stimme eures Vaters, dies ist die Stimme der erhabensten Quelle der Liebe, die Stimme dessen, der einst sprach: „Es werde Licht!" – und es ward Licht. Kommt zu Mir, und Ich will euch vorbehaltlos Meinen Geist geben! Seid nicht wie die Soldaten, die unter Meinem Kreuz Meine Kleider aufteilten, indem sie darüber das Los warfen, sondern kommt zu Mir im Geist des Johannes, kommt zu Mir aus Liebe! Kommt zu Mir, um Mich zu trösten und um bei Mir zu sein!

Es kommt die Stunde, wo sich die Welt nur in Unglück und Dunkelheit findet, im Dunkel der seelischen Qual, und nur noch Nacht sieht. In ihrer großen Bestürzung werden sie nach Mir schreien, doch Ich werde nicht antworten, Ich werde nicht auf ihr Schreien hören. Sie werden wahnsinnig werden und in ihrem Wahnsinn über Meine Offenbarung lästern, die Weisheit und die Wahrheit. Die ganze Welt wird von Not und Elend überschwemmt werden beim Anblick der Bundeslade, Meines Gesetzes. Viele werden niederfallen und zerbrochen sein, erschüttert und aufgeschreckt aufgrund ihrer Gesetzesuntreue.

Wenn die Himmel wie ein zweigeteilter Vorhang aufreißen werden, wird ihnen aufgehen, daß sie Meine Herrlichkeit für eine wertlose Fälschung verschleudert haben (Anspielung auf Dan 8, 11-12: gemeint ist die heilige Kommunion). ***Wie Sterne vom Himmel fallen, so werden sie stürzen und dann erkennen, welch große Torheit sie irreführte – heraufsteigen zu***

wollen zum Gipfel, um Mir Konkurrenz zu machen, das wäre bloße Narretei! Wenn jener Tag kommt, will Ich der Welt zeigen, wie verrucht es war, mit dem Rebellen gemeinsame Sache zu machen und sich lieber mit ihm als mit dem Heiligen auszutauschen. Die Stunde ist gekommen, wo Standhaftigkeit und Glaube, Gebet und Opfer lebenswichtig, ja äußerste Dringlichkeit geworden sind! Ihr, Meine lieben Kinder, die ihr jetzt traurig seid, ihr werdet euch später freuen. Kommt, laßt uns beten:

„Barmherzigster Vater, ziehe mich fest an Deine Brust; lasse mich von den flutenden Strömen des ewigen Lebens trinken, und ich werde daran erkennen, daß ich mich Deines Wohlwollens erfreue. O komm und errette mich, ehe die Stunde über mich kommt. Heile mich, denn ich habe gegen Dich gesündigt.

Vater, Deine Lippen sind voll von Gnade; Dein Herz ist ein lodernder Schmelzofen der Liebe; Deine Augen sind zwei Flammen verzehrenden Feuers. O Vater, Deine Schönheit ist die Vollkommenheit selbst; Deine Majestät und Herrlichkeit blenden noch den strahlendsten Deiner Engel. Der Du überaus reich an Tugend und Gnade bist, verbirg nicht Dein heiliges Antlitz vor mir, wenn die Stunde kommt.

Komm und salbe mich mit dem Öl der Liebe; Gott, erhöre mein Gebet, höre auf meine flehende Stimme! Ich muß die Gelübde erfüllen, die ich Dir gemacht habe. Ewiger Vater, auch wenn ich gegen den Strom schwimmen muß: Ich vertraue, ich weiß, ich glaube, daß Dein Arm da sein wird, um mich hochzuheben und aus dieser Strömung zu ziehen.

O, wie es mich danach verlangt, Dein Heiligtum zu bestaunen und Deine Glorie zu schauen in der Bundeslade! O, wie meine Seele sich sehnt, einen Blick auf den himmlischen Reiter zu werfen, der den Namen ‚Der Treue und Wahrhaftige' trägt; den, der die Bosheit von der Welt hinwegfegen wird und der gerecht ist. O komm

und bedecke mich mit Deinem Mantel – ist doch Deine Liebe für ihre Großmütigkeit bekannt.

O Vater! Wende Dich nicht ab von mir, wie ich es aufgrund meiner Sünden verdiene, sondern hilf mir. Versorge mich mit dem täglichen Brot, und halte mich in sicherem Abstand von den Giftzähnen der Schlange! Mache mich zur Erbin Deines Hauses; mache aus mir ein Kind des Lichtes; mache aus mir ein vollkommenes Abbild der höchsten Märtyrer, um Dich für immer und ewig zu verherrlichen. Amen.“

Nach dem Lesen des Gebetes, das Gott mir für sich diktiert hatte, war Er sehr gerührt und sprach zu mir mit bewegter Stimme:

Der Himmel gehört dir, Mein Kind. Lebe für Mich, atme für Mich und habe Mich an erster Stelle. Liebe Mich, Mein Kind, und alles, was Ich habe, **gehört** ***dir. Durch deine Liebe und deine Treue wird Mein Haus auch zu dem deinen. Verlasse dich auf Mich, deinen Abba. Komm ganz nah zu Mir und nimm deinen Platz in Meinem heiligsten Herzen ein.***

107. Verteidige stets die Wahrheit bis in den Tod! Die Schlüssel zur Einheit sind Liebe und Demut

23. September 1991

Den ganzen Tag seufze ich nach Dir, mein Jahwe, der Du mein bist. Deine Liebe, die Du mir erwiesen hast, kann ich nicht vergessen – niemals! Deiner Güte, mein Jahwe, der Du mein bist, werde ich mich erinnern solange ich lebe! Ich vergehe vor Liebe zu Dir, mein Jahwe, Tag für Tag, und ich habe kein Verlangen mehr, mit dieser Welt verbunden zu sein, die Dich so verletzt. Wenn ich daran denke, daß ich unter den Ersten bin, die dich verletzen … Meine Seele möchte alle Deine Wunder der Welt kundtun, und meine Füße möchten auf die Gipfel der Hügel laufen, um in die Welt zu rufen:

„Dein Schöpfer ist dein Gemahl! Sein Name ist Jahwe Sabaoth. Ja, wie eine im Stich gelassene Frau, betrübten Geistes, ruft Jahwe dich zurück. Wird denn ein Mann die Frau seiner Jugend verstoßen?, spricht dein Gott“ (vgl. Jes 54, 5-6).

Dennoch ängstige ich mich, o mein Jahwe, mein Abba und mein Einziger. Meine Seele sehnt und verzehrt sich nach Deinem Haus, und alles, wonach ich jetzt verlange, das ist, bei Dir zu sein. So frage mich nicht, warum mein Geist niedergeschlagen ist, denn meine Seufzer sind Dir kein Geheimnis, und alles, wonach ich seufze, ist Dir bekannt. Meine Seele erwartet Dich, mein Jahwe, so komm und nimm Besitz von mir, komm und verzehre mich!

Vassula ... verstecke dich nicht, Mein Kind ...

Ich hegte die Hoffnung, nicht länger hinaus zu den Nationen gehen und bei ihnen Zeugnis ablegen zu müssen. Ich hoffte, mein Vater würde meinen Wünschen entsprechen: zu Hause bleiben zu dürfen, zu meditieren, Ihn zu lieben, Ihm beim Schreiben zu begegnen, Jesus in der heiligen Eucharistie zu begegnen, und so die Menschenmengen meiden zu können.

Tochter Ägyptens, Ich habe dich zum Sprachrohr für viele Nationen berufen, und du bist Mir sehr kostbar. Du darfst Mich nicht mißverstehen. Es ist nicht so, daß Ich dich brauche, und du bist auch nicht unentbehrlich für diese Aufgabe. Doch daß Ich dich, ein Nichts, erwählte, verherrlicht Mich und läutert dich. Außerdem wünsche Ich, alles, was Ich habe, mit dir zu teilen. Fürchte dich nicht, Meine Botschaften hinauszurufen, denn Mein Heiliger Geist wird dich mit Meinen Worten erfüllen, und du wirst unerschrocken Mein Wort verkündigen.

Geh also jetzt zu den Menschen, zu denen Ich dich sende. Ich werde dich nicht im Stich lassen, dich nicht leer stehen lassen. Mein Heiliger Geist ist dein Führer und dein Ratgeber. Ich habe gerade erst begonnen, Meine Ernte einzubringen ... Hilf Mir bei der Ernte ... Nicht du hast für diese Ernte gesät, nein, Ich brachte die ganze Saat in dir aus. Ich tat es in dir und will es nun bei allen so tun. Nun, da die Ernte reif ist, ist alles, was Ich von dir erbitte, daß du Mir ernten hilfst, Meine

Tochter. Bringe Mir deine Hilfe als ein Opfer dar; Ich verlange nicht viel von dir ... – Was siehst du, Tochter?

Das heiligste Antlitz Deines Sohnes, von Schmerz gepeinigt! Es sieht aus wie auf dem heiligen Grabtuch.

Ist das nicht Grund genug, um weiterzumachen und ein wenig von deiner Zeit und Kraft zu opfern? Schau noch einmal hin, Tochter ... Was siehst du jetzt, Vassula?

Ich sehe etwas wie eine zarte <u>rote</u> Wolke, die sich am Himmel bildet. Über uns hängend, zieht sie doch wie Nebel umher und bedeckt mehr und mehr den Himmel. Sie breitet sich langsam, aber stetig aus.

Schreibe: „Wie das Morgenrot, das sich über die Berge hinbreitet, kommt ein Heer, groß und gewaltig, wie es vor ihm noch nie eines gab und nach ihm keines mehr geben wird bis zu den fernsten Geschlechtern" (vgl. Joël 2, 2). ***Ja, es ist nahe ... Und was siehst du jetzt, Vassula?***

Lebende menschliche Fackeln.

Schau dir gut jene Seelen an, die Ich erschuf ... Diese werden nie den Ort erreichen, den Ich für sie vorbereitet habe. Diese Seelen sind unter Satans Macht, und sie werden nicht an Meinem Königreich, nicht an Meiner Glorie teilhaben. Sie gehen ihrer Verdammnis entgegen ... Sage Mir, habe Ich irgendeine Seele von Meiner Liebe, Meiner Herrlichkeit und Meinem Königreich ausgeschlossen?

Nein, Herr.

Sie aber haben beschlossen, Mich nicht zu lieben, und sind Satan bereitwillig gefolgt. Sie haben aus freien Stücken die Bande unserer Eintracht durchtrennt. Und nun schau noch einmal hin, Vassula. Was siehst du?

O Herr, eine Frau, die auf einem weißen Felsen sitzt. Ich sehe sie von hinten. Sie trägt ein langes schwarzes Kleid, und auch ihr Haupt hält sie mit einem langen schwarzen Kopftuch bedeckt. Sie scheint in großer Trauer und Trübsal zu sein und gebeugt von ihrem Schmerz ... Ich sehe mich auf sie zugehen. Sie hebt ihr Gesicht, und nun fange auch ich zu weinen an. Es ist die Mutter Jesu, unsere Mutter. Ihr Gesicht ist sehr blaß und tränenüberströmt. Wie sie mich erblickt, streckt sie ihre linke Hand aus und drückt sie auf meinen Arm.

Maria: Ich bin die Frau der Leiden, vertraut mit Elend und Not. Ich bin diejenige, die für euch die Hoffnung wiederfinden wird. Ich bin diejenige, die mit ihrer Ferse der Schlange das Haupt zertreten und zermalmen wird. In diesen trostlosen Tagen weinen meine Augen ohne Unterlaß, meine Augen sind schon ganz wund geworden vom Weinen über alle meine Kinder. Vassula, meine Tochter, verschließe Gott nicht dein Ohr, verschließe nicht dein Ohr für meine Bitte. Du hast mein Weinen vernommen. Ich habe deine Sache vorgebracht und werde es auch immer tun. Wenn der Herr dich an sich bindet, geschieht es aus Liebe, will Er doch Sein Herz in dein Herz ergießen.

Heute (das heißt, in diesen bevorstehenden Tagen) *wird dir Sein Kelch gereicht werden. Weigere dich nicht, daraus zu trinken. Du sollst da nicht zögern. Eure Straßen sind mit unschuldigem Blut befleckt, und Unsere Herzen sind verwundet. Dies ist der Grund für meine Tränen, dies ist der Grund, weshalb der Herr Seinen Kelch mit dir teilen will. Verrat verhindert die Einheit unter Brüdern, Falschheit und Unaufrichtigkeit des Herzens läßt Gottes Kelch noch voller werden. Sie haben den Leib meines Sohnes auseinandergerissen, haben ihn zerteilt, verstümmelt und gelähmt. Ich erinnere euch alle daran, daß euer aller Weg zum Vater nur über Ihn führt, in dem einen Geist. Dennoch bleibt ihr geteilt unter dem Namen meines Sohnes. Ihr sprecht zwar von Einheit und Frieden, spannt aber zugleich für jene ein Netz aus, die diese verwirklichen wollen. Gott läßt sich nicht täuschen und auch nicht von euren Argumenten überzeugen. Das Reich Gottes besteht nicht nur aus Worten und Lippenbekenntnissen; das Reich Gottes ist Liebe, Friede, Einheit und Glaube im Herzen: Es ist die Kirche des Herrn, einsgeworden in euren Herzen. Die Schlüssel zur Einheit sind Liebe und Demut. Jesus hat euch nie aufgefordert, daß ihr euch trennen sollt. Diese Spaltung innerhalb Seiner Kirche entsprach nie Seinem Wunsch.*

Ich flehe meine Kinder an, sich mit Herz und Stimme zu vereinigen und die ursprüngliche Kirche meines Sohnes wiederherzustellen in ihren Herzen. Ich spreche von der ursprünglichen Kirche meines Sohnes, da jene Kirche auf Liebe erbaut war, auf Einfachheit, Demut und Glaube. Ich meine damit nicht, daß ihr ein neues Gebäude errichten sollt. Was ich meine, ist die Wiedererrichtung eines Gebäudes zuinnerst in euren Herzen. Ich meine, daß ihr die alten Backsteine in euren Herzen niederreißen sollt, nämlich die Backsteine der Zwietracht und Intoleranz, der Untreue, Unversöhnlichkeit und Lieblosigkeit, und daß ihr die Kirche meines Sohnes neu erbauen sollt durch Versöhnung. Ihr braucht dazu eine tiefe Armut im Geiste und überfließenden Reichtum an Großherzigkeit, und nicht eher, als bis ihr begreift, daß ihr euch beugen müßt, werdet ihr euch vereinigen können.

So, meine Vassula, schließe dich mir an im Gebet, wie du mich vorhin beten sahst. Ich bin sehr oft bei dir, mein Kind. Erfülle die Wünsche der Liebe, und Jesus wird dich niemals verlassen. Sei in deiner Liebe mit Ihm vereint, vereint zu dem einen Zweck: Ihn zu verherrlichen.

Die Stimme des Vaters war wieder zu hören:

Nun, Tochter, verstehst du nun, warum du nicht aufhören sollst, mit Mir zu ernten? Sei beharrlich im Beten und segne jene, die dich verfolgen. Deine Stunde ist noch nicht gekommen, Meine Taube. Ich will sanft mit dir umgehen, und du wirst um so mehr von Mir geliebt werden. Versuche nicht zu verstehen, was über deine Kraft geht. Führe die Sichel, wenn du Mich die Sichel führen siehst. Verzögere nicht deinen Schritt, halte Schritt mit Mir! Wenn Ich einhalte, dann halte auch du ein. Tritt auf und sprich, wenn Ich dir das Zeichen gebe, und schweige, wenn Ich dich anschaue. Verteidige stets die Wahrheit, bis in den Tod. Du wirst von Zeit zu Zeit zu Boden geworfen werden, aber Ich werde es gerade soweit zulassen, daß deine Seele dabei rein und gelehrig bleibt. Wisse, daß Ich dir stets zur Seite bin. Ernte, wenn Ich ernte; lerne geduldig zu sein, wie Ich geduldig bin; sei sehr demütig und wie nicht vorhanden! Ich habe dir Meine Interessen anvertraut (ich hörte auch: „Amt“), ***um mit Mir an Meiner Seite zu wirken, und Ich habe auch andere berufen, ebenfalls ihre Dienste in dieses Werk einzubringen.***

Vassula, Mein Kind, ein klein bißchen länger noch, ein kleines Weilchen noch, und deine Seele wird zu Mir fliegen. Es gibt also keinen Grund zur Niedergeschlagenheit, von der

du Mir berichtet hast. Du brauchst nur dein Haupt zu erheben und zu schauen, wer es ist, der da den weiten Weg bis zu deinem Zimmer kommt, wer es ist, der mit dir speist, wer sich wie ein Hirte um dich sorgt. Bitte Mich, dir deine Sünden zu vergeben, damit du Meinen Frieden empfangen mögest und wieder froh sein kannst. Sage Meinen Kindern, daß Ich bald schon Meinen Heiligen Geist in all Seiner Kraft und Fülle senden werde, um euch zu geleiten, euch alle in die wahre Hürde zurückzuführen, auf daß ihr das wahre Leben in Mir, eurem Gott, führt.

108. Ich sende euch wie Schafe mitten unter die Wölfe, doch fürchtet euch nicht

5. Oktober 1991

An die kanadischen Pilger:

Friede sei mit euch! Stellt Mein Haus wieder her! – Ich sende euch wie Schafe mitten unter die Wölfe, doch fürchtet euch nicht, der Ich-bin-es ist bei euch. Verschönert Mein Haus durch eure Hingabe an Mein heiligstes Herz und das unbefleckte Herz eurer Mutter. Ich segne euch alle und lasse das Siegel Meiner Liebe auf eurer Stirn zurück!

109. Botschaft für die Gefangenen

13. Oktober 1991

Vassula, Ich betete für dich zum Vater. Ich bin es, Jesus. Konzentriere dich auf das, was dir aufgetragen ist. Nun schreibe (eine Botschaft für die Gefangenen)***: Friede sei mit euch! Ich hörte euch zu Mir rufen: „Vater!“ – Hier bin Ich! Wollt ihr zurückkommen? Ich werde euch nicht länger mißbilligend begegnen, denn Ich bin die allumfassende Barmherzigkeit. Ich werde auch keinerlei Urteil über euch aussprechen. Ich***

suche einzig euer Herz.** Ich bedarf der Liebe; Mich dürstet nach Liebe. Meine Lippen sind ausgedörrt aus Mangel an Liebe. Ich habe Mich entschlossen, nicht auf eure Vergangenheit zu schauen, sondern nur auf die Gegenwart. Die Königin des Himmels* (Unsere Liebe Frau) ***ist an Meiner Seite, und von allen Frauen war sie es, die beständig für euch gebetet hat, mehr als alle Herrschaften und Gewalten, Throne, Mächte und Engel; mehr als irgend etwas Erschaffenes. So heißt sie willkommen in euren Gebeten! Ehrt sie so, wie Ich sie ehre! Ihr alle seid auf Mich getauft, und es sollten keine Unterschiede zwischen Brüdern sein.

Wenn ihr nur begreifen würdet, was Ich euch heute anbiete, ihr würdet nicht zögern, Mir euer Herz zu schenken und euch Mir zu übergeben. Kommt zurück zu Mir und fürchtet euch nicht, denn der, der jetzt zu euch spricht, ist euer heiliger Gefährte – der, der euch am meisten liebt. Glaubt an Meine Liebe, betrachtet Meine Passion und sinnt über sie nach. Schenkt Mir euer Herz, und Ich will es in einen Garten voll berauschender Düfte verwandeln, wo Ich, euer König, Meine Erholung finde. Erlaubt Mir, daß Ich es zu Meinem Eigentum mache, und ihr werdet leben. Wendet euer Herz nicht von Mir ab, haltet Mich nicht auf Abstand, sprecht ganz offen zu Mir! Ich höre wirklich ... Ich lade euch alle ein, über die folgenden Worte nachzudenken: Vergeltet Böses mit Liebe! Ahmt Mich nach und denkt daran: Ich bin allezeit bei euch. Vergeßt das nie! Ich segne jeden von euch und lasse den Hauch Meiner Liebe auf eurer Stirn zurück – Jesus Christus, geliebter Sohn Gottes und Heiland.

110. In einer Zeit der Hungersnot kam Ich

17. Oktober 1991

Botschaft an die „Schnitter", die Gott in den Vereinigten Staaten erwählt hat, dieses Buch zu drucken.

Ich gebe euch allen Meinen Frieden und segne euch. Ich bin bei euch und unterstütze euch in eurer Aufgabe, die ihr in

Meinem Namen tut und die Ich gesegnet habe. Es ist dies das Werk, das Ich euch allen zu Meiner Verherrlichung übertragen habe. In einer Zeit der Hungersnot kam Ich, um euch mit Meinem himmlischen Manna satt zu machen, damit ihr nicht zugrunde geht. Ich werde euch nie im Stich lassen. Die Liebe wird als Liebe zurückkommen.

Auch unsere heilige Mutter gibt ihnen eine Botschaft:

Maria: Die Kirche wird wieder aufleben. Ehre sei Gott! Ich bin die Königin des Himmels, eure Mutter, und ich segne euch. Betet um Frieden; betet um Glauben, Liebe und Einheit! Betet für die Bekehrung aller meiner Kinder. Ich möchte, daß jeder gerettet wird. Gottes Werke, die Werke des Lichtes, können nicht für immer verborgen gehalten werden (dies wird gesagt mit Blick auf die zahlreichen Hindernisse, die Satan in den Weg gelegt hatte, um die Botschaften des heiligsten Herzens an ihrer Verbreitung zu hindern), *darum habe ich euch als Gottes Erntearbeiter ausgewählt. Ich liebe euch alle so sehr, und ich danke euch, daß ihr die Bücher des Herrn mir gewidmet habt* (von den englischsprachigen Büchern wurde eines unserer gesegneten Mutter gewidmet). *Habt Glauben, ihr Kleinen! Der Herr ist mit euch. Folgt Ihm nach! Seid voll Vertrauen, denn ich bin mit euch. Kommt!*

111. Die beiden Leuchter

24. Oktober 1991

Herr, gestatte mir, Dir zu dienen. Das gehört sich jetzt für mich. Du bist bekannt für Deine Barmherzigkeit, und ich weiß, wenn ich mich an Dich klammere, wirst Du mich nicht abschütteln. Ich weiß, Du wirst mich retten. – Ich brauche bloß den Mund aufzutun, denn Du wirst ihn füllen (vgl. Ps 81, 11). *Bitte nähre mich mit Deinem Manna* (dem Heiligen Geist).

Bleibe in Meiner Gnade. Ich bin kein Gott, der sich nicht bewegen läßt. Mein Herz ist voller Erbarmen, und Ich lasse es zu, daß man Mich berührt. Komm, Ich bin dein Schild in diesen Tagen des Kampfes.

Herr, ich zähle zu jenen, die von Satan heftig angegriffen werden. Wie können die Menschen im Dunkeln von Deinen Wundertaten hören? Der Teufel möchte Deinen ganzen Plan lahmlegen! Wie lange noch wird Deine Gerechtigkeit im Lande der Vergessenheit ruhen? Zeige jetzt, Du Herr des Erbarmens und der Gerechtigkeit, daß Du uns Hilfe und Trost bist.

Du hast nichts zu befürchten. Am Ende werden Unsere Herzen siegen. Ich werde jedermann zeigen, wie Ich retten kann. Die Schriften müssen in Erfüllung gehen. Wie du weißt, steht geschrieben (vgl. Offb 11, 7), ***daß das Tier aus dem Abgrund Krieg führen wird gegen die beiden Leuchter, die vor dem Herrn der Welt stehen, jene beiden Zeugen, die Meinen Leib repräsentieren, die Mein Leib sind; jene, die sich als Meine Diener erwiesen haben durch ihre große Standhaftigkeit und Tapferkeit in den Zeiten der Leiden, der Prüfungen und der Verfolgung; jene, die Mein Wort tragen und Meine Lautsprecher sind; und jene, denen die Wahrheit zuteil wurde, um wie Engel zu sein und ein Echo des Wortes, da sie Meinem Geist erlaubten, ihr Führer zu sein, so daß jedem von ihnen ein Elias-Dienst übertragen wurde. Der Aufruf, der von ihnen in Meinem Namen ergeht, ist tatsächlich Mein Aufruf durch sie. Sie erheben ihre Stimmen, um euch an Mein Gesetz zu erinnern, wie Moses auf dem Berge Horeb, nur daß Ich es bin, der durch sie spricht. Und wenn es für die Menschen dieser Welt auch so aussieht, als seien diese beiden Propheten*** (der Geist von Elias und Moses: der Geist der Prophezeiungen) ***vom Feind besiegt worden, so werde Ich ihnen doch das Leben neu einhauchen, und sie werden aufstehen; „denn wie die Erde die Saat wachsen läßt und der Garten die Pflanzen hervorbringt, so bringt Gott, der Herr, Rechtschaffenheit hervor und Ruhm vor allen Völkern“*** (Jes 61, 11).

Ich werde eure armseligen Leiber in Abbilder Meines glorreichen Leibes umwandeln. Dann werdet ihr einen neuen Himmel und eine neue Erde erstehen sehen. Die erste Erde und der erste Himmel werden verschwinden, das heißt: die alte Stadt, unter den symbolischen Namen Sodom und

Ägypten bekannt – denn Mein Wort wurde wiederum darin gekreuzigt (vgl. Offb 11, 8), ***weil die Völker der Welt Mich aufs neue nicht anerkannt haben. Obwohl Ich in Mein Eigentum kam, haben die Meinen Mich wiederum nicht angenommen, sondern Meinen Heiligen Geist behandelt, wie es ihnen paßte, und überdies dem Tier erlaubt, gegen jene, die Ich gesandt habe, Krieg zu führen. Diese beiden Städte zusammen stellen Sodoms und Ägyptens Ablehnung Meiner Boten dar und die totale Taubheit, vergleichbar der Verstocktheit des Pharao. Diese Städte werden nun durch das neue Jerusalem ersetzt. Nicht mehr Sodom und Ägypten, sondern das neue Jerusalem werdet ihr genannt werden – Stadt der Rechtschaffenheit, Stadt der Heiligkeit. Und wenn dies geschehen wird, werden die Überlebenden, von Entsetzen gepackt, nur noch Mir die Ehre geben*** (vgl. Offb 11, 13).

Die Erde ist jetzt schwanger und liegt in den Wehen, Mein Kind. Sie schreit laut auf in ihren Geburtswehen, doch die Zeit des Wartens wird bald vorüber sein. Ich hauche schon Meinen Odem auf die Schöpfung, belebe und läutere euch alle, einen nach dem anderen. Wenn also jemand Einwände hat, dann nicht gegen euch, sondern gegen Mich, der Ich euch Meinen Heiligen Geist der Wahrheit gab, und wenn sie zwischen den beiden Städten mit den symbolischen Namen Sodom und Ägypten von neuem jemanden gekreuzigt haben, dann haben sie Mein Wort gekreuzigt. Jedoch nach dreieinhalb Tagen (Symbolzahl, vgl. Offb 11, 11) ***werden Meine zwei Leuchter ein noch helleres Licht geben, welches vom Glanze herrühren wird, der den Geist umgibt. – Hab also Hoffnung, Mein Kind. Das Unterpfand Meines Geistes ist für eure Zeit bestimmt. Du gehörst zu Meinem Hofe ... Ekklesia wird erneuert werden.***

5. November 1991

Manchester, England. – Gerade als ich in die Augustinerkirche zum Gebetstreffen gehen wollte, griff mich der Teufel an, um das

Treffen zu vereiteln. Ich betete zweimal zu St. Michael und zwei Gesätzlein vom Rosenkranz zur Rosa Mystica. Der Angriff des Teufels hörte auf. Unsere heilige Mutter gab mir sodann die folgende Botschaft:

Maria: Ich bin bei dir, mein Kind. Fürchte dich nicht, ich will dich auch nicht einen Zollbreit aus den Augen verlieren. Erfülle deine Aufgabe in Frieden, Vassula. Ich liebe dich. Bete jetzt und gehe in Frieden – und vergiß nicht, daß ich bei dir bin.

112. Seit den Tagen von Fatima bis zu der jetzigen Zeit ist keiner Meiner Warnrufe respektiert worden

13. November 1991

Vassula, Friede sei mit dir! Wenn die Erde beben wird und direkt vor ihren Augen dahinschwinden, dann wird das deshalb geschehen, weil sie gegen Mein Gesetz verstoßen haben, das auf Liebe gegründet ist; weil sie alle Meine Gebote gebrochen haben. Trotz der vielfachen Fürsprache eurer heiligen Mutter und trotz Meiner Warnungen, die seit den Tagen von Fatima bis zu der jetzigen Zeit erfolgten, ist keiner Meiner Mahnrufe respektiert worden. Die Stunden fliehen dahin, und ein gewaltiges Heer, wie es die Welt noch nie gesehen hat und auch nie wieder sehen wird, ist im Anmarsch! Wenige nur werden übrigbleiben. Wie schreie Ich, um eure Taubheit zu durchbrechen! Eine Nation wird mit Getöse, wie das Tosen vieler Wasser, die Welt wiederum mit Feuer und Schwefel überfluten. Ich bin reich an Vergebung, doch höre Ich kaum einen Ruf der Reue. O ihr Kleingläubigen! Menschen, die immer nur reden!

Schreibe nieder: Alles, was Ich höre – von einem kleinen Häuflein abgesehen –, ist eine Einstellung wie die: „Ja, warum sollten wir auch an die Botschaften glauben? Warum sollten wir fasten, da diese Botschaften doch wohl nicht von Ihm stammen? Warum sollten wir Buße tun, da wir doch rechtschaffen sind? Warum auch sollten wir dieser Sorte von Spinnern glau-

ben? Schenkt ihnen kein Gehör, denn sie betreiben einen Handel mit ihren Visionen und Prophezeiungen!“

Ich sage euch wahrhaftig, wenn jener Tag hereinbricht – es wäre besser für euch, ihr wäret nie geboren worden! Ein einziger allein kann ein Feuer entfachen, das jede gewünschte Hitze erzeugt. Heute lebt wieder so ein Mensch unter euch, ja, unter demselben Himmelszelt, der bereit ist, ein Feuer zu entfachen, das alle Elemente in Sekundenschnelle verbrennen und schmelzen kann. Die Erde wird wie ein abgetragenes Gewand sein. Ich hatte euch gewarnt, doch ihr habt euch nichts daraus gemacht. Mein Leiden ist groß, doch wie anders soll Ich die Händler aus dem Inneren Meiner Kirche vertreiben? Wie werfe Ich die Schlangen aus ihren Nestern innerhalb Meines Heiligtums hinaus, wenn nicht mit Flammen und loderndem Feuer? Händler und Kaufleute – diese Sorte wird entfernt werden, und das läßt sich nur durch Feuer machen! Die Weisen werden sich nicht länger mehr ihrer Weisheit rühmen und nicht auf ihre Autorität pochen können. Die Reichen im Geiste werden – weil unfruchtbar und nackt dastehend – trauern und jammern. Sie werden nach Mir Ausschau halten, doch wo immer sie Mich suchen werden, da werden sie Mich nicht finden. Sie werden Meinen Namen immer wieder anrufen, doch Ich werde sie nicht hören. Ich werde diese Sorte Menschen hinwegraffen ... Sei eins mit Mir, Mein Kind, und habe Meinen Frieden. Ich liebe dich sehr. Die Gerechtigkeit naht!

Später:

Stütze dich auf Mich. Ich bin bei dir, Mein Kind. Ach Mein Kleines, trage um Meinetwillen deine Bürde auf deinen Schultern. Liebe Mich, Mein Kind, und du wirst leben. Verkünde die Botschaft voll Liebe für die Liebe. Nimm alles an, was von Mir kommt. Komm, Ich und du, du und Ich, vereint in Liebe. Ich liebe dich so sehr, Meine Vassula, so sehr, Kleine ... Ekklesia wird erneuert werden.

113. Botschaft für Irland

14. November 1991

Botschaft für Irland:

Höre, Irland, zerstreue nicht länger, sondern versammle, versammelt euch alle in einem! Kommt zu Mir in Frieden, und betet zusammen um Frieden! Beseitigt aus euren Herzen all eure üblen Neigungen, und lernt erkennen, wo Friede ist, wo Liebe ist, wo Heiligkeit ist. Betet für jene, deren Hände von Blut triefen; sie wissen ja nicht, was sie tun. Ich bin gekommen, die Besten der Herde beiseite zu nehmen und sie zu fragen, ob sie bereit sind, einen umfassenden Verzicht von neun Tagen zu machen. Die Dämonen in diesem Land werden in Panik geraten. Ich weiß, daß eure Verbrechen zahlreich sind und nur ein kleiner Rest Mein Siegel auf seiner Stirn trägt. Ich bin durch dich hindurchgegangen, Irland, und bin dabei getaumelt ob deiner Gesetzlosigkeit. Doch sieh! Die Stunde ist nahe. Dein Land ist geteilt durch eine Grenzscheide, doch ebenso ist auch dein Herz gespalten. Irland, Meine Tochter, diese Spaltung reicht regelrecht bis in dein Innerstes hinein (Gott spricht hier von den verschiedenen Konfessionen und Sekten in Seiner Kirche).

Errichtet Mein Haus neu, das zusammenzustürzen droht, indem ihr euch in Frieden und ohne Unterscheidungen in Meinem Namen versammelt. Auch wenn ihr nur ein kleiner, Mir treu gebliebener Rest seid, ist das kein Grund zur Entmutigung. Ich werde euch neuen Wein bringen, einen gesegneten, um eure Lippen damit zu benetzen. Seid nicht entmutigt! Euer Heiland ist auf dem Weg Seiner Rückkehr. Ihr seid die Bausteine Meines Heiligtums und zugleich die Erbauer Meines Hauses. Indem ihr euch vereint, euch wieder zusammenfindet, wird ein Bauwerk entstehen können; wenn ihr aber gespalten und verstreut bleibt, wie soll Ich da wiederaufbauen, was jetzt in Trümmern liegt? Ich brauche euch <u>alle</u> zusammen, um eine Einheit herzustellen und Mein Haus neu aufzubauen.

Ich brauche alle Bausteine. Mein Reich auf Erden ist Meine Kirche, und die Eucharistie ist das Leben Meiner Kirche – dieser Kirche, die Ich selbst euch gegeben habe. Ich hatte euch mit einer einzigen Kirche zurückgelassen, doch kaum war Ich gegangen, kaum hatte Ich Mich umgedreht, um zum Vater zu gehen, da habt ihr Mein Haus schon in eine Verödung hinabgedrängt! Ihr machtet es dem Erdboden gleich! Und Meine Herde, sie zerstreut sich nach links und nach rechts ... Wie lange noch soll Ich den Kelch eurer Spaltung trinken, den Kelch der Betrübnis und des Schmerzes? Ihr habt dem Heiligen der Heiligen, von dem ihr sagt, ihr liebtet ihn, einen Kelch dargebracht, der so groß und so tief ist und gefüllt mit Bitternis und Kummer, daß Mein Gaumen davon trockener ist als Pergament, Meine Lippen mit Blasen übersät sind. Der Geschmack dieses Kelchs, den diese Generation Mir anbietet, ist so bitter wie Schlangengift. Doch nicht Ich alleine schlucke Meine Tränen hinunter, eure heiligste Mutter teilt Meinen Schmerz – ist doch ihr unbeflecktes Herz in Liebe mit Meinem heiligsten Herzen vereint. Jedoch schon bald werde Ich euch alle mit Meinem Feuer erneuern. Betet ohne Unterlaß, denn die Stunde ist nahe. Ich segne euch alle und besiegele eure Stirnen mit dem Zeichen Meiner Liebe.

114. Gott wird zu euch kommen, aber ihr wißt nicht, auf welche Art und Weise

24. November 1991

Maria: Mein Kind, Ich bin die einzige Mutter, Mutter der ganzen Menschheit. Jeder einzelne von euch ist Mein Kind.

Heilige Mutter, wird eines Tages jedermann diese Wahrheit akzeptieren?

Maria: Schließlich wird jeder diese Wahrheit annehmen. Für den, der Gott aufrichtig liebt, ist dies kein Problem. Mein Kind, höre nie auf, für die Bekehrung der Welt zu beten. Begreife: Je mehr Gebete mich erreichen, um so weniger Böses wird sich verbreiten. Gebete sind nie umsonst. Ich bringe sie dem Vater dar, dessen Gerechtigkeit nahe ist. Bete, um Gottes Barmherzigkeit zu erlangen. Du weißt nicht, was Gott für dieses böse Geschlecht bereithält, doch habe vor Augen, wie in Zeiten der Auflehnung Seine Hand auf die sündigen Menschen fiel, und daß das, was damals geschah, nur ein Bruchteil dessen war, was Er für euch jetzt bereithält.

Seine Gerechtigkeit wird von Seiner heiligen Wohnstatt aus entsprechend den Sünden dieses Geschlechts antworten. Er wird kommen mit Feuer, Donner und Wirbelsturm, mit Flammen verzehrenden Feuers, um die Verbrechen der Welt zu verbrennen. Nein, ihr wißt nicht, was der Allmächtige euch aufgespart hat, um die Menschheit zu läutern. Schon verdichten sich die Anzeichen rings um euch, doch wenige nur sehen oder beachten sie. Unschuldiges Blut Meiner Söhne und Töchter wird Satan wegen vergossen. Dieses unschuldige Blut wird wie ein Ganz-Opfer, wie ein Holocaust dem Bösen dargebracht. Satans Plan ist es, diese Welt aller Schöpfung zu entledigen, euch allesamt zu vernichten und im Flammenmeer zu ertränken. Was er haben will, ist ein einziger großer Holocaust aus euch allen. Ich erhebe meine Stimme, schreie laut auf, ich vergieße blutige Tränen, aber wenige nur schenken dem Beachtung. Gott wird zu euch kommen, doch ihr wißt nicht auf welche Art und Weise.

Heilige Mutter, wir beten wohl, aber wie Du auch sagst, wir sind sehr wenige. Was ist da zu tun?

Maria: Eure Gebete können die Welt verändern. Eure Gebete können Gottes Gnade herabrufen für die Bekehrung der Sünder. Ja, und je mehr sich bekehren, desto mehr Gebete steigen empor und werden erhört für weitere Bekehrungen. Verstehst du das? Gebete haben Macht. Und deshalb dringe ich beharrlich darauf, daß ihr ja nicht nachlasset im Beten und Opfern. Die Getreuen sind jetzt mehr gefordert denn je. Gott wird sich all eurer Opfer erinnern. Meine liebsten Kinder, liebt Ihn und verherrlicht Ihn. Ekklesia wird in ihrer ganzen Herrlichkeit neu aufleben.

Später:

Herr?

Ich bin es. Erfreue Mich und laß dich nicht zum Schweigen bringen beim Verkündigen der Wahrheit. Ich habe deine Mission gesegnet. Ich bin dein Fels und deine Zuflucht. Wenn du daniederliegst, kommt Meine Gegenwart in ihrer

ganzen Herrlichkeit zum Tragen – Du willst beten, Ich höre …

„Herr, vergib uns unsere Schuld, unsere Bosheit, unser Versagen, unsere Intoleranz, unseren Mangel an Liebe. Vergib uns diesen Mangel an Liebe und Feingefühl. Bekehre die Gottlosen, die Verstockten, die Gleichgültigen, die Gottesleugner und wandle sie um in Gefäße des Lichtes, damit sie Dich verherrlichen. Demütige die Stolzen, erniedrige die Hochmütigen, beuge die Starrsinnigen! Wandle uns allesamt um, so wie in Deiner Verklärung. Amen."

Wenn Mein Heiliger Geist euch erst einmal im Sturm erobert, dann werdet ihr alle umgestaltet werden. Ich bin immer bereit, euch zu vergeben. Ich liebe dich, Kleine. Wir, uns?

Ja, Herr.

115. Die Verehrung der beiden Herzen

8. Dezember 1991

Herr?

Ich bin es. Bete, bevor du in Mir ruhst, sprich mit Mir:

„Jesus, ruhe in mir und laß mich ruhen in Dir – vereint, miteinander verbunden. Amen."

Ich wiederholte es.

Sei fest und bestimmt, wenn es um die beiden Herzen geht, die in Liebe vereint sind. Ich habe schon in vielen Herzen von dieser Wahrheit gesprochen, einer Wahrheit, die viele ablehnen, die aber am Ende doch siegen wird. Unsere beiden Herzen werden siegen. So ist die Welt: Heute wehrt sie sich dagegen, doch morgen anerkennt und ehrt sie diese Wahrheit. Ich, Jesus, liebe euch alle. Habt niemand sonst als Mich in euren Herzen. Räumt Mir die erste Stelle ein! Empfangt Meinen Frieden!

116. Unsere Herzen sind wie zwei Leuchter, die beieinander stehen

24. Dezember 1991 (Heiligabend)

Mein Herr?

Ich bin es, stütze dich auf Mich, Kind.

Ich schaute mit den Augen meiner Seele Jesu heiligstes Antlitz. Sein Blick glich dem eines Kindes, das einen mit großen, unschuldigen Augen ansieht.

Gewaltig viel gilt es wiedergutzumachen, um die Wunden dieser Erde vernarben zu lassen – Wunden und Verletzungen, welche Bosheit und Sünde verursacht haben. – Erfreue die Augen deines Heilands und entfalte dich. Laß Meine Botschaft so gewinnend reich werden, so ungeheuer groß und für sich selbst sprechend, daß alle Bosheiten, Gleichgültigkeit und Gottesferne davon ergriffen werden und tiefe Reue zeigen.

Kind! Halte dich fest am Saum Meines Gewandes und dehne dich immer noch mehr aus (Jesus meint: die Ausbreitung seiner dringlichen Botschaft voranzutreiben, die Reichweite zu vergrößern)***, von einem Ende der Erde zum anderen. Tritt ein in Meine Heiligtümer, wenn sie dich darin willkommen heißen. Wenn man dir keinen Zutritt gewährt, dann laß dich dadurch nicht betrüben, laß dich nicht traurig stimmen, verzage nicht. Die dich zurückgewiesen haben, werden sich in den Tagen der Läuterung an die betreffende Begebenheit unter Tränen zurückerinnern und die Szene der Abweisung vor Augen haben. Sie werden erkennen, daß es Unsere göttlichen Herzen waren, die sie abwiesen, und nicht du. Unsere beiden Herzen nämlich waren es, die ihnen weissagten. Tochter, folge Meinen blutigen Fußstapfen, und sprich Meinen heiligen Namen in jeder Zusammenkunft aus. Die Zeit ist gekommen, wo du nicht mehr zögern sollst. Pflanze überall Weingärten, und wo du nur kannst, verwandle die Wüsten in Gärten; Ich habe Meine Botschaften gesegnet,***

damit sie keimen und Wurzel schlagen. Also fasse Mut, Tochter!

Plötzlich fühlte ich, wie mich ein „Schwert von Feuer" durchdrang, und ich schrie laut: Herr! Ich vermisse Dich!

Du vermißt Mich, weil du Meine Glorie schautest ... Schreibe: Zitadelle um Zitadelle wird vom Rebellen belagert. Ich komme heute und biete der ganzen Menschheit Meinen Frieden an, doch nur wenige hören her. Ich komme heute mit Friedensworten und einer Botschaft der Liebe, doch der Friede, den Ich anbiete, wird von der Erde geschmäht, und die Liebe, die Ich ihnen schenke, wird sogar an diesem Vorabend Meiner Geburt verspottet und verhöhnt. Die Menschheit feiert diese Tage ohne Meinen heiligen Namen. Mein heiliger Name ist abgeschafft worden, und sie betrachten den Tag Meiner Geburt als einen großen, müßigen Ferientag, an dem sie Götzen verehren. Satan ist in die Herzen Meiner Kinder eingedrungen, da er sie schwach und schlafend vorfand. Ich habe die Welt gewarnt. In der Fatima-Botschaft heißt es, daß Ich an Meinem Tag die Sonne schon am Mittag untergehen und die Erde am hellichten Tag verdunkeln lasse. Ich werde dem Drachen gestatten, dieses sündige Geschlecht zu schnappen und in ein Feuer zu werfen, wie es die Welt nie zuvor gesehen hat oder je wieder sehen wird, damit ihre unzähligen Verbrechen verbrannt werden.

Ihr werdet fragen: „Werden dann alle Bewohner zugrunde gehen, die Guten mit den Schlechten?" Ich sage euch: Die Lebenden werden die Toten beneiden. Von zweien wird einer hinweggenommen. Einige werden fragen: „Wo bleiben Elias und Moses, die kommen sollen?" Ich sage euch, euch übelgesinnten Menschen: Wir (Christus meint hier die beiden Herzen, welche die beiden Zeugen in der Offenbarung sind; vgl. Offb 11, 3-13 und Sach 4, 1-14) ***haben keineswegs die ganzen Jahre hindurch in Gleichnissen geredet. Elias und Moses sind schon gekommen, nur ihr habt sie nicht erkannt, sondern seid mit ihnen umgegangen, wie es euch paßte. Ihr habt nicht auf Unsere beiden Herzen gehört – das unbefleckte Herz Meiner Mutter und Mein heiligstes Herz. Du treulose Generation ...***

Unsere beiden Herzen haben zu euch nicht in Parabeln und auch nicht in Rätseln gesprochen. Alle Unsere Worte waren Licht, und Unsere Herzen sind wie zwei Leuchter, die beieinander stehen und helles Licht verbreiten, so daß jeder es sehen kann.

Aber ihr habt nicht begriffen. Unsere Herzen, wie zwei Olivenbäume (vgl. Offb 11, 4 und Sach 4, 3), ***einer zur Rechten und einer zur Linken, haben so viele Jahre hindurch versucht, euch wiederzubeleben. Sie waren wie zwei Ölzweige, die Öl geben*** (vgl. Sach 4, 12), ***Öl zur Heilung eurer kranken Generation und damit eure Wunden vernarben. Doch eure Generation behandelte Unsere beiden Herzen so, wie es ihnen gefiel. Unsere beiden Herzen sind gesalbt*** (vgl. Sach 4, 14), ***und sie sind lebendig. Sie sind wie ein scharfes, zweischneidiges Schwert*** (vgl. Offb 1, 16). ***Sie weissagen euch, doch dieser Aufruhrgeist, der in dieser Generation steckt, kreuzigt von neuem Mein Wort, das zweischneidige Schwert*** (Anspielung auf Offb 11, 8-10). ***Unsere beiden Herzen, die heute zu euch sprechen, werden von ihr abgelehnt, wie Sodom und Ägypten Meine Botschafter abgelehnt haben. Die Verstocktheit dieses Zeitalters ist noch größer als die des Pharao, weil ihr Wissen zum Schlachtfeld für Meine Weisheit geworden ist*** (Anspielung auf Offb 11, 7).

In der Tat, Unsere beiden Herzen sind den Menschen dieser Welt zur Plage geworden (vgl. Offb 11, 10), ***aber bald, nun schon sehr bald, wird Meine Stimme wieder zu hören sein. Ich werde euch mit Donner und Feuer heimsuchen. Die Gerechtigkeit naht, und Unsere beiden Herzen, die ihr bekämpft habt, werden am Ende siegen*** (Anspielung auf Offb 11, 11). ***Dann wird die Herrschaft über die Welt zu Meinem Reiche gehören*** (vgl. Offb 11, 15).

Das steht nun alles sehr nahe bevor; öffnet eure Augen und schaut umher! Ich gebe euch all die Zeichen der Zeit. Und du, die du dich mühst, die Verehrung der beiden vereinten Herzen bekannt zu machen, du sollst nicht mutlos werden. Das Buch der Apokalypse spricht ebenso wie das Buch des

Sacharja von dieser Wahrheit. Fürchte dich nicht, verbreite diese Verehrung voll Vertrauen und Mut!

117. Sie hören nicht auf unsere beiden Herzen

31. Januar 1992

So hoch der Himmel über der Erde ist, so hoch ist Deine Huld über jenen, die Dich fürchten (Ps 103, 11).

Komm und nimm alles in dich auf, was Mich ausmacht. Nimm die Liebe in dich auf! Ich bin die Liebe, doch leide Ich unter Einsamkeit, weil die Meinen nichts von Mir wissen wollen. Meine Kinder haben die Wege der Rechtschaffenheit verlassen, die Quelle der Weisheit aufgegeben. Sie hören nicht auf Unsere beiden Herzen. Aber es heißt ja auch, daß der Rebell, welcher der Geist des Aufruhrs ist, der da gegen den Allerhöchsten lästert und die Heiligen des Allerhöchsten quält (vgl. Dan 7, 25)***, Meine Macht herausfordert. Dieser Geist der Rebellion zieht eine Veränderung der Jahreszeiten in Betracht und will Mein Gesetz ändern*** (vgl. Dan 7, 25)***. Du brauchst nur um dich zu schauen, und du begreifst, was gemeint ist.***

Rationalismus und Modernismus sind die Hauptfeinde Meiner Kirche, denn sie beide führen zur Gottlosigkeit, zum Atheismus. Beide möchten die ganze Erde vernichten. Doch, Meine Tochter, Ich will diese Abtrünnigen mit Meinem Feuer anhauchen, damit es ihnen wie Schuppen von den Augen fällt und sie sehen können, welch große Unordnung und Verwirrung sie herbeigeführt haben und wie sehr sie Unsere beiden Herzen unterdrückten. Ich durchschreite euch alle. Bereut, denn das Himmelreich ist nahe herbeigekommen. – Komm, schreibe Meine nächste Botschaft für all jene auf, die in Nizza (Frankreich) ***zusammenkommen werden, um Mein Wort zu hören:***

118. Die Liebe kennt keine Grenzen

31. Januar 1992

Friede sei mit euch! Meine Rückkehr steht bevor, und Mein Antlitz wird vom Himmel her gegen all die Gottlosigkeit der Welt offenbar werden. Deshalb seid bereit! Ein jeder, der sich als treulos erwies, wird erkennen müssen, welch tödliche Wunden er seiner Seele zugefügt hat. Ich werde zu euch kommen in Pracht und in Herrlichkeit. Der Geist der Wahrheit wird in euch enthüllt werden, um eure Seelen zu läutern. Ihr werdet Mich von Angesicht zu Angesicht sehen (das heißt von Geist zu Geist), ***und ihr werdet euch selbst ganz so sehen, wie ihr seid. So kommt denn zu Mir, so wie ihr jetzt seid; wartet nicht, bis ihr Heilige seid, sondern kommt und begreift, was Ich am meisten von euch begehre. Ich liebe euch mit ewiger Liebe. Ich habe euch Mein Leben dargebracht und eure Schuld auf Mich genommen. Ich habe euch mit dem Vater versöhnt und ließ Mich von den Händen, die Ich selbst erschaffen hatte, kreuzigen!***

Was also hätte Ich noch mehr tun können, das Ich nicht getan habe? – Wenn ihr sagt, ihr liebt Mich, so nehmt Mein Kreuz auf euch und folgt Mir nach und schaut nicht bestürzt auf die übrigen kleinen Kreuze, die Ich auf euren Weg stelle. Die Liebe kennt keine Grenzen. Die Liebe ist bereit, alles geduldig zu ertragen, was kommt. Die Liebe trägt nicht nach, sondern erfreut sich an der Wahrheit und an dem, was die Wahrheit anbietet. Die Liebe denkt nicht mehr an die falschen Anschuldigungen, die gegen dich vorgebracht werden. Sucht also die Liebe! Segnet eure Feinde, denn Ich möchte, daß ihr heilig seid. Doch, Meine Lieben, ihr seid immer noch so weit entfernt von der Vollkommenheit, und zwar deshalb, weil die Liebe zum Geld so tief verwurzelt ist in dieser Generation. Liebe Kinder, wollt ihr Mir wirklich nachfolgen? Dann entschließt euch, Meinen Fußstapfen zu folgen, die immer noch mit Meinem Blut gefärbt sind. Fürchtet euch nicht, Meine Fußspuren werden euch zu Mir führen,

in die Arme eures Abba. Sie werden euch zu Ihm führen, der euch zuerst hielt.

Habt Vertrauen und verlaßt euch auf Unsere rettende Liebe. Ich sage euch: Am Ende werden Unsere beiden Herzen siegen. Nimm Meine Hand, Tochter, und fürchte dich nicht, Ich werde auf dich achtgeben. Der Ich-bin-es ist bei dir.

119. Die zweite Eva

31. Januar 1992

O Abba, sagt nicht die Schrift: „Große Mühsal hat Gott den Menschen zugeteilt, ein schweres Joch ihnen auferlegt von dem Tag, an dem sie aus dem Schoß ihrer Mutter hervorgehen, bis zum Tag ihrer Rückkehr zur Mutter aller Lebenden“ (Sir 40, 1).

Nun, mein Herr, Du hast auch zu mir in einer Deiner Botschaften gesagt, daß unsere himmlische Mutter die zweite Eva sei und also den Platz Evas einnehme – und ich entdecke wiederum in der Heiligen Schrift, daß diese einmal mehr unsere gesegnete Mutter Maria als die Mutter der ganzen Menschheit bestätigt.

Tochter, du hast dein Ohr der Weisheit geliehen, und Mein Herz ist darüber erfreut und Meine Seele frohlockt, wenn von deinen Lippen die Kenntnisse kommen, die Ich dir gegeben habe. Bleibe ein Nichts und erlaube der Weisheit, dich zu unterweisen. Bleibe in Meinen Gunsten, und fürchte die reißenden Wölfe nicht. Nein, fürchte sie nicht, Mein Kind (es geht um etwas zwischen mir und Gott).

O Abba, Du bist erschüttert von dem schrecklichen Anblick, den wir, Deine Kinder, Dir bieten: Gottlosigkeit, Haß, Satanismus, Abtreibung, Machtgier bis hinein in die Kirche, Ungerechtigkeit etc. Und dennoch kamst Du zu mir und zeigtest mir die Gottlosen, um mich vor dem Verderben zu bewahren. Deine Gnade, eine wahre Flut des Segens, kam über mich. Du botest mir Deine Freundschaft an und wurdest mein heiliger Gefährte und mein Freund. Vor der Wahrheit und Deinem Bund verliehest Du mir festen Stand. O wie bitter ist es doch, Dein Herz so traurig zu fühlen. Du hauchst mir Deine Passion ein, was mir herzzerbrechende Seufzer entlockt …

Ich bin zutiefst traurig, Tochter. Doch weine nicht um Mich, weine um deiner Brüder und Schwestern willen, weil die Sünde sie wie ein Krebsgeschwür verschlingt. Tochter, spare deine Tränen für sie auf. Vassula, deine Wunden sind nichts – verglichen mit den Meinen. Bete für sie, ehe Mein Finger die Erde berührt und sie dahinschmelzen läßt. Ich weiß, daß du schwach und matt bist, doch habe Ich dich jemals verlassen? Weissage und offenbare Mein Herz allen Rassen und Nationen.

Band 5

120. In den Zeiten der Verfolgungen ...
Jesus erklärt Offb 6, 12-17

3. März 1992

Herr, ich habe nicht heimlich gesprochen. Alles, was ich sage, das ist im Gebet und zu Deinem Lobpreis in Deinen Versammlungen gesagt. Ich versuche, Deinem heiligsten Herzen gehorsam zu sein und den Anweisungen, die ich von Dir erhielt. Ich tue mein Bestes, sie so vorzubringen, wie sie mir gegeben wurden. Obwohl ich arm bin und Dir fast gar nichts geben kann, habe ich Dir doch das einzige gegeben, das ich habe, und von dem Du mir sagtest, es gehöre mir: Ich habe Deiner Majestät meinen Willen dargebracht, damit Du ihn einsetzen kannst, wenn es Dir gefällt, zur Ausführung Deiner barmherzigen Vorhaben.

Ich weiß wohl, Mein Kind, doch haben sie nicht auch Mich ohne jeden Grund gehaßt? Jeder, der von Mir ausgeht, um für die Wahrheit Zeugnis abzulegen, wird gehaßt, verfolgt und gejagt wie Freiwild – ein Diener ist nicht größer als sein Meister ... Diese Verfolger wären in den Augen des Vaters ohne Tadel, wenn sie Mein Gesetz nicht gekannt hätten. Doch wie es nun ist, haben sie Mein Gesetz gesehen, obschon nur im Dunkeln. Sie nennen sich Doktoren des Rechts und glauben, sie wüßten gar alles, doch in Wirklichkeit wissen sie nichts. Sie denken, indem sie dich in der Öffentlichkeit verurteilen und verdammen, erfüllten sie eine sehr heilige Pflicht für Mich, ihren Gott. Doch hätten sie Meine Gebote befolgt und diese gehalten, dann hätten sie kein Urteil gefällt. Wenn sie auch nur ein wenig Liebe in sich trügen, dann hätten sie Meine Worte und Mein Gesetz befolgt. Doch in Wirklichkeit richten sie nicht dich, sie sitzen zu Gericht über Meine guten Werke an euch allen. Ich habe dich nur beauftragt, hinauszugehen und Mein Echo zu sein. Indem du Mein Echo bist, erwarte Ich von dir Früchte, Früchte von Dauer ... doch sie haben nicht verstanden ...

Mein Kind, fahre fort, die Arbeit zu tun, zu der Ich dich bestellt habe. Bringe Seelen zu Mir, daß Ich sie in Meinem

heiligsten Herzen verzehren kann. Ich dürste nach Seelen. Höre, die Beweise Meiner heiligen Werke strahlen über euch allen, um diese Dunkelheit zum Verschwinden zu bringen. Die Beweise Meiner heiligen Werke sind ihre guten Früchte, Früchte, die von Dauer sind. Der Beweis Meiner heiligen Werke ist die Gabe des Friedens, die Ich euch gebe, und der Liebe, die Ich in euch einströmen lasse. Der Beweis Meiner heiligen Werke ist Meine Erlösung, die zum eucharistischen Leben aufruft. Der Vater und Ich wollen wahre Verehrer, andächtige Kirchgänger, die im Geist und in der Wahrheit anbeten.

Mein Geist der Wahrheit steigt den ganzen Weg bis an die Schwelle deiner Tür hinab, um dich zu erinnern, daß am Ende Unsere beiden Herzen siegen, auf daß die Worte in den Heiligen Schriften sich erfüllen: „Nach dreieinhalb Tagen hauchte Gott Leben in sie, und sie standen auf“ (vgl. Offb 11, 11). ***Ja, in aller Herrlichkeit, denn „diese sind die zwei Gesalbten“*** (vgl. Sach 4, 14), ***die da Seite an Seite stehen. Unsere beiden Herzen sind wie die „zwei Olivenbäume, von denen der eine zur Rechten, der andere zur Linken steht“*** (vgl. Sach 4, 3).

Mein heiligstes Herz hat unergründliche Reichtümer und euch allen, Meine kleinen Kinder, noch vieles zu sagen. Ich bin die Auferstehung und das Leben! Ich komme, um eure Hingabe an Mein heiligstes Herz und das unbefleckte Herz eurer Mutter wieder aufleben zu lassen. So fürchtet euch also nicht, bleibt auf der Hut, denn viele werden kommen und Meinen Namen gebrauchen, doch dabei vom Bösen beeinflußt sein, um euch irrezuführen und die kleine Flamme, die in euch blieb, auszublasen und euch völliger Dunkelheit zu überlassen. Viele werden abfallen, weil ihre Wurzeln nicht in Mir waren. Betet, daß ihr nicht vom Bösen versucht werdet.

Wehe euch, die weiterhin Meine Sprachrohre verfolgen und sagen: Wir hätten niemals mitgemacht, als das Blut der Propheten vergossen wurde, wenn wir in den Tagen unserer Vä-

ter gelebt hätten. Ich sage euch, wenn ihr nicht bereut, wird all das auf eure Häupter zurückfallen!

Meine geliebten Kinder, der Einbrecher kommt bei Nacht (was bedeutet, daß Satan in einer dunklen Seele viel leichter Zutritt hat), ***so bleibt wach und erlaubt ihm nicht, in euer Haus einzubrechen. Betet unaufhörlich zu Mir. Ohne Unterlaß zu beten heißt, sich Meiner Gegenwart bei euch bewußt zu sein. Meiner Gegenwart gewahr sein heißt wachen, wach zu sein bedeutet, im Licht und gesund sein. Euer Haus ist in eurer Seele. So sehet zu, daß das Licht in euch nicht Finsternis ist. Laßt den Versucher euch nicht schlafend vorfinden. Ihr seid doch Meine Freunde, wißt ihr das nicht? Liebt einander, wie Ich euch liebe. Alles, worum ihr in Meinem Namen bittet, das werde Ich euch geben. Einige von euch sind heute traurig, weil die Welt ihr vorschnelles Urteil über Mein heiligstes Herz und das unbefleckte Herz eurer Mutter fällt, aber bald werden Unsere beiden Herzen der Welt zeigen, wie verkehrt es war zu urteilen, wenn Ich nämlich Mein heiligstes Antlitz in ihnen offenbaren werde*** (das ist am Läuterungstag, wenn der Mensch seine Sünden mit Gottes Augen erblickt).

Schreibe, Tochter: „Wenn Ich das sechste Siegel aufbrechen werde, gibt es ein heftiges Erdbeben, und die Sonne wird sich so sehr verfinstern, als hätte man eine grobe Sackleinwand davorgehängt. Der Mond wird sich ganz und gar blutrot verfärben. Die Sterne werden vom Firmament auf die Erde fallen wie Feigen, wenn der Sturmwind den Feigenbaum schüttelt. Der Himmel wird verschwinden wie eine Schriftrolle, die sich zusammenrollt, und alle Berge und Inseln werden sich von ihrem Platz bewegen. Dann werden alle, die auf Erden regieren, ein Amt innehaben oder sonstwie maßgeblich sind – alle reichen und wichtigen Persönlichkeiten, die gesamte Bevölkerung, Sklaven und Bürger – sie alle werden in die Berge flüchten, um sich in Höhlen und unter Felsen zu verstecken. Sie werden zu den Bergen und Felsen sagen: „Fallet über uns und verbergt uns vor dem, der auf dem Thron sitzt, und vor dem Zorn des Lammes“ (vgl. Offb 6,

12-17. Hier macht Jesus deutlich, daß am Tag der Läuterung jedermann auf der Welt seinen wahren Seelenzustand erfahren wird, und jeder wird dann wiederum das Lamm, das heißt Jesus, anerkennen).

Denn der große Tag Meiner Läuterung ist bald schon über euch, und wer wird ihn überleben können? Jeder auf dieser Erde wird geläutert werden müssen, jeder wird Meine Stimme hören und Mich als das Lamm anerkennen. Alle Rassen und alle Religionen werden Mich in ihrem innerlichen Dunkel erschauen. Das wird jedem wie eine geheime Enthüllung gegeben, um die Dunkelheit seiner Seele offenbar zu machen. Wenn ihr in diesem Gnadenzustand euer Inneres schaut, dann werdet ihr in der Tat die Berge und die Felsen bitten, auf euch zu fallen. Das Dunkel eurer Seelen wird so erscheinen, daß ihr denken werdet, die Sonne habe ihr Licht verloren und der Mond habe sich überdies noch in Blut verwandelt. So also werden euch eure Seelen vorkommen. Doch am Ende werdet ihr Mich nur noch preisen.

Wenn ein Fremder des Weges kommt und euch sagt, daß die Nahrung, die Ich euch reichte (diese Botschaften), ***abscheulich sei, dann hört nicht auf ihn, sondern hört auf die Sprache Meines heiligsten Herzens, die Sprache Meines Kreuzes. Laßt eure Treue zu Meinem heiligsten Herzen wiederum aufblühen, weiht euch alle Meinem heiligsten Herzen und dem unbefleckten Herzen eurer Mutter.***

Ich werde euch wiederum besuchen, Meine kleinen Kinder. So habt Mut, Meine Freunde! Ihr werdet verfolgt, aber nur von seiten der Welt. Werdet ihr um Meinetwillen beleidigt? So freut euch! Denn auch Mir ist es nicht anders ergangen. Weil ihr Mich liebt, werdet ihr wie der Abschaum der Welt behandelt? Ich segne euch und vereinige Mich mit euch in euren Leiden. Eure Leute lachen über euch? – Ich wurde auch ausgelacht, Ich, euer König. Ihr seid nicht mehr als Ich, euer Meister. Meine geheimen Pläne werden jetzt enthüllt, jetzt in euren schlafenden Zeiten.

Die Offenbarung Meines heiligsten Herzens wird euch an diesem Zeitenende wiederum gezeigt, sie ist zur Erweckung

eurer Herzen nötig, um euch alle in dieser Gotthingabe wieder glühend werden zu lassen. Es sollte also unter euch kein vorschnelles Urteil gefällt werden. Liebt Mich, und preist Mich! Ich bin immer bei euch und werde weiterhin die Schätze Meines heiligsten Herzens in jedem von euch kundtun.

Vassula, Mein Kind, Ich will dich aufstellen wie eine Blume auf einem besonders strammen Stengel, und die Blütenblätter, die deine Ankläger dir ausgerupft haben, werde Ich wieder ersetzen, um dir die Freude zu schenken, die Ich empfinde, sooft du Mir deinen Willen darbringst. Die Liebe liebt dich.

121. Bitte den Vater, barmherzig zu sein

4. März 1992

Ich höre, Herr, jetzt.

Mein Kind, höre und schreibe: Ich bin grenzenlose Zärtlichkeit und liebendes Erbarmen, doch Mein Volk häuft in Meiner Kirche einen Verrat auf den anderen. Soll Ich da schweigen? Mein ganzer Leib schmerzt, von der Sohle Meiner Füße bis zum Scheitel Meines Hauptes, und befindet sich in großer Qual und Pein. Man hat Mir erhebliche Wunden zugefügt, und Ich werde sogar von Meinen Eigenen verspottet und verhöhnt. Eine unzählbar große Menge ist auf dem Weg ins Verderben. Viele von Meinen Priestern mißachten die Ehrfurcht und Frömmigkeit. Ich habe seit der Zeit von Fatima bis heute Warnungen ausgesprochen. Ich habe Mein Herz entleert, Generation, auf dich, doch viele von euch haben das Lösegeld vergessen, mit dem Ich euch freigekauft habe ... (Jesus hielt hier plötzlich inne.) ***Vassula, du hörst nicht so zu, wie Ich es will, daß du zuhören sollst ...*** (Jesus veränderte den Tonfall, als flehe Er.) ***Um Meiner Liebe willen, Kind, sprich zu Mir! Laß es dir nicht an Mut mangeln, Ich liebe dich!***

Herr, meine Verfolger geben nun etwas gegen mich in Druck.

Sie sind auch <u>Meine</u> Verfolger, nicht nur deine. Doch Ich sage dir, sie werden sich mit aller Sicherheit selbst vernichten durch ihr eigenes Zerstörungswerk, wenn du nicht für sie betest, und sie werden für ihr übles Tun übel belohnt werden. Mein Herz ist ein weites Meer der Liebe und Vergebung.

Ich weiß, Herr, aber sie bringen die gerade erst dem Bösen Entronnenen in die Gefahr, rückfällig zu werden.

Tochter, die Weisheit hat dir eine Gabe gegeben zu hören, zu schreiben und die Wünsche der Liebe zu verstehen. Diese Punkte sind von ungeistigen Menschen nicht leicht zu begreifen. Diese werden nie irgend etwas, was aus Meinem Geist kommt, akzeptieren, weil sie es als bloßen Unsinn ansehen. Sie werden weiterhin ganz der weltlichen Zeitströmung entsprechend lehren, so wie man Philosophie lehrt. Hast du denn nicht gelesen, daß die geistigen Gaben aus Meinem Heiligen Geist ihnen kaum verständlich sind, solange sie wie Philosophen denken und als solche zu Mir kommen? Hast du nicht gelesen, daß dies gerade die Punkte sind, die solche Leute verdrehen, solange sie nicht im Geist sind, genauso wie sie den Rest der Schrift verdrehen? Die Heilige Schrift hat euch alle vor diesen Leuten gewarnt. Glaube und wachse in der Gnade, die Ich dir zuteil werden ließ. Bald schon wird Mein Läuterungsfeuer über euch alle kommen, um die Verbrechen dieser Welt in den Flammen zu schmelzen.

Seit dem Tag von Fatima haben eure heilige Mutter und Ich euch allen gegenüber Unsere Herzen ausgeleert, doch das, was Ich von euch wünschte, wurde nicht ausgeführt, und nur ein kleiner Rest hört zu. Diese Generation täuscht sich selbst. Sie haben gegen alle Meine Gebote verstoßen, wie soll Ich da nicht kommen durch Feuer und euch verdonnern, wie Ich Sodom und Gomorrha verdonnert habe?

Weil wir vielleicht doch mehr sind als zehn, Herr?

Es trat hier eine Stille ein.

... Du verblüffst Mich! Du verblüffst Mich wirklich, weil Ich angefangen hatte zu glauben, deine Lippen würden sich nie

an dieses Feilschen Abrahams heranwagen. Ich habe euch aufgefordert, um Erbarmen zu schreien, ehe die tödliche Stunde kommt. Ich habe euch aufgefordert, Mir Gebete darzubringen, doch sie reichen nicht aus ...

Was soll ich tun, Herr? Ich bin alle Tage bei Dir, arbeite für Dich und diene Deinen Interessen. Du bist mein Leben, mein Atem in diesem Exil. Ich weiß, ich bin elend und sündige mit jedem Atemzug, doch Du kamst zu mir und hobest meine Seele zu Dir empor, um Deine süße Erkenntnis zu kosten, wie Deine Jünger sie kosteten. Du hast mein Herz neu belebt und mein Ohr Deinem heiligsten Herzen zugekehrt. Deine mächtige Hand liebkoste mein Haupt und ließ seitdem mein Herz Dir Lobpreisungen singen. Ich leide unter Einsamkeit und unerträglichen Qualen, die das Herz völlig aufreiben, wenn Du hie und da Dein heiliges Antlitz von mir abwendest und meine Seele in der dunklen Nacht allein und verlassen zurückläßt. Doch schleppe ich mich dennoch weiter, weil ich Dich bis zum Wahnsinn liebe.

Vassula von Meinem heiligsten Herzen, Ich habe dich erhöht, damit du Meine Kirche zur Einheit führst. (Jesus sprach dies sehr ruhig.)

Ich habe dich erhoben, um die Gerechtigkeit des Vaters zu stillen. Ich habe dich belebt, um Meine Kirche zu verschönern. Ich habe dir erlaubt, in Meinen Saal einzutreten, um Mich zu verherrlichen. Ich habe dich umworben, damit du Mich liebst. Ich habe dich aus dem Lande Ägypten herausgeführt, um dich zu gebrauchen, dich auszuwerfen wie ein Netz, um Seelen für Mich zu gewinnen. Du sollst die Gerechtigkeit des Vaters besänftigen, indem du Mich verehrst, indem du betest, Buße tust, Opfer bringst, fastest und dich kleiner machst.

Du hast keine Verdienste, doch deine demutsvolle Bitte kann den Vater erreichen. Willst du jetzt vom gleichen Kelch trinken, den der Vater Mir zu trinken gab? ... Fürchte dich nicht, es ist jetzt nicht mehr so viel darin. Ich habe dich hie und da von ihm ein wenig schlürfen lassen, Tochter. Ich habe dein Haupt ganz sanft zu Meinem Kelch herangezogen, also be-

wege es jetzt nicht voll Verachtung und Hochmut zurück, sondern liebe, was auch Ich liebe.

Sei nicht ängstlich und bilde dir <u>nie</u> ein, daß Ich dich ohne Mein Kreuz zu Mir führen kann. Nimm dir das zu Herzen, was Mir am Herzen liegt. Bitte Mich darum, zu heilen, was noch übrigblieb von dir. Bitte um Meine Gnaden, bitte um Meine Segnungen, bitte den Vater, barmherzig zu sein.

Bitte den Vater, barmherzig zu sein ... wo wir uns am Rand eines zerstörenden Feuers befinden!

Schsch ... Bitte den Vater, barmherzig zu sein. (Jesus sprach diese Worte sehr sanft, was mir sehr viel zu erhoffen gab.) ***Das ist der Grund, weshalb Ich dich fortwährend zum Gebet einlade. Und was die boshaften Anschuldigungen betrifft, die gegen dich in Umlauf gesetzt werden, so fürchte nichts. Sei im Frieden, und lasse keine Traurigkeit darüber aufkommen! Ich habe dich gerufen, um Meine Kirche zu beleben, und Ich werde dich nicht im Stich lassen. Bete beständig, sei geduldig bis zuletzt.***

Mein Tag ist sehr nahe, und Ich werde kommen wie ein Dieb in der Nacht. Das ist der Grund, Mein Kind, weshalb Satan zusammen mit dem Tier (das ist die Freimaurerei, siehe Offb 13) ***unaufhörlich all jene angreift, die von Mir kommen, und sich gegen jene wenden, die für Mich sprechen, doch zuletzt werden sie*** (Satan und das Tier) ***besiegt. Der Teufel ist voller Wut zu euch niedergefahren, zusammen mit dem Tier, doch die Liebe wird das Böse überwinden.***

<u>Kanada ist Mein.</u> Das Tier (Freimaurerei) ***konnte zwar gewaltige Laute loslassen, um Meine Stimme in diesem Land zu übertönen, weil es weiß, daß dort das Volk ist, das Mein heiligstes Herz liebt, doch Ich, der Herr, <u>werde dort bleiben</u>, und Ich sage euch, daß all die üblen Geister, die in dieser Nation umherschwirren, sich schon beim Geräusch Meiner Schritte und beim Pochen Meines heiligsten Herzens fürchten. Mein Heiliger Geist wird vor dem Tier nicht zurückweichen und auch nicht vor jenen, die sich von ihm haben überzeugen lassen. Ich werde jetzt noch weiter Meine Gnaden ausbreiten,***

mehr und mehr, denn „kein Engel, kein Fürst, nichts was da ist oder kommen wird, keine Gewalt, weder Höhe noch Tiefe noch irgendein Geschaffenes kann jemals zwischen dich und Meine Liebe treten“ (vgl. Röm 8, 35-39). ***Keiner kann der Ausgießung Meines Heiligen Geistes Einhalt gebieten. Ich sende dich zu ihnen*** (gemeint sind die Kanadier), ***um sie alle an die Größe Meiner Liebe zu erinnern. Ich will euch genug Mittel und Möglichkeiten geben, um standzuhalten. Die Liebe ist bei euch.***

122. Was hätte Ich denn noch mehr tun können, das Ich nicht getan habe?

20. April 1992

Komm zu uns zurück und wohne in der Mitte unserer Herzen. Laß unser Herz „treue Stadt“ genannt werden und Dein „heiliger Berg“.

Kleines, Ich gebe dir Meinen Frieden. Die Ratschläge und die Bitten deiner heiligen Mutter (Ich verstand: unsere heilige Mutter von Medjugorje), ***Meine Todesqual und die Schreie von Meinem heiligen Kreuz herab an die Welt sind stagnant geblieben. Wir sind gekommen, um euch allen Unseren Frieden anzubieten, und um euch auf die Reise zum Himmel vorzubereiten; aber die Liebe wurde zurückgewiesen, und der Friede wurde auf trügerische Weise durch Lethargie und einen Geist der Bosheit ersetzt. Ich ging in alle Richtungen und suchte, mit welchen Mitteln Ich euch wohl aus eurer dauernden Lethargie aufwecken und zu Mir zurückbringen könnte, um heilig zu leben, aber Ich hörte keinen Ton von euch. Was hätte Ich denn noch mehr tun können, das Ich nicht getan habe? Meine Freunde, ihr habt Unsere Aufrufe nicht ernst genommen. Ich bin hinabgestiegen und habe euch Mein Herz angeboten. Ich habe euch in Mein Herz eingeschrieben, Ich habe an euch alle Meine Hymne der Liebe geschrieben, – Ich besuchte euch – Meine Augen strömen über von Tränen, und Unsere zwei Herzen sind zerrissen,***

weil ihr auf dem Weg der Heiligkeit nicht durchgehalten habt. Die Welt machte sich über unsere wohlmeinenden Aufrufe lustig, und niemand hörte wirklich zu. Ich bin euer Gott und Schutzschild, voll Zärtlichkeit, und Ich bin bekannt dafür, daß Ich in Zeiten der Drangsal schnell eingreife. Aber ihr habt es vorgezogen, im Schatten der Dunkelheit und im Tal des Todes zu wandern. Meine Freundlichkeit habt ihr mit eurer Bosheit zurückgezahlt und Mich angeklagt, weil Ich euch retten wollte ... Über Meine Hymne der Liebe (d.h.: die Botschaft von „Das wahre Leben in Gott") ***macht man sich bei euch ständig lustig, man verleumdet sie und lästert darüber, denn ein Geist der Finsternis befindet sich in eurem Geist. Ihr erntet auf dem Feld des Betrügers und zeigt damit der Welt, daß Meine heiligen Worte beschämend und ohne wesentlichen Inhalt sind.*** (Jesus bezieht sich auf die Menschen, die sich entschlossen haben, jedes Wort in diesen Botschaften zu verdrehen, um der Welt zu beweisen, daß diese Botschaften falsch und nicht von Gott sind.)

Aber auch in diesem Fall (wie auch zu anderen Zeiten der Verfolgung) ***werdet ihr euch umsonst bemühen, wenn ihr in den Tagen der Reinigung zu Mir kommen und um Hilfe bitten werdet; ihr werdet rufen, aber Ich werde nicht hinhören. Die Menschen sind darauf bedacht, Mich durch Fallenstellen zum Schweigen zu bringen. Andere ersinnen einen verräterischen Komplott nach dem anderen; die Bösen mögen hoffen, dich zu zerstören, Mein Kind, dich, die Ich erwählt habe, und sie behandeln dich wie den Abschaum der Menschheit, aber Ich habe geschworen, dich aufrechtzuerhalten. Ich werde dich für Meine Absichten erhalten ...***

Ich habe dir gesagt, Mein Kind, daß es deinen Verfolgern erlaubt sein wird, dir fürchterliche Wunden zuzufügen, aber dies wird zu Meiner Ehre und zu deiner Läuterung dienen. Deine Lebensspanne ist nichts, und du bist nur ein vorübergehender Schatten auf der Erde, und deine Verwundungen und deine Leiden auf der Erde sind nur ein Windhauch, verglichen mit Meinen. Ich bin es, dein Retter, der deine Seele in

Meinen Armen gehalten hat und bewirkt hat, daß dein Geist nur noch für Mich lebt; Ich bin es, die erhabenste Herrlichkeit, die eine neue Liebeshymne in deinen Mund gelegt hat, damit du sie der Welt vorsingst und ihr verhärtetes Herz zum Schmelzen bringst.

Schau, du hast Mir einen oder zwei Tropfen von deinem Leben gegeben, und Ich, wieviel habe <u>Ich</u> dir gegeben? Ich habe dich von den ewigen Quellen Meiner Brust trinken lassen, Ich habe dich nie im Stich gelassen. In einer mühsamen Schlacht habe Ich dein Herz gewonnen, du kümmerliche kleine Kreatur, und habe dich Mein gemacht. Ich habe dich nachsichtiger und sanfter als irgend jemanden sonst behandelt, trotz deiner kindischen Überheblichkeit. Ich, dein Schöpfer, war entzückt von deiner unbeschreiblichen Schwachheit und Not; und du, Mein Geschöpf, wurdest überwältigt von Meiner vollkommenen Schönheit und Meinem blendenden Licht. Du bist Lehm, und aus demselben Lehm habe Ich auch andere modelliert und geformt.

Ich habe euch Leben eingehaucht und aus jedem von euch ein Bildnis Meiner selbst gemacht. Ich bitte euch zu lesen: „Lehre uns zählen, wie wenige Tage wir haben, und so die Weisheit des Herzens gewinnen!“ (vgl. Ps 90,12). ***Dein Verweilen auf der Erde ist, wie Ich schon sagte, ein vorübergehender Schatten, deshalb halte dich an Mich. – Du brauchst deine Unschuld nicht zu beweisen, Ich, dein Schöpfer, kenne dich.*** (Meine Ankläger haben sich untereinander getroffen, um mich zu verurteilen und zu verdammen, daß es nicht von Gott kommt. Sie haben sich sogar die Mühe gemacht und ein Buch gegen mich geschrieben – fünf Leute.)

Mein Kind, Ich habe dich erwählt, habe keine Angst. Komm zu Mir, Ich wärme dich. Fürchte dich nicht, wenn du Mich lobst und preist. Bald wird all das geschehen, was Ich vorhergesagt habe, und dann, wenn die Vorhersagen sich erfüllen, werden viele erschaudern, und ihnen wird klar, daß das Lamm, das auf Gottes Thron sitzt, wirklich einen Boten zu ihnen geschickt hatte, eine Botin mit guten Nachrichten

und einer Liebeshymne, um diese neue Hymne des Allerhöchsten allen Nationen vorzusingen, gerade so, wie sie es von der Quelle der erhabensten Liebe selbst gehört hatte, und daß du wirklich von Anfang an Mein warst.

123. Ich werde Meine Worte wie Feuer in deinem Mund werden lassen ...

1. Mai 1992

Mein Herr, Jahwe, mein geliebter Vater im Himmel, Dein Name ist wie ein Öl, das ausgeschüttet wird. Du hast mir Deinen Namen bekannt gemacht, als Du zu mir kamst und mich gerettet hast. Du hast mich aufgezogen und mich Dir nahegebracht. Jahwe, mein Gott, Du hast mich erlöst.

Ach Vassula, obwohl du ein ausgetrocknetes Treibholz warst, das man eigentlich ins Feuer zum Brennen hätte werfen sollen, bin Ich zu dir geeilt, um dich zu retten. Im Tal des Todes fand Ich dich, und es tat Mir weh. Mein Schrei löste Alarm im Himmel aus; nur an den Anblick zu denken, macht Mich noch tief traurig, so viel Kummer hat es Mir gemacht. Viele Jahre lang habe Ich Geduld mit dir gehabt. Oft habe Ich dich damals gerufen, aber du wolltest nicht hören. Doch weil Ich dich so sehr liebte, machte Ich kein Ende mit dir. Statt dessen habe Ich dir in deiner Bosheit Meine Treue gezeigt. Der Schmerz und die Verletzungen, die du Meinem Sohn zugefügt hast, verzehrten langsam Meine Gnade. So groß war deine Schuld und so zahlreich deine Sünden, daß Ich bereit war, die Wunden Meines Sohnes zu rächen und dich zu schlagen.

Ach Vassula, deine Mutter von der immerwährenden Hilfe hat zu Meinen Füßen blutige Tränen um dich geweint, ja, deine heilige Mutter hat dir ihre Zuneigung wohlwollend bewiesen und Mich getröstet ... Mein Herz war tief bewegt von ihren Tränen und Mein Zorn verschwand. Der Sturm,

der in Mir tobte, wurde gestillt. Ich, Jahwe, dein ewiger Vater, habe dich seit dem Tag, als Ich dich erschuf und in Meiner Hand hielt, mit ewiger Liebe geliebt. Ach ... nie werde Ich vergessen, wie klein du an dem Tag warst. Ich sagte: „Durch dieses kleine, zarte Mädchen werde Ich den Eindringling von vielen Seelen verjagen.“ Du und Ich, wir haben dann einen Pakt miteinander geschlossen, daß du für den Frieden arbeiten und Meine Liebe verkünden würdest, daß es bis an die Enden der Erde widerhallt, und daß Ich durch deine Schwachheit diejenigen aufrütteln würde, die sich am Rande des Verderbens befinden. Ich würde dich Drohungen und Angreifern gegenüber furchtlos machen, und durch dich würde Ich den Abtrünnigen nachgehen und sie aufspüren. Dann würde Ich durch dich deine Generation dazu bringen, sich zu versöhnen und zu vereinigen.

Da Ich bereits die Pläne Meines Feindes beeinträchtigen wollte, mußte Ich deine Seele mit Mir in Übereinstimmung bringen und dich von Anfang an stärken. Ich sagte: „Weihe dich schon jetzt und faste von Geburt an; das ist es, was Ich wünsche: Ich werde dir bei der Geburt kein Augenlicht geben. (Bei meiner Geburt waren meine Augen geschlossen und zusammengeklebt. Ich habe meine Augen erst nach 3 Tagen geöffnet. Meine Mutter hatte schreckliche Angst, daß ich vielleicht ohne Augen sein könnte und betete zu unserer heiligen Paraskevi (eine griechische Heilige für die Augen) um Hilfe und gelobte, mir nach Vassula als zweiten Namen ihren Namen zu geben. Paraskevi heißt: Freitag.) ***Für drei Tage und drei Nächte wirst du im Dunkeln bleiben, auf diese Weise wirst du fasten.“***

Deshalb habe Ich also geschworen, dein Herz noch einmal für Meinen Einzug zu erweitern. Und wie ein Sturmwind kam Ich über dich und zerstörte alles, was Mein Herz in eine Wunde verwandelt hatte. Ich blies, wie man ein Kohlenfeuer anbläst; so blies Ich in deine Seele, um die verlöschende Flamme in dir wieder lebendig zu machen. Ich sagte: „Laß deine Flamme jetzt in deiner Finsternis größer werden und Meine Seele erfreuen, laß deine Dürre wie ein bewässerter

Garten werden, wie eine Wasserquelle." Und mit unendlicher Zärtlichkeit habe Ich dich an Mein Herz gedrückt und dich wieder Mein gemacht.

Ich schwor, dein rebellisches und widerspenstiges Herz zu einem Ort der Ruhe für Mich zu machen. Ich gab dir zu verstehen, daß Ich dein einziger Gott sein sollte, deine einzige Liebe, konkurrenzlos und unwiderruflich. Dann habe Ich dir zur Ehre Meines Namens den Schleier abgenommen und Meinem himmlischen Saal offen erklärt, daß Ich selbst die bekämpfen werde, die dich bekämpfen und verfolgen, denn von jetzt an werde Ich, dein Schöpfer, dein Gemahl und deine einzige Zuflucht sein. Ich werde Mich auf dich verlassen und du dich auf Mich. Ich werde Meine Worte wie Feuer in deinem Mund werden lassen, auf daß du sie bis an die Enden der Erde verkündest. Alles, was du gelernt hast, hast du von Mir gelernt. Ich, Jahwe, dein ewiger Vater, habe dich geschmückt, Mein zartes kleines Mädchen. Gerade in diesem Moment neige Ich Mich zu dir hinab und hebe deine Seele dicht an Mein Herz.

Mein Kind, der Kummer mitanzusehen, wie Meine Kinder Meine Liebe, Meinen Frieden und Meine Barmherzigkeit ablehnen, dreht Mir das Herz im Leibe um. Ich brauche Seelen, die Mich trösten, Ich brauche edelmütige Seelen, die Meinen brennenden Zorn besänftigen. Sei Mein Trost, sei Mein Himmel. Ich, Jahwe, liebe euch alle. Kommt, Ich werde euch Meine Herrlichkeit durch eure Nichtigkeit zeigen. Macht um Meinetwillen Schluß mit euren Vergehen, macht Schluß mit der Rebellion. Ihr seid ganz geteilt und versagt immer noch darin, eure Früchte zu vereinigen und heilig zu leben. Seid denn ihr und eure Brüder nicht alle gleich vor Mir? Wird niemand von euch Meine Ehre wiederherstellen, indem er Mein wankendes Haus wiederherstellt? Werde Ich gezwungen sein, mit dem Schwert gegen euch vorzugehen? Werdet ihr auch weiterhin Meinem Heiligen Geist widerstehen? Werdet ihr fortfahren, Meinen Sohn zu kreuzigen?

Der, der Amen heißt, bittet jeden von euch: Segnet eure Feinden, vergebt ihnen allen und kommt, um euch mit Mir, eurem Gott, zu versöhnen, damit ihr fähig werdet, euch mit euren Brüdern zu versöhnen, auf daß ein einziger Leib zu Meiner Ehre entsteht. Kommt und macht Frieden mit Mir! Laßt jedermann Mich hören und durch das Lesen Meiner Worte verstehen, wie Ich, euer ewiger Vater, jedesmal erschüttert bin, wenn Meine Augen vom Himmel herab Dinge ansehen müssen, die Mein Herz zerreißen, und wie Ich die unerbittliche Seuche besiegen kann, die mehr und mehr in jeder Seele um sich greift. Ich bin das Amen, und Ich kann euch retten, wenn ihr euch Mir zuwendet. – Vassula, dein Kampf ist noch nicht zu Ende, aber Ich, Jahwe, dein ewiger Vater, bin bei dir. Ich segne dich dafür, daß du Mir deine Hand und deine Zeit zur Verfügung stellst. Mein Finger ist auf deinem Herzen, damit du nicht vergißt, wer dich großgezogen hat.

124. Weiht euch Meinem heiligen Herzen … Mein Kreuz soll das Zeichen zwischen euch und Mir sein

5. Mai 1992

Mein Kind, Ich gebe dir Meinen Frieden. Schreibe: Ich bin euer König, und Ich bin hier und versehe die Stirnen all derer, die aufrichtig sind und Mich wirklich lieben, mit dem Zeichen des Kreuzes. Ihr sollt die Weihe Meines heiligsten Herzens (die Weihe, die mir vom heiligsten Herzen am 26. Januar 1992 diktiert wurde) ***mit Mir beten, und während ihr es sagt, werde Ich euch mit Meinem Finger mit Meinem Zeichen markieren. Mein Kreuz soll das Zeichen zwischen euch und Mir sein. Ich werde euch von ganzem Herzen lieben, und Ich werde euch beschützen, und Mein Duft wird um euch sein. Weiht euch Meinem heiligsten Herzen und dem unbefleckten Herzen eurer seligen Mutter, damit Ich aus euren Herzen***

Meinen Garten machen kann, Meinen Ruheplatz und Meinen Palast.

Kommt von ganzem Herzen zu Mir zurück. Kommt nicht und steht dann vor Mir mit geteiltem Herzen, kommt zu Mir, und Ich werde euch segnen, während ihr an Mir vorbeigeht. Ich bin eure Hoffung, öffnet also eure Münder und ruft Mich von Herzen an, dann werde Ich eure Münder füllen, damit ihr Mich lobt, preist und ehrt. Meine Söhne, Meine Töchter, seid gütig zueinander. Liebt einander, wie Ich euch liebe, damit ihr am Tage des Gerichts Gnade bei Mir findet. Ich sage euch, die Tage werden kommen, da die unreife Frucht nichts mehr wert ist, denn euer König, der heute zu euch spricht, wird dann seine Herrlichkeit zeigen, und ihr werdet Ihn von Angesicht zu Angesicht sehen, deshalb: Selig sind die, die bereit sind, Mich zu empfangen; sie werden Erben des Höchsten genannt werden. Seid einig, die Kirche wird wieder lebendig werden!

Unsere selige Mutter spricht:

Maria: Ihr Kinder meines Herzens, zur Zeit schaut ihr zu, wie die Welt sich selbst zerstört und zunichte macht. Die Welt zerstört und vernichtet meine Kinder und bringt Unglück über so viele Familien. Die Grundfesten der Erde werden erschüttert von all dem Übel, das sie hervorbringt. Ich sage euch, solange ihr dem Bösen auch weiterhin erlaubt, euch an sich zu binden, werden viele im Staub der Sünde vergraben werden. Ich bitte euch, ja, ich flehe euch an, alles zu begraben, was nicht heilig ist. Wie lange werdet ihr noch zögern, euch aufzumachen, um den zu suchen, der euch am allermeisten liebt, euren Gemahl und euren Schöpfer? Derjenige, der euch die Erlösung und sein Erbe geschenkt hat, nämlich das Königreich, das schon seit der Gründung der Welt für euch vorbereitet war, Er ruft euch den ganzen Tag. Ihr könnt die Erbauer und Pflanzer dieses Geschlechtes werden. Ihr könnt die Ausbesserer dieser Erde werden. Bezahlt die Schuld der Erde mit Fasten, Opfern und Gebet, das von Herzen kommt. Selig sind die Friedensstifter, denn sie werden Söhne Gottes genannt werden. Empfangt meinen Segen.

125. Mein Liebeslied wird zu einem Strom werden, und dieser Strom wird zu einem Meer von Liebe anschwellen

15. Mai 1992

Du selbst, Herr, hast mich über viele Deiner Geheimnisse unterrichtet, da Du selbst mich aufgezogen hast und mein Führer in die Weisheit bist. Deine Weisheit hat bewirkt, daß ich mit Dir vertraut wurde. „Mach mich fähig, so zu reden, wie Du es möchtest, und die Gedanken würdig auszudrücken, wie es den Gaben entspricht, die mir verliehen sind“ (vgl. Weish 7, 15).

Ich, Jahwe, liebe dich. Bleibe bei Mir, bleib ganz nah bei Mir und wandre mit deinem Vater. Sprich Mir dieses Gebet nach:

> ***„O, ewiger Vater, Du Urheber der Liebeshymne, König von Anbeginn, Du hast Dich erhoben, oh Gott, um allen Bewohnern der Erde etwas mitzuteilen. Der Größe Deiner Barmherzigkeit und Deines Namens gemäß hast Du uns immer wieder mit Segen überschüttet. Über die Wellen der Meere und über die ganze Erde hat sich Dein Wohlgeruch ausgebreitet. Allmächtiger Gott, nie zuvor in unserer Generation hat es so wunderbare Dinge gegeben. Autor des Liebesliedes, Deine Werke sind wie eine prächtige Verzierung, wie herrlicher Schmuck, an dem Auge und Herz sich erfreuen. Preisen möchte ich Dich, ewiger Vater, mein ganzes Leben lang und Dir, mein Gott, singen solange ich lebe. Amen.“***

Und Ich sage dir: Leg deine Hand in Meine Hand und verbreite Meine Liebeshymne zusammen mit Mir. Geh mit Mir, Kleines, so gefällt es Mir. In den kommendenTagen will Ich die Blumenbeete bewässern. Warte, Mein Kind, und du wirst Meine Herrlichkeit sehen. Mein Liebeslied wird zu einem Strom werden, und dieser Strom wird zu einem Meer von Liebe anschwellen. „Ich werde die Erziehung hervorleuch-

ten lassen, ich werde dann die Lehren ausgießen als Weissagung, wie ein Vermächtnis an alle zukünftigen Generationen" (vgl. Sir 24, 32-33).

Ja, das ist es, was Ich sage, Ich, der Schöpfer des Himmels und der Erde. Und ihr sollt wissen, daß bald alles erfüllt werden wird, was Ich Mir vorgenommen habe. Eine Stadt nach der anderen (d.h. eine Seele nach der anderen) ***wird von Mir bewohnt und wieder aufgebaut werden*** (d.h. bekehrt). ***Eure Ruinen werde Ich wieder errichten und Meine Altäre*** (die treuen Gläubigen, die verfolgt und verwundet wurden), ***einen nach dem anderen, wieder aufstellen. Wenn der Fluch einmal aufgehoben ist, wird die ganze Menschheit Meinem heiligsten Herzen und dem unbefleckten Herzen eurer Mutter geweiht werden. Die Kirche wird wieder lebendig werden.***

126. Wessen Liebe ist stärker als der Tod?

10. Juni 1992

Friede sei mit dir! Die Liebe liebt dich. Meine Blume, hör zu und schreibe: Wie ein Mann, der seine Freunde einlädt, um mit ihnen zusammen seine Mahlzeiten einzunehmen, so lade Ich euch heute ein zu beten, aber auch, um Meine Leiden, Meine Freude und Meine Wünsche mit Mir zu teilen. Ihr wartet gespannt und lauscht in der Stille, um zu hören, was Ich zu sagen habe, und ach! ... Ich weiß ja so gut, wie durstig einige von euch sind! In diesen Zeiten, wie nie zuvor, reiche Ich Meine Hand von oben hinab, um euch vor den Mächten des Bösen zu erretten, die bereit sind, das kleine Licht auszublasen, das noch in euch brennt und euch zu zwingen, in Finsternis zu wohnen. Sagt also nicht: „Es gibt niemand, der mich rettet, und niemand, der sich meiner annimmt", und daß euch Hilfe verweigert wird. Ruft Mich mit euren Herzen an, dann werde Ich ganz schnell zu euch eilen ...

<u>Ich bin euer Freund.</u> Ich bin der, der euch am meisten liebt. Ich bin der Allgetreue. Ich habe euch beigebracht, nieman-

dem eine Freundlichkeit abzuschlagen, wenn er darum bittet. Werdet ihr euch weigern, die Dornen herauszuziehen, die Mein Herz verletzen? Ich brauche dafür edelmütige Seelen, Ich brauche heute mehr denn je Opferseelen. Ist noch eine feinfühlige Seele bei euch übrig? Wer von euch drückt Mich wie ein Siegel auf sein Herz? Wessen Liebe ist stärker als der Tod? Habt ihr noch immer nicht verstanden, wie krank Ich bin vor lauter Liebe zu dir, Generation?

Öffnet Mir völlig euer Herz, Meine Schwester, Mein Bruder, Meine Geliebten, denn Mein Mund ist aus Mangel an Liebe trockener als Pergament. Überlaßt euch Mir! Warum habt ihr Angst, euch Mir auszuliefern? Ihr übergebt euch doch nur eurem Heiligen, dem, von dem ihr sagt, daß ihr Ihn liebt. Gebt Mir ganz euer Herz, dann will Ich einen Himmel daraus machen zu Meiner, eures Königs, Ehre. Weiht euch Meinem heiligsten Herzen und lobpreist Mich. Ihr gehört alle zu Meinem Hause, und Ich möchte nicht, daß irgend jemand verlorengeht. Wenn ihr in Mir bleibt, werdet ihr leben. Meine kleinen Lämmer, macht weiterhin die Weihe an Mein heiligstes Herz ebensogut wie die an das unbefleckte Herz eurer Mutter bei euren Brüdern und Schwestern bekannt. Ich segne euch alle und lasse den Seufzer Meiner Liebe auf eurer Stirn zurück.

Botschaft von unserer seligen Mutter:

Maria: Geliebte Kinder, tut, was Jesus euch sagt. Dankt Seinem Namen für Seine treue Liebe. Erhebt eure Häupter zu Gott, dann werdet ihr strahlend werden. Meine armen Kinder, ich schaue von oben auf eure Städte, die voll von Unruhe und Umsturz sind. Ich schaue, aber ich kann nicht genug Liebe und Großmütigkeit finden. Ich brauche mehr Gebete, mehr Hochherzigkeit und mehr Liebe, um euch helfen zu können. Ich finde nur sehr wenige, die mich in meinen Gebeten unterstützen. Macht Schluß mit all euren schlechten Gewohnheiten und lebt heilig. Ich brauche eure Gebete, wie ein durstiger Boden Regen braucht, um euch zu helfen und euch für meinen Sohn zu schmücken. Ihr dürft jetzt nicht weiter zögern und säumen. Der Feind ist entschlossen, erbarmungslos und ohne Bedauern zu töten und immer mehr Menschen aus ihren eigenen Ländern zu vertreiben. Ich habe schreckliche Dinge von oben gesehen, und mein Herz ist in mir zerbrochen. Aber ich kann die Länder nur wiederherstellen, und ich kann den Frieden unter Brüdern nur zurückbringen, wenn ihr meine Bitten um Gebet und meine Aufrufe zum Opfer beachtet. Der Verlust von Kindern und Ehegatten wird dann sofort ein Ende haben. Nehmt doch diesmal Unsere Botschaften zu Herzen. Bringt euch Gott dar, dann nimmt Er euch an der Hand und formt euch um. Er macht einen Widerschein Seiner selbst aus euch. Von Ihm werdet ihr lernen, daß das Leiden göttlich ist, daß die Demütigung versöhnend in Gottes Augen ist, daß Gehorsam Ihm gefällt. Begehrt das, was von dieser Welt am meisten abgelehnt wird, nämlich Sein Kreuz. Ich segne euch alle mit meiner mütterlichen Liebe.

127. Ich werde Jesajas Prophezeiungen wahr werden lassen

18. Juni 1992

Vassula, laß Mich dir den Rest Meines Liebesliedes vorsingen. Laß Mich Meine Liebeshymne verlängern für die, die noch nicht bereit waren, sie zu hören.

Ja, Herr! Komm und schmelze unsere Herzen. Zeige uns, mein König, mein Gott, den Reichtum Deines heiligsten Herzens. Zeige uns das Licht in Deinem Gesicht. Laß uns begreifen, daß Du, mein Gott, vom Himmel auf uns herunterschaust, um zu sehen, ob da noch irgend jemand mit Glauben, mit Liebe übrig ist, und ob irgend jemand Dich noch sucht. Gelobt sei Dein Name, gepriesen sei unser Herr, unser Erlöser, Immanuel, denn Er hat uns Seine Liebeshymne gesungen. Genau wie Er durch den Mund Seiner Propheten vorhergesagt hat, daß Er wiederkommen wird, so bereitet Er uns jetzt für diese Begegnung vor. Und Du, selige Mutter, die Du uns den Erlöser gegeben hast, bist wieder bei uns und bereitest den Weg für den Herrn vor und bereitest uns vor, Ihm zu begegnen. Und der Herr in Seiner unendlichen Barmherzigkeit wird uns besuchen und uns Licht in unserer Finsternis geben, und Er wird unsere Schritte auf den Weg des Friedens, der Liebe und der Einheit führen. „Ehre sei Gott in der Höhe, und Friede den Menschen Seiner Gnade“ (Lk 2, 14).

Meine Vassula, Ich werde zu einem Volk kommen, das nie einen Gedanken an Mich verschwendet hat, nie einen Blick gehabt hat für das, was Ich getan habe, um es zu erlösen. Ich werde Jesajas Prophezeiungen (Jes 65, 1) ***wahr werden lassen: „Ich habe Mich von denen finden lassen, die Mich nicht suchten und habe Mich denen geoffenbart, die Mich nicht um Rat fragten." Und die Täler des Todes mit ihren Toten und deren Asche werden Unseren beiden Herzen geweiht werden. Friede sei mit dir. Komm und sprich Mir diese Worte nach:***

> ***„Jesus, sei meine Stütze! Ohne Dich bin ich nichts; ohne Dich ist mein Tisch leer; ohne Dich bin ich besiegt. Sei Du meine Inspiration und fülle mich; sei meine Zuflucht und meine Stärke. Ich liebe Dich, und mein Wille ist Dein. So soll es sein. Amen."***

128. Dies ist meine Schlacht

2. Juli 1992

Unsere heilige Mutter:

Maria: Christus ist bald bei dir. Du mühst dich ab, mein Kind, doch alles, was du meinem Sohn zu Seiner Ehre opferst, heiligt dich und ehrt Ihn. Es war Gottes Absicht, sich dir zu offenbaren um Seines Leibes, der Kirche willen. Denk daran, Tochter, Jesus wird dich nie, nie im Stich lassen. Erinnerst du dich, wie du mir die Botschaften anvertraut hast, die du empfängst? Ich, als deine Mutter, behüte, was du mir gegeben hast; und wie schon gestern, so werde ich auch heute die Botschaften meines Sohnes weiterhin schnell verbreiten. Satan mag Bösartiges aussprechen, und es mag scheinen, als ob er über jede Nation triumphiert und glorreiche Siege feiert, aber, Vassula, bald werde ich ihn besiegen, denn dies ist meine Schlacht. Tochter, ich werde dich trösten und dir genügend Stärke geben, deine Mission fortzusetzen.

Der Herr spricht jetzt:

Gefalle Mir und verkünde Meine Worte überall, wo Ich dich hinsende. Steh fest! Lehn dich an Mein Herz und fühle dich

geliebt. Sag Meinen Kindern, daß sie sich und ihre Familien Unseren zwei Herzen weihen sollen. Weiht euch, so daß Ich euch als Mir gehörig, als Mein Eigentum markiere.

Hört Mir zu, Ich sage euch feierlich, daß eine Zeit der Trübsal kommen wird, wie sie nie zuvor da war. Die Erde sieht schon einen Schimmer dieser Zeit. Gebt nicht nach, und laßt euch nicht täuschen. Viele behaupten, Botschaften von Mir zu empfangen, aber diese Botschaften kommen weder von Mir noch von eurer Mutter. Ich habe euch schon vor diesen Zeiten gewarnt. Ich habe euch oft warnend darauf hingewiesen, daß in diesen Zeiten viele falsche Propheten aufstehen werden, um die Werke eures Herrn mit Hilfe von Lügen zu zerstören. Die Ohren derer, die hören, werden wachsam sein. Das Herz der Voreiligen wird getäuscht werden. Viele werden versuchen, dich irrezuführen, Vassula, indem sie sagen, daß Ich, Jesus, sie zu dir sende, doch sie sind falsche Propheten. Denk daran, viele falsche Christusse werden sich erheben. Einige werden große Wunderzeichen hervorbringen und sogar die Auserwählten beeindrucken. Siehst du, Ich habe dich schon wieder gewarnt. Tochter? Gestattest du Mir, mit dieser Arbeit in dir fortzufahren? Bete, damit du nicht in Versuchung geführt wirst. Ich werde den Weg für dich öffnen, habe keine Angst, Meine Liebe zu dir ist ewig.

Mexiko / 3. Juli 1992

Ich bin euer Heiliger und komme vom Himmel herab, um euch alle mit dem Tau Meiner Liebe zu tränken. Oh, wenn doch das Herz der Menschheit sich von der Bosheit abwenden würde! Ich gebe euch mächtige Beweise Meiner Liebe, aber wer schätzt Meine Liebe schon? Mexiko! Dein König ist hier, um dich in Seine Arme zu nehmen.

Ich bin hier, Ich beuge Mich zu euch nieder und flüstere euch die Größe Meiner Liebe ins Ohr. Habt ihr nicht begriffen, daß es Unsere zwei Herzen waren, die sich um euch gekümmert haben? Unsere zwei Herzen sind hier und wollen

sich in euren Häusern niederlassen und euch vor der wilden Wut Satans schützen.

Heute mehr als je rufe Ich eure Nation auf, eure Herzen Mir, eurem Herrn, zuzuwenden, jeder Kleine von euch ist Mir sehr kostbar. Kommt, kommt und liebt Mich. Benetzt Meine trockenen Lippen mit eurer Liebe! Ich werde all die Untreue in eurer Nation heilen, und euer König wird euch Ruhe geben. Ich segne jeden von euch und sage euch vom Innersten Meines Herzens: Die Liebe liebt euch, seid eins in Meiner Liebe.

129. Weiht euer Land unseren beiden Herzen

Mazatlan, Mexiko / 7. Juli 1992

Wir haben Deine große Liebe nicht zu würdigen gewußt, und immer wieder entehren wir Deinen Heiligen Geist, der zur Zeit versucht, uns für sich zu gewinnen und uns zu der Wahrheit zu führen, die auf Liebe gegründet ist. Glaubensabfall und Rationalismus haben sich vereinigt und den Atheismus geboren. Wir haben Dich im Stich gelassen und tun es immer wieder. Einige fordern bewußt Deine Heiligkeit heraus. Du redest, aber wer hört zu? Kummer verzehrt Deine Augen, und dennoch ist Verachtung alles, was Du dafür bekommst.

Friede sei mit dir! Gib Meinen Frieden an Meine geliebte Seele (Pater Masi aus Mazatlan, Mexiko) ***weiter. Du mußt Mir glauben, wenn Ich sage, daß Mein Heiliger Geist in dem großen Glaubensabfall eurer Generation verfolgt wird wie nie zuvor. Er ist für eure Zeit der Stein des Anstoßes geworden. Ich habe gesagt, Meine kleinen Kinder, daß man euch aus eures Vaters Haus vertreiben und verurteilen wird, und dabei wird man denken, man erfülle eine heilige Pflicht für Mich. Laßt eure kleinen Herzen nicht betrübt sein, Meine Geliebten. Ich, euer Erlöser, stehe vor euch.***

Heute spreche Ich jenen zuliebe, die verwundet sind. Ich gebe euch Meinen Frieden. Laßt euch von diesem Frieden einhüllen. Fürchtet euch nicht und sagt nicht: „Was soll ich

tun, Herr?" Ich sage euch: Betet ohne Unterlaß, um eure eigene Seele und die anderer zu heiligen. Betet mit eurem Herzen und bringt den Dämon zum Fliehen. Seid mit Mir vereint, dann wird nichts und niemand zwischen euch und Mich kommen. Die Zeit ist gekommen, da ihr nicht länger zögern solltet. Breitet Meine Weinberge aus, wo immer ihr könnt. Fürchtet die Stürme nicht, die von Zeit zu Zeit aufkommen. Mein heiligstes Herz ist euer Zufluchtsort. So kommt und weiht euch und eure Familien Mir und dem unbefleckten Herzen eurer Mutter. Ich, Jesus, beabsichtige, in eurem Land zu bleiben und es zu heiligen. Deswegen bitte Ich euch, euer Land Unseren beiden Herzen zu weihen. Ich segne euch alle aus der Tiefe Meines Herzens.

130. Der Tag des Gerichts – Die Zeit des Aussortierens ist gekommen ... Das Siegel des Lammes

20. Juli 1992

Meine Blume, Ich, Jesus, segne dich und gebe dir Meinen Frieden. Ich habe euch alle von Anfang an gebeten, ein heiliges Leben zu führen, weil Ich heilig bin. Ich habe euch gebeten, ihr Liebsten, eure Lebensweise zu ändern, damit ihr Mein himmlisches Reich erbt. Als Meine Engel, denen Ich höchste Autorität verliehen hatte, gegen Mich rebellierten und das Verderben das Beste aus ihnen genommen hatte, hat Mein Gericht sie nicht verschont. Sie wurden in die Unterwelt geworfen, um dort auf den Tag des Gerichts zu warten. Auch sie werden vor aller Augen gerichtet werden ...

Und ach! Was wird das für ein schrecklicher Anblick sein! Ich werde jeden nach dem richten, was er getan hat. Jeder wird in Stille und Ehrfurcht vor Meinem Thron stehen, denn der Tag dieses Jüngsten Gerichts wird so furchtbar sein, daß jeder vor Furcht und Angst zittern wird vor dem höchsten Richter, der Ich bin. Ihr werdet alle eine riesige Anzahl gefallener Engel sehen, die aus dem Himmel vertrieben wur-

den und voll Bitterkeit und Groll Michael, den Erzengel, bekämpft haben. Ja, eure Augen werden Meine Rivalen sehen, die Rivalen des Heiligen, des Gesalbten. Ihr alle werdet jene gefallenen Engel sehen, die Anhänger Luzifers, der Urschlange, die versucht hat, alle Meine Söhne und Töchter irrezuführen.

Ihr werdet Mengen von denen sehen, die Meinen Namen entehrt haben und Mein Gesetz übertreten haben, von denen, die sich geweigert haben, von Meiner Heiligkeit aufgezogen und gepflegt zu werden und es vorgezogen haben, von dem Betrüger auf der Stirn gezeichnet zu werden ... (Ich sah hier in einer Vision eine große Anzahl gefallener Engel, die am Tag des Gerichts vor Gottes Thron standen. Es war furchtbar und traurig.) ***Ja, Vassula, eine furchtbare Vision ist dir gezeigt worden. Ich sage dir: Ich werde bald mit Meinen Heiligen kommen, um Gericht zu halten über die Welt und die Schuldigen zu verurteilen. Heute wird der ganzen Menschheit Meine Gnade gezeigt, damit ihr alle mit Meinem Heiligen Geist erneuert werdet, bevor Mein Tag kommt, und um euch alle an Mein Gesetz zu erinnern.***

An jenem Tag werde Ich jedem das vergelten, was er verdient hat. Ich habe gesagt, daß Ich jeden schwer bestrafen werde, der den Geist der Gnade beleidigt und Meinen Geist lächerlich macht. Deshalb solltet ihr wach bleiben. Heute bitte Ich euch mehr als jemals zuvor, euch, eure Familien und eure Nationen Unseren beiden Herzen zu weihen. Erlaubt Mir, eure Stirn mit dem Siegel Meines Heiligen Geistes zu zeichnen. Die Zeit des Aussortierens ist gekommen, die Zeit der Abrechnung ist da. Ich habe jedem gesagt, daß Ich wie ein Dieb über euch kommen werde. Niemand wird etwas ahnen, wenn Ich wiederkomme. Dann wird von zwei Männern einer mitgenommen, einer zurückgelassen; von zwei Frauen wird eine mitgenommen, eine zurückgelassen. Die Ernte ist fast reif, und zahllose Leichname werden zurückgelassen, wenn Ich sage: „Ich bin hier!"

Dann werde Ich zu Meinem Engel sagen (Anspielung auf das Gleichnis vom Unkraut, vgl. Mt 13, 24-30)***: „Die Stunde ist***

gekommen, auszusortieren und alle herauszuziehen, die nicht Mir gehören. Von denen, die sich zu Mir bekannten, sortiere alle jene aus, die Mein Gesetz nicht befolgen wollten. Von denen, die Meinen Heiligen Geist willkommen hießen und ihm erlaubten, ihr Führer und ihre Fackel zu sein, sortiere alle jene aus, die in ihrem Glaubensabfall gegen Mich rebellierten. (Dieser Abschnitt bestätigt die Prophezeiung des hl. Paulus in 2 Thess 2, 1-12. Die zwei Vorzeichen des Endes der Zeiten: die große Revolte (Glaubensabfall) und der Rebell (der Geist der Rebellion).) ***Von denen, die auf der Stirn mit dem Siegel des Lammes gezeichnet sind, sortiere alle diejenigen mit dem Namen des Tieres oder mit der Zahl 666 aus." Die Zeit ist da, und Ich selbst zeichne Mein Volk mit Meinem Namen und mit dem Namen Meines Vaters.***

Vassula, Ich habe nicht nur für dich allein die Schleusen des Himmels geöffnet, sondern Meine Gaben werden jetzt, vor Meiner großen Wiederkunft, über die ganze Menschheit ausgegossen. Ihr lebt, wie Ich schon oft gesagt habe, in einer Zeit großer Barmherzigkeit und Gnade. Doch der Tag, der wie ein Ofen brennt, ist jetzt im Kommen. Und alle die, die nicht mit Meinem Namen auf ihrer Stirn gekennzeichnet sind, werden an diesem Tag wie Stoppeln sein. Ich zeige euch was kommt, bevor Ich das sechste Siegel öffne (Offb 6, 12-17). ***Kommt und weiht euch Meinem heiligsten Herzen und dem unbefleckten Herzen eurer Mutter. Wie Ich gesagt habe, lebt ihr in einem Zeitabschnitt der Gnade und Barmherzigkeit. Tochter, genauso wie du Mir gegenüber ungehorsam warst und dich geändert und mit Mir versöhnt hast, indem du Frieden mit Mir geschlossen hast und jetzt Meine Barmherzigkeit genießt, so wird es auch für die sein, die jetzt noch gegen Mich rebellieren.***

Ich will der ganzen Menschheit Meine unendliche Liebe und Barmherzigkeit zeigen, bevor Ich Meine vier Engel, deren Pflicht es ist, das Land und das Meer zu verwüsten, an die vier Enden der Erde sende (Offb 7, 1). ***Ich habe diesen Engeln befohlen zu warten, bevor sie dem Land oder dem Meer oder den Bäumen irgendwelchen Schaden zufügen. Sie sollen warten, bis Ich Mein Siegel auf den Stirnen derer einge-***

brannt habe, die sich an Mein Gesetz gehalten haben (Offb 7, 2-3), ***derer, die aus Meiner Gnade und Barmherzigkeit Nutzen gezogen haben. All denen sage Ich: Dient, wartet nicht darauf, bedient zu werden, damit Mein Vater im Himmel euch einen Platz in Seinem Zelt zuteilt. Wenn ihr Mir treu seid, werdet ihr große Verfolgungen erdulden, aber habe Ich euch nicht weiße Kleider im Himmel versprochen? Habe Ich euch nicht versprochen, daß ihr nicht mehr hungrig und durstig sein werdet?*** (Anspielung auf Offb 7, 9-17). ***Fürchtet euch also nicht, wenn die Stürme sich gegen euch erheben; die Schriften werden dadurch erfüllt. Glücklich seid ihr, wenn ihr in Mir, eurem Herrn, sterbt! Ich werde euch wirklich belohnen.***

Mein Kind, die Liebe ist dir nahe, und Mein Geist ruht auf dir. Hoffnung, Mein Kind, findet man in Meinem heiligsten Herzen; Liebe, Meine eigene, gebe Ich dir zwanglos und reichlich, und Glauben ist eine Gnade von Mir.

Mein Geist freut sich an deiner Nichtigkeit, und Meine Seele erfreut sich an deiner Schwachheit. Ich habe dich aufgezogen, damit du Mich trösten und erfreuen sollst. Ich habe dich aus Gnade auserwählt, Meinen Durst nach Liebe zu stillen. Das hat nichts mit deinem Verdienst zu tun, Mein Kind, denn du hast kein Verdienst. Bist du bereit, Mein Kind, deinen Retter zu erfreuen?

Ja, Herr, ich möchte Dich erfreuen!

Um jeden Preis?

Um jeden Preis. Alles, was ich an Gutem habe, gehört Dir. Du bist mein ewig treuer Gott, der Heilige.

Ich werde dich mit feinfühlender Hand leiten und werde Meinen Atem über dich blasen, damit du Meinen Wohlgeruch verbreitest. Sei aufmerksam, wenn Ich rede, Meine Schülerin. Ich habe eine Legion Dämonen zurückgetrieben, die sich aufgemacht hatten, Mein Eigentum (mich) ***auszuplündern.***

Gelobt und gepriesen sei Jesus!

Komm, Tochter, wir wollen arbeiten. Sei vereint mit Uns (Jesus und unsere heilige Mutter). ***Wir, uns?***

Ja!

131. Mein Heiliger Geist wird euch in ähnlicher Weise leiten, wie Ich Meine Jünger geleitet habe

21. Juli 1992

Herr?

Ich bin es. Ich gebe dir Meinen Frieden und segne dich. Blume, laß uns arbeiten. Schreibe:

Ich sage euch feierlich: Ich gebe der Welt viele Zeichen, aber ist man auch bereit, Meine himmlischen Zeichen anzuerkennen? Viele reden heute nur über das, was sie gesehen haben, aber lehnen dennoch das Zeugnis Meines Heiligen Geistes ab, das jetzt so offenkundig ist. Mein Heiliger Geist wird euch in ähnlicher Weise leiten wie Ich Meine Jünger geleitet habe. Er wird euch alle mit Meiner erbarmenden Liebe überschatten. Ich werde jedermann zeigen, daß Mein Name Jesus „Der, der rettet" bedeutet.

Tochter, laß deine Augen auf Mich gerichtet sein und wirke, Ich bin ganz freigebig. Ich habe dich mit Meinem Wissen ausgestattet und habe dir Meine Interessen anvertraut. Dein Schöpfer hat dich mit Seinen mächtigen Armen umfaßt, deshalb fürchte dich nicht. Ich werde deine Feinde niederwerfen, die in Wirklichkeit Meine Feinde sind. Deine heilige Mutter ist deine Verteidigerin. Ich, der Herr, werde dich stark machen, denn du sollst Meine Botschaft bis an die vier Enden der Erde tragen.

Tag und Nacht bewache Ich dich, deshalb soll dein kleines Herz sich keine Sorgen machen. Ich werde ab heute noch mehr Türen für dich öffnen: Ab heute werden Priester, Bischöfe und Kardinäle beginnen, ihre Ohren zu öffnen und Meine Stimme zu hören. Sie werden anfangen zuzuhören.

Aus Meiner unendlichen Barmherzigkeit will Ich einen Schauer voller Gnaden über sie gießen, und sie werden beginnen zu verstehen. Die Schuppen werden von ihren Augen fallen, die mit dem Staub des Glaubensabfalls verkrustet sind, und sie werden von neuem beginnen, den Glanz Meines Heiligen Geistes zu sehen. Sie werden die unergründlichen Reichtümer Meines heiligsten Herzens wahrnehmen, jene Reichtümer, die für eure Zeit aufgespart sind. Tochter, betrachte dich selbst als ein Baby, das gerade von seinem Schöpfer entwöhnt worden ist. Bleibe klein, damit Ich dich leicht an Meine Brust heben und dich an Meine Wange drücken kann.

Alle menschliche Weisheit wird vergehen, und der Scharfsinn eurer Generation wird verhüllt werden. Mein Herz ist mit dir. Tochter, du wirst weiter Zeugnis für Mich ablegen und Mein Echo sein für diese abtrünnige Generation, die dem Zusammenbruch nahe ist. Du wirst Meine Botschafterin für Meine Angelegenheiten sein. Mein Kind, Ich werde dich auf Meinen Schultern in das Herz eines Volkes tragen, das es vorgezogen hatte, auf List und Tücke zu vertrauen statt dem Atem Meines Heiligen Geistes. Ich werde dich jetzt zu denen senden, die Mich, den Heiligen, aus ihrem Blickfeld entfernt hatten. Ich will ihnen eine Umkehr und Rettung bringen, wie man es nie zuvor gehört oder gesehen hat. Ich will diese Nation zurückholen, sie verschonen und sie retten. An jenem Tag werden sie Mir ein Lied singen, das wie das Lied einer Hochzeitsnacht klingt. Ich werde dich als Pilger zu ihnen schicken. (Ich verstand sofort, daß Christus Rußland meinte. Ich wurde eingeladen, als Pilger zu reisen.)

„Ich werde die Blinden an der Hand nehmen und auf der Straße führen. Das Dunkel, das vor ihnen liegt, mache Ich hell und räume alle Hindernisse beiseite. Das werde Ich ganz sicher tun und Mich nicht davon abbringen lassen“ (Jes 42, 16). ***Ich werde kommen und sie retten.***

132. Um dich am Leben zu erhalten, habe ich dir angeboten, Meinen Leib zu essen und Mein Blut zu trinken

27. Juli 1992

Vassula, Meine armselige Braut. Ich sah all dein Versagen und deine Schwächen schon voraus, längst bevor du geboren wurdest. Ich wußte schon immer, daß diejenige, die Ich ausersehen hatte, mein Netz zu sein, das Ich in die Verdorbenheit der Welt auswerfe, sich in Meinen Händen krümmen und winden würde. Ich wußte schon, wie der Teufel trickreiche Fallen stellen würde, um diejenige zu fangen, die Mein Herz liebt. Wundere dich also nicht, und denke auch nicht, daß Ich Mich wundere ... Willst du noch weiter Mein Kreuz tragen, das Ich dir mit so viel Liebe anbot?

Ja, das will ich. Verbirg Dein Angesicht nicht vor mir, und auch nicht Dein Kreuz. Wenn Dein heiliges Antlitz auf mich schaut, wird es mir die Kraft geben, die ich brauche, Dein Kreuz zu tragen. Das ist alles, was ich brauche. Ich verdiene es nicht, daß der König der Kö-nige so liebevoll vom Himmel auf mich herabsieht.

Vassula, laß Mich nicht Meine Meinung über die Aufrichtigkeit deines Herzens ändern. (Das war ein Vorwurf von Jesus.) ***Um die Aufgabe auszuführen, mit der Ich dich so wohlwollend betraut habe, sollte dein Geist mit Meinem Geist und dein Herz mit Meinem Herzen <u>vereint</u> sein, und in dieser vollkommenen Einheit wirst du Mein Echo sein können. Schau her! Mut, Tochter! Dein Geliebter kommt bald und wird das Leid und den Jammer dieser Welt beenden. Hör zu, Tochter, habe Ich dir irgend etwas vorenthalten?***

Nein, Herr, ganz im Gegenteil: Du hast meinen Mund mit himmlischem Manna gefüllt, Du hast meine Seele gepflegt und gestärkt, Du hast große Dinge an mir getan.

Ja! Ich habe dir einen vollen Tisch angeboten. Ich habe dir Mein Haus angeboten, Mein Herz und Mich selbst. Ich habe dir angeboten, bei Mir zu wohnen, in Meinem Licht. Ich habe

dir aus Meiner Hand Mein himmlisches Manna angeboten. Ich habe dir für die Durchquerung dieser Wüste einen Teil Meines Mantels angeboten. Um dich am Leben zu erhalten, habe Ich dir angeboten, Meinen Leib zu essen und Mein Blut zu trinken. Ich habe deine Schritte daran gewöhnt, in Meinen Fußstapfen zu gehen. Ich habe Mein Wohlwollen und die Reichtümer Meines heiligsten Herzens in dir eingerichtet. Ich habe Legionen von Dämonen zurückgehalten, die bereit waren, dich zu zerreißen. Wie ein Krieger kämpfte Ich und habe deine Sache vor dem Betrüger verteidigt. Ich habe über dich und deinen Haushalt Meinen Segen ausgegossen. Ich habe dein Haus aus Trümmern und Tod wiederhergestellt (d.h. deine Seele wiederhergestellt). ***Ich habe so liebevoll deine Lippen auf Meine Wunden gedrückt und Meinen Kelch mit dir geteilt. Und wie ein Gemahl, der sein Ehebett anbietet, habe Ich dir Mein Kreuz, Meine Dornenkrone und Meine Nägel angeboten, um dich zu heiligen. Was hätte Ich sonst für dich tun können, das Ich nicht getan habe? ...***

Vassiliki (Jesus sprach sehr ernst meinen offiziellen Geburtsnamen aus), ***gib deinen natürlichen Eingebungen nicht nach, damit du nicht deine Früchte verlierst und ein verdorrter Baum wirst. Ich habe dich umworben, Vassiliki, mit Meiner ganzen Seele, und mit Meiner ganzen Seele beabsichtige Ich, daß du für immer Mein sein sollst. Dennoch werde Ich von jetzt an noch viel mehr als vorher von dir verlangen. Wenn du nicht dastehst, wie Mein heiligstes Herz es verlangt, wirst du doppelt so viele Kreuze zu tragen haben. Denk daran, du verdankst Mir dein Leben und auch deine Rettung. Halte Abstand von der Welt, die alles hat, nur nicht Mich. Möge die Kraft, die du von Mir empfängst, dir helfen, deinen Mund zu öffnen und Meine Wundertaten zu verkünden. Mögen alle Rassen der Welt Meine Botschaft hören.***

Ich werde überall und in jedem Land säen. Ich werde eure Wüsten bebauen, und alle Bewohner der Erde werden selbst an den entferntesten Enden der Welt den Klang Meiner Schritte hören. Tochter, sei zärtlich zu Mir, dann biete Ich deiner Seele Freuden und Tröstungen an, die deinen Durst stillen. Steh ab und zu in der Nacht auf, um Mich zu loben

und zu preisen und Mir für die Gnaden und den Segen zu danken, mit denen Ich dich so reichlich überschüttet habe. Du bist Mir lieb und teuer. Schau an Meine rechte Seite, dann siehst du, wer bei Mir ist ... Ja, deine Fürsprecherin und Mutter ist es, die dich vor Gefahr und Bedrohung bewahrt. Wie eine Lampe auf dem heiligen Leuchter *(Sir 26, 17)*, ***so zeigt sie dir den Weg zu Mir.***

133. Ich bin ihre (Rußlands) Mutter

9. September 1992

Unsere heilige Mutter:

Maria: Friede sei mit dir. Sage meinen Kindern in Rußland, daß ich selbst sie geistlich und geistig erziehen werde. Ich bin ihre Mutter. Ich bin die Frau aus der Apokalypse. Rußland, meine Tochter, habe Geduld. Der Todesgeruch wird sich nicht mehr verbreiten. Deine Leiden werden wirklich bald zu Ende sein, denn der Herr wird in Seiner Barmherzigkeit das Todeslaken von dir heben, das dich so viele Jahre lang eingehüllt hatte. Deine Augen, Rußland, meine Tochter, werden bald auf deinen König schauen, auf deinen Retter in Seiner ganzen Pracht, der unter den Namen bekannt ist: der Treue und der Wahrhaftige. Dein König ist auf Seinem Rückweg. Rußland, hör auf Ihn:

Unser Herr spricht jetzt:

Jene, die weit entfernt sind, werden kommen und bereuen. Sie werden Meine Kirche wiederaufbauen, und Ich, für Meinen Teil, werde jedes Herz salben. Und so, wie jemand vom Schlaf erwacht, wird Rußland erwachen und vor Ungeduld zittern, von Mir verzehrt zu werden. Ich werde dich erlösen und dich in eine Führerstellung für viele Nationen einsetzen (ich glaube, spirituell). ***Fremde werden erblassen, wenn sie deine Schönheit sehen. Deine rechte Hand wird in Meiner Hand sein. Ich werde dich hoch über alle anderen erheben, und Ich werde Meine Freude an dir haben. Mit Vergnügen und großer Freude wird dein Schöpfer Seinem Volk deine Schönheit vorführen*** (Jesu Stimme klang froh, und Sein Gesicht sah glücklich aus. Er erschien wie ein Vater, der sein Kind hoch in die Luft hebt)***, nämlich Seinen Engeln und allen Seinen Heili-***

gen. Die Himmel werden offen ihre Freude ausdrücken. Das Himmelsgewölbe wird an den vier Ecken der Erde Meinen Ruhm verkünden.

Rußland ... du warst tot, und Ich hatte ein Trauerkleid angezogen, um Meinen Kummer kundzutun. Und wie ein Vater, der um sein Kind trauert, ging Ich niedergeschlagen und traurig einher. Jetzt habe Ich dich unter vielen Völkern ausgewählt, um Meine Herrlichkeit durch dich zu offenbaren. Bald wird deine heilige Mutter Satans Thron umstürzen und den Kopf der Schlange zertreten. Der Verlust von Kindern und Witwenschaft wird sofort ein Ende haben. Der Drache wird seinem Schicksal übergeben werden, und die Welt wird eine Zeit des Friedens haben. Die Mutter der ganzen Menschheit wird am Ende die Oberhand gewinnen, und Ich, der Herr, dein Gott, werde in jeder Nation triumphieren, in jedem Herzen und in jeder Rasse. (Dieser letzte Abschnitt bedeutet, daß alle Völker der Erde Jesus als Christus anerkennen werden. Das Lamm, eine Anspielung auf Offb 6, 15-16.)

134. Unsere zwei Herzen sind draußen gewesen und haben euch gelehrt

14. September 1992

Jesus?

Ich bin es. Du hast keine Ahnung, wieviel Ich für dich zum Vater gebetet habe, ganz zu schweigen von deiner heiligen Mutter. Meine Augen strömen jeden Tag über von Tränen wegen der Verbrechen dieser Welt ... Meine Augen sind müde geworden vom Ausschauhalten nach großmütigen Seelen. Mein Herz ist bekümmert, und Mein ganzes Wesen schaudert vor Schmerz, so sehr, daß Ich es unterlasse, auf die Sünden dieser Generation hinabzuschauen, damit Mein Kelch nicht überläuft. Ich schrieb eine neue Liebeshymne (diese Botschaften), ***um sie euch vorzusingen, um jedes Herz vom Himmel herab zu erreichen und euch zu retten, und um euch an***

Meine ewige Liebe zu erinnern, die Ich für jeden einzelnen von euch empfinde. Ich sprach von oben, nicht um euch Meine Regeln aufzubürden, sondern um euch ein Friedens- und Liebesbündnis vorzuschlagen, das euch alle unter Meine Fittiche führen und euch vereinigen sollte. Ich schlug vor, euch mit Mir eng zu verbinden ..., aber, wie viele von euch haben verstanden, was Ich sagte? Habt ihr wirklich begriffen, was der Bräutigam euch angeboten hatte? Erklärt Mir dann, warum jedesmal, wenn Ich von Versöhnung spreche, ihr eure Augen von Mir abwendet ...

Ich war ein Fremder, und ihr habt Mich nicht willkommen geheißen; Ich klopfte an eure Tür, und ihr habt Mich nicht gehört; obwohl Ich die Wahrheit sagte, hat eure Zunge nie aufgehört, schmutzige Lügen über Mich zu verbreiten, über Mich zu richten und Mich zu verurteilen. Ich kam, um euch gesunden Verstand beizubringen und an Mein Wissen zu erinnern, an Führung und Leitung und Dienst, doch ihr habt euch über Mich lustig gemacht und über Mich gespottet; Ich besuchte euch mit Liebe und Zärtlichkeit, mit dem sehnsüchtigen Verlangen, euch alle in Meinem Herzen zu vereinigen und euch noch einmal ganz von vorne die Regeln Meiner ursprünglichen Kirche zu lehren. Doch ihr habt es zugelassen, daß eure eigenen Regeln in euren Geist eingedrungen sind und Mich aus eurem Herzen hinausgeworfen haben.

Du wirst fragen: „Wann habe ich Dir dies alles angetan, Herr?“ Ich sage dir, du hast es Mir schon angetan. Du hast Mich vorschnell gerichtet und deinem Mund erlaubt, Mich zu verurteilen, denn was du einem Meiner Gesandten getan hast, das hast du Mir getan. Du hast ihre Namen entweiht und dabei noch gedacht, du tätest Mir einen Gefallen. Doch in Wirklichkeit hast du Meinen Namen entweiht. Wie kannst du noch sagen: „Dein Wort, Herr, ist meines Fußes Leuchte und ein Licht auf meinem Wege“, wenn du Mein Wort nicht in dich aufgenommen hast und dich auch nicht mit deinem Bruder versöhnt hast? Mit großer Liebe und Zärtlichkeit sind Unsere zwei Herzen in diesen letzten Tagen draußen

gewesen (Anspielung auf Offb 11) ***und haben euch alle immer wieder und wieder gelehrt, daß Gebet, Liebe und Demut die Schlüssel zu eurer Rettung sind. Aber wie viele von euch sind wirklich in diese Wahrheit eingedrungen?***

Euer Herz ist das Tor, durch das Ich eintreten kann, um euch zu heilen und auf Meinem Wege zu führen. Habt ihr wirklich in euren Herzen Unsere Worte in Ehren gehalten und sie geschätzt, oder seid ihr noch immer auf Krieg aus? Ihr könnt euch nicht vor Mir verstecken, und ihr könnt auch nicht sagen, Ich hätte euch die Wahrheit vorenthalten. Wenn ihr behauptet, ihr wäret in der Wahrheit, so erklärt Mir doch eure Teilung ...

Öffne deine Augen, Mein Freund! Öffne dein Herz, nicht deinen Verstand! Ich sage dir noch einmal: Es gibt keinen einzigen guten Menschen mehr, nein, wirklich keinen; es gibt niemanden, der versteht, da ihr alle unter der Herrschaft der Sünde seid; nicht einen, der Mich sucht; alle haben sich abgewendet, alle sind gleich verdorben, und doch behaupten viele von euch, im Licht zu sein. Ich sage euch, solange ihr getrennt bleibt, seid ihr noch im Dunkeln. Solange ihr euch an eurer Trennung freut, wißt ihr immer noch nicht, wohin ihr geht, weil es zu dunkel ist, um zu sehen. Ich bin zu euch gekommen, um euch ein Geschenk anzubieten: das Geschenk Meiner Liebe, doch die Liebe wurde wieder mißverstanden, abgelehnt und war euren Herzen fremd. Trotz all Meiner dringenden Bitten, euch zu versöhnen und zu vereinigen, sündigt ihr weiter. Wie kann Ich eure Sünden vergeben, wenn ihr immer wieder Meine Worte unterdrückt? Ihr hört Meine Stimme, aber ihr erkennt sie nicht mehr. Wenn ihr Mir nicht erlaubt, alles mit der Wurzel auszureißen, was in euren Herzen nicht Mir ist, werdet ihr nie sehen, wie Mein Heiliger Geist heute mehr als je zuvor Versöhnung und Einheit in euch sucht.

Ich habe euch gezeigt, wie ihr euch vereinigen sollt. Die Einheit wird in euren Herzen stattfinden. Versöhnung wird im Herzen vollzogen und nicht durch einen unterschriebenen Vertrag. Wie kann irgend jemand behaupten, gerecht zu

sein, wenn eure Länder miteinander im Krieg sind und in Flammen stehen? Lernt endlich, was Mein heiligstes Herz von euch begehrt: Nächstenliebe, Großmut, Gebet und einen Geist der Versöhnung und daß ihr einander liebt, wie Ich euch liebe. Werde Ich von euch euren Ruf der Hingabe und der Reue hören?

135. Mein Heiliger Geist

5. Oktober 1992

Vater, früher, bevor Deine Majestät das Gedächtnis meiner armen Seele wiederbelebte, hatte ich vergessen, wer mich gemacht hatte. Im nächsten Moment, als Du mein Gedächtnis wiederherstelltest, batest Du mich, meine Augen zum Himmel zu erheben. Da schien ein Lichtstrahl auf mich herab, und wie ein verzehrendes Feuer blieb Dein Geist auf mir. Wahres Licht, unerschöpflicher Reichtum, Du bist ehrfurchtgebietend und unwahrscheinlich groß. Wie könnte ich Dich nicht loben und Dir nicht danken, Du zärtlichster Vater, daß Du Deinen Geist auf meiner armseligen Seele ruhen und Deinen Geist eins mit mir werden ließest?

Friede sei mit dir! Ich bin es, Jahwe, dein ewiger Vater, der, der dich mit Weisheit lehrte. Ich bin der Heilige, der sich dir in deinem Elend näherte und dich heilte. Ich sprach zu dir, während du schliefest, und von da an, als die Schuppen von deinen Augen gefallen waren, hast du das Licht gesehen. Ich habe dich gelehrt, Tochter, Mich nicht zu fürchten, sondern Mich nur zu fürchten, wenn du Mich ablehnst und gegen Mich rebellierst. Ich habe dich gelehrt, dich vertrauensvoll in Meiner Gegenwart aufzuhalten. Ich habe dir Meine unendliche Zärtlichkeit und väterliche Liebe gezeigt, die Ich für jeden von euch empfinde. Ich selbst habe deine Sünden mit den Wurzeln ausgezogen, und an ihre Stelle habe Ich auf den nun freien Platz Meine Gnaden gepflanzt. Obwohl deine Seele wie angesengt hochsprang, mußte Ich Meinen Weg in deiner Seele weitergehen und alle Rivalen stürzen und

beseitigen, die mit dir zusammenlebten. In Meiner eifernden Liebe vertauschte Ich jene Rivalen mit reichlicher Frucht, und fortan wurde Ich dein Tischgefährte, deine Freude.

Hör jetzt zu, Meine Tochter, Meine Angehörige, schreibe und sage Meinen Kindern folgendes: Aus den Tiefen Meines Herzens rufe Ich euch alle! Selig sind die, die Ohren haben zu hören. Wenn Meine Propheten nicht wären, könnt ihr Mir sagen, wer dann das Kommen Meines Sohnes vorausgesagt hätte? Wenn ihr sagt, ihr lebt nach der Wahrheit und in Meiner Liebe, wie kommt es dann, daß eure Generation heute Meine Propheten ausschaltet und sie verfolgt, gerade so wie eure Vorfahren es getan haben? Aus Meiner unendlichen Barmherzigkeit heraus wird gerade eine Stadt für Mein eigenes Volk wiederaufgebaut. Wird diese erneuerte Stadt auf dem Blut jener wieder erbaut, die ihr immerwährend verfolgt? Ich sende heute mehr als jemals zuvor Meinen Heiligen Geist, um euch zu erneuern. Doch wie lange wird diese Generation noch Meinem Heiligen Geist Widerstand leisten? Sagt Mir, kann ein Leib ohne Herz leben? So lernt, daß Mein Heiliger Geist das Herz jenes Leibes ist, der Meine Kirche ist. Lernt, daß Mein Heiliger Geist der Atem der Kirche ist, der wesentliche Kern des Eifers, der Begeisterung für Mich, euren Gott. Mein Heiliger Geist ist das süße himmlische Manna, das die Armen ernährt.

Glücklich ist der Mensch, der sein Herz Meinem Heiligen Geist öffnet: Er wird wie ein Baum sein, der am Wasser gepflanzt ist und zu jeder Jahreszeit neue Früchte hervorbringt, mit Blättern, die nie welken, sondern Heilwirkung haben. Glücklich ist der Mensch, der sein Herz Meinem Heiligen Geist öffnet, gleich einem kristallklaren Bach wird Mein Geist wie ein Strom in seinem Herzen fließen und ihn erneuern, denn überall wo dieser Strom fließt, sprießt neues Leben und Freude. Habt ihr nicht gelesen: Der Strom des Lebens, der aus Meinem Thron entspringt und aus dem Lamm, wird mitten durch die Straße der Stadt fließen? Mein Heiliger Geist wird vor bösartigen Seelen zurückschrecken, aber den Unschuldigen, den Armen und den Einfachen wird

Er sich offen zeigen. Mit großer Freude wird Mein Heiliger Geist diese Seelen umhüllen und ihr heiliger Gefährte und Führer werden. Und wenn sie gehen, wird ihr Gang unbehindert sein; wenn sie laufen, werden sie nicht stolpern; und sollten sie tödliches Gift trinken, so wird es ihnen nichts anhaben können. Sollten sie eine Legion Dämonen auf ihrem Weg treffen, werden sie unversehrt daran vorbeigehen.

Mein Heiliger Geist wird sie den Wohlgeruch lehren, der von Mir ausgeht, und die Tiefen Meiner ewigen Liebe. Mein Heiliger Geist wird die Schuldlosen nehmen und einen Pakt der Liebe und des Friedens mit ihnen schließen, damit sie tauglich und Seine Partner werden. Mein Heiliger Geist wird sie aufheben und tragen. Wie ein Bräutigam seine Braut über die Schwelle trägt, so wird auch Er sie hinter die Mauern des Heiligtums tragen, wo unergründliche Reichtümer und Geheimnisse liegen, Geheimnisse, die kein Auge je gesehen hat. Und wie ein Bräutigam, der seine Braut mit Juwelen schmückt, wird auch Er sie mit großartigen Kenntnissen schmücken, um an Thron und Zepter Freude zu haben. Oh, was wird Mein Heiliger Geist nicht alles für euch tun! Mein Heiliger Geist ist die Würze eures Lebens, die königliche Krone der Pracht und Größe, das Diadem der Schönheit, das von Meinem Munde ausgeht, der strahlende Glanz des Lebendigen, die geheime Offenbarung eurer Schöpfung. Mein Heiliger Geist ist das Aroma eurer Predigten in Meinen Versammlungen und die Erfüllung eurer Zeit ...

Er ist das brennende Feuer in euren Herzen und die intuitive Erkenntnis Meiner Geheimnisse. Mein Heiliger Geist ist das Thema, wenn ihr Mich lobt. Er offenbart euren Herzen, daß Ich bin, der Ich bin. Er ist es, der eurem Geist enthüllt, daß Ich euer Abba bin und daß ihr wirklich Meine Abkömmlinge seid, Mein Same ... Gesegnet sind die, die reinen Herzens sind: Sie werden Mich sehen. Freut euch und frohlockt, und tut euch auf, um Meinen Heiligen Geist zu empfangen, damit auch ihr euch freuen und Meine Stimme hören könnt! Öffnet eure Herzen, und ihr werdet Meine Herrlichkeit sehen; und wie ein trostbedürftiges Kind wird Mein Heiliger Geist euch

trösten, denn Seine Liebe zu euch übersteigt jede menschliche Liebe.

Ich, der Schöpfer des Himmels und der Erde, sage euch, Mein Heiliger Geist ist der Bräutigam der Braut, von ihr, die das Kind in ihren Armen hielt, das euch retten und erlösen sollte, und durch den, durch Sein Blut, ihr die Freiheit und Vergebung eurer Sünden erlangen solltet. Er ist der Bräutigam derjenigen, die Er wie einen umschlossenen Garten fand, der die seltensten Substanzen der Tugenden enthielt, eine versiegelte Quelle, die lieblichste unter den Frauen, die wie in Reinheit gebadet war wegen ihrer einzigartigen Vollkommenheit. Mein Geist kam über sie und bedeckte sie mit Seinem Schatten und verherrlichte Mich, indem Er sie zur Mutter Gottes machte, zur Mutter der ganzen Menschheit und zur Himmelskönigin. (Ich möchte bemerken, daß, als der Vater mir diesen Abschnitt über unsere heilige Mutter diktierte, ich, wenn Er nicht Gott wäre, gesagt hätte, Er war begeistert, so groß war Seine Freude.)

Solcher Art ist der Reichtum Meines Heiligen Geistes ... Ich gieße Meinen Heiligen Geist über euch alle aus, jetzt ... heute ... Ich, Jahwe, der Allmächtige, sage euch: Ich gebe euch allen dieses Geschenk, um euch zu retten, weil Ich euch so unermeßlich liebe. Die Liebe und Treue kommen jetzt zu euch hinab; Ich, Jahwe, neige Mich vom Himmel hinab und umarme euch alle. Meine rettende Hilfe wird euch von oben angeboten.

Wollt ihr das von Mir gegebene Gesetz befolgen? Wollt ihr Mir eure Seele anvertrauen? Sagt nicht, daß Mich euer Elend nicht berührt und daß Ich auf eure Gebete nicht reagiere. Wenn die Flammen an euren Ländern züngeln und Feuer eure Völker verzehren und wenn die Erdenbewohner die Ungnade des Todes schmecken, so ist das alles eurem großen Glaubensabfall zu verdanken. Ihr habt Meinen Heiligen Geist gemieden. Er hätte euch in Gnaden gekleidet, Er, der eure Seele und euren Leib dazu gebracht hätte, vor Freude zu springen und Mir, eurem Gott, zu singen. Aber ihr habt es vorgezogen, heimatlos, erschöpft, an den Bettelstab ge-

bracht und vaterlos zu werden und heute im Schatten des Todes dahinzuschwinden. Wie leid ihr Mir tut ...

O Generation! Wie lange könnt ihr Mir noch trotzen? Meine Liebe erfüllt die Erde, Meine Aufrufe füllen die Münder Meiner Gesandten, und obwohl Ich in tiefem Kummer und Schmerz bin und Meine Gerechtigkeit jetzt überläuft, kann Ich Mich noch erweichen lassen und kann Ich eure Huldigung annehmen, die ihr Mir darbringen würdet. Ich bin bereit, euch zu vergeben wegen des Opfers Meines Sohnes und dem Blut, das Er vergossen hat, wenn ihr Meine Worte zu Herzen nehmt. Bald, jetzt schon sehr bald, wird Mein Heiliger Geist mit solcher Kraft über euch wehen, daß es an den vier Enden der Erde laut zu hören ist, als eine Mahnung an alle Bewohner der Erde. Und dann werden plötzlich beim Klang des Atems Meines Heiligen Geistes die Völker der Erde alle zusammen in tiefer Anbetung niederfallen vor Mir, dem Herrn, dem Allmächtigen, dem Höchsten. Und schließlich wird sich das Volk vor dem Thron des Lammes tief verbeugen und den Segen vom Thron empfangen. Und nun frage Ich, der Ich euch erschaffen und geformt habe: Werde Ich euren Ruf der Reue zu hören bekommen?

136. Unsere zwei Herzen sind mit überwältigender Freude erfüllt, wenn wir dich zu uns kommen sehen, um zu beten

8. Oktober 1992

Maria: Meine Vassula, ich bin deine Mutter. Pethi-mou (griechisch für: mein Kind), *denk immer daran, du bist in Unseren Herzen. Lebe für Jesus, dann wird Er dir Beredsamkeit geben, damit du Ihn loben und preisen kannst. Dein Leiden führt dich zur Heiligung. Und ich sage dir, in all Unserem Kummer dringt ein Lichtstrahl des Trostes in Unsere zwei Herzen, und es erfüllt Uns mit überwältigender Freude, wenn Wir dich zu Uns kommen sehen, um zu beten. Lerne, daß Gebet, Liebe und Demut die stärksten Waffen gegen Satan sind. Jeder einzelne von euch ist ein Teil des*

Erneuerungsprozesses der Kirche. Doch Satan wirft euch in seiner Wut gegeneinander, wenn er euch schlafend findet. Unser Plan ist es, euch alle zusammen in Liebe zu gründen und die Kirche auf der Grundlage der Liebe wiederaufzubauen. Ihr habt jetzt eine verschwommene Reflexion dessen, wie Satan arbeitet. Ich segne dich und alle jene, die zu dieser Arbeit beitragen. Bete, meine Vassula, und obwohl die Schlacht noch in vollem Gange ist, fürchte dich nicht, ich bin bei dir.

137. Am Ende werden unsere zwei Herzen triumphieren

15. Oktober 1992

Ich hatte mich den Pilgern angeschlossen, die nach Polen, in die Tschechoslowakei, nach Rußland und Rom reisten. Unsere heilige Mutter spricht:

***Maria:** Der Friede sei mit dir, meine Vassula. Denk daran, ich leite diese Pilgerfahrt. Alles, was ich von dir verlange ist, auf Jesus zu hören; alles andere laß auf dich zukommen. Erlaube Jesus, durch dich zu wirken und zu sprechen. Kleines, du hast immer noch nicht begriffen, wie sehr Jesus dich liebt. Lobe und preise Ihn. Mein Herz ist wahrhaftig mit Seinem vereint, und am Ende werden Unsere zwei Herzen triumphieren. Wir, uns?*

Ja! Ehre sei Gott!

138. Rußland wird Meine übrigen Kinder in Heiligkeit leiten

Moskau, Rußland / 20. Oktober 1992

Rußland wird Dich in seiner Armut ehren. Vielleicht wird die Einheit durch Rußland kommen, da Du sagst, daß dieses Land Dich am meisten verherrlichen wird. Denn war dies nicht Dein tiefstes Verlangen in Deinem hohenpriesterlichen Gebet zum Vater?

Komm, schreibe: Meinen Frieden gebe Ich dir. Ich bin die Auferstehung, und die Auferstehung wird bald in Meiner

Tochter Rußland stattfinden. Richte nicht über ihre Söhne und Töchter, damit Ich nicht gezwungen bin, auch zu richten. Wäre irgendeiner von euch vollkommen, so gälte es immer noch nichts vor Meiner Vollkommenheit. Bald wird Mir der Ruhm und die Ehre in ihrer ganzen Fülle gegeben, und Rußland wird Meine übrigen Kinder in Heiligkeit leiten. Ich, der Herr, bitte euch um eure Gebete, eure Opfer und Buße, damit durch diese Dinge Rußland zu Mir geführt wird. In ihrem Elend werde Ich Meine Barmherzigkeit zeigen, in ihrer Schwachheit Meine Macht und Autorität, in ihrer Nichtigkeit alles, was Ich bin, und in ihrer Dürre werde Ich Ströme aus ihr herausfließen lassen. Ich werde alles mit der Wurzel ausreißen, was in ihr nicht Ich bin, und auf diesen freien Stellen in ihr werde Ich Meine Gnaden pflanzen. Ich werde Samen der Liebe und des Friedens säen.

„Rußland, es ist noch nicht lange her, da brachst du das Bündnis mit Mir, rissest deine Fesseln entzwei und sagtest: ‚Ich will Dir nicht mehr dienen!‘ Jetzt werde Ich dir Kinder geben, die Meinen Namen in Heiligkeit öffentlich verkündigen und sagen: ‚Gepriesen sei der, der uns unser Augenlicht wiedergegeben und unser Herz berührt hat! Gepriesen sei der, der unsere Wege verändert und uns geheilt hat!‘ Wenn Ich dann in euch bin und ihr in Mir seid, werdet ihr leben. Und mit Unseren zwei Herzen in euren Herzen werdet ihr, wie vorausgesagt, Mir die Ehre geben.“

Vassula, Meine Braut, um Meinetwillen bete für die völlige Bekehrung Rußlands. Ich, der Herr, segne dich, Mein Kind. Vergiß nie, daß Ich es bin, der dich am allermeisten liebt. Mein Herz kann angerührt werden ...

139. Meine Mutter wird dein Verteidiger sein

1. November 1992

Der Eifer für Dich verzehrt mich. Ich gehöre Dir, Herr. Bitte, wende Dich mir zu und fülle Du meinen Mund. Rette mich vor der menschlichen Zunge ...

Nimm die Huldigung an, die Ich dir soeben angeboten habe. (Ich habe gerade gehört, wie jemand, den ich kenne, gegen mich ist.)

Ich liebe Dich, Herr, bis zum Verrücktwerden.

Liebe Mich an Stelle derer, die es nicht tun. Der Ich-bin-es wacht über dir. Stückchen für Stückchen habe Ich dich erhoben, liebste Seele, damit du Mich verherrlichst. Du sollst dieser Generation die Worte „Liebe" und „Einheit" lehren. Hör zu, Vassula von Meinem heiligsten Herzen, Meine Liebe wird dich retten. Kümmerlich und verachtet wirst du sein; innerhalb Meines Hauses wird dir widersprochen und nicht geglaubt werden. Verfolgung wird dein tägliches Brot sein. Dies wird dein Lohn auf der Erde sein, denn durch dies alles werden deine Schritte in Mein Reich gelenkt. Die Spuren, die du hinterläßt, werden viele andere Seelen zu Mir bringen. Deshalb halte dich an Meine eigenen Spuren und folge Mir. Ich bin froh, daß du diese Offenbarung Meiner Mutter anvertraut hast. Du hättest nichts Besseres tun können. Meine Mutter wird dein Verteidiger sein. Niemand wird diesen Schriften schaden können, denn Ich habe sie gesegnet. Du bist Mir so sehr teuer, Ich liebe dich, zweifle nie an Meiner Liebe. Ich, Jesus, bin mit dir. Ich habe große Freude an dir.

140. Die Welt hört nicht auf unsere zwei Herzen

29. November 1992

Unsere selige Mutter gibt eine Botschaft für die Philippiner.

Maria: Wie eine Mutter komme ich und bitte euch, auf euren Vater zu hören. Hört auf Ihn, und tut, was auch immer Er von euch verlangt. Ich habe euch die Wunden Unserer Herzen auf eine besondere Weise gezeigt. Ich werde nur noch für kurze Zeit auf diese Weise bei euch bleiben, aber ich werde euch nicht verlassen, euch, die ihr die Lämmer des Hirten seid, ohne mich davon zu überzeugen, daß ihr Obdach habt und versorgt seid. Die Welt hat wieder die Zeiten falsch beurteilt und kann auch die Zeichen nicht erkennen. Die Welt hört nicht auf Unsere zwei Herzen und versteht sie auch nicht; man weist Uns ab … doch die Stunde ist nahe, da ein Licht von oben scheinen wird, und Unsere zwei Herzen werden, wie zwei Lampen, die nahe beieinander stehen, diese Welt wiederbeleben und sie aus der Dunkelheit ins Licht bringen. Jene zwei Herzen, die die Welt bekämpfte, werden am Ende siegen! Und die Reiche der Welt werden vergehen und durch das Reich Meines Sohnes ersetzt werden … Dies ist euch alles jetzt sehr nah! Wenn ihr von hier weggeht (aus der Kirche, in der wir waren), *dann geht mit dem Frieden des Herrn und mit meinem Frieden.*

141. Möchtet ihr die Schwelle dieses Zeitalters mit loderndem Feuer überschreiten?

13. Dezember 1992

Vater unser, der Du bist im Himmel, geheiligt werde Dein Name … Unser Vater, dessen Liebe sich in dem Geringsten von uns offenbart, erbarme Dich über Deine Schöpfung! Als Geschenk hast Du uns unsere Freiheit gegeben, mit der wir machen können, was wir wollen, doch wir haben unsere Freiheit mißbraucht. Sie ist für uns wie eine Rasierklinge in der Hand eines Kindes, und wir hacken uns selbst zu Tode … Oh komm doch! Und wende unsere Aufmerksamkeit Deinem heiligen Namen zu, sonst schneiden wir uns selbst in Stücke! In dieser gefährlichen Lage rufe ich Dich an, allmächtiger Gott! Wirst Du uns retten, oder wirst Du Dich vor meiner Bitte verstecken?

Tochter, du bist verantwortlich für Meine Botschaft, und Ich habe dich in der Welt von Nation zu Nation geschickt, um die Menschen zur Reue aufzurufen und die Wildnis zu verkleinern. Ja, die Menschenmengen drängen sich um dich. Sie haben gehört, daß der Ich-bin-es spricht, und ein Volk nach dem anderen redet über dich. Man sagt zueinander: „Laßt uns gehen und hören, was Gott sagt.“ Sie kommen zu Tausenden, setzen sich vor dich und hören dir zu, aber wer richtet sich nach deinen Worten? Was sie anbetrifft, so bist du wie ein wunderschön zur Musikbegleitung gesungenes Lie-

beslied. Sie sind begeistert von deinen Worten, aber wer von ihnen setzt Meine Botschaften in die Praxis um? Hat man die Worte Versöhnung, Friede, Liebe und Einheit wirklich verstanden?

Wenn Schwefel und verzehrendes Feuer kommen werden – und dies ist euch heute sehr nahe – wird man erfahren, daß Ich einen Propheten zu ihnen gesandt hatte. Von Anfang an hatte Ich euch Meine Gebote gegeben. Ich hatte euch gebeten, Mich, euren Herrn, zu lieben mit ganzem Herzen, mit ganzer Seele und mit eurem ganzen Gemüt. Heute bitte Ich euch, Mir zu erlauben, eure Seelen anzurühren, damit eure Herzen fähig werden, Mich zu loben und zu preisen und Mir zu sagen, daß weder Tod noch Leben, keine Engel, keine Fürsten, nichts Existierendes, weder Zukünftiges noch irgendeine Macht, weder Höhen noch Tiefen noch irgend etwas Geschaffenes jemals zwischen euch und eure Liebe zu Mir kommen wird.

Ich bin eure Festung. Ihr sollt wissen, daß Meine Liebe sogar den allerletzten von euch gezeigt wird. Sucht eure Errettung nicht im Licht der Welt, da ihr ja wißt, daß die Welt euch kein Leben schenken kann. Bald wird Mein und des Lammes Thron an seinem Platz stehen, und eure Seelen werden mit Meinem übernatürlichen Licht erneuert werden, denn Ich, euer Vater, beabsichtige, das Gedächtnis eurer Seelen wiederherzustellen und zu bewirken, daß eure Herzen Mir das Wort Abba – Vater singen.

Ich sage euch, ihr gehört nicht zu der Welt. Warum laßt ihr euch dann immer wieder von neuem täuschen? – Seit dem Beginn der Erde habe Ich euch bei eurem Namen gerufen, aber als Ich Frieden vorschlug, weltweiten Frieden, wart ihr fast alle für Krieg. Dennoch gieße Ich jetzt Meinen Heiligen Geist aus, um euch an eure wahren Grundlagen zu erinnern und daran, daß ihr alle Mein Same seid. Doch heute ist Mein Same voll mit leerem Geschwätz ...

Ich bin der Heilige, der euch zuerst in den Händen hielt. Wie lange werdet ihr noch diesen Augen widerstehen, die euch zuallererst gesehen haben? Und wie lange noch werden eure Seelen Meine besorgten Rufe zurückweisen? Viele von euch hätscheln noch im tiefsten Bereich ihrer Seelen den Greuel der Verwüstung. Könnt ihr nicht sehen, wie die Schlange euch immer wieder betrügt, genauso wie sie Adam und Eva betrogen hat? Satan redet euch immer wieder ein, und zwar unermüdlich und auf hinterlistige Art, daß ihr alle eure himmlischen Bande abbrechen sollt, die euch an Mich, euren Vater im Himmel, binden. Er hypnotisierte das Gedächtnis eurer Seelen, um euch glauben zu lassen, ihr hättet keinen Vater, um auf diese Weise einen Abgrund zwischen euch und Mir, eurem Gott, zu schaffen. Satan möchte euch von Mir trennen und die Nabelschnur durchschneiden, die euch mit Mir vereint und durch die Lebensströme in euch hineinfließen.

Generation, du hast deinen Sinn immer noch nicht auf Mich gerichtet. Wann werdet ihr euch entscheiden, zu Mir zurückzukommen? Möchtet ihr die Schwelle dieses Zeitalters mit loderndem Feuer, Schwefel und verzehrenden Flammen überschreiten? Wie konnten eure Seelen Meine Herrlichkeit für eine wertlose Imitation eintauschen, die der Böse euch täglich anbietet? Bittet um euer tägliches Brot, dann werde Ich es euch geben! Warum seid ihr alle so bereit, auf die Schlange zu hören? Ihr und Ich wissen doch, daß Satan der Vater der Lügen ist. Warum hört ihr dann noch auf ihn? Ich, euer Schöpfer, bin euer Vater, und Ich rufe euch zu Mir zurück. Glaubt doch Meinen bekümmerten Aufrufen! Werden eure Seelen auch weiterhin dem Rebellen behilflich sein, oder werdet ihr geruhen, von eurem Thron herunterzusteigen und zu bereuen? Die Entscheidung liegt bei euch. – Viel Zeit gibt es nicht mehr.

Ich erinnere euch daran, euch vor den Irrlehrern und falschen Propheten in acht zu nehmen, die Verwüstung in euren Seelen anrichten und die Evangelien falsch interpretieren; denn sie sagen euch, daß der Heilige Geist nicht bei euch ist und euch nicht an eure Grundlagen und Herkunft erinnert. Sie haben schon eine Wüste aus euren Seelen gemacht und eine riesengroße Kluft zwischen euch und Mir, eurem Vater, geschaffen. Laßt sie diese Wüstenei in euren Seelen nicht noch vergrößern und euch irreleiten zu glauben, Ich hätte euch als Waisen zurückgelassen. Diese falschen Propheten haben aus Meinem Sohn, Jesus, einen Lügner gemacht und aus den Evangelien widerhallende Zimbeln, völlig leer. Aus Meinem Wort haben sie ein offenes Grab gemacht. Nehmt euch also in acht vor jenen falschen Lehrern, die euch sagen, es sei nicht möglich, daß Mein Heiliger Geist hinabsteigen kann, um in euch Wunder zu tun. Nehmt euch in acht vor denen, die Meinen Heiligen Geist verurteilen oder verwerfen, der euch in euren Tagen mehr als jemals zuvor an eure Grundlagen erinnert. Nehmt euch in acht vor denen, die den äußeren Schein von Religion aufrechterhalten, aber deren innere Kraft ablehnen, die innere Kraft, die Mein Heiliger Geist ist.

Und wenn jemand von euch verleumdet und betrübt wird, weil er für die Wahrheit Zeugnis ablegt, dann wendet euch an eure heilige Mutter. Sie wird eure Seelen trösten und euch mit Mut ausstatten. Wenn die Welt euch eindrucksvolle Wunden zufügt, wendet euch an eure Mutter, dann wird sie eure Wunden mit ihrer mütterlichen Liebe und Zuneigung verbinden. Wie sie sich um Meinen geliebten Sohn gekümmert hat, so wird eure heilige Mutter sich auch um euch kümmern. In eurem Elend und Leid kommt sie zu euch geeilt und nimmt euch in ihr Herz, dasselbe Herz, das euren Erlöser empfing. Indem eure heilige Mutter im Himmel euch lehrt, Mich zu lieben, wird sie euch lehren, Mein Reich auf Erden zu vergrößern.

Laßt also die Liebe das Grundprinzip eures Lebens sein. Laßt die Liebe eure Wurzel sein! Erlaubt Mir, eurem Vater, euch an Mich zu binden. Erlaubt Mir, eure Seelen anzurühren. Kommt zu Mir und werft euch in Meine Arme. Was gibt es denn für ein größeres Glück, als von den Händen gehalten zu werden, die euch erschaffen haben? Haltet euer Ohr an Meinen Mund, diesen Mund, der euch Leben eingehaucht hat. Vom Staub des Bodens habe Ich euch genommen

und belebt, damit ihr die Erde erobert. Ich rührte euch an und bat euch seitdem, auf Mein Wort zu hören. Kommt, ihr müßt eure Herzen in Ordnung bringen und die Schandtaten aufgeben, die eure Seelen beschmutzen, und mit eurem ganzen Herzen sollt ihr Meinen Namen heiligen.

142. Mein Zorn ist so gewaltig wie Meine Vergebung

22. Februar 1993

„Züchtige uns, Herr, doch mit Maßen und nicht in Deinem Grimm, auf daß Du uns nicht ganz zunichte machst" (Jer 10, 24).

Vassula, ein Bote kommt in dichter Folge auf den anderen, um die Welt zu drängen, daß sie bereut. Ich offenbare Mich wie nie zuvor, um alle von weit weg zu Mir zurückzubringen und sie zu lehren, Meine Gebote zu befolgen. Jeden Moment könnte diese kleine Flamme, die noch in dieser Generation flackert, absterben, wenn Ich nicht eingreife. Sogar bis heute noch weigert man sich zu hören und zu glauben. Für je größer sie sich selber halten, um so weniger sind sie in Meinen Augen. Wie könnten sie Mein Wohlgefallen erlangen, wenn sie Meinen Heiligen Geist behindern? Was Ich von ihnen zu hören bekomme, ist: „Wer hat Autorität über mich?", „Ich bin unabhängig und mir selbst genug." Mein Mitleid ist groß, aber Meine Strenge ist genauso groß.

Mein Zorn ist so gewaltig wie Meine Vergebung. Meine Tempel (ich verstand: Seelen) ***befinden sich nun auf der gleichen Grundlage wie die Händler. Sie haben Meine Heiligkeit gegen den Tribut an Satan eingetauscht. Ich spreche von denen, die vom Glauben abgefallen sind und einer Lüge erlaubt haben, über ihre Lippen zu kommen, und die nun beabsichtigen, jedermann zu zwingen, mit dieser Lüge gebrandmarkt zu werden. Ich bin es leid, sie zu ertragen. In Meinem Haus lebte früher die Rechtschaffenheit, da Meine Gebote ihr tägliches Brot waren. Doch schau dir an, was***

jetzt aus Meinem Haus geworden ist, eine Wüstenei, ein Schlupfwinkel für Eidechsen und Spinnen! Ach ... Aber Ich werde das alles zunichte machen.

Mein Herz in Mir ist zerbrochen, Mein Kind, und Meine Engel fürchten sich und zittern vor der Stunde, die Ich vorbehalten habe und die ausbricht, sobald Meine Anordnungen gegeben werden. Ich kann es nicht mehr länger ertragen, die Tränen deiner heiligen Mutter mitanzusehen, die sie immer und immer wieder vergießt, wenn Mein Sohn von neuem gekreuzigt wird. Die Sünden deiner Generation führen Meinen Sohn jeden Augenblick nach Golgota. Mit vereinter Stimme lästert die Welt Meinen Heiligen Geist und alle himmlischen Mächte. Täglich provoziert die Welt Mich: „Schau! Schau doch, was aus dem Haus des großen Herrn geworden ist!“ sagen sie, während sie es niederreißen und sich dann verstellen. Meine Seele kann das Stöhnen Meines Sohnes, der immer weiter gekreuzigt wird, nicht mehr länger ertragen. Obwohl beide, Mein Sohn und deine heilige Mutter, so gut es geht ihren Schmerz unterdrücken, hören Meine Ohren doch alles. Meine Ohren und Meine Augen sind nicht menschlich, und nichts entgeht Mir.

Da es eure Generation ist, die die Wahl trifft, und nicht Ich (das heißt: Statt Gottes Frieden zu wählen, wählen wir, durch Gottes Züchtigung in das neue Zeitalter einzugehen), *wird die Rebellion in Meinem Hause Meinen Zorn über euch bringen, und tiefste Finsternis wird bald auf Erden hervorgebracht werden. Dies ist nicht Meine Wahl, sondern eure. Ich hatte vor, euch mit Erbarmen und Liebe, mit Mitleid und Frieden aus euren Gräbern zu heben, aber seht doch, wie so viele von euch von Meinem Angebot völlig ungerührt bleiben. Nichts kann euch mehr berühren. Meine Geduld habt ihr erschöpft, und du, Tochter, sei Mein Echo. Wenn man dich auch schrecklich plagt, werde Ich ihnen nicht erlauben, dich zu überwältigen. Im Gegenteil, du wirst wie ein Schwert sein, wenn du Meine Worte aussprichst. Erinnere sie noch einmal daran, daß Ich keine Freude am Tod eines bösen, rebellischen Menschen habe, sondern vielmehr an einem bösen,*

rebellischen Menschen, der sich ändert und umkehrt, um das Leben zu gewinnen.

Diese Erde, die ihr kennt, „wird bald vergehen“ (Hebr 1, 11; Offb 21, 1+4). ***Ich habe beschlossen, Meinen Plan schneller durchzuführen wegen der großen Sünden eurer Generation. „Alles wird vergehen, alles wird zerfallen wie alte Kleider.“ Auf diese Weise werde Ich die Verunreinigung der Sünde beseitigen, und ihr werdet erkennen, daß ihr von Anbeginn geweihte Tempel wart und daß Mein Geist in euch lebte. Oh, was für eine Feuertaufe! Betet und fastet in diesen letzten Tagen. Der Ich-bin-es ist euch nahe.***

143. Indem Ich dich für diese Aufgabe bestimme, bist du gesegnet

12. April 1993

Nur der Herr ist mein Richter (1 Kor 4, 4). *Du hast gesagt, Herr: „Aber jetzt komme Ich Meinen Schafen zu Hilfe. Sie sollen nicht länger eurer Willkür ausgesetzt sein; jedes Schaf soll zu seinem Recht kommen“* (Ez 34, 22). *Ich vertraue Deinem Wort, Herr.*

Friede sei mit dir! Stütze dich auf Mich! Ich sage dir, Tochter, du, für dein Teil, mußt geduldig sein und diese Worte ständig im Sinn haben: Am Ende werden Unsere zwei Herzen triumphieren. Was Ich begonnen und gesegnet habe, werde Ich zu Ende führen. Ich habe dich dadurch gesegnet, daß Ich dich zu einer Teilnehmerin Meines Heilsplanes gemacht habe.

Oh, wie Ich deine Schwachheit liebe! Denn in deiner unbeschreiblichen Schwachheit bin Ich König. Sobald Ich Meine Werke mit dir vollendet habe, wirst du unverzüglich und gleichzeitig verbraucht sein. Viele, die gefallen waren, werden aufstehen und verkünden, daß Ich wahrhaftig dein höchster Herr war und daß du die Freude Meines Leidens warst, die vielgeliebte Dienerin Meiner Passion; und sie werden Mich preisen. Stelle Mich heute zufrieden, komme Mei-

nen Bitten nach und gib acht auf deine Sendung. Hab keine Angst, Meine Braut, komm und lehne dein Haupt ab und zu an Mein heiligstes Herz und gönne dir etwas Ruhe. Ich will dir keine Vorwürfe machen und dich auch nicht beschuldigen, daß du Meinen Forderungen nicht sorgfältig nachkommst. Meine Stärke wird dich von deinen Stürzen wieder aufheben, und langsam werde Ich dich wie ein loderndes Feuer in den Flammen Meiner glühenden Liebe verzehren. Also wirst du schließlich Meinen Willen tun und auf vollkommene Weise allen Meinen Forderungen entsprechen ...

Bin Ich nicht dein Schöpfer und Gemahl? Habe Ich dich nicht aus Meinem Reichtum versorgt? Warum sollte Ich dich dann im Stich lassen? Indem Ich dich für diese Aufgabe bestimme, bist du gesegnet. Dadurch, daß Ich dich aus deinem Hause aussende, um Meines wiederaufzubauen, wirst du in Meinem Licht leben. Indem Ich dir die Wahl lasse, dich um Mein Haus zu kümmern, bevor du dich um dein eigenes kümmerst, bist du gesegnet, und Ich selbst werde der Hüter deines Hauses sein. Deshalb fürchte dich nicht, Mein Kind, Ich segne dich, weil du Mir dein Herz geschenkt hast. Geh jetzt zu den Menschen und gib ihnen alles, was Ich dir gegeben habe. Gib ihnen diese Botschaften! Sie sind Mein persönlicher Liebesbrief an jeden einzelnen. Bemühe dich, so wie auch Ich Mich bemühe, Mein Volk vor dem Ruin zu retten. Gib ihnen Meinen Frieden! Tochter, die Kirche wird wieder lebendig werden! Ich liebe dich.

144. Eröffne eine breite Bahn für die Einheit, Meine Freundin

16. April 1993 (Orthodoxer Karfreitag)

Schon seitdem Du mich wiederbelebt hast, bin ich ständig Deinen Schritten gefolgt, und indem ich mein Ohr Dir zugeneigt habe, habe ich Dich empfangen, freut meine Seele sich an Deiner Gegenwart, bin ich jetzt in Deinen liebenden Händen, in den Händen meines Gottes.

Friede sei mit dir! Mach die Straße gerade für Meine Rückkehr, ebne den Pfad, den Ich beschreiten werde, eröffne eine breite Bahn für die Einheit, Meine Freundin. Meine Rückkehr steht sehr nahe bevor. Hört auf Mich! Heutzutage urteilen die meisten von euch nach menschlichen Maßstäben, deshalb ist euer Geist nicht fähig, den Reichtum Meines himmlischen Reiches zu ergründen. Außer wenn jemand wiedergeboren ist, kann ein Mensch das himmlische Reich nicht sehen. Vassula von der Passion Meines heiligsten Herzens, liebste Seele, Ich werde dich mit denselben Worten ermuntern, die Mein Geist dem heiligen Paulus ins Ohr geflüstert hat: „Strebt die Gabe der Prophetie an" (1 Kor 14, 39), ***daran sollst du erinnern. Sag Meinem Volk, sage ihnen, daß man die Gabe der Prophetie anstreben und auf diese Art und Weise Meinem Heiligen Geist Ehre erweisen soll.***

Herr, viele verurteilen die Prophetie, und ich verstehe das auch, da es viele falsche Propheten gibt.

Ihr kleingläubigen Menschen! Wieso könnt ihr nicht verstehen, was Ich euch gelehrt habe? Ich habe gesagt, daß am Ende der Zeiten viele falsche Propheten aufstehen werden und daß ihr euch vor ihnen in acht nehmen sollt. Aber habe Ich nicht gesagt, daß ihr sie an ihren Früchten erkennen könnt? Warum befolgen so wenige Meine Anweisungen? Ich bin Christus, und genau deshalb sende Ich euch. Ich sende euch zu den Nationen, um zu erklären, daß Mein Wort lebendig ist. Behauptet also euren Standpunkt und wankt oder fürchtet euch nicht; Ich bin euer Beschützer. Ja, Meine Vassula, Ich habe dir das Vorrecht eingeräumt, nicht nur auf diese besondere Weise mit Mir zusammenzusein, sondern auch für Mich zu leiden. Zweifle jedoch nie daran, daß es Mir möglich ist, dieses Werk alleine zu erledigen. Ich genüge Mir selbst, aber Ich habe dich ausgesucht, um dich zu vervollkommnen. Ich sage dir, dein Lauf ist noch nicht zu Ende.

Ich kann dir jetzt schon versichern, daß Ich ihn mit dir beenden werde.

Geh hinaus zu den Nationen und verkünde, daß Mein Gesetz lebendig ist und daß Ich es in ihre Herzen schreiben möchte. Freut euch also! Freut euch und seid froh, denn Meine Barmherzigkeit ist unvergleichlich. Freut euch, daß Unsere zwei Herzen wie zwei Olivenzweige unter euch sind, um eure Gesundheit wiederherzustellen und eure Wunden zu heilen! Freut euch und seid froh, daß Unsere zwei Herzen wie zwei Lampen eure Schritte in den Himmel leiten, wohin ihr gehört. Womit könnt ihr Meine Barmherzigkeit vergleichen? Und du, die Ich in Meinem Licht groß gezogen und erzogen habe, halte unbeweglich an Mir fest. Ich beobachte jede Handlung vom Himmel aus, und Ich weiß, daß die schmerzlichsten Wunden, die Ich empfange, Mir im Hause Meiner besten Freunde zugefügt werden.

Ich werde von dem Kelch eurer Teilung, eurer unversöhnten Herzen und eures Glaubensabfalls trinken müssen ... Bosheit und Betrug töten die Unschuldigen. Nein, Mein Kind, erwarte keinen Dank oder Mitleid von der Welt, immerhin hatte auch Ich weder das eine noch das andere auf Meinem Weg nach Golgota erfahren. Ich sage deinem kleinen Herzen: Um Meiner Liebe willen werde Ich Meine Aufrufe vermehren und sie nicht verringern.

Ich werde jeden verleumderischen Mund überwältigen, denn Ich bin der Herr. Deshalb freue dich, denn durch die Wunden, die Meine Freunde dir zufügen, werde Ich viele zu Mir zurückbringen, werde Ich die Blinden sehen und die Lahmen wieder gehen lassen. Sehr viele von euch werden zu Mir zurückkehren. Höre also auf zu weinen und trockne deine Tränen ... Meine Vassula, komm ... Ich werde dir die Tränen abwischen ... (Jesus änderte Seinen Ton und sprach wie zu sich selbst.) ***Bald wird die Erde erzittern und beben, und ach! So viele werden immer noch in der Dunkelheit umherirren ... Komm und stütz dich auf Mich und vertraue Mir! Bete, denn es macht Mir Freude, wenn du dich an Meine***

Gegenwart erinnerst. Ich liebe dich innig und grenzenlos. Ich bin immer bei dir.

145. Christos Anessti! – Jesus wird die Erde mit Feuer taufen

23. April 1993

Maria: Ich segne dich, mein Kind. Christos anessti! (Unsere selige Mutter grüßte mich auf griechisch, in der Art der Orthodoxen nach Ostern: Bei den Orthodoxen ist es nach Ostern üblich, sich gegenseitig mit den Worten zu grüßen „Christus ist auferstanden". Der andere antwortet dann: „Er ist wahrhaft auferstanden!")

Alithos anessti!

Maria: Die Kirche wird wiederbelebt werden! Mut! Satan kann dir Hindernisse in den Weg werfen, doch ich bin dir nah und werde sie aus dem Weg räumen. Wenn man sich für Gott entscheidet, sollte man alles hinter sich lassen und Ihm folgen. Alles, was du tust, ist nicht umsonst. Vassula, es kommt eine Taufe, und was für eine große Taufe wird das sein! Jesus wird die Erde mit Feuer taufen. Bis dahin werde ich weiter erscheinen. Jetzt ist also die Zeit der Reue, jetzt ist die Zeit der Versöhnung. Ich sage euch, liebe Kinder, das Opfer, das Gott heute von euch verlangt, ist, euer Leben zu ändern und heilig zu leben. Gott bittet jede Seele, zu bereuen. Sage nicht, daß du zu verdorben bist und Gott dir nicht mehr vergeben kann und daß der Höchste kein Erbarmen mehr mit dir haben wird. Gott kommt zu euch allen, sogar zu dem Elendesten und Verdorbensten. Kehrt zu Gott zurück, dann wird Er zu euch zurückkehren. Kommt und macht euer Zuhause in Seinem Herzen, wie Er es in eurem macht. Macht euch bewußt, daß ihr ohne ernsthaftes Gebet das Reich Gottes nicht sehen könnt. Seine Herrschaft auf der Erde steht kurz bevor. Denkt daran: Was Gott von euch möchte, ist ein Wandel des Herzens. Habt keine Angst, eure Sünden einzugestehen. Lebt und praktiziert das Sakrament der Beichte. Meine Kinder, ich segne euch alle.

146. Geliebte Kinder, eure Herzen sind noch weit von unseren entfernt

26. April 1993

Unsere selige Mutter spricht:

Maria: Geliebte Kinder, eure Herzen sind noch sehr weit von unseren entfernt (Unsere selige Mutter meint Jesus und sich selbst, die zwei Herzen), *weil ihr bis jetzt weder die Bedeutung unserer Erscheinungen noch die Bedeutung unserer Worte in unseren Botschaften verstanden habt. Ihr habt die Bedeutung von Frieden, Liebe und Einheit noch nicht begriffen. Wenn ihr es hättet, würden eure Länder heute nicht in Flammen stehen. Wenn ihr unsere Botschaften verstanden hättet, hättet ihr diese Worte Jesu verstanden und sie in die Praxis umgesetzt: „Wer unter euch groß sein will, muß euer Diener sein, und wer der Erste unter euch sein will, muß euer Sklave sein", genauso wie Jesus auch nicht kam, um sich bedienen zu lassen, sondern um zu dienen und Sein Leben hinzugeben als Lösegeld für viele. Lernt, daß das Himmelreich für jeden da ist, aber nicht jeder sieht es, und nicht jeder kommt hinein. Wundert euch also nicht, wenn ihr seht, wie es anderen statt euch selbst gegeben wird. Gott kommt jetzt zu jedem, doch viele von euch glauben nicht, deshalb gibt es keinen Frieden unter euch. Gott hat die Freiheit, die zuletzt Kommenden zu wählen und sie genauso mit Seiner Herrlichkeit zu bereichern, wie Er die zuerst Gekommenen bereichert hat. Hat Er denn kein Recht zu tun, was Ihm beliebt? Jesus sagte: Der Wind bläst, wo er will. Betet für den Frieden in euren Herzen. Lebt so, als ob es euer letzter Tag auf der Erde sei. Wenn ich aufgehört habe zu erscheinen, werde ich darauf achten, daß alle von euch Mittel und Wege haben, um euch in den Tagen des großen Leidens unsere Botschaften und Lehren in die Erinnerung zurückzurufen.*

Ich werde jetzt nicht mehr sehr viel länger erscheinen, denn die erhabenste Herrlichkeit von Gottes Gegenwart wird plötzlich unter euch sein. Aus diesem Grunde werdet ihr alle in ein und dieselbe Herde gerufen, die Herde des Herrn Jesus Christus, und in Sein Geheimnis. Die Herrlichkeit des Herrn wird euch allen schneller offenbart werden, als ihr erwartet. Versucht zu verstehen, daß unsere Liebe <u>*jedem*</u> *auf der Erde gilt, deshalb redet nicht so streng zueinander, liebe Kinder, denn Gott wird in Seinem Urteil jene entschädigen, die ihr richtet. Was das Kommen der Feuertaufe betrifft, so wird der Herr in loderndem Feuer kommen, um all das Schlech-*

te dieser Welt, die im Laster versunken ist, von der Erde auszurotten und bis an die Wurzel zu verbrennen. Macht also weiterhin das Reich Gottes überall auf der Welt bekannt und erklärt, daß unsere Botschaften dazu bestimmt sind, euch zur Reue zu führen. Ich, eure heilige Mutter, segne euch.

147. Es gibt eine Verschwörung unter den Hirten

1. Juni 1993

Mein Herr und Erlöser, wie lange noch wirst Du Satan erlauben, uns schmoren zu lassen? Warum erlaubst Du diese Verfolgung? Rette uns, Herr, um Deiner Liebe willen!

Friede! Du Freude Meines heiligsten Herzens, hör zu: Die Gedankengänge von Sterblichen sind nicht göttlich. Ich, der Herr, bin durch die Welt gezogen, um sie zu warnen, daß der Feind wie eine riesige Welle über sie kommen und sie verschlingen wird. Doch keiner glaubte wirklich, daß der Satan jemals die Tore Meines Heiligtums durchdringen würde, und doch hat er es getan ... Er ging geradewegs in Mein Heiligtum hinein infolge der Sünden und Irrtümer derer, die zu Mir gehören, die bis heute noch gegen Meinen Hirten (Seine Heiligkeit, Papst Johannes Paul II.) ***sind, den Ich euch gegeben habe. Wie kann man also von den Lämmern erwarten, daß sie jene Priester achten, wenn diese selbst gegen Meinen Erwählten rebellieren? Sie kümmern sich nicht um Meinen Hirten ... Kummer belastet Mich, und Mein Herz ist zerrissen wegen all dem, was Ich noch kommen sehe. Was bis jetzt wie ein Bruchstück von Glaubensabfall war, wird ein allgemeiner und tiefgehender Glaubensabfall werden. Dieser Glaubensabfall wird so ungeheuer riesig sein, daß er viele verschlingen wird, wenn er sich ausbreitet ...***

Mein Herr, rette uns doch und halte ihn auf! Du hast doch selbst gesagt, daß Du stärker bist als Satan. Warum wartest Du und läßt die Dinge ausarten?

Verschwörung, Mein Kind, Verschwörung und Verrat gehören zusammen. Als der Tod durch die Fenster Meines Heiligtums hereinkletterte und bis in das Innerste Meines Hauses vordrang, schickte Ich Meine Mutter, um euch zu warnen (die Erscheinungen von Fatima?). ***Daher sage nicht, Ich hätte zu lange gewartet, Tochter, die*** (Gott erlaubte mir, es nicht zu schreiben) ***sind es, die unklug waren. Sie haben Meinen Willen nicht gesucht. Ich hatte sie gewarnt, aber so wenige achten auf Meine Warnungen. Bis heute sogar, und ach ... wie oft habe Ich über ihren Stolz geklagt ... (Ich hätte sie in Meinem Zorn zurechtweisen und sie zu Staub werden lassen können, aber Ich ziehe es vor, ihnen mit Sanftmut nachzugehen.)***

Ich sage dir, es gibt eine Verschwörung unter den Hirten, die ihren Führer bekämpfen. Und der Zerstörer bringt sie dazu, Meinen heiligen Namen zu entweihen, und der rebellische Geist, der jetzt in ihnen gedeiht, wird sich nach außen zeigen. Habt ihr nicht gelesen, habt ihr nicht verstanden? (Dan 11, 31). ***„Ein elender Schuft wird sich erheben, und seine Truppen werden kommen und das Heiligtum entweihen. Man wird das ewige Opfer abschaffen und den verheerenden Greuel an seiner Stelle einsetzen ...“ Er*** (Dan 11, 36) ***wird sich einbilden, er sei mächtiger als alle Götter und wird sogar über den höchsten Gott unvorstellbare Lästerungen von sich geben. Und er wird Erfolg haben, bis das Maß des Zornes überläuft. Diejenigen, die ihn anerkennen, überhäuft er mit großen Ehren und verleiht ihnen große Autorität ... Dieser rebellische Geist wird das Volk der Welt für sich gewinnen*** (Offb 13, 14). ***Ja, es kommt eine Zeit großer Not und Trübsal*** (Dan 12, 1), ***wie es noch keine gegeben hat seit der Entstehung der Völker. Ich hatte euch aufgefordert, wach zu bleiben und Nachtwachen mit Gebet zu halten, damit ihr nicht auch mithinweggeschwemmt werdet. Seid daher bereit und seid treu. Was kann Ich euch sonst noch sagen, das Ich nicht schon gesagt habe? Verkünde Meine Botschaft, Vassula!***

ΙΧΘΥΣ

148. Das siebente Siegel

3. Juni 1993

Herr?

Ich bin es. Lade deine Bürde auf Mich, Mein Kind ...

Meine Ohren sind es leid, das Geheule dieser boshaften Leute zu hören, ihre bösen Zungen erfinden eine Lüge nach der anderen über mich.

Eines Tages werden deine falschen Ankläger vor Mich treten müssen ... Ich stehe dir zur Seite, hast du das nicht gemerkt? Alle ihre Anschuldigungen werden versickern wie Wasser, das in den Abfluß rinnt. Steh auf! Steh auf und lege deine Hände auf die Kranken, und Ich werde sie heilen. Sprich! und das Aussprechen Meiner Worte durch deinen Mund wird bewirken, daß ihr Geist sich in Meine Arme fallen läßt. (Ruhen im Geist. – Das ist mehrmals während der Treffen passiert.) ***Stütze dich auf Mich, Ich habe dir Meinen Frieden gegeben, bleib also in diesem Frieden. Fürchte dich jetzt nicht ... Siehe, Ich bin die Auferstehung, aber der Fürst dieser Welt ist der Tod. Klage deine Peiniger nicht an, damit Ich nicht auch dich am Tag des Gerichtes richte.***

Seele von Meiner Passion, Ich, der Herr, zeige dir die Schritte, die Ich in Meinem Leiden gegangen bin. Da du Mir dienst, mußt du Mir folgen. Möchtest du, daß Ich sage: „Folge Mir, aber nicht in Meinen Fußspuren?" Das gibt es nicht. Wer Mir dient, wird Meinen blutigen Fußspuren folgen ... Durch Meinen Finger erweckst du die Toten zum Leben (geistlich: Bekehrungen). ***Diejenigen, die Meine Wunder immer noch nicht sehen, werden von Meinem Reich einfach überholt. Meine Freundin, Meine kleine Freundin, schau doch, wie gut Ich dich mit Meinem himmlischen Manna ernährt habe. Und Ich, dein Gott, werde dich weiter ernähren; kein Mensch wird Meine Hand von deinem Mund wegstoßen. Ich werde deine Stärke sein, um Meinen Plan durch deine Schwachheit zu erfüllen. Ich bereite euch alle für Mein Reich vor. Schreibe:***

Die Welt weist heute Unsere zwei Herzen ab, das Herz eurer heiligen Mutter und Mein heiligstes Herz. Die Zeit, in der ihr jetzt lebt, ist eine Zeit der Gnade. Ich habe dir schon erklärt (siehe Botschaft vom 18. Februar 1993), ***was kommen wird, wenn das sechste Siegel aufgebrochen wird. Und nun hör Mir zu und schreibe:***

Sofort nachdem Unsere zwei Herzen ihr Zeugnis beendet haben (Ich glaube, es bedeutet, wenn die Zeit bereit ist für den Tag des Herrn. Offb 11,7), ***werde Ich das siebente Siegel öffnen, und dann wird es eine Ehrfurcht einflößende Stille geben*** (Offb 8, 1) ***... Während dieser Stille wird die Bevölkerung der Welt glauben, sie hätte Unsere zwei Herzen besiegt, und sie wird darüber jubeln*** (Offb 11, 10) ***und das Ereignis feiern, weil sie glaubt, sie wäre Unsere zwei Herzen nun los, die durch unsere Sprachrohre Zeugnis abgelegt hatten, denn ihr Zeugnis war eine Plage für ihre Ohren und eine Plage für ihre Interessen und ihre bösen Absichten. Doch dann wird plötzlich diese Stille durch das Kommen Meines Tages gebrochen, und wehe dann den Unreinen! Wehe den Unbußfertigen und Reuelosen. Diese Wüste wird übersät sein mit ihren Leichnamen, diese Wüste, die sie selbst ausgebreitet haben.***

Mein Engel wird dann das Weihrauchfaß, mit dem er vor Meinem Thron und dem Altar gestanden hatte, mit Feuer füllen, das er auf die Erde hinabwerfen wird (vgl. Offb 8, 5). ***Und während alle zuschauen, wird es ein heftiges Erdbeben geben, und die Elemente der Erde werden Feuer fangen und zerfallen*** (2 Petr 3,12). ***Viele werden auf die Berge fliehen und sich in Höhlen und zwischen den Felsen verstecken*** (vgl. Offb 6,15), ***sie werden Mich anrufen, aber Ich werde nicht hören. Sie werden Mich herausfordern und Meinen heiligen Namen lästern und zu den Bergen und Felsen sagen*** (Offb 6,16): ***„Fallt auf uns und verbergt uns vor dem, der auf dem Thron sitzt, und vor dem Zorn des Lammes“, denn Mein Tag wird kommen, und wer kann ihn überleben? Und die Überlebenden*** (Offb 11,13) ***werden von Furcht überwältigt auf die Knie sinken und werden nur Mich, ihren Gott, preisen ... Und dann wird der neue Himmel und die neue Erde über euch***

kommen (Offb 21, 1)***, das Reich der Welt wird Mein Reich werden*** (Offb 11, 15)***, und Ich werde in jedem Herzen regieren. Die Welt, die einmal war, wird vergangen sein*** (Offb 21, 4). ***Seele, Meine Herrschaft wird in euren Tagen beginnen.***

149. Der Bräutigam wird Seine Braut nie vernachlässigen

Philippinen / 18. Juni 1993 (Herz-Jesu-Fest)

Vassula von Meinem heiligsten Herzen, Ich segne dich. Vertraue Mir und stütze dich vollkommen auf Mich. Willst du dich Mir weihen? Erneuere deine Treuegelübde. Es freut Mich, wenn du dich Meinem heiligsten Herzen weihst. Komm, gib Mir dieses Gebet als Geschenk, schließlich ist es das Fest des heiligsten Herzens. Ich liebe dich, und Ich werde dich nie im Stich lassen. Ich segne dich, und nun warte Ich, der Herr, darauf, von dir zu hören. Ich habe (...) (jemand schenkte mir ein Herz-Jesu-Medaillon) ***dazu inspiriert, dir dieses Medaillon zu schenken; betrachte dich als zu Mir gehörig und als Meine Braut. Der Bräutigam wird Seine Braut nie vernachlässigen. Ich werde immer für dich sorgen und dir Meine Liebe zeigen. Ich habe dir einen Tropfen Blut von Meinen Wunden gegeben, deine Wunde ist ein Geschenk von Mir*** (ein sichtbares Stigma unter einem Fuß).

150. Betet für eure Priester! Beschuldigt niemanden

Rhodos / 29. Juni 1993

Herr?

Ich bin es. Stütz dich auf Mich! Liebe Mich noch mehr!

Lehre mich, Dich so zu lieben, wie Du möchtest, daß ich Dich liebe, denn Du bist mein Lehrer, Herr.

Dann öffne dich … Schreibe: Laßt Mich diesen Frieden in euch ausbreiten. Liebste Kinder, gestattet euren Herzen nicht, euch zu beunruhigen. Fallt nicht in Versuchung; deshalb bitte Ich euch, unaufhörlich zu beten. Legt keinen Wert auf Plaudereien und Geschwätz, grüßt niemanden auf der Straße. (Jesus meint, über Unwichtigkeiten reden, Konversation treiben, die zu nichts führt.) ***Geht in Meinem Tempo mit Mir. Betet für eure Priester! Beschuldigt niemanden, zahlt Böses mit Liebe zurück, und weiht euch Meinem heiligsten Herzen und dem unbefleckten Herzen Meiner Mutter. Ich, Jesus, segne euch alle. Bittet in Meinem Namen, und ihr werdet empfangen.***

151. Lerne diese Gebet

8. August 1993

Mein Kind, Ich, der Herr, segne dich. Ich liebe dich, denk immer daran. Sprich jetzt dieses Gebet mit Mir.

> ***„Jesus, meine einzige Liebe, ich bete für die, die Du liebst, die aber doch nicht wissen, wie sie Dich lieben sollen. Mögen sie gereinigt und geheilt werden, auf daß auch sie von allem Bösen befreit werden. Amen."***

Lerne dieses Gebet und sag es nach jedem Gesätz in deinem Rosenkranz. ic

152. Rußland, beibe in mir

Moskau / 18. September 1993

Die Krise in Rußland:

Herr?

Ich bin es. Friede sei mit dir! Denk daran, Vassula, Ich bin es, der führt. Du brauchst dich nicht zu fürchten, denn deine Schritte werden von Mir geleitet; dennoch sei klug und be-

sonnen und versäume nicht zu erwähnen, daß sie (die Russen) ***Rußland Unseren zwei Herzen weihen sollen ... und der Sieg wird kommen. Ich werde zu ihnen kommen und ihr trockenes Land mit Meinem Geist bewässern; dies wird nicht ohne Umwälzungen und Opfer vonstatten gehen.*** (Vier Tage später, am 22., erreichte die Krise in Moskau ihren Höhepunkt.) ***Ich, der Herr, sage dir, daß Ich Meine Ehre von jedem bereuenden Herzen entgegennehme. Bleibt in Mir und erlaubt Mir, Meine Pläne in euch allen zur Erfüllung zu bringen*** (Father O'Carroll, Father Rolf und ich). ***Ich segne jeden von euch. ic***

153. Die Weihe an die zwei Herzen

Moskau / 21. September 1993

Herr, ich frage Dich, ob es Dir möglich ist, mir eine Weihe an die zwei Herzen zu diktieren, da Du mich doch batest, ich solle den Russen sagen, sie sollten ihr Land Euren zwei Herzen weihen. Wirst Du das tun, Herr, damit ich es ihnen schicken kann?

Mein Kind, du sollst doch nicht zögern, Mich zu bitten. (Ich hatte gezögert, Ihn darum zu bitten.) ***Ja, von Herzen gern werde Ich dir eine geben. Schreibe:***

> ***„Wie in den Prophezeiungen Deines Wortes bestimmt, o Herr, wissen wir, vertrauen wir darauf und glauben wir, daß der Sieg Deines heiligsten Herzens und des unbefleckten Herzens Mariens in naher Zukunft bevorsteht. Demütig kommen wir deshalb, um uns, unsere Familien und unser Land Euren beiden heiligsten Herzen zu weihen. Wir glauben, daß wenn wir unser Land Euch weihen, nicht eine Nation gegen die andere Nation das Schwert erheben wird, und daß es keine Erziehung zum Krieg mehr geben wird. Wir glauben, daß durch die Weihe unseres Landes an Eure beiden liebenden Herzen aller menschliche Stolz und alle Überheblichkeit, alle Gottlosigkeit und Verhärtung der Herzen getilgt werden, und daß alles Böse durch Liebe und Gutes***

ersetzt wird. Wir glauben, daß Eure beiden heiligen Herzen sich unseren Seufzern und Nöten jetzt nicht verschließen werden, sondern uns in ihrer brennenden Liebe hören und zu uns kommen, um unsere tiefen Wunden zu heilen und uns Frieden zu bringen. O heiligstes Herz Jesu und unbeflecktes Herz Mariens, laßt einen Funken Eurer zwei Herzen auf uns wehen, so daß unser Herz davon aufflammt. Macht aus unserer Nation den vollkommenen Wohnort Eurer Heiligkeit. Bleibt in uns und wir in Euch, damit wir durch die Liebe Eurer beiden Herzen Frieden, Einigkeit und Bekehrung finden mögen. Amen.“

Vassula von Meiner Passion, Ich bin mit dir, einzigartig, allmächtig, unerschütterlich, treu und wahrhaftig. Der, der das Amen ist, begleitet dich. Höre Mich: Zepter und Throne haben Mich nie beeindruckt, deshalb wendet sich die Weisheit den Armen und Ungelehrten zu. Durch eure Nichtigkeit wird Mein heiliges Antlitz offenbart. Ich werde denen ewig im Gedächtnis bleiben, denen Ich Mich willentlich offenbart habe. (Wenn Jesus mich auslöscht und statt dessen sich selbst im Laufe von Treffen und Begegnungen offenbart.) ***Ich werde Mich eurer Gesellschaft zeigen. Ich werde nicht verbergen, daß der Ich-bin-es der Autor von »Das wahre Leben in Gott« ist. Dies*** (die Tatsache, daß Er sich zeigt und erscheint) ***ist auch ein Geschenk des Allerhöchsten ... und du, Mein Kind, ehre Mich, deinen Gott, indem du ohne Furcht in die Versammlungen gehst, um Meine Größe darzustellen. Sprich Prophezeiungen aus, die Ich selbst dir durch Meine Gewalt gegeben habe, und Ich werde sie blitzschnell die Enden der Erde erreichen lassen. Gib Mir freigebig deine Zeit, und geh dorthin, wo Hilfe nötig ist. Zeige niemals Parteilichkeit! Geh jetzt im Glauben, und sei ständig Zeugin. Ich, der Herr, der Heilige, werde Mich immer mit dir unterhalten. Ja, auch auf diese Weise.*** (Jesus fügte hinzu: „auch auf diese Weise,“ weil ich gezögert hatte, da ich nicht verstand, ob Seine Unterhaltung nur mündlich sein würde oder auch in schriftlicher Form.) ***Komm!***

154. Immanuels Lied

11. November 1993

Friede sei mit dir! Dein Herr ist es, der spricht, und um Meines Ruhmes willen offenbare Ich Mich dir (Oft löscht der Herr mich aus und zeigt statt dessen sich selbst den Leuten) ***und deiner Gesellschaft! Komm, komm und sing Mir ein Lied!***

Ich kann nicht singen, Herr.

Du kannst nicht singen? Dann laß Mich mit dir zusammen die Worte für ein Lied niederschreiben. Dann wird, sogar wenn du sie nur mit deinem Herzen liest, ihr Tonfall zu einer Melodie in Meinen Ohren werden. Schreib also:

> ***Komm, Immanuel, komm, mein Geliebter, komm und belebe meine Seele, komm und schenke meiner Seele Leben! O Geliebter des Vaters, geöffnet habe ich die Tür meines Herzens, werde ich lange warten müssen, bis Du in mein Zimmer kommst? Schon Dein Durchschreiten meines Herzens wird eine Spur köstlichsten Duftes von Deinem Wohlgeruch hinterlassen. Denn Deine Liebe heilt meine erbärmliche Seele. Geist der Liebe, gewähre mir nur meinen Teil Deiner Liebe. Komm, Immanuel, komm, Du Vollkommener, komm und entzücke meine Seele, denn sonst wird bittere Not mein armseliges Herz überwältigen!***
>
> ***O Geliebter des Vaters, wie schön bist Du! Sohn des Allerhöchsten, wer kommt Dir gleich? Komm und zieh mich in Deine Fußstapfen. Laß uns die Straße zusammen gehen, wir werden den Zeichen folgen, die die Hand Deines Vaters gelegt hat und die zu Seinem Garten der Wonne führen. Wir werden, mein Geliebter, mit einem einzigen Herzen und einem einzigen Sinn der süß duftenden Spur folgen, die Dein Vater für mich gelegt hat. Um mir Mut zu machen, hat Er den Weg mit Saphiren bedeckt; zu meiner***

Beruhigung hat Er überall auf mir mit Seinem heiligen Namen in Öl unterzeichnet.

O Geliebter des Vaters, Du, dessen Hände seit Deiner Auferstehung immer noch von reiner Myrrhe triefen, komm und entzücke meine Seele mit einem einzigen Deiner Blicke, genug, um meine Seele ruhig und still zu halten, genug, daß meine Augen sich an Deiner Gegenwart freuen. Atem meines Gartens, Brunnen meiner Seele, Quelle erhabenster Liebe, anbetungswürdig und heilig, von dem alle Fruchtbarkeit kommt, gieße Deinen Geist über die ganze Menschheit aus, zeige Deine große Liebe im Himmel und auf Erden.

O Geliebter des Vaters, Du bist vollkommen schön. Womit kann ich Dich, mein Leben, vergleichen? Mit einer Säule von Weihrauch, mit einem glänzenden Lichtstrahl, mit einem Dufthauch reiner Myrrhe? Deine Gegenwart, mein Herr, steht hoheitsvoll vor mir, und ach, als wäre ich selber Königin, erhebst Du mich, um meine Seele zu umarmen und mir zärtlich Deine Liebe ins Ohr zu flüstern: „Meine Taube, Ich bin krank vor Liebe zu dir. Vom höchsten Himmel komme Ich, um dich zu besuchen. Meine Krone habe Ich beiseite gelegt und bin von Meinem Thron gestiegen; Ich werde nicht säumen, nur noch eine kleine Weile jetzt, eine ganz kleine Weile, und der Bann wird aufgehoben. Ich werde euch erneuern, und Ich werde euch eure Göttlichkeit zurückgeben. Meine Geliebte, Ich werde euch, die ihr nach Meiner Liebe dürstet, reichlich Wasser vom Brunnen des Lebens geben. Dein König wird sich nicht ausruhen, nein, gar nicht, Geliebte Meiner Seele, nicht eher als bis du es Ihm erlaubst, dein Herz mit Seinem göttlichen Kuß zu versiegeln, einem Kuß von Seinem Munde. Hast du nicht bemerkt, wie die Sonne sich jedesmal verdunkelt, wenn du an Meiner Liebe zweifelst? Komm Mir nah, liebste Seele, und Ich werde zahllose

Schätze Meines heiligsten Herzens auf dich strömen lassen. Für dich allein habe Ich sie aufbewahrt, damit deine Seele rein wie im Frühling werde und wie ein Elfenbeinturm, ein Himmel nur für Mich allein. Hast du nicht bemerkt, wie Ich dich Mir eingepflanzt habe? Laß Mich deine Stimme wieder hören ...“

Wie herrlich Du bist, Du Gesalbter, Gottes Opferlamm, umgeben von Deinen Engeln und allen Heiligen, Unwiderstehlicher, Widerschein des Vaters, dreimal heiliges Licht, Einer in Dreien, Drei in einem Licht, heller als tausend Sonnen. Wodurch werde ich für würdig erachtet, den Sohn und in dem Sohn den Vater zu sehen? – „Hast du nicht gehört, Meine Taube, daß die Niedrigen sich in Mir freuen und daß die Ärmsten in Meiner Gegenwart jubeln? Hast du nicht die Schwäche bemerkt, die Ich für die Elenden habe, und wie gern Ich die Armen unterweise?“

Mein Gott, Mein Gott! Wer ist die, die da hervorkommt wie die Morgenröte, die im Dämmerlicht schimmert wie der Morgenstern? Wer ist dies, schöner als der Mond, geschmückt mit der Sonne und einem weit offenen Tor in ihrem Herzen? – „Sie ist die Königin des Himmels, sie ist Meine Mutter und deine Mutter, die lieblichste der Frauen, schön wie der Himmel, strahlend wie Meine Herrlichkeit, einzig in ihrer Vollkommenheit, die Wonne Meiner Seele. Sie ist die Frau mit den zwölf Sternen auf ihrem Haupt als Krone, das Gefäß Meiner Glorie, ein Widerschein Meines ewigen Lichts. Sie ist es, deren Gegenwart in Meinen Höfen alle anderen Sternbilder überstrahlt. Sie ist das Gefäß des wahren Lichtes, des Wortes, das Fleisch wurde und unter euch lebte. Sie ist die Gnade in der Gnade und das lieblichste Lied der Psalmisten. Sie ist der Gegenstand Meiner Freude, Meiner Ehre und Meines Rühmens. Sie ist das Tor

zum Himmel, sie ist die, die ihren Kindern zeigt, wie sie in Mein Reich kommen können. Sie ist Mein Meisterstück. Sie ist die Trösterin eures Trösters, die Miterlöserin eures Erlösers, die Braut Meines Heiligen Geistes. Tochter, Ich werde nicht ruhen, nicht eher, als bis Ich auch dich in das Haus Meiner Mutter gebracht habe, in den Raum derjenigen, die Mich empfing, um auch dir ihre Schönheit zu zeigen. Dann werden alle Geheimnisse, die dir wie ein Brunnen von Rätseln erschienen, plötzlich auch dir in Blitzesschnelle offenbart werden, Meine Geliebte; und du wirst verstehen, warum die Frau, bekleidet mit der Sonne, jetzt von Meinem Hofe zu euch allen in einem so dunklen Augenblick hinabsteigt. Laß, Meine Taube, deine Augen vorwärts schauen; deinen Blick, laß ihn geradeaus vor dir sein. Auf dem Weg, den Ich beschritt, werde Ich zurückkehren. Meine Liebe, Ich werde kommen und Mich selbst um Meinen Weinberg kümmern; Immanuel wird bei euch sein.“

... Gefällt es dir?

Sehr!

Dann lobe Mich, preise Mich und liebe Mich ...

Dein Name sei gelobt und gepriesen, die Liebe möge uns lehren, Ihn zu lieben. Mögen wir lernen, Dich mit einfachem Herzen zu suchen. Möge Dein Heiliger Geist die ganze Welt erfüllen. Laß keine Deiner Blumen verwelken, sondern laß sie alle blühen mit köstlichem Duft, um Dich zu ehren, o Heiligster.

155. Lieben heißt, den Willen Gottes zu tun

6. und 8. Dezember 1993

Maria: Ich, „i Panayia“ („Unsere Frau, Heiligste“ auf griechisch)*, **bin jetzt bei dir. Tochter, laß Jesus dich in solch ein Abbild gestalten, wie Er*** *dich haben möchte. Dadurch, daß du meinem Sohn, Jesus Christus, deinen Willen schenkst und dadurch, daß du dich völlig darbringst, gefällst du Ihm wirklich, und Sein Wille geschieht in dir. Hab keine Angst, arbeite mit Eifer, und erwecke Seine Kirche wieder zum Leben. Laß Seine Schöpfung erkennen, daß das Wort lebendig und unermüdlich wirksam ist. Ich, als deine Mutter, werde dich immer ermutigen, das Kreuz zu erheben, das Jesus dir anvertraut hat. Und nun schreibe, meine Tochter:*

Mehr als zu irgendeiner anderen Zeit habe ich in diesen Tagen Botschaften gegeben, um euren Glauben wieder lebendig zu machen und euch an himmlische Dinge zu erinnern. Ich habe euch fortwährend zum Frieden aufgerufen und Botschaften für Frieden und Versöhnung unter Brüdern verbreitet. In großer Sorge und in Tränen kam ich vom Himmel, um euch wissen zu lassen, wie weit ihr von Gott entfernt wart. Ich kam zu euch allen, um euch zu bitten, euch mit Gott und miteinander zu versöhnen und keine Unterschiede mehr zwischen euch zu machen, „denn jeder, der den Namen des Herrn anruft, wird gerettet werden“ (Röm 10, 12-13). *Ich habe nie jemanden im Stich gelassen. Ich kam mit Friedensabsichten, sogar zu dem Geringsten von euch, und verkündete Gottes Frieden und bat diese Generation, ihre Augen zu erheben und nach Gott zu suchen und Gott Opfer zu bringen. Ich kam in euren Tagen, wo so viele von euch dem Leben Gottes völlig entfremdet sind. Ich kam, um euch alle daran zu erinnern, daß der ein wahrer Apostel Gottes ist, der den Willen Gottes tut: Lieben heißt, den Willen Gottes zu tun.*

Vassula, ich bin von Gott geschickt worden, um viele von euch zu heilen, doch meine Aufrufe sind weder akzeptiert worden, noch wurde ihnen der gebührende Stellenwert beigemessen. Ich war vom Höchsten gesandt worden, um euch in großen Massen zu sammeln und euch zu lehren, daß die Liebe der wesentliche Kern allen Gesetzes ist. Meine Tochter, meine Seele ist betrübt, weil die Segnungen des Himmels bis heute nicht beachtet werden. Bis heute verkennen die Menschen die Gerechtigkeit und das Wesen der Botschaft, die von Gott kommt, und versuchen, ihre eigenen Ideen zu befürworten. So wurde von Menschenhand das Wort geschickt zurückgenommen und meine Schritte verheimlicht und verborgen aus Furcht vor dem, was die Welt sagt. Wenn sie doch nur ihre Hoffnung auf mich gesetzt und mir vertraut hätten … Wieviel mehr Nutzen hätten sie von der Bekehrung derer gehabt, die sie weiterhin ablehnen! … Arbeite, Kleine, arbeite für den Herrn; erlaube Ihm, Seinen ganzen Plan in dich einzugravieren. Es kommen die Tage, wenn jedem von euch vom Herrn die folgenden Fragen gestellt werden:

„Hast du deinen Nächsten wie dich selbst geliebt? Ist es möglich, daß du Gottes Willen immer noch nicht verstanden hast? Hast du alles, was du kannst, zur Erhaltung des Friedens getan? Als dein Feind hungrig war, hast du ihm da angeboten, von deinem Tisch zu essen? Als er durstig war, hast du ihm zu trinken gegeben? Wieso gibst du das, was du gibst, ohne Liebe?"

Ich habe Gebete von euch verlangt. Viele von euch beten, doch ohne Liebe. Viele von euch fasten, doch ohne Liebe. So viele von euch sprechen von meinen Botschaften, doch sehr wenige befolgen sie, weil die Liebe in euren Herzen fehlt. Ihr beugt euch nieder und befolgt den Buchstaben des Gesetzes, aber versäumt es, das Herzstück des Gesetzes zu verstehen. Viele von euch sprechen über die Einheit und sind doch die ersten, die diejenigen verurteilen, die sie praktizieren, weil ihr keine Liebe habt. Wenn ihr alles das, was ich von euch gefordert habe, ohne Liebe tut, seid ihr immer noch im Dunkeln. Ihr seid noch immer für den Krieg, und nicht für den Frieden. Ihr glaubt, ihr wüßtet alles, doch in Wirklichkeit wißt ihr gar nichts. Als ich zu Versöhnung aufrief, da ihr ja alle Teile voneinander seid, hat man mich nicht gehört. Bis auf den heutigen Tag rufe ich euch allen zu: Lebt meine Botschaften!

Erneuert euch in Gott, in Seiner Liebe, und lernt, euch gegenseitig zu lieben. Seid gut und heilig! Lügt euch nicht selbst etwas vor, ihr kleinen Kinder, indem ihr trügerischen Wünschen folgt. LIEBE heißt, in der Wahrheit zu leben. Habt ihr nicht gelesen, daß „selbst wenn du alles, was du besitzt, Stück für Stück verschenkst, und wenn du sogar zuläßt, daß man deinen Leib nimmt und verbrennt, aber ohne Liebe bist, wird es dir überhaupt nichts nützen"? Habt ihr nicht verstanden, daß, wenn auch nur ein einziger von euch verletzt wird, alle Teile des Leibes Christi verletzt werden und mitleiden? Wenn ihr euren Nächsten verletzt, verletzt ihr den Leib Christi, nicht euren Nächsten.

Könnt ihr sagen: „Ich kam mit Ehrfurcht, Aufrichtigkeit und Liebe zu Gott"? „Wann", wird Er euch fragen, „wann bist du mit Ehrfurcht, Aufrichtigkeit und Liebe zu Mir gekommen? Meinen Leib hast du verstümmelt, Ich bin verurteilt worden, mit Beleidigungen und Verleumdung behandelt und durch Falschheit verraten worden. Ich wurde verachtet und abgelehnt, von deinen Lippen ganz schmachvoll entehrt. Wann bist du also mit Ehrfurcht, Aufrichtigkeit und Liebe zu Mir gekommen? Ich verlange einen eindeutigen Beweis deiner Liebe zu Mir.“

Meine Kinder, begreift doch jetzt, warum Satan eure Schwäche ausnutzte und euch zum Krieg verleitete. Christus kam hungrig zu euch, und ihr habt Ihm nichts zu essen gegeben. Er kam durstig zu euch, und ihr habt Ihm nichts zu trinken gegeben. Er kam als ein Fremder zu euch, und ihr habt Ihn nicht willkommen geheißen, sondern Ihn behandelt, wie es euch gefiel. Meine Kinder, eure Liebe soll nicht nur aus Worten bestehen, die ihr aussprecht, sondern etwas sein, das von Herzen kommt. Eure Liebe soll lebendig und tätig sein. Ich bin bei euch und helfe euch. Ich segne euch alle und sage: Tut alles, was ihr tut, mit euren Herzen, in Liebe.

Band 7

156. Finde deinen Trost in ihrer Umarmung ... Deine Mutter und die Mutter Gottes

27. Januar 1996

Mensch! Von einer Frau wurdest du geboren, also ehre die Frau, die mit der Sonne geziert ist! Du schwacher Mensch! Finde deinen Trost in ihrer Umarmung, in denselben Armen, die Meinen Sohn durch die Wüste nach Ägypten getragen haben. Ehre die Mutter, die Mich durch ihre Güte geehrt hat! Nun, habe Ich ihr nicht Meine höchste Gunst erwiesen? Ich habe große Dinge für die Frau getan, die mit der Sonne bekleidet ist, so daß von dem Tage an, als Mein Geist sie überschattete, alle Generationen sie selig preisen würden. Schande und Unehre gebührt allen, die aufgehört haben, sie zu ehren. Ich habe kein Wohlgefallen an euren höhnischen Kommentaren über die Frau, die von Mir so sehr begünstigt wurde. Und jedem werde Ich vergelten, was er verdient. Erniedrigt euren Geist, demütigt ihn jetzt noch mehr, und verzieht nicht das Gesicht, wenn es darum geht, sie um ihre Fürsprache zu bitten. Wer sagt euch, daß Ich ihr nicht zuhöre? Hat eure Mutter in Kana nicht Fürsprache eingelegt? Diese Zeichen wurden vollbracht, damit euer Geist verstehen kann, was eurer Geist heute ablehnt. (Gott spricht hier nur zu denen, die unsere heilige Mutter ablehnen, und zu denen, die ihr nicht genug Ehre erweisen.) ***Dies Zeichen war für alle kommenden Zeitalter gedacht. Die Frau, die mit der Sonne geschmückt ist, die mit Meinem dreimal Heiligen Geist geziert ist, der die ganze Welt erfüllt, gilt als die Mutter Gottes.***

Komm, Meine Tochter, tue du dein möglichstes, und Ich werde das übrige tun. Jahwe in Seiner Herrlichkeit segnet dich. Laß deine Früchte zunehmen! (Dies war wie ein Befehl.) ***Die du das Leuchten der Augen Meines Sohnes bist, denke daran, du bist nicht allein. Ich bin bei dir.***

157. Habe Mich im Sinn bei allem, was du tust

19. März 1996

Vassula von Meinem heiligsten Herzen: Die Viper, das ist die todbringende Schlange, die um euch alle herumschleicht. Sie führt in Versuchung, sie wartet, sie wartet auf euren Fall. Danach läßt der Tod nicht lange auf sich warten. Ach ... Mein heiliges Herz leidet.

Herr, ich bin hier, was kann ich zur Linderung Deiner Schmerzen tun?

Befolge Meinen Befehl buchstabengetreu! (Die Botschaft vom 18. März 96.) ***Der Tod darf nicht kommen. Kannst du sehen, was Ich jeden Tag sehe? Nein ... nein, du kannst nicht sehen, was Ich sehe ... Tausende von Leben verliere Ich, so viele verliere Ich ... jeden Tag!*** (Jesus weinte herzzerreißend.)

Hast du gesehen, was Ich da draußen in der Wüste gesehen habe? Da gibt es Tausende, die verhungern und nach Trost, Hoffnung und Liebe dürsten; da gibt es Tausende, die nackt sind und Mein Wort dringend brauchen. Mein Erbarmen erstreckt sich auf alles, was lebt. Aber sieh doch! Der Versucher möchte euch an den Bettelstab bringen, damit ihr nichts mehr anzubieten habt. Komm, strecke den Bedürftigen deine Hand entgegen! Enttäusche die Ausgehungerten nicht, die da draußen warten. Scheue dich nicht, die Kranken zu besuchen!

Vassula, Ich hatte beschlossen, dich zur Braut zu haben, damit du Mir nachfolgst. Ich machte dich zu Meiner Braut, und Ich habe in deinem Innern Mein Licht aufgestellt (Jesus meint den Heiligen Geist), ***so daß du im Licht Meines Heiligen Geistes und durch Seine Kraft anfangen würdest, logisch zu denken, nicht wie Sterbliche folgern, sondern wie Meine Engel im Himmel folgern. Dann kräftigte Ich dich mit Meinem Geist der Stärke, um den schweren Brisen des Feindes standzuhalten und deinen Mann zu stehen. Ich habe dir***

Meinen Geist des Rates gegeben, um dir zu zeigen, was Mich am meisten erfreut.

Ich habe die Tore zum Himmel geöffnet und dir Meine Heiligen gezeigt (Vision vom 27. September 1987)***, die durch Armut gegangen sind, aber den Nackten zu essen gaben und sie zudeckten, die durch Demut und Gehorsam gingen und für Meinen Geist Raum in sich ließen, um in ihnen tätig zu sein und durch ihre Treue Wunder zu bewirken. Sie sind durch Demütigung, Leuteschinderei und Leiden gegangen, aber haben sich nur um so mehr über diese Ehre gefreut und haben, während sie Mir alles darbrachten, um noch mehr gebeten.***

Geschöpf! Du hast noch einen langen Weg zu gehen, doch wird der Preis auch dir gehören, wenn du mit Ausdauer alles annimmst, was Ich dir anbiete. Meine Braut, wenn du bei allem, was du tust, Mich im Sinn hast, dann fürchte dich nicht: Schau her, in der einen Hand habe Ich einen Samen, der, wenn er einmal gesät ist, wächst und dir Zufriedenheit gibt über all das, was du für Mich wirst erreichen können, ohne je müde zu werden. Und es wird deinen Hals schmücken, denn Ehrenabzeichen wirst du wie ein Ornament der Schönheit um deinen Hals tragen. Und dein Haupt wird von Duftölen bedeckt sein, die wie Tau von deinem Haar tropfen.

Und nun, sieh, was Ich in Meiner anderen Hand habe ... Siehst du diesen Samen? Dieser wird dir, wenn er einmal gesät ist, das Brot des Leidens geben, auch dies wird von Gewinn für dich sein (Gewinn = Heiligung)***, es wird Verletzungen über Verletzungen geben, immer wieder. Ich werde deine engsten Freunde zu deinen größten Verfolgern werden lassen. Du wirst schier ersticken und wirst stöhnen und jammern. Ich werde dich mit Meiner Dornenkrone, Meinen Nägeln und Meinem Kreuz ehren. Meine Freundin, Ich werde dir anbieten, täglich aus Meinem Kelch zu trinken, bis die Bitterkeit Meines Kelches dich keinen Moment mehr Atem holen läßt. Nun komm und wähle einen der Samen. Wenn du***

den ersten wählst, wirst du dein Leiden später haben. – Wähle!

Ich möchte Deinen Willen. Du bist Gott, wähle Du für mich.

Nun gut, Meine Braut, Ich wähle den zweiten Samen. Du wirst verfolgt werden, aber nie von deinen engsten Freunden. Das werde Ich nicht zulassen. Ach, wie freue Ich mich, denn du hast dich so verhalten, wie Ich es gerne wollte, nämlich alles in Meinen Händen zu lassen und ein Nichts zu bleiben.

Wird dir endlich bewußt, daß Ich Mir selbst genüge? In diesen Notzeiten beabsichtige Ich nicht, Meine unerschöpflichen Reichtümer zu verbergen, sondern durch deine Nichtigkeit werde Ich sie auswerfen. Weil jetzt nur noch wenig Zeit übrig ist, zögere nicht, denn Ich bin betrübter, als du dir vorstellen kannst. Beeile dich, denn der Tod steht da draußen in der Wüste nahe bevor. Erfreue dich in der Freude! Ich segne dich. ic

158. Komm und lerne, wer Mich am meisten verherrlicht hat

25. März 1996 / Mariä Verkündigung
Empfangen vom 20. bis 26. März 1996

Ich bin Deine Magd und stehe Dir zu Diensten, Majestät. Ohne Dich bin ich nichts. Du reine Zufriedenheit meiner Seele, ich höre.

Meine Geliebte, komm und lerne: Wer hat Mich am meisten verherrlicht? Ich werde dir sagen, wer Mich am meisten verherrlicht hat: Die neue Eva hat das getan. Ja, die Frau, die mit der Sonne geschmückt ist und die auf dem Mond steht, mit der Krone von zwölf Sternen auf ihrem Haupt (vgl. Offb 12, 1). ***Denn Ich, der Ich den Himmel gemacht habe und alles, was darin ist, und die Erde und alles, was sie trägt, und das Meer und alles, was es enthält*** (vgl. Offb 10, 6)***, Ich habe sie über alle diese Dinge gestellt.*** (Das Zeichen dafür ist, daß sie auf dem Mond steht.) ***Die Königin des Himmels ist immer in der Gegenwart des Thrones des Allerhöchsten. Nicht weniger als die Höhe des Himmels über der Erde ist, ist die Größe ihres Namens, ihr Name, der in ein Gewand von Licht gehüllt ist. Alle Welt soll ihre Knie beugen vor der, die diesen heiligen Namen trägt: „Mutter Gottes.“***

In ihrem unbefleckten Leib hat sie Mich verherrlicht, indem sie Mich, das makellose Lamm, empfing und so ein Heiligtum für das Heiligtum schuf. Komm und singe ihr zu Ehren ein neues Lied! Laß alle, die auf der Erde leben, ihr unbeflecktes Herz verehren, den Altar, in welchem Ich empfangen wurde und Gott wurde – auch Mensch (Jesus fügt „auch“ hinzu, weil Er auch Gott ist). ***Niemand hat Mich so sehr verherrlicht wie die Frau, die mit der Sonne geschmückt ist. Ja! Sie ist so wunderschön in ihrer vollkommenen Liebe, daß die Inseln, die Berge, die Hügel, die Täler und die Quellen sich alle niederbeugen, wenn sie an ihnen vorübergeht. Und heute, so wie gestern, vermittelt sie liebevoll und antwortet auf eure dringenden Bitten, wenn sie, die reinste Liebe, über die Erde geht, begleitet von Meinen Engeln, deren Augen nie aufhören, die großartigste, heiligste aller Jungfrauen zu bewundern und über die Schönheit dieses Meisterwerkes Meines Vaters zu staunen.***

Laß Mich dir sagen: Mein heiliges Herz ist dein Himmel, Schöpfung. Mein heiliges Herz, das so viele von euch leugnen und abweisen, ist euer Himmel, euer Paradies, euer Königreich, euer Erbe, euer Ruheplatz für die Ewigkeit. So nähert euch doch diesem Herzen, das euch so sehr liebt, dann werde Ich aus Meinem Herzen zahllose Segnungen in eure Herzen gießen, um eure Seelen so schön wie den Frühling zu machen, um eure Seelen in einen Elfenbeinturm zu verwandeln, einen Himmel für Mich allein. Wie kann jemand an Meiner Liebe zweifeln? Ach, Geliebte, jedesmal wenn du Zweifel an Meiner Liebe hast, verdunkelt sich die Sonne in Meinem Schmerz ...

In Meiner großen Liebe möchte Ich euch heute das Herz Meiner Mutter zeigen. (Ich fühlte, wie das Herz Jesu weich wurde, als Er das Wort „Mutter" aussprach.)

(Jesus rief laut zu unserer Herrin:) ***„O Meisterwerk Meines Vaters! O erhabenes Meisterwerk Jahwes! Gemahlin Meines Heiligen Geistes! Mein strahlender Tabernakel! Dein Herz, Geliebte des Geliebten, ist eins mit Unserem!*** (Ich verstand, daß „des Geliebten" sich auf die geliebte Dreieinigkeit bezog.) ***Dein Herz ist Mein umzäunter Garten, eine versiegelte Quelle. Dein Herz ist eine Quelle, die die Gärten fruchtbar macht. Dein Herz, Liebenswerteste, ist Mein Thron, auf dem Ich geehrt wurde. Herz des Herzens, das Ich in Unserer Gegenwart und im Beisein Meines ganzen himmlischen Hofes gekrönt habe*** (plötzlich wurde Jesu Stimme leiser und traurig), ***wie kann irgendeines Meiner Geschöpfe dein Herz abweisen?*** (Jesus war gleichzeitig traurig und erstaunt.) ***Du, die du die Arche der Macht bist, ganz in Tugenden gekleidet, Mein neues Lied*** (Ich verstand, daß es die „neue Eva" bedeutete), ***Meine Harfe, Meine Zitadelle, von deren Großartigkeit der Schöpfer des Himmels und der Erde entzückt ist, du, die du in unserer Gegenwart stehst, stehst immer all denen nahe, die dich anrufen. Doch wie ist der Mensch so tief gefallen und welch trügerischen Weg hat er eingeschlagen, dein Herz abzuweisen?"***

Hast du nicht gehört, Schöpfung, daß Ich das Herz ihres Herzens bin, die Seele ihrer Seele, der Geist ihres Geistes? Hast du nicht gehört, daß Unsere zwei Herzen vereinigt sind in einem? Betrachte Mein erlösendes Herz, betrachte ihr miterlösendes Herz; bedenke die Freude Meines Herzens, die sich wie die Morgendämmerung erhebt und die Dunkelheit der Erde erhellt. Betrachtet das Herz der Königin, das in seinem strahlenden Glanz noch heller über der Menschheit scheint als alle Sternbilder zusammen, strahlender als die Sonne, infolge ihrer einzigartigen Vollkommenheit so strahlend wie Meine Glorie. Betrachtet den Tabernakel eures Gottes! Bedenkt dies alles, und achtet es hoch, so wie auch Ich Meinen Thron achte.

Fragt nicht: „Wie kann es sein, daß ihr der Allerhöchste solch einen hohen Thron in Seinen himmlischen Höfen zugewiesen hat?“ Schaut, Ich habe sie nicht nur zur Königin Meiner Engel und Meiner Geschöpfe bestimmt, sondern Ich habe sie beauftragt, Mein Thron zu sein. Die Königin des Himmels und der Erde ist der Thron des Königs der Könige, denn Ich, der Herr von allem und allen, habe ihr den ersten Platz in Meinem heiligen Herzen gegeben. Sie wurde dazu geboren, Meine prächtige Krone zu sein, geboren, das Gefäß des wahren Lichtes zu sein, die als Fleisch geschaffen wurde aus Davids Geschlecht, geboren, um Meine Ehre und Mein Stolz zu sein.

Der Geist mit Mir und dem Vater sagte: „Maria, voll der Gnade, Wir sind mit dir. Wir wollen keines der Geheimnisse vor dir verbergen, Unser Atem wird dein Atem sein, eine reine Ausstrahlung Unserer Herrlichkeit. Maria, Abbild Unserer Güte, Wir geben dir Unseren Frieden in dein Herz. In diesem vollkommenen Herzen werde Ich, der Sohn, triumphieren. Unser Herz wird dein Herz sein, ein brennender Ofen der göttlichen Liebe. Unsere Seele wird deine Seele sein (Seele soll als „Leben“ verstanden werden wie in Lk 9, 24), *ein erhabener Schatz, ein Paradies für Uns. Unser Geist wird dein Geist sein. Ja, denn jeder, der mit Uns vereinigt ist, ist ein Geist mit Uns.“*

Dies ist die eine, der Wir so große Gunst erwiesen haben, diejenige, die von so vielen abgelehnt wird und die dennoch Heilsalbe für eure Augen und Balsam für eure Wunden ist, die gütige Verteidigung vor dem ewigen Vater für eure dringenden Bitten, die Vermittlerin und eure Fürsprecherin eurer Seelen. Schwacher Mensch ... Die Gemahlin Meines Heiligen Geistes ist der Tempel des Tempels, das verheißene Land für die Schwachen und Elenden, der Widerschein Meines ewigen Lichtes. Die Trösterin eures Trösters ist der Trost für eure Leiden ...

Was hat der Mensch zu sagen. Was <u>kann</u> der Mensch sagen in seinem Zelt? Wie kann er irgend etwas Himmlisches in seinem vergänglichen Körper entdecken, wenn seine Seele von *der Sünde niedergedrückt wird? Wie kann er da erkennen, was die allmächtige Hand Meines Vaters getan hat? Mensch, du lenkst deinen Verstand ohne Licht, ohne Sinn. Mensch, öffne heute dein Herz, dann werden dir all die Geheimnisse, die dir unergründlich erschienen, von Meinem dreimal heiligen, göttlichen Licht offenbart, und du wirst verstehen, wer die mit der Sonne geschmückte Frau ist, und dann wird dein ganzes Wesen emporgehoben sein, und dein Herz wird frohlocken und hingerissen sein vor Entzücken, wenn der Schleier von deinen Augen fällt und du das selige Herz des seligen Herzens siehst, die Heiligste der Heiligen, das unvergleichliche Herz, das mit grenzenloser Liebe brennt, ein hell leuchtendes Feuer.*

Dann, Mein Freund, wirst du verstehen, was Tugend ist, und wie in diesem tugendhaften, jungfräulichen Herzen Ich, Gott, der Gottmensch wurde. Du wirst die Mutter deines Erlösers sehen, die Mutter der Propheten, die Mutter der Jünger, die Mutter der Charismen, die Mutter des Sieges, die Mutter grenzenloser Gnaden, die Mutter unübertroffener Erlösung, den Weinberg des wahren Weinstocks, den Weg zu dem Weg, der alle zu Mir führt, das weit geöffnete Tor zum Himmel, durch das jeder hineinkommen und ewiges Leben haben kann ...

Habt ihr nicht bemerkt, wie Mein Herz weich wird und ihrem Herzen immer geneigt ist? Wie kann Ich diesem Herzen, das euren König getragen hat, irgend etwas abschlagen, worum es Mich bittet? Alle Gläubigen, preist ihr Herz, denn wenn ihr ihr Herz preist, preist ihr Mich. Wenn ihr sie erst einmal kennenlernt, werdet ihr verkünden, wie königlich und liebenswert sie ist. Erhebe also deine Augen, Schöpfung, beim Anblick ihres Herzens, und Ich verspreche dir, daß dein Strahlen immer stärker werden wird. Dein Herz wird in den Schmelzofen ihres Herzens erhoben, und von tiefer Freude erfüllt und erregt, wirst du ihr Herz betreten, wie man einen Ozean der Liebe betritt, denn die Reichtümer ihres Herzens sind so weit wie das Meer, das zu dir strömt und zu dem du hinstrebst.

Der ganze Reichtum des Himmels und der Erde liegt in ihrem Herzen, und er kann ganz für euch sein. Obwohl die Nacht deinen Verstand und dein Herz immer noch umhüllt, erhebe dich! Steh auf und erhebe deine Augen zu diesem strahlenden Anblick ihres Herzens, das so viele Propheten zu ihrer Zeit gerne gesehen hätten, aber doch nicht gesehen haben. Erhebe dich und singe eine neue Hymne für die Hymne der Heiligsten Dreieinigkeit; sing und sprich:

„Brüder! Schwestern! Kommt und werdet von dem Mantel der Gnade in der Gnade bedeckt, kommt und werdet von dem Licht der Königin eingehüllt. Kommt und laßt uns überschattet werden durch die, die vom Heiligen Geist überschattet wurde."

Habt ihr nicht gehört, wie die Nationen zu ihrem Licht und daß die Könige zu ihrem heraufdämmernden Glanz kommen werden, wenn am Ende ihr Herz zusammen mit Meinem triumphiert? Für die Reichen im Herzen ist das ein Geheimnis, doch für die Armen und Geringen ist es der so lang ersehnte Segen ...

So kommt doch, bevor die Fluten der Sünde euch einholen. Kommt in diese Arche (in das Herz unserer heiligen Mutter), die eure Rettung sein kann. Seid doch nicht wie eure Vorfahren zur Zeit Noahs, die nicht hören wollten. Kommt in die Arche, dann werdet ihr vor den stürmischen Wassern der Sünde und vor dem Untergang in den Fluten der Sünde gerettet werden. Kommt und werdet als Folge der Verehrung und Hingabe, die ihr für sie hattet, das verheißene Kind der Vermittlerin. Indem ihr euch ihr weiht, weiht ihr euch Mir. Jede Andacht, die ihr Herz ehrt, wird verstärkt zu Mir aufsteigen, da Unsere Vereinigung so vollkommen ist. Durch eure Verehrung ihres Herzens werden in ihrem Licht alle Meine Ratschlüsse besser verstanden werden, weil eure Schritte von ihrem Herzen geleitet werden, da eure Hand vom Thron der Gnaden selbst ergriffen wird.

Welch ein Segen wird es für euch sein, wenn ihr die Weihe an ihr Herz wiederholt. Kommt zu der einen, so Gesegneten, die ihren Kindern ihre mütterliche Liebe dadurch zeigt, daß sie ihnen den Weg zum Himmel weist. Kommt zu der Miterlöse-

rin eures Erlösers, deren vor Liebe brennendes Herz dargebracht wurde, um euch zuliebe auch durchstochen zu werden. Kommt und ehrt dieses Herz, welches hell wie eine Lampe leuchtet, die im Innern und außerhalb ganz in der Nähe Meines Herzens scheint..

Wenn ihr sagt: „Wir brauchen ihr Herz nicht", dann wißt, daß ihr in Wirklichkeit sagt: „Wir brauchen das Herz des Herrn nicht!" Lernt, ihr schwachen Menschen, daß Mein heiliges Herz und das unbefleckte Herz eurer Mutter so verbunden sind, daß diese zwei göttlichen Herzen in ihrer vollkommenen Einigkeit eins werden. Ich sage euch feierlich: Wenn ihr euch zu ihrem Herzen bekennt, bekennt ihr euch nicht nur zu Meinem Herzen, sondern auch zu dem des Vaters. Habe Ich nicht gesagt, daß Ich im Vater bin und der Vater in Mir ist? Wenn Ich im Vater bin und der Vater in Mir ist, dann ist auch Mein Herz im Vater und Sein Herz ist in Meinem. Wenn ihr sagt, wir seien nicht untrennbar und eins, leugnet ihr Mein Wort.

Seid nicht Sklave eures Geistes, und laßt euch nicht von den Argumenten der Welt erobern. Sagt Mir: Gibt es ein Geschöpf, dessen Herz dem Herzen Mariens gleich ist? Es gibt keins, das vergleichbar ist mit ihrem. Von Anfang an vollkommen, unbefleckt seit ihrer Geburt (sie wurde unbefleckt empfangen) *und voll von Gnade, übertrifft es in seiner Gnade die Gnaden Meiner Engel. Deshalb fragten Meine Engelscharen einander:*

„Wer ist das dort hinter dem Schleier?" – „Warum verneigen sich die Gipfel der Berge und grüßen sie, wenn sie vorübergeht?" – „Wer ist das, ohne Makel in ihrem Herzen und Gott so wohlgefällig?" – „Habt ihr gesehen, wie Gottes ganze Schöpfung die Augen niederschlägt, wenn sie vorbeigeht?" – „Wer ist die, die wie eine Quelle die Gärten durch ihre Gnaden fruchtbar macht, dieser Brunnen lebendigen Wassers?" – „Wer ist die mit dem von göttlicher Liebe so reinen Herzen, die Tag und Nacht, Nacht und Tag nach Gott strebt und in vollkommener Einheit mit dem Allerhöchsten ist?" – „Wer ist diese Jungfrau, die so demütig über ihrem großen Reichtum an Tugenden und Gnaden ist, daß Gott, der Allerhöchste, nie

den Blick von ihr wendet?" Viele Meiner Engel blieben vor Bewunderung still; sie fanden keine Worte ...

In diesem Herzen, in diesem Abgrund habe Ich Meine Macht ausgeübt. Der Urheber des Himmels und der Erde, der Urheber der Gnade fand Seinen Himmel in dem Himmel, Seine Gnade in der Gnade, um in die Stellung eines Sklaven zu kommen. In wunderbare Demut (in unsere heilige Mutter) ***kam Ich, um zu dienen, nicht um bedient zu werden. Ich, der Erlöser der ganzen Menschheit, der verheißene Messias, kam zu dem vollkommenen Abbild Meines heiligen Herzens, um den Kummer, die Freuden, die Leiden, das Martyrium, die Wunder, den Verrat, die Schmerzen, die Geißelung, das Durchbohrtwerden und die Kreuzigung zu teilen. Zusammen sühnten Unsere Herzen. Jeder Augenblick, den Meine heilige Mutter auf Erden verbrachte, war eine vollkommene Hymne der Liebe, Nächstenliebe, Demut und Reinheit, ein Schatz aus Meinen Schätzen.***

Ich kam in dieses heilige Herz, Abbild und Gleichheit Meines heiligen Herzens, um Gottmensch zu werden, damit Ich ihren Schritten folgte (als Kind folgte Jesus Seiner Mutter), ***und damit sie später Meinen folgen sollte.*** (Ich verstand, daß Maria Jesus in Seiner Mission folgte.) ***Ich habe gesagt, daß sie und Ich auf dem ganzen Weg bis zum Kreuz alles teilten. Unsere Verbindung war so innig und vollkommen, daß Wir keine Worte brauchten, denn die alleinige Aussprache war in Unseren Herzen. Meine Worte und Meine Gedanken brauchten ihr in Meiner Abwesenheit nicht überbracht zu werden. In der höchsten Macht Meines Heiligen Geistes war ihr alles bekannt, in ihrem jungfräulichen Herzen war ihr alles bekannt, denn sie besaß Gott, und Gott besaß sie. Dadurch war der Wille des Vaters ihre tägliche Nahrung.***

O Schöpfung! Meine Seele ist äußerst bestürzt, wenn so viele von euch ihr Herz abweisen. Und Meine Engel zittern vor dem Tag, da Ich diese Leute für schuldig erklären werde. Doch für die, welche ihr Ehre erwiesen und sie geliebt haben, wird ihre Herzenstür offenstehen, um in den Himmel zu kommen. Und Ich werde zu euch, die ihr sie liebt und ehrt, sagen: „Komm! Deine Liebe für sie war auf Erden so groß,

daß du heute in deinen Raum kommen und dich vor Meinem heiligen Tempel niederbeugen darfst.“ (Unsere heilige Mutter: der Tempel Gottes.)

Schöpfung, dieses große Zeichen am Himmel (Offb 12, 1)***, die mit der Sonne geschmückte Frau, welche die Dämonen vor Furcht gelähmt hält, dieses große Zeichen, das den Himmel erleuchtet und die Dunkelheit in Schrecken versetzt*** (den Teufel)***, ist niemand anders als Meine Mutter. Im Gegensatz zur Dunkelheit habe Ich diese heiligste Jungfrau erhoben, damit sie bei Nacht als leuchtende Feuersäule eure Schritte leite und am Tag als Sonne eure schreckliche Düsterkeit und Schwermut erhelle.***

An dem Tag, als Ich durch den Heiligen Geist in ihrem jungfräulichen Leib empfangen wurde, waren alle Dämonen vor Schrecken gelähmt, während zur selben Zeit im Himmel die himmlischen Heerscharen Gott lobten und sangen: „Ehre sei Gott im höchsten Himmel und Frieden den Menschen, die Sein Wohlwollen genießen.“ So stieg Ich vom Himmel herab zum Himmel, von Meinem Thron zu Meinem Thron ... ja, wo jede Tugend blühte und Mein heiliges Herz entzückte durch den Wohlgeruch ihrer vollkommenen Liebe. Das Herz Meiner Vollkommenen ist unvergleichlich, unerreicht und völlig liebenswert ...

Seit ihrer Unbefleckten Empfängnis war ihr Herz ein ständiges Gebet, ein sühnender Weihrauch, eine unablässige Anbetung Gottes. Dies ist Mein Weinberg (die heilige Jungfrau)***, den die mächtige Hand Meines Vaters bebaute, damit der wahre Weinstock in diesem Boden Wurzel schlagen konnte. Kommt zu dem Herzen eurer heiligen Mutter, die so hell ist wie der Tag, kommt und empfangt ihre Gnaden, die so zahllos sind, und jenen Strahlenblitz von ihren Händen. Mein Herz voller Gnade und Wahrheit wurde zu Fleisch in dem jungfräulichen Leib voller Gnade und Wahrheit. Und nun werden Unsere beiden Herzen, zu einem einzigen Herzen vereint, die bittere Seuche besiegen, nicht durch physische Kraft und auch nicht mit Waffengewalt, sondern durch Liebe und Opfer.***

159. Meine Wege sind sanft ... ahme Mich nach

20. bis 26. März 1996

Meinen Frieden gebe Ich dir. In diesem Frieden sollst du Meine Botschaft empfangen ... (Ich hatte Jesus gefragt, was geschieht, wenn „jemand“ Ihm nicht gehorcht oder Seine Bitten nicht beachtet.)

Alles, was er zu tun hat, ist, Meine Botschaft zu lesen. Dann laß ihn entscheiden.

Tochter, die ganze Schöpfung gehorcht Mir ...

Ja, die Schöpfung gehorcht Dir, aber Deine Geschöpfe, sie gehorchen Dir nicht alle!

Nein ... sie gehorchen Mir nicht alle. Viele von ihnen werden versucht, und sie möchten viel lieber die Anerkennung der Menschen gewinnen als Meine ... Viele sind mehr darauf bedacht, den Menschen zu gefallen als Mir, ihrem Gott; und für einige ist nur Eigennutz die Ursache, Mir nicht zu gehorchen. Andere haben sich noch nicht entschlossen, ihre Leidenschaften, ihre Hemmungslosigkeiten hinter sich zu lassen; sie sündigen bei jedem Atemzug.

Über das Verurteilen anderer habe Ich schon gesprochen und darüber, wie ihre Zunge der Grund für ihre Verurteilung sein wird, doch eins kann Ich dem noch hinzufügen: Die Münder, die Feuer spucken, indem sie Leute anschnauzen und über sie herziehen, werden auch leiden, weil sie Meinen Heiligen Geist betrüben. Die Wege Meines Heiligen Geistes sind so überaus außergewöhnlich und verschieden. Wer von Meinem Heiligen Geist geleitet ist, empfängt die Gnade, Meine Gesetze und Meine Wege zu befolgen, die sanft, liebevoll und so vollkommen sind. Ich bin die Quelle der Liebe, und Jesus ist Mein Name. Doch der Teufel ist die Quelle des Übels und aller Bosheit ...

Tochter, verliere nie den Mut! Laß dein Leben ein Ornament der Schönheit werden, ein Kranz von Blumen, ein sich verstärkender Dunst des Weihrauchs, damit das Abbild des

unsichtbaren Gottes für alle Ewigkeit für dich sichtbar wird.

Bleibe Mir treu! Ich bin an deiner Seite. Fürchte dich nie! Lobe und preise Mich, Tochter! Frieden ...

160. Das Herz Meiner Mutter und das Meine

3. April 1996

Meine Vassula, Meine kleine Schülerin dieser Endzeit, Ich werde dir jetzt einen himmlischen Vortrag über das Herz Meiner Mutter diktieren ...

Wie Ich dir schon früher sagte, sind das Herz Meiner Mutter und Meines so verbunden, daß sie zu einem einzigen werden. Die Jungfrau der Jungfrauen, die Heiligste, die jetzt für immer im Himmel ist, Meine Mutter, wird auch weiterhin im Himmel proklamiert als: Meine Mutter (der Titel: „Mutter Gottes", „Theotokos"). ***Als Ich, Gott, herabstieg, um durch den Heiligen Geist empfangen und von der Jungfrau Maria geboren zu werden, kam Ich in Meinen Himmel. Ich ging von einem Himmel in den anderen über. Ich verließ einen Thron, um auf dem anderen zu sitzen. Wie ein Licht auf einem heiligen Leuchter fand Ich ihr Herz, das von innen und außen strahlte. Ich wurde in diesem Paradies willkommen geheißen, um verherrlicht zu werden.***

Was von Eva verloren (Eva verlor für sich und alle ihre Kinder den Zutritt zum Paradies) ***und entweiht worden war, sollte von der Jungfrau Maria durch ihren vollkommenen Gehorsam und ihre Demut gewonnen*** (Maria gewann für alle ihre Kinder den Zutritt zum Paradies durch die Erlösung und das Opfer Jesu) ***und geheiligt werden. Und durch diese Frau wird Meine Herrschaft auf Erden noch einmal kommen. Meine Herrschaft auf Erden wird in jedem Herzen gegründet sein. Noch einmal wird Mein Geist so reichlich über euch ausgegossen werden, daß diese jetzige Dürre in fruchtbares Land verwandelt wird.***

Es war gesagt worden, daß am Ende der Zeiten Unsere zwei Herzen Apostel aufstehen lassen würden, und sie würden „Apostel der Endzeit" genannt werden. Diese würden von der Königin des Himmels und von Mir selbst ausgebildet werden, um in allen Nationen voranzugehen, um das Wort Gottes ohne Furcht zu verkünden. Sogar wenn sie durch die bösartigen Angriffe des Feindes blutgetränkt wären, sollen sie doch nicht zerbrochen werden, sondern durch das Aufdecken ihrer Irrlehren und Ketzerei würde ihre Zunge die Feinde Meiner Kirche durchbohren wie ein zweischneidiges Schwert. Sie würden nie wanken und würden auch keine Furcht kennen, denn Ich würde sie mit einem Geist des Mutes versehen. Die vernichtende Geißel würde sie nicht erreichen. Sie würden keinen Stein auf dem anderen lassen, sie würden die Sünder verfolgen, die hochmütigen Redner, die Großen und Stolzen, die Heuchler und Scheinheiligen, die Verräter Meiner Kirche; sie würden sie verfolgen mit Meinem Kreuz in der einen und dem Rosenkranz in der anderen Hand.

Und Wir würden ihnen zur Seite stehen. Sie würden die Häresien zerschmettern und an ihrer Stelle Treue und Wahrheit aufbauen. Diese würden das Gegengift für das Gift sein, denn sie würden wie Knospen dem königlichen Herzen Marias entsprießen. (Jesus meint, daß Maria sie formen wird.) *Diese Apostel der Endzeit würden Gott, ihren Vater, anrufen, und Gott, ihr Vater, würde ihren Geist anrufen; sie würden zu Maria, ihrer heiligen Mutter, rufen, und ihre heilige Mutter würde sie aufrufen, Zeugen des Allerhöchsten zu werden.*

Und der Heilige Geist würde ihnen einen Geist des Eifers geben, um für Gott bereit zu sein, bereit zu sein für diesen Kampf. An jenem Tag wird die hochmütige Krone der Mächte der Finsternis von der mit der Sonne geschmückten Frau und von allen ihren Kindern mit Füßen getreten werden. Die zweite Eva, der Ich genügend Macht verliehen habe, Satan und sein Reich zu stürzen, wird seinen Kopf mit ihrer Ferse zertreten. Diese Feindschaft ist nicht nur zwischen der Königin des Himmels und Satan gegeben, sondern ebenso zwi-

schen ihren Kindern, deren Reich in ihrem Herzen ist, und den Kindern des Teufels, die ihre Reiche in ihm und durch ihn errichtet haben, und die in euren Tagen eure stärksten Verfolger sind. Viele davon sind Anbeter des Tieres, die Gelehrten und Philosophen eurer Zeit ...

In Meiner dreifaltigen Heiligkeit erwählte Ich dieses demütige Mädchen, um mit ihren vollkommenen Tugenden und Eigenschaften die Frau zu werden, die durch ihre Tugenden und Eigenschaften das ganze Reich Luzifers herausfordern sollte, der beim Klang ihres Namens regelmäßig in Wut gerät und vor Furcht zittert. Ich sage dir, die Größe, die Macht und der Glanz ihres Namens sind so hoch, wie der Himmel über der Erde ist. Alle Erdenbewohner sollen dem Herzen der Königin ihre Ehre erweisen! Nie hat sie aufgehört, ihre Kinder vor den Hinterhalten des Teufels zu beschützen, der sich zu eurer Zeit ganz offen aufgemacht hat, Meinem heiligen Herzen und der ganzen Armee Meiner Heiligen eine Schlacht zu liefern.

Doch bald schon wird das Reich des Teufels durch die mächtige Hand Marias zerstört und seine Herrschaft ausgerottet werden. (Die Botschaft von Fatima: „Am Ende wird mein Herz triumphieren.“) ***In aller Wahrheit sage Ich euch: Nach Meiner eigenen Macht und Meiner Autorität gibt es niemanden auf der Erde oder im Himmel oder unter den Engelmächten, dem so große Autorität und Macht über alles verliehen worden ist wie eurer heiligen Mutter. Denn Ich bin das Alpha und das Omega, der Erste und der Letzte, der, der ist, der war und der kommen soll.***

Wie ihr wißt, genüge Ich Mir selbst. Doch war es Marias jungfräuliches Herz, durch welches Mein Erlösungsplan begann, und es wird wieder durch dieses heilige Herz sein, daß Ich Meinen Rettungsplan vollende. Ehrt also ihr Herz, ihr, die ihr beim Klang ihres Namens in Wut geratet, und versteht, daß <u>sie die Freude Meines heiligen Herzens und die Freude Meines himmlischen Hofes ist</u>. Vom Tage ihrer Empfängnis an waren ihre Gedanken immer in Eintracht mit Meinen Gedanken, war ihr Herz, welches dem Willen des

Vaters völlig ergeben war, ein unaufhörliches Gebet, eine ständige Hymne der Liebe, Anbetung für Mich, euren dreieinigen Gott, aber Einer in der Einheit des Wesens.

Heute, an diesem Ende der Zeiten, da der Kampf gegen Unsere beiden Herzen tobt (Anspielung auf Offb 11, „die zwei Zeugen") ***und gegen Unsere Kinder, die für die Wahrheit Zeugnis ablegen, sage Ich euch: Lauft zu eurer heiligen Mutter, die auch euch unter ihrem Mantel verbergen wird, wie eine Henne ihre Küken unter ihren Flügeln verbirgt.***

Ach ... noch bevor ihr geboren wurdet, sind jedoch so viele von euch abgestorben aufgrund all der Verbote der Verehrungen, die ihr einst für ihr jungfräuliches Herz hattet. Ganz infolge eurer menschlichen Lehrmeinungen und rationalistischen Regelungen habt ihr euer Herz und euer Leben diesem weltlichen Leben angepaßt. O Sklaven der Sünde! Sklaven des Geldes! Sklaven Satans! Betrachtet euch als tot und verwest! Nun, eure Zeit der Wollust und Gier ist jetzt fast abgelaufen. Habt ihr nicht gehört, daß der Glanz der Morgenröte (Jesus meint Seine Herrschaft, die kommt) ***die Herrschaft übernehmen und in all den Herzen leuchten wird, die Unseren zwei göttlichen Herzen geweiht sind, durch die sie Vergöttlichung erlangen, jene Vergöttlichung, die das Menschengeschlecht beim Sündenfall verlor ... Da die Sünde durch einen Menschen in die Welt kam und durch die Sünde der Tod, sollte Mein Erlösungsplan durch Marias miterlösendes Herz ausgebreitet werden, durch die in dem Abbild Gottes vervollkommnete zweite Eva, so daß Ich, der neue Adam, Mein Paradies in ihrem unbefleckten Herzen finden würde.***

Werde Ich von dir, Generation, hören: „Mein Herz ist bereit, Herr, den Tabernakel, der Dein heiliges Herz getragen hat, lieben und ehren zu lernen. Es stimmt, daß ich schon vom Mutterleibe an in die Irre gegangen bin, seit meiner Geburt war ich im Irrtum. Wie Esau bin ich meiner Mutter davongelaufen, um mich um meine eigenen Interessen zu kümmern, und ich habe sie dadurch erreicht, daß ich andere quälte und beraubte, ich habe mich auf meine eigene Kraft verlas-

sen. Ich habe meinen Bruder gehaßt, der entgegen meinem Herzen darüber nachdachte, wie er dem Herzen unserer Mutter gefallen könnte, und in ihrer Nähe blieb und dabei in Hülle und Fülle ihre Gnaden empfing. Ich war nicht wie Jakob und seine Nachkommen. Herr, mein Herz ist bereit zu lernen und das Heiligtum des allerheiligsten Heiligtums zu ehren und zu lieben, damit keine Falschheit mehr in meinen so boshaften und gehässigen Geist hineinkommen kann, der, wie Kain, seinen Bruder belästigte und quälte und dann schließlich tötete. Ich will aufhören, jene zu verfolgen, die zu ihrem unbefleckten Herzen gehören. Statt dessen will ich mich der Jungfrau der Jungfrauen zuwenden und ein kleiner Jakob werden, damit sie in ihrer Güte und Gnade aus ihrem jungfräulichen und unbefleckten Herzen reichliche Gnaden über mich ausgießt, so daß meine Seele, wenn sie erst einmal ihr gehört, sich an ihren Reichtümern weidet und mein Herz zu einem Ornament der Schönheit in dem Ornament der Schönheit wird. Herr, laß mein Herz sich wünschen und danach sehnen, dein Heiligtum zu bestaunen (Marias Herz) ***und deine Macht und Autorität zu sehen, in die Schatzkammer des Heiligtums zu schauen und darin zu schwelgen. Erlaube meiner Seele nicht mehr, Herr, zur Erde hinunterzugehen, wie Kain oder Esau, sondern erhebe mein Herz zu ihrem heiligsten Herzen, damit auch ich ein Erbe werde und, wie Jakob, himmlischen Segen empfange.“*** (Jesus sagte uns dies alles wie ein Bekenntnis, das wir nachsprechen sollen.)

Kommt, laßt eure Gedanken sich jetzt um himmlische Dinge drehen, damit ihr zu begreifen lernt, was die Weisheit vor euch verborgen hält. Dafür braucht ihr Selbsterniedrigung und Reue. Das Geheimnis, welches generationenlang vor euch verborgen war, wird euch jetzt offenbart. Eure Hoffnung auf Rettung ist schon in eurer Reichweite. Habt ihr nicht bemerkt, wie in dieser Endzeit die Königin des Friedens von Meinen Engeln begleitet über die Erde geht? Habt ihr nicht bemerkt, wie ihr unbeflecktes Herz euch allen Mein Wort verkündet und Meine Herrschaft vorbereitet? Habt ihr

nicht bemerkt, wie das Herz eurer heiligen Mutter ihre Kinder trainiert und sie von Herz zu Herz formt, damit jeder für Meine Herrschaft bereit ist? Habt ihr nicht bemerkt, wie sie euch, aus ihrer Schatzkammer, in ihrem Herzen für Mich vollkommen macht? Ich habe der Königin des Himmels und der Erde alle Juwelen der Weisheit ins Herz gegeben, und aus dieser Schatzkammer teilt sie ihre Gnaden reichlich aus, um euch aus der Macht der Dunkelheit herauszunehmen und große Heilige und Apostel aus euch zu machen, und starke Kämpfer, die gemeinsam mit ihr in dieser großen Schlacht eurer Zeiten kämpfen.

In ihrer mütterlichen Liebe sucht die Königin des Himmels alle Wege, um eure Freiheit zu erlangen, damit ihr den Himmel gewinnt. Sie unterweist dich und erinnert dich daran, daß auch du ihr Kind bist und durch Gnade zu dem kaiserlichen Haushalt der Heiligen im Himmel gehörst, und daß sie auch für dich einen Thron unter den Heiligen reserviert hat.

Es gibt nichts, was Ich nicht für die Freude-Meines-Herzens (Maria, unsere heilige Mutter) ***tun kann, denn von Anfang an gab es nichts in ihr, was die Dinge auf eine andere Art und Weise sah, als Mein Vater, Ich und der Heilige Geist sie sehen würden. Ihr Wille war immer in vollkommener Einheit mit Unserem Willen*** (dem Willen der Heiligen Dreieinigkeit). ***Ihre Wünsche waren Unsere Wünsche. Denn Ich bin das Herz ihres Herzens, die Seele ihrer Seele, der Geist ihres Geistes. Hast du nie von Unserer Einheit und Übereinstimmung in Herz, Seele und Geist gehört?***

Mein Zustand auf der Erde als Gottmensch war göttlich, dennoch war Ich gehorsam und lebte unter der Autorität Meiner Mutter und Meines Adoptivvaters. Ich entäußerte Mich selbst, um die Stellung eines Sklaven anzunehmen, indem Ich den Tod auf Mich nahm. Und du, Generation, hast immer noch nicht verstanden, daß der wahre Weinstock Seine Wurzeln in den Weinberg Meines Vaters (unsere heilige Mutter) ***senkte? Und daß die Gemahlin des Heiligen Geistes, die Stadt Gottes*** (unsere heilige Mutter), ***das verheißene Land, auch eure Mutter ist, der ihr Ehrerbietung schuldet?***

Ach Generation, wie konnte euer Herz solch einen irreführenden Pfad einschlagen und sich ihrer Fürsprache enthalten? Habt ihr nicht gelesen: „Gott, der Herr, wird ihm den Thron seines Vorfahren David geben“? (Lk 1, 32) ***Die Königin des Himmels und der Erde ist auch Mein Thron. Sie ist der Thron eures Königs, der Fleisch aus Davids Linie wurde … Der Herr, euer Gott, heißt es, wird „für immer über das Haus Jakobs regieren, und Seine Herrschaft wird nie zu Ende gehen“*** (vgl. Lk 1, 33). ***Die Jakobs von heute sind ihre Kinder, die Apostel der Endzeit und die großen Heiligen, die durch das Herz Meiner Mutter erhöht und geformt werden, um auf immer und ewig ein Herz mit Uns zu sein, denn Meine Herrschaft in ihrem Herzen wird kein Ende haben. Seid eins!***

161. Jesus hat dir mein Herz offenbart

9. April 1996

(Unsere heilige Mutter:)

Maria: Meine Vassula, höre mir jetzt ganz genau zu: Der Herr hat dir in Seiner Barmherzigkeit diesen Schatz (die Botschaft: »Das wahre Leben in Gott«) *direkt aus Seinem heiligen Herzen gegeben. Er hat die Macht Seines Armes dadurch gezeigt, daß Er diese gute Nachricht bis an die Enden der Erde gelangen läßt. Wenn ihr doch nur alle wüßtet, was der Herr euch in euren Zeiten schenkt! Doch der Geist des Herrn kommt nur zu den Einfachen und zu denen, die ein reines Herz haben, und füllt sie mit Seinen Gaben. Bis auf den heutigen Tag scheint Seine Herrlichkeit auf die Niedrigen und Geringen, und Er wird auch weiterhin die Reichen leer fortschicken …*

Durch diese Botschaft ruft Er euch zu einem Leben im Frieden auf. Gott ruft euch alle, denn Er ist der Vater. Er ruft euch auf, euer Leben zu ändern und heilig zu leben. Ich, eure Mutter, segne alle, die zu Gott zurückgekehrt sind, und Ich preise den, dessen Gnade und Barmherzigkeit von Zeitalter zu Zeitalter reicht. Bete und faste für diejenigen, die sich weiterhin hartnäckig auf ihre eigene Philosophie *verlassen. Ihre Ablehnung und Blindheit zerreißt mir mein mütterliches Herz … Ach, welcher Schmerz in meinem Herzen, welche Dornen, mein Kind!*

Und du, fahre du fort, Zeugnis abzulegen im Namen des Vaters, meines Sohnes und des Heiligen Geistes. Mache auch weiterhin Ihren Namen bekannt, und gehe dorthin, wohin auch immer der Vater, mein Sohn und der Heilige Geist dich zu gehen heißen. Vertraue Ihnen, Sie werden dich nicht im Stich lassen. Meine Tochter, ich bin immer da, wo Jesus ist. Wir sind mit dir, also fürchte dich nicht. Am Ende wird die Liebe siegen … Fürchte dich nicht vor denen, die stolz und hochmütig von Herzen sind, denn wenn sie sich auch ihrer Macht rühmen, sind sie doch nichts in den Augen des Herrn. Hast du nicht gehört: „Der Herr von allen duckt sich nicht vor einer hohen Persönlichkeit, Er besitzt keine Scheu vor Rang, Größe und Macht …“ (vgl. Weish 6, 7) *„Ein unbarmherziges Strafgericht ist für die Hohen und Mächtigen reserviert. Den Niedrigen und Geringen wird voll Erbarmen vergeben“* (vgl. Weish 6, 6). *Und Er wird auch weiterhin die im Herzen Stolzen vertreiben …*

In diesen Tagen hat Jesus dir mein Herz offenbart. Lerne, meine Tochter, daß ich deinen Namen in mein Herz eingeschrieben habe. Dasselbe habe ich für alle getan, die meinen Sohn und mich lieben. Ehre mich mit Opfern, ehre mein Herz mit kindlicher Unschuld, ehre das Herz deiner Mutter dadurch, daß du Böses zurückweist. Tue Gutes, und bitte deinen Vater im Himmel inständig um die Gaben Seines Geistes. Wachse in meinem unbefleckten Herzen, dann werde ich all die Wunden (hier als „Sünden“ zu verstehen) *deiner Seele in Ordnung bringen, so daß du die Freude Jesu, deines Erlösers, werden kannst und die Abenddämmerung dieser finsteren Generation. Wachse in dem Herzen deiner Mutter, so daß dein ganzes Wesen strahlt wie kostbare Steine, mit dem Licht, in das ich eingehüllt bin (die Muttergottes meint den Heiligen Geist), damit dann die Nationen scharenweise zu dir kommen, weil sie von deiner Schönheit angezogen werden.* (Im Herzen der Muttergottes kann unsere Seele verschönert werden, jedoch ohne unser Verdienst.) *Und wenn sie fragen: Wer hat dich so gestaltet, daß du glänzt wie tausend Edelsteine?“ bezeuge und sage: „Ich wurde in dem allerreinsten Herzen geformt, nahm Gestalt an in demselben Herzen, in dem auch unser Erlöser gedieh und Fleisch und Blut annahm, damit auch ich ein Kind der Mutter Gottes würde. Auf diese Weise werde ich fähig, Gedanken auszudrücken, die der Gaben des Allmächtigen würdig sind.“*

Komm und wachse in meinem Herzen und werde das Herz meines Herzens.

Entnimm meinem Herzen all die Reichtümer, die mir von der Weisheit gegeben wurden, damit auch du lernen kannst, den Vater, meinen Sohn und den Heiligen Geist zu lieben. Auf diese Weise wirst du das Kind der Mutter Gottes sein. Komm, komm und entnimm meinem Herzen die Tugenden, die mir gegeben wurden (von Anfang an ohne Sünde erschaffen), *sie sind auch für dich, mein Kind. Ach, ich möchte, daß du schön bist für meinen Sohn und daß du dem Vater gefällst, ich möchte, daß du vollkommen bist für das Herz Immanuels. Ich werde alle meine Gnaden aus meinem unbefleckten Herzen in dein Herz gießen, mein Kind, so daß auch dein Herz ein Altar für den Allerhöchsten wird, ein mit brennendem Weihrauch gefülltes Rauchfaß, damit auch du in Gnade und Treue wandelst.*

Das Geheimnis Gottes kann nur denen offenbart werden, die reinen Herzens sind, und wenn unsere beiden Herzen den Sündern unermüdlich nachgehen, so wegen der Größe der Liebe, die wir für euch alle haben. Ach, aber so viele scheinen nicht zu verstehen oder sich darum zu kümmern und machen unsere Aufrufe zum Gespött. Wenn diese Zeit der Gnade vorüber ist, werden die Toten nicht mehr lebendig werden. (D.h. wenn diese Zeit der Gnade erst einmal vorüber ist, wird es zu spät sein, sich zu ändern.) *Unsere beiden göttlichen Herzen sind verletzt und rufen euch allen voller Schmerzen zu, euch zu ändern, zu beten, zu fasten und meinen Sohn in dem heiligen Sakrament wahrhaft zu lieben. Ich lade euch ein, in mein Herz hereinzukommen, und Ich werde euch verbergen. Ich werde euch bewahren und beschützen vor all dem Bösen, das euch umgibt, und vor den Versuchungen. Ich werde dich beschützen und dich, mein Kind, emporheben aus den stürmischen Wassern der Sünde und dich in meinem mütterlichen Herzen verbergen. Meine Liebe und Zuneigung zu dir sind so groß, daß selbst die Engel gerne an deiner Stelle gewesen wären. Das heilige Herz Jesu kennt keine Lieblinge und meines auch nicht. Gott ist gerecht und gut.*

Heute, Tochter, und in den folgenden Tagen wirst du zum zweiten Mal in der heiligen Woche der Passion Jesu sein. (Das römisch-katholische Ostern war vom 4. bis 8. April, das orthodoxe Ostern vom 11. bis 15. April.) *Du erkennst, wie unsere zwei Herzen wegen eurer Teilung fühlen … Die Verletzungen an unseren beiden Herzen sind zahllos. Wenn die*

Herde des Herrn geteilt und zerstreut und das Land zu einer Wüste verkommen ist, wenn die Rebellion gegen alle heiligen Regeln Gottes ihren Gipfel erreicht hat, wenn heute ein Kardinal gegen den anderen vorgeht, ein Bischof gegen den anderen und ein Priester gegen den anderen, dann geschieht das, weil eure Generation es ablehnt, auf meine Worte zu hören. Der Allerhöchste hat mich gesandt, um euch zu warnen und euch auf sanfte Weise zu korrigieren (in Fatima? Akita?), *doch bis heute verweigert uns eure Generation ein Platz in ihrem Herzen, und unsere Worte werden nicht ernst genommen. Ihr werdet empfangen, was ihr geerntet habt. Mein mütterliches Herz ist betrübt, euch dies sagen zu müssen, und meine Augen weinen blutige Tränen bei dem Anblick, den ich vor mir erkenne, wenn des Vaters Hand auf euch fällt mit dem donnernden Schrei: „Genug! Genug jetzt!" und Er in einem Feuersturm das Urteil vollstreckt …*

Unsere zwei durchbohrten Herzen warnen euch immer noch voller Ernst, und wir werden unbeirrt fortfahren, euch zu warnen, eure Herzen zu ändern und sie Gott zuzuwenden. Nur in Gott kann man leben, denn Er ist euer tägliches Brot, euer Trank und euerAtem …

Laß alle Bewohner unserer zwei Herzen wissen, daß jetzt sehr bald unsere Herzen, die zu einem vereint sind, triumphieren werden und vieles, was wir vorhergesagt haben, sich erfüllen wird.

Das heiligste Herz Jesu und mein unbeflecktes Herz segnen euch alle.

Seid eins!

Anhang

Notifikation

Kongregation für die Glaubenslehre

Viele Bischöfe, Priester, Ordensmänner, Ordensfrauen und Laien wenden sich an diese Kongregation mit der Bitte um ein maßgebendes Urteil über die Tätigkeit der in der Schweiz ansässigen griechisch-orthodoxen Frau Vassula Ryden, die weltweit in katholischen Gebieten ihre Worte und ihre Schriften als angeblich vom Himmel offenbarte Botschaften verbreitet.

Eine von dieser Kongregation vorgenommene aufmerksame und objektive Untersuchung in der Absicht, „die Geister zu prüfen, ob sie aus Gott sind" (vgl. 1 Joh 4, 1) hat – neben positiven Aspekten – ein Gesamtbild von wesentlichen Elementen gezeigt, die im Licht der katholischen Lehre als negativ betrachtet werden müssen.

Abgesehen davon, daß der verdächtige Charakter der Art und Weise, mit der diese angeblichen Offenbarungen geschehen, im Auge zu halten ist, ist es geboten, auch einige in ihnen enthaltene doktrinäre Irrtümer hervorzuheben.

Unter anderem wird in zweideutiger Ausdrucksweise von den Personen der Heiligsten Dreifaltigkeit gesprochen. Das geht so weit, daß die kennzeichnenden Namen und Funktionen der göttlichen Personen verwechselt werden. In diesen angeblichen Offenbarungen wird eine drohende Periode der Vorherrschaft des Antichristen innerhalb der Kirche angekündigt. In chiliastischer Weise wird ein entscheidendes und glorreiches Eingreifen Gottes prophezeit, der im Begriff sei, auf Erden noch vor der endgültigen Ankunft Christi ein Zeitalter des Friedens und des allgemeinen Wohlergehens zu errichten. Im übrigen wird in nächster Zukunft eine Kirche erwartet, die eine Art pan-christlicher Gemeinschaft wäre im Gegensatz zur katholischen Lehre.

Die Tatsache, daß in den späteren Schriften der Ryden die obengenannten Irrtümer nicht mehr erscheinen, ist ein Zeichen dafür, daß es sich bei den angeblichen „himmlischen Botschaften" nur um die Frucht privater Meditationen handelt.

Im übrigen ruft Frau Ryden, die gewöhnlich an den Sakramenten der katholischen Kirche teilnimmt, obschon sie griechisch-orthodox ist, mancherorts in katholischer Umgebung nicht wenig

Verwunderung hervor. Sie scheint sich über jede kirchliche Jurisdiktion und jede kirchenrechtliche Regelung zu stellen und verursacht faktisch eine ökumenische Unordnung, die bei nicht wenigen Autoritäten, Geistlichen und Gläubigen ihrer eigenen Kirche Mißfallen hervorruft, da sie sich außerhalb der Disziplin dieser Kirche stellt.

In Anbetracht dessen, daß, trotz einiger positiver Aspekte, die Aktivitäten von Vassula Ryden sich negativ auswirken, ersucht diese Kongregation, daß die Bischöfe einschreiten, ihre Gläubigen angemessen informieren und in ihren Diözesen keine Ausbreitung der Ryden'schen Ideen gestatten. Sie fordert schließlich alle Gläubigen auf, die Schriften und die Interventionen von Frau Vassula Ryden nicht als übernatürlich zu betrachten und den Glauben, den der Herr der Kirche anvertraut hat, rein zu bewahren.

Aus der Vatikanstadt, den 6. Oktober 1995

Zitat aus: »L'Osservatore Romano«,
Wochenausgabe in deutscher Sprache,
vom 3. November 1995, S. 4

Botschaft vom 10. November 1995

Friede, Mein Kind; höre: Diejenigen, die dich heute unbarmherzig und skrupellos behandeln, werden Mir eines Tages gegenübertreten und Mir Rechenschaft ablegen müssen ... Dann werden sie nicht wagen zu sagen: „Was haben wir falsch gemacht?“ Denn Ich werde ihnen die eindrucksvollen Wunden zeigen, die ihre Arroganz Meinem Leib zugefügt hat; und gemäß der Geißel, die Ich täglich von ihnen erhalte, werde Ich sie verurteilen ... Sie werden zehnmal soviel bekommen. Mein Kind, Mein Abbild, du bist wirklich die gequälteste Botin auf Erden, aber auch die privilegierteste. Ich habe dir das Privileg Meiner Dornenkrone, Meiner Nägel und Meines Kreuzes gewährt. Ich habe dich dazu erhoben, Mein mächtiges Zeichen der Ablehnung zu sein, der Ablehnung Meiner Liebe ... Ach, so viele von euch sind im selben Schlaf eingesperrt ...

... Ach! Mein Herz brennt jetzt wie Feuer, denn durch deine Leiden kann Ich große Dinge tun. Meine Kinder sühnen nicht, wie Ich es von ihnen möchte. So fielen Meine Augen auf dich, denn Ich wußte, daß du die Bitten deines Erlösers nicht abschlagen wirst und daß du es zulassen würdest, von jenen vernichtet zu werden, die nach Gerechtigkeit und Frieden rufen, aber gerade das Gegenteil tun...

Meine kleine Seele, laß Meine majestätische Stimme gehört werden, und laß dich nicht von dem Lärm erschrecken, der dich umgibt. Die Lippen Meines Vaters fließen über vor Zorn wegen der unbußfertigen Sünder, und Sein Ärger wird sich zeigen durch das grelle Leuchten eines verzehrenden Feuers. Ja, Er hat es erst vor kurzem durch deine Mutter der Botin von Akita (in Japan, Schwester Agnes) *verkündet. Am Ende wird die Erde ihre Ohren und ihr Herz öffnen, so daß Errettung und Heil entstehen, und Ich werde zusammen mit dem Unbefleckten Herzen deiner und Meiner Mutter triumphieren.*

Gefäß Meiner Agonien, Ich werde dir genügend Kraft geben, um deine Mission mit Würde zu erfüllen, was Mich verherrli-

chen wird. Meine Liebe zu dir deckt dich zu, also fürchte dich nicht, „lo tedhal" ... Ich, Jesus Christus, bin mit dir, jetzt und immer.

Erklärung der amerikanischen Herausgeberin

Dr. Rosalie Turton, Direktorin der 101 Foundation

Ich weiß nicht, wie es Ihnen ergeht, aber wenn ich einen nicht unterschriebenen Brief erhalte, wird er, nachdem ich ihn durchgesehen habe, meistens in die „Ablage P“ (Papierkorb) abgelegt. Der Grund dafür ist, daß nicht unterschriebene Dokumente für mich aussagen, daß es dem Verfasser für gewöhnlich an Mut, Autorität oder an Fakten mangelt, und in vielen Fällen an allen dreien.

Das war meine Reaktion auf die „Notifikation“ (Bekanntmachung) betreffs Frau Vassula Ryden, die angeblich von der Glaubenskongregation kam. Ich sage angeblich, denn niemand scheint die „offizielle“ Erklärung lokalisieren zu können. Damit meine ich das Dokument mit dem Briefkopf der Glaubenskongregation, mit ihrem Siegel bestätigt und von einem Administrator der Kongregation unterschrieben.

Soweit wir ermitteln können, wurde keine solche Notifikation an Bischöfe oder an irgendeine der in Frage kommenden Parteien gesandt. Die ganze Aktion verletzte die vorgeschriebenen Verhaltensweisen der Glaubenskongregation selbst und schadete möglicherweise in gewisser Weise der ökumenischen Bewegung der Kirche.

Die Balamand-Deklaration

Die „Notifikation“ scheint den Geist, wenn nicht gar das Schreiben der Balamand-Deklaration zu verwerfen, welche die Einmischung von Prälaten einer Kirche in das spirituelle Leben von Mitgliedern einer anderen untersagte[1]. Bartholomaios I., der ökumenische Patriarch und Oberhaupt der orthodoxen Kirche, wird in der »Ser-

[1] Die Balamand-Deklaration, datiert vom 23. Juni 1993, wurde von der vereinten katholischen und orthodoxen Kommission von Theologen veröffentlicht. Artikel 29 lautet: „Bischöfe und Priester haben vor Gott die Pflicht, die Autorität zu respektieren, die der Heilige Geist den Bischöfen und Priestern der anderen Kirche gegeben hat, und daher Einmischung in das spirituelle Leben der Gläubigen dieser Kirche zu vermeiden. Wenn die Zusammenarbeit zu ihrem Besten notwendig wird,

vice Orthodoxe de Presse« vom Februar 1996, Seite 18, zitiert, die festhält, daß er in einer Ansprache an die Schweizer Bischöfe am 14. Dezember 1996 folgendes sagte:

„Durch den Willen Gottes und den Eifer der seligen Primaten, die uns auf den Stühlen unserer zwei Kirchen vorausgegangen sind – namentlich der orthodoxen Kirche, deren erster Bischof heute meine bescheidene Person in Dienst und Ehre ist, und der römisch-katholischen Kirche, in welcher der Stuhl derzeit von meinem Bruder, Seiner Heiligkeit Johannes Paul II. gehalten wird, ist es ein erfreuliches und vielversprechendes Ereignis, daß solche Treffen möglich und üblich geworden sind.

Es ist wahr, daß Konfrontationen und Verhaltensmuster, die 900 Jahre alt sind, nicht auf einmal verschwinden, um so mehr, da heute noch immer gewisse Mitglieder einer dieser Kirchen sich in das religiöse Leben der anderen einmischen, die diese Einmischungen übelnehmen."

Neuer »Codex des Kanonischen Rechtes«, Can. 844, § 3

Als Mitglied der griechisch-orthodoxen Kirche profitiert Frau Ryden von dem neuen »Codex des Kanonischen Rechtes«, Can. 844, § 3, was die Interkommunion anbelangt. Herr Papagrigoriou, ein griechisch-orthodoxer Laie, schrieb an Kardinal Ratzinger und trat dafür ein:

„Es ist in der Tat schicksalhaft, daß dieses traurige Vorkommnis geschehen ist, weil es denen, die sich dessen nicht bewußt sind, anzeigen mag, warum die griechisch-orthodoxe Kirche weit davon entfernt ist, sich zu beeilen, um nahe Beziehungen zur römisch-katholischen Kirche zu unterhalten … Es scheint einen doppelten

---

werden die Führer gebeten, gemeinsam vorzugehen, klare Grundlagen festzusetzen, allen bekannt für diese gegenseitige Hilfe, dann frei und öffentlich zu handeln, indem die sakramentale Disziplin der anderen Kirche respektiert wird."

Die Obrigkeiten beider Kirchen haben die Deklaration gebilligt. Johannes Paul II. hat sich mehr als einmal zustimmend auf die Kommission bezogen, beachtenswert in der Enzyklika »Ut Unum Sint« vom 25. Mai 1995.

Maßstab zu geben. Die offiziellen Dokumente aus Rom können schön sein und die Treffen von Orthodoxen und Katholiken eindrucksvoll. In praktischen Fällen jedoch scheint Rom einen anderen Ton anzuschlagen. Zur Interkommunion, zur wechselseitigen Teilnahme an bestimmten Sakramenten des jeweils anderen wird auf dem Papier ermutigt, aber in der Praxis scheint es immer noch eine gewisse Feindseligkeit gegen orthodoxe Christen zu geben."

Lucien Lombard, wissenschaftlicher Autor (»Vassula und Rom«) stellte fest: „Was soll Can. 844, § 3 des neuen Kirchenrechtsbuchs künftig für einen Nutzen haben, wenn jene, die ihn in die Tat umsetzen, sich öffentlichen Tadel seitens der Kongregation zuziehen? Was nützen Can. 220 und 221, § 2 des Kirchenrechtsbuches (die das Recht auf den guten Ruf und auf eine faire Prüfung bestätigen), wenn die Kongregation für die Glaubenslehre eine Person diffamieren oder sie verurteilen darf, ohne ihr die geringste Gelegenheit zu geben, sich zu rechtfertigen, ja ohne sie vorher zu informieren?"

Vorgeschriebene Vorgehensweisen

In dem Buch »The Ratzinger Report« (erschienen in Englisch bei Fowler Wright Books, London, 1985, S. 68) legt Kardinal Ratzinger die Regeln dar, nach denen Verfahren dieser Art (wie das von Frau Ryden) gehandhabt werden. Er führt aus:

„Wir ermutigen vor allem die Bischöfe der geistlichen Superioren, in einen Dialog mit dem Verfasser zu treten, wenn sie das nicht bereits getan haben. Nur dann, wenn die Dinge nicht auf diese Weise klargestellt werden oder wenn das Problem über die örtlichen Grenzen hinausgeht oder internationale Dimensionen annimmt oder wenn die örtliche Amtsgewalt selbst ein Eingreifen von seiten Roms wünscht, treten wir mit dem Verfasser in einen kritischen Dialog.

Zuerst übermitteln wir ihm unsere Position, ausgearbeitet auf der Grundlage einer Prüfung seiner Arbeit, mit der Meinung verschiedener Experten. Er hat die Möglichkeit, uns zu korrigieren und es uns zu sagen, wenn wir seinen Gedanken hier oder dort nicht richtig interpretiert haben.

Nach einem Briefwechsel (und manchmal einer Serie von Gesprächen) antworten wir ihm und geben eine ausführliche definitive Beurteilung mit dem Vorschlag, daß er all die Klarstellungen, die aus dem Dialog hervorgegangen sind, in einem angemessenen Artikel vorlegt.

Dies mag eine lange Zeit beanspruchen, aber vorschnelle Reaktionen sind nicht immer wünschenswert; eine überlegte Schnelligkeit, welche nicht so übertrieben ist, endet manchmal darin, Personen besser zu respektieren."

Hinsichtlich Frau Ryden wurde keine dieser Vorgehensweisen befolgt. Sie erfolgten unter einem vollkommenen Mangel an Verständigung, Untersuchung und Feingefühl.

Verteidigungsbriefe wurden nicht beantwortet

Nach der „Notifikation" wurden von P. Michael O'Carroll, Frau Rydens geistlichem Berater, zwei Briefe an Kardinal Ratzinger geschrieben (vollständig wiedergegeben in der Broschüre »Vassula und Rom«), auf die er weder eine Empfangsbestätigung noch eine Antwort erhielt. Auszugsweise behandeln die Briefe folgendes:

„Ein Grundprinzip des Rechts fordert, daß niemand verurteilt werden darf, ohne angehört worden zu sein. Im modernistischen Zeitalter wurde dieses Prinzip in unserer Kirche nicht respektiert. Vassula wurde nicht angehört: Nichts ist bekannt von der Überprüfung ihrer Schriften. Ich wurde nicht befragt. Die anderen Theologen, die Bücher oder Artikel über ihre Schriften veröffentlicht haben, wurden nicht zu Rate gezogen.

Was werden nun inzwischen unsere Feinde sagen? Sie werden sagen, daß die katholische Kirche in hohen Tönen die Würde und die geheiligten Rechte der menschlichen Person proklamiert, sie aber in der Praxis nicht respektiert.

Zu den Schriften Vassulas wird von uns verlangt zu glauben, all die schöne Lehre könnte die Frucht privater Meditationen sein. Dies zeigt klar, daß der Verfasser des Dokuments das Leben Vassulas nicht kennt. Sie hatte keine theologische oder spirituelle Bildung, nicht einmal elementare Katechese gehabt. Wie könnte sie über nichts meditiert haben, um etwas so Schönes, so Zufriedenstellendes hervorzubringen, daß mehrere Theologen bedeutende

Bücher und Artikel darüber geschrieben haben? Das ist die wesentliche Frage, aber sie wurde nicht in Betracht gezogen."

Pater Fernando Montoya sagte zu Kardinal Ratzinger (»Vassula und Rom«): „Wir, die wir sie kennen, sind sehr entmutigt, da wir sehen, daß diejenige, die den Papst auf die festeste Art und Weise verteidigt, von Rom verurteilt wird."

Pater Sommavilla S. J. (»Vassula und Rom«) sagte gegenüber Kardinal Ratzinger: „Was am offenkundigsten falsch ist, das ist, daß Vassula eine umfassende ‚pan-christliche Gemeinschaft' entgegen der katholischen Lehre erstrebe. Nein, sie erstrebt immer, wie sie oft mit Nachdruck betont, einen Zusammenschluß der Christen mit dem Papst von Rom in ihrer Mitte. Wäre das antikatholisch?"

Alt-Erzbischof Frane Franić, langjähriger Präsident der jugoslawischen bischöflichen theologischen Kommission, zu Patrick Beneston (»Vassula und Rom«): „Vor Gott erkläre ich, daß Frau Vassula für ihre Bücher nicht Verurteilung, sondern Lob verdient hat wegen der Vollständigkeit des in ihren Büchern enthaltenen Glaubens, besonders im Hinblick auf die vollständige Lehre vom Primat des römischen Pontifex, über die selige Jungfrau Maria, die Realpräsenz Christi in der Eucharistie, die heiligen Herzen Christi und der unbefleckten seligen Jungfrau Maria. Ich bin nicht in der Lage gewesen, irgendeine falsche Lehre zu finden in dem, was nun sieben Bände der Reihe mit dem Titel »Das wahre Leben in Gott« sind, die ich aufmerksam gelesen habe.

Ich lese mit Betroffenheit, daß eine so verdienstvolle Person vom Heiligen Stuhl verurteilt worden ist, und dies, ohne daß man ihr Gelegenheit gab, sich zu verteidigen. Aus diesem Grund bitte ich den Heiligen Stuhl demütig, wenn die in Frage stehende Verurteilung authentisch ist, daß sie so bald wie möglich zurückgezogen oder als nichtauthentisch erklärt werden möge, damit die unter den Gläubigen aufkommende Verwirrung vermieden wird."

Der »Osservatore Romano«

Viele Menschen denken, daß die Kirche „gesprochen" habe, weil es im »Osservatore Romano« gedruckt wurde. Wenn diese Bekanntmachung in irgendeiner anderen Zeitung als dem »Osservatore

Romano« erschienen wäre, welcher als die „offizielle“ Zeitung des Vatikans angesehen wird, hätte sie gut für eine diskreditierende und diffamierende Erklärung angesehen und ad acta gelegt werden können.

Aber ist der »Osservatore Romano« das „letzte Wort“? Wo liegt die definitive Autorität der Kirche? Bei den Jüngern, den Aposteln oder bei Petrus? Nachdem die „Notifikation“ erschienen war, begab sich Pater O'Carroll nach Rom und sprach kurz mit dem Heiligen Vater.

Pater O'Carroll sagte: „Heiliger Vater, ich bin Ihr Verteidiger“, indem er dem Heiligen Vater zwei Bücher überreichte, die er über ihn geschrieben hatte: »Johannes Paul II. und Polen« und »Johannes Paul II., ein Nachschlagewerk über sein Leben und seine Lehre«. Der Heilige Vater antwortete: „Ich habe viele Gegner.“ Dann sagte Pater O'Carroll: „Ich bin hier, um Vassula zu verteidigen. Bitte geben Sie mir Ihren Segen für sie.“ Sogleich schickte sich Papst Johannes Paul II. an, dies zu tun.

In unserem eigenen Jahrhundert bemerkte Papst Paul VI.: „Der Rauch Satans ist in das Heiligtum eingedrungen.“ Das gibt einem zu denken.

Um die Worte des Gamaliël an den Hohen Rat frei wiederzugeben (vgl. Apg 5, 38): „Wenn dies nicht von Gott ist, wird es von selbst verfallen. Wenn es von Gott ist, dann wird nichts, was wir tun, es aufhalten, und zu versuchen, das zu tun, bedeutet, gegen Gott selbst zu handeln.“ In dieser Angelegenheit beten wir um einen fairen und fortgesetzten Dialog und um Erleuchtung.

Kommentar zur Kritik an Vassula

von Boguslaw Lipinski, Ph. D.
H. S. Research Laboratory
100 Inman St., Cambridge, MA 02139, USA

Ich bin Wissenschaftler und kein Theologe, aber ich dachte, ich sollte etwas zur Verteidigung von Frau Vassula Ryden vorbringen. An erster Stelle schließe ich mich dem völlig an, was Bischof Donald Montrose von Stockton schrieb: „Von einem persönlichen Standpunkt aus kann ich nur feststellen, daß das, was ich im ersten Band von »Das wahre Leben in Gott« gelesen habe, mir von echtem Nutzen war. Die Schriften haben mir neue Einsichten in die unbeschreibliche Liebe gegeben, die Jesus für mich persönlich hat und für jeden einzelnen von uns. Sie haben mich zu einem größeren Glauben und Vertrauen zu dieser göttlichen Liebe geführt."

Einer der Kritiker von Vassulas Buch hat angegeben, daß Vassula sich als Christi „Braut" identifiziere. Ich möchte gerne ins Gedächtnis rufen, was einer polnischen Ordensfrau, der seligen Schwester Faustyna Kowalska, die in den Jahren von 1931-38 Visionen von Jesus Christus hatte, von Ihm gesagt wurde: „Ich will dich Mir anvermählen" (Tagebuch der Schwester Maria Faustyna Kowalska, S. 296, Nr. 912). Dennoch hinderte diese Aussage, so sakrilegisch sie auch klingen mag, Faustyna nicht daran, seliggesprochen zu werden. Die hl. Katharina von Siena, eine Kirchenlehrerin, war auch eine „Braut Christi".

Eine andere angebliche Kontroverse betrifft die Aussage von Jesus Christus, der Vassula diktierte: „... sie zerrten Mich nach vorne. Sie gaben Mir weitere Schläge, auch ins Gesicht. Sie brachen Mir dabei das Nasenbein ..." (Bd. 1, S. 42). Nach der Heiligen Schrift war Sein Leib makellos, und kein Knochen war gebrochen. Doch Jesus sagte Vassula nicht, daß Sein Knochen gebrochen sei, sondern Seine Nase. Wie die Anatomie des menschlichen Körpers uns lehrt, ist die Nase zusammengesetzt aus einer knöchernen Basis und einem Knorpel, der natürlich viel zerbrechlicher ist als ein Knochen. Daher ist es sehr wahrscheinlich, daß dieser knorpelige Teil Seiner Nase eher gebrochen war als der Knochen, was tatsächlich durch eine Besichtigung der Bilder Christi, die auf dem heiligen Grabtuch beruhen, bestätigt werden kann.

Vassula ist auch scharf kritisiert worden wegen ihrer „verwirrenden Lehre über Christus und die Heilige Dreifaltigkeit". Jesus diktierte Vassula: „... die Heilige Dreifaltigkeit ist eins, Ich bin eins." Wieder möchte ich die selige Faustyna Kowalska zitieren, die auf S. 295 ihres Tagebuchs (Nr. 911) schrieb: „Ich sah im Geiste drei göttliche Personen, aber ein ihnen gemeinsames Wesen. Er ist allein, einer, einziger, aber in drei Personen. Keine von ihnen ist weder kleiner noch größer, weder in der Schönheit noch in der Heiligkeit gibt es einen Unterschied, denn sie sind eins. Eins, ein absolutes Eins sind sie."

Während meiner kürzlichen Reise nach Rußland stieß ich auf ein Gemälde von Andrei Rublyov (1422 n. Chr.), welches die Ikone der Dreifaltigkeit des Alten Testaments oder der Gastfreundschaft Abrahams genannt wird. Nichts auf diesem Gemälde zeigt an, wer Vater, Sohn oder Heiliger Geist ist. Es klingt wie eine Häresie, doch dieses großartige Gemälde überstand fünf Jahrhunderte in der russisch-orthodoxen Kirche, ohne verbannt zu werden.

Vereinigung „Das wahre Leben in Gott"
23. / 24. November 1995
Akte: Vassula Ryden, Band 2

Kommentar zur Notifikation über Vassula Ryden

P. Christian Curty
Guardian, Couvent des Franciscains
33, Rue de la Porte Evêque, F- 84000 Avignon
(Exorzist für die zwei Diözesen Avignon / Marseille)

An Monsignor Joseph Ratzinger,
Präfekt der Kongregation für die Glaubenslehre.

Erlauben Sie mir, auf meinen früheren Brief an Sie betreffs Frau Vassula Ryden zurückzukommen, weil ich erstaunt und bestürzt über die Vorgehensweise bin, welche von der Heiligen Kongregation für die Glaubenslehre in bezug auf den Fall von Frau Vassula Ryden angewendet wird. Für gewöhnlich behandelt die römische Kurie und gerade Ihre Heilige Kongregation diese Fälle mit einem großen Maß an Respekt und Freundlichkeit gegenüber den Personen, die zur Beurteilung gebracht werden, und in Übereinstimmung mit den Forderungen des Kanonischen Rechtes (besonders der Artikel 220 und 221), und immer erinnern wir uns an die überraschende Geduld und den Takt, die besonders hinsichtlich der Priester Schillebeeckx und Boff angewandt wurden.

Ist es aber in dem vorliegenden Fall aufgrund der Nichtbeachtung des Kanonischen Rechtes sicher, daß der Geist des Evangeliums respektiert wurde? War es wirklich so dringend und gab es eine so große Gefahr für Glauben und Moral, um die gewöhnlichen Methoden beiseite zu schieben und ein Urteil zu erreichen, das einer Verurteilung gleicht, über den Glauben, die Vereinigung mit der Kirche und die Schriften von Frau Vassula Ryden, ohne sie zuvor gewarnt zu haben und ohne ihr die Möglichkeit zu geben, ihren Fall zu verteidigen, und ohne die vielen katholischen Priester zu befragen, welche sie kennen, und besonders ihren geistlichen Berater, Pater O'Carroll?

Als Priester und Exorzist bin ich dem Feind, dem wirklichen Antichrist, viele Male von Angesicht zu Angesicht begegnet, und ich habe die schmerzliche Aufgabe, „Botschaften" aus dem Mund dieses Lügners und Rebellen zu hören, die keine Ähnlichkeit mit dem haben, was Frau Vassula Ryden empfängt. Auch als Graphologe (mit Diplom) bin ich genau in den „Modalitäten" gewesen, auf die sich die Notifikation bezieht, und habe die Handschrift Frau Rydens in den Botschaften genau studiert, aber sie haben nichts zu tun und sind nicht verwandt mit der automatischen Handschrift noch sind sie Inhalt von Botschaften von Spiritisten.

Bewußt lasse ich die Hypothese eines raffinierten, bösen Tricks beiseite: Der Inhalt der Botschaften übersteigt die persönlichen Möglichkeiten (theologische und literarische) von Frau Vassula Ryden bei weitem. Bei allen ungewöhnlichen Offenbarungen (mystischen oder pathologischen) stehen der Beurteilung drei Möglichkeiten offen:

• Ein teuflischer Ursprung
ist gänzlich zu verwerfen! Denn der böse Geist kann die Stimme Christi nicht ständig imitieren oder nachahmen. Und der Diabolos würde nicht riskieren, die geteilte Kirche einzuladen, sich in Einheit zu versöhnen und unter dem Primat von „Petrus", und noch viel weniger die äußerste Wichtigkeit der Eucharistie zu betonen.

• Der psychische Ursprung
Das hieße, im Zustand des Paranormalen (Übersinnlichen) zu sein, doch das Studium von „Modalitäten" (Bibel, Hintergrund usw.) entgeht dem Phänomen des Gebrauchs als Medium oder der Trance völlig. Im Zustand des Unbewußten zu sein, würde eine Unbewußtheit voraussetzen, die aus genialen theologischen Eingebungen bestünde (welche das Erinnerungsvermögen des Empfängers übersteigen), also eine harmonisch-konstante und einwandfreie Logik.

In meiner Logik ist dies noch nie zu finden gewesen. Um so mehr, da dieser unbewußte Zustand, weit entfernt davon, auf sich selbst zurückzugehen, konstant offen für ein geheimnisvolles Wesen bleibt, dessen Persönlichkeit in keinster Weise das widerspiegelt, was wir über Frau Vassula Ryden wissen, sondern im Gegenteil Christus und dem Glauben der Kirche ähnlich ist. Könnte das Unbewußte der Dauer einer solchen architektonischen Konstruktion, einer so großen literarischen Schönheit und tiefer, theologischer Lehre fähig sein?

• Es bleibt der übernatürliche Ursprung.

Dieser drängt sich auf (aus vielen Gründen, die ich hier nicht ausführen kann), und ich füge hinzu, das nimmt uns in die Pflicht. Denn wenn es wirklich so ist, daß der Herr zu seiner Kirche spricht, dann dürften wir diese Botschaften nicht mit Geringschätzung oder Gleichgültigkeit behandeln und uns mit einem schnellen und oberflächlichen Lesen zufriedengeben und noch weniger mit unserer Ablehnung, für die wir Antwort werden stehen müssen.

Diese Botschaften konzentrieren sich nicht auf die Person Vassulas, die nur das Instrument und die Botschafterin ist, sondern auf das Mysterium Fidei und das Mysterium Ecclesiae. Der Kern der Botschaft: das Primat des „Petrus", welches in Gefahr ist. Und Sie wissen besser als ich um den ständigen und gefährlichen Anstieg der Herausforderung und der Verwirrung, welcher den Leib der Kirche in Gefahr bringt. Dieses Wort, das von oben kommt, lädt uns eindringlich ein zur Versöhnung der ganzen Kirche, die im Herzen Gottes eins ist, doch von und durch die Jünger Christi geteilt ist. Um eine Geste wird gebeten (so gewünscht von Paul VI.), um zusammen, am selben Tag, das Pascha des Herrn zu feiern. Wenn wir diesen kleinen Schritt vollbringen, wird der Herr den Rest tun.

Ihre Heilige Kongregation dachte, daß sie Position bezüglich dieser Botschaften beziehen müßte. Aber eine Frage ist zu stellen: Wir, die Priester der katholischen Kirche (und zahllose Bischöfe außerhalb Frankreichs), die diese Botschaften geglaubt haben und glauben, daß sie aus dem Mund des Herrn kommen, befinden wir uns wirklich im IRRTUM? Und sind wir der Kirche ungehorsam, wenn wir glauben, die Stimme ihres Herrn und Hirten zu erkennen, der uns zu Bekehrung und zu Einheit im Glauben ersucht, „damit die Menschen glauben"? Sind wir immer in Gemeinschaft mit der Kirche, wenn wir in diesen Schriften keinen Ruf zur „panchristlichen Gemeinschaft", sondern einen Aufruf an die gesamte Kirche, geteilt in ihre Mitglieder, erkennen, sich unter der Führung von „Petrus" zu vereinigen?

Entschuldigen Sie also meine Kühnheit. Wäre es nicht notwendig, eine Kommission zu berufen, um in einer ruhigen und objektiven Weise die Schriften (veröffentlichte und unveröffentlichte) von

Frau Vassula Ryden zu studieren und sie in aller Gerechtigkeit zu untersuchen? Zu viele Christen sind wirklich beunruhigt durch die Notifikation Ihrer Heiligen Kongregation, die keine genaue Motivation für ihr Urteil angibt, welches eine tiefe Wunde in die Sensibilität dieser Christen für das Evangelium schlägt und ihren Glauben an Christus Jesus verwundet, dessen Stimme sie durch diese Botschaften zu hören glauben und immer zu hören meinen.

Aus diesem Grund, Eure Eminenz, die Sie mein Vater im Glauben und mein Bruder in Christus sind, sage ich Ihnen, vor dem KREUZ des Erlösers kniend, der die Mächte der Hölle zerstört und der uns vor dem „Vater der Lügen" rettet: ES IST DER HERR! Mögen wir auf Ihn hören!

Als ein Sohn, der sich der heiligen Kirche, meiner Mutter, unterwirft, die allein die Worte ewigen Lebens besitzt, aber in meinem Herzen verwundet angesichts dieser Entscheidung, welche meinem Glauben an Christus einen Schlag versetzt und die ich nicht begreifen kann.

P. Christian Curty,
Priester und Exorzist
Avignon, 28. Januar 1996

Kommentar zur Notifikation über Vassula Ryden

P. Robert Hughes SM
Queen of Apostles Church
4911 Moorpark Avenue
San José, California 95129, USA

A. Vassula Ryden

Während einer ihrer verschiedenen Privataudienzen bei Papst Johannes Paul II. überreichte ihm Vassula Ryden eine Auswahl ihrer Schriften in verschiedenen Sprachen – eine davon war in Polnisch. Später berichtete Kardinal Sodano, der Staatssekretär, daß der Papst ihre Schriften „mit großem Interesse" las.

Auch Kardinal Franjo Kuharic, Erzbischof von Zagreb, empfing Vassula in einer Privataudienz von über einer Stunde. Danach sagte der Kardinal zu ihr: „Sie sind wie der heilige Paulus … Sie verkündigen die ganze Wahrheit …" Er segnete sie und sagte zweimal: „Ich segne Sie und Ihre Mission." Und dann fügte er hinzu: „Dies ist eine Angelegenheit von Privatoffenbarung, und wir erlauben ihr zu sprechen, weil das, was sie sagt, mit der Wahrheit des Evangeliums übereinstimmt."

Erzbischof Frane Franić, Präsident der theologischen Kommission der Bischöfe im ehemaligen Jugoslawien, kam ihr während einer Konferenz in Italien sehr zu Hilfe. Er nannte sie „ein Wunder und ein Gegenstand des Wunders". Er fuhr fort: „Ihre Botschaften sind lebendig und authentisch … Diese Botschaften können zu einem besseren Verständnis der Botschaften Jesu im Evangelium verhelfen … Es scheint mir, … Vassulas Hauptcharisma ist, die Reinheit der vollständigen Offenbarung Gottes zu zeigen."

Eine lange Reihe von Kirchenprälaten und Bischöfen aus der ganzen Welt haben ihr persönliche Briefe geschrieben und sie eingeladen, in ihren Diözesen zu sprechen. Der verstorbene Kardinal Posada von Guadalajara, Mexiko, lud Vassula vor seiner Ermordung ein, in seiner Kathedrale zu sprechen. Hier in Kalifornien taten Bischof John Quinn, der frühere Bischof von Sacramento, und Bischof Donald Montrose von Stockton dasselbe. Ebenso Bischöfe in Afrika und Südamerika. Acht Erzbischöfe und Bischöfe allein in Brasilien (der Kardinal wollte teilnehmen, wurde aber krank) empfingen sie begeistert, wo sie zu sehr großen Menschenmengen sprach (20000). Diese Bischöfe baten um private Interviews mit ihr, leiteten Versammlungen, wo sie sprach, standen hl. Messen vor, in denen der Prediger empfahl, ihre Schriften zu lesen und zu meditieren, ließen sich mit ihr fotografieren und segneten ihre Mission.

Vassula wird auch von führenden katholischen Theologen auf der ganzen Welt verteidigt: P. Michael O'Carroll CSSp, ihrem geistlichen Berater (Irland), P. James Fannan PIME, ihrem ersten geistlichen Berater (Bangladesch), P. Ljudevit Rupčić OFM (Schweiz), P. Christian Curty OFM (Frankreich), P. Ovila Melancon S. J. (Kanada), Pfr. Michael Kaszowski (Polen), Pfr. Bianchi (Italien), P. Ed O'Connor CSC von Notre Dame, Indiana (USA), P. Robert Faricy S. J. von der Gregorianischen Universität in Rom (Italien) und so vielen anderen.

Abbé René Laurentin (Frankreich), Peritus beim Zweiten Vatikanischen Konzil, einer der führenden Mariologen der Welt und der weithin erfahrenste in der Beurteilung von Erscheinungen / Lokutionen, schrieb ein ganzes Buch, um sie, die Echtheit ihrer Schriften und die Gesundheit ihrer Lehre zu verteidigen, unter dem Titel: »Wenn Gott Zeichen gibt«.

Vassula wird auch in der östlichen Kirche verkündigt. Am wichtigsten ist, daß sie bei ihrem griechisch-orthodoxen Bischof Damakinos in gutem Ruf steht. Zu ihren vielen Unterstützern im Osten zählen: Erzbischof David Sahagian, armenisch-orthodoxes Patriarchat von Jerusalem, Pfr. Vladimir Zielinski, russich-orthodoxer Theologe, Todor Sabev, orthodoxer Theologe und früherer stellvertretender Generalsekretär des Weltrats der Kirchen (Genf), Pfr. Ion Bria, orthodoxer Theologe, Einheit der Erneuerung, Weltrat der Kirchen. Wir fügen dieser Liste unseren eigenen ukrainisch-griechischen Priestermönch Joseph vom Kloster der hl. Verklärung in Redwood Valley, Kalifornien, hinzu ...

Bedeutsam ist, daß eine Anzahl von Bischöfen und Theologen Erklärungen zur Unterstützung Vassulas nach Erscheinen der Notifikation veröffentlicht hat. Und ich freue mich, mich ihnen anzuschließen. Ich möchte ganz klarstellen, daß ich mit dem Papst und jenen Kardinälen, Bischöfen und Theologen mit großem Interesse und höchstem Vergnügen diese erstaunlichen, äußerst wichtigen und unbezahlbaren Offenbarungen des Himmels lese, die in ihren Schriften enthalten sind, welche vollkommen mit der katholischen Lehre und der Heiligen Schrift übereinstimmen und die grundlegende Werte preisen, die für unsere katholische Tradition zentral und teuer sind.

Eine der ganz großen Gnaden meines Lebens war die Teilnahme an den Konferenzen, die von Vassula Ryden und P. Michael O'Carroll CSSp vom 8. bis 10. April 1992 in der Kirche Unserer Lieben Frau von der Immerwährenden Hilfe hier in Scottsdale gehalten wurden. In diesem Sabbatjahr beschloß ich, zu dem Ursprungsort zurückzukehren und jener einzigartigen Gnade nachzugehen. Ich meditiere die Botschaften vor dem ausgesetzten Allerheiligsten Sakrament mehrmals täglich; den Rest des Tages lese ich dieselben Botschaften und denke darüber nach. Wenn ich die Stadt verlassen muß, gehen die Botschaften mit mir.

Ich werde nie die erste Februarwoche 1994 vergessen, als Vassula definitiv ihr Kommen nach San José vom 26. bis 28. März 1994 bestätigte. Wir begannen sofort ein Flugblatt auszuarbeiten, doch bevor wir es in weniger als einer Woche nach ihrem Anruf drucken konnten, waren alle 2000 Tickets vergeben. Aus der Flut von nachträglichen Anrufen und Anfragen war klar, daß wir 10000 hätten unterbringen können, wenn eine ausreichend große Halle zu haben gewesen wäre. Und ich erinnere mich an die griechisch-orthodoxe Frau, seit 20 Jahren weg von ihrer Kirche, die in Tränen ausbrach, sobald Vassula zu sprechen begann: „Sobald sie anfing", sagte sie, „wußte ich, daß Gott direkt zu mir sprach." Und wer wird die rote Rose vergessen, die mehr als zwei Stunden mitten in der Luft bei der Herz-Jesu-Statue schwebte, von Vassula in die unsichtbare Hand Jesu gelegt. Und dann ist da die spezielle Botschaft, die Jesus den Menschen von San José gab: „Mein Herz ist ein Abgrund der Liebe und Vergebung."

Nachdem Vassula ihren ersten Vortrag in Scottsdale (1992) gehalten hatte, eilten in der Pause Leute zu mir und fragten, ob ich das Gesicht Jesu vor ihr gesehen hätte. Leider war ich vertieft in meine Notizen und blickte kaum auf. Doch während eines Empfangs am Ende des Wochenendes kam Vassula zu mir und machte verschiedene Vorschläge, wie die Botschaften richtig zu lesen seien. Jede Bemerkung war eine Korrektur für die Art und Weise, wie ich es tat. In Sacramento, Kalifornien, als Vassula am 18. Januar 1993, ihrem Geburtstag, in der Kathedrale des Heiligsten Sakraments über das heiligste Herz Jesu, den Heiligen Geist und Gott Vater sprach, ging ich anschließend nach draußen und sah drei weiße Tauben, die droben Kreise zogen.

Weder diese kleinen Zeichen noch die Prophezeiungen, die in ihren Botschaften erfüllt sind, noch das Zeichen der Stigmata, die sie trägt, noch die Passion, die sie regelmäßig erleidet, noch die Vielfalt und Vorzüglichkeit ihrer außerordentlichen Charismen – nichts von diesen ist der zentrale Punkt. Ihr größtes Zeichen der Echtheit liegt in den Bekehrungen, die sich als Folge ihrer Botschaften ereignen. Ich bin Zeuge davon bei Konferenzen, wenn sie spricht, doch vor allem als spiritueller Leiter, der mit vielen Menschen zu tun hat, die in ihren Botschaften das Leben und eine immer tiefere Bekehrung zu unserem Herrn finden.

B. Die Notifikation

Diese Notifikation oder „Warnung" wurde auf die Bitte der Schweizer Bischofskonferenz veröffentlicht, gemäß ihrem Sekretär, P. Roland Trauffer, OP.

1. Verlautbarungen der Kongregation für die Glaubenslehre sollten unseren höchsten Respekt fordern – aber sie sind niemals unfehlbar.

a) Ein gutes Beispiel ist der Fall von Schwester Faustyna Kowalska, deren Schriften über die göttliche Barmherzigkeit vom Vatikan (1959-1978) auf den Index gesetzt wurden. Das Verbot wurde schließlich aufgehoben, und ihre Lage wurde gänzlich ins Gegenteil verkehrt, als Papst Johannes Paul II. sie 1993 seligsprach.

b) Kardinal Andrzej M. Deskur schrieb folgendes im Vorwort zu der polnischen Auflage (1981) des »Tagebuches der Schwester Faustyna«: „Erstens, die Glaubenskongregation hat vor zwei Jahren (1978) in einer Erklärung endgültig alle Vorwürfe und Vorbehalte zurückgenommen, die früher ... von der Kongregation des Heiligen Offiziums vorgebracht worden waren. Die Aufhebung der ‚Notifikation' führte dazu, daß die Andacht zur Barmherzigkeit Gottes ... in allen Erdteilen neue Lebensimpulse erhielt ..."

„Zweitens … Man sollte zudem unterstreichen, daß Kardinal Wojtyla als damaliger Erzbischof von Krakau den Seligsprechungsprozeß der Schwester Faustyna selbst angeregt und in die Wege geleitet hat …“

c) Es sollte auch zur Kenntnis genommen werden, daß es Papst Johannes Paul II. als Kardinal-Erzbischof von Krakau war, der seinem Gewissen folgte und Einspruch gegen das Verbot ihrer Schriften erhob, und seine anhaltenden Bemühungen bei der Glaubenskongregation verursachten, daß das Verbot aufgehoben wurde.

d) Die Geschichte ist voll von solchen Umkehrungen.

2. Diese Notifikation ist eine vorausgehende Meinung und keinesfalls ein Schlußurteil.

a) Das derzeitige Verfahren der Glaubenskongregation ist im wesentlichen bestimmt von dem „motu proprio“ Papst Pauls VI., veröffentlicht am 7. Dezember 1965, und betitelt »Inegrae Servandae« (»Intakt bewahren«). Eine der Normen in jenem Dokument lautet wie folgt:

„Wenn die Rechtgläubigkeit von Schriften untersucht wird, dürfen solche Schriften nicht verurteilt werden, ohne zuerst den Autor gehört zu haben, der die Befugnis hat, sich selbst zu verteidigen“ (ibid. Nr. 5). Diese Norm wurde in das Gesetz der Kirche geschrieben, als solches veröffentlicht und ist bindend. Weder Vassula Ryden noch ihr geistlicher Berater, P. Michael O'Carroll CSSp, sind bisher je konsultiert worden, was klar darauf hinweist, daß wir am Anfang eines langen Verfahrens stehen.

b) Genauso, wie die Kirche kein letztes Urteil über eine Erscheinung abgibt, bis sie vollkommen abgeschlossen ist, so gibt die Kirche kein letztes Urteil über ein Buch, bis es beendet und als vollständige Einheit bewertet worden ist. Papst Benedikt XIV. betonte diesen Punkt in seiner Einführung zu dem, was wir einst als »Index« der verbotenen Bücher kannten: „Wir warnen, daß gewissenhaft bedacht werden muß, daß nicht zu einem korrekten Urteil über den wahren Sinn eines Autors gelangt werden kann, wenn das Buch nicht vollständig und in allen seinen Teilen gelesen wird …“ »Das wahre Leben in Gott« von Vassula ist ein Buch, das noch immer im Entstehen ist und das zu diesem Zeitpunkt nicht abgeschlossen ist.

3. Dieses Dokument weist auf den „Anfang eines Dialogs“ und nicht auf das Ende einer Diskussion hin.

a) Dieser Dialog muß bei Vassula Ryden beginnen, wenn dem fälligen Verfahren gemäß dem Kirchengesetz gedient werden soll. Wie dieser Dialog stattfinden soll, wenn ihr Buch noch immer nicht abgeschlossen ist, ist eine Frage, die zu stellen der Mühe wert ist. Zweifelsohne wird ihr geistlicher Berater, P. O'Carroll, zu diesem anfänglichen Zeitpunkt miteinbezogen werden. P. O'Carroll ist ein erstklassiger Theologe, Autor von fünf einbändigen Enzyklopädien über Theologie, ein sehr vertrauter Bekannter des Papstes, dessen Doktorarbeit vom geistlichen Leben handelte.

b) Die Kongregation wird auch einen Weg finden müssen, wie sie mit den Prälaten der Kirche auf der ganzen Welt umgeht, die Vassula bereits zu Hilfe gekommen sind, nachdem die Notifikation veröffentlicht worden war.

c) Und dann gibt es Aussagen führender Theologen auf der ganzen Welt. Am bemerkenswertesten ist, daß es in Abbé Laurentins Buch: »Wenn Gott Zeichen gibt« sofort offensichtlich ist, daß er effektiv auf jeden einzelnen der dogmatischen Einwände der Notifikation antwortet.

4. Diese Notifikation wirft vielmehr viele Fragen auf, anstatt daß sie das Buch schließt.

a) Diese Aussage wird in der Notifikation gemacht: „Abgesehen davon, daß der verdächtige Charakter der Art und Weise, mit der diese angeblichen Offenbarungen geschehen, im Auge zu halten ist ...“ 1943 schrieb Papst Pius XII. die Enzyklika »Divino Afflante Spiritu«, welche in gewissem Grade versucht, wahre Gelehrsamkeit in der Kirche zu nähren. Er scheint an die „Verdächtigung“ zu denken, welche in der Notifikation enthalten ist: „Laßt alle Söhne der Kirche daran denken, daß die Bemühungen dieser resoluten Arbeiter im Weinberg des Herrn nicht nur mit Unparteilichkeit und Gerechtigkeit beurteilt werden sollten, sondern auch mit der größten Nächstenliebe. Alle sollten jedoch jenen zügellosen Eifer verabscheuen, welcher sich vorstellt, daß alles, was neu ist, aus diesem Grund abzulehnen oder verdächtig sei.“

b) Eine weitere Aussage: „Im übrigen wird in nächster Zukunft eine Kirche erwartet, die eine Art pan-christlicher Gemeinschaft wäre ...“ Vassula gebraucht in ihren Schriften nie das Wort „panchristlich“. Wie Abbé Laurentin angibt, ist ihre Haltung einfach: Anerkennung des Papstes.

c) Und eine weitere Aussage: „... wird ein entscheidendes und glorreiches Eingreifen Gottes prophezeit, der im Begriff sei, auf Erden ... ein Zeitalter des Friedens ... zu errichten.“ Dies sind die Worte Unserer Lieben Frau von Fatima: „Am Ende wird mein unbeflecktes Herz triumphieren, Rußland wird sich bekehren, und es wird Frieden sein.“

d) Und noch eine weitere: „Im übrigen ruft Frau Ryden, die gewöhnlich an den Sakramenten der katholischen Kirche teilnimmt, obschon sie griechisch-orthodox ist, mancherorts in katholischer Umgebung nicht wenig Verwunderung hervor.“

• Der neue »Codex des Kanonischen Rechts« (Can. 844 § 3): „Katholische Spender spenden erlaubt die Sakramente der Buße, der Eucharistie und der Krankensalbung Angehörigen orientalischer Kirchen, die nicht die volle Gemeinschaft mit der katholischen Kirche haben, wenn diese von sich aus darum bitten und in rechter Weise disponiert sind.“ Das Dekret über den Ökumenismus von 1993 (Nr. 125) vom Päpstlichen Rat zur Förderung der christlichen Einheit zitiert Can. 844 § 3 wortwörtlich.

• Die Balamand-Erklärung, am 23. Juni 1993 von der vereinten internationalen Kommission für den theologischen Dialog zwischen der römisch-katholischen Kirche und der orthodoxen Kirche in Balamand, Libanon, verabschiedet, hält das Prinzip der persönlichen Freiheit hoch: „... die unverletzliche Freiheit von Personen und ihrer Verpflichtung, den Anforderungen ihres Gewissens zu folgen, bleiben gesichert ...“ (Nr. 15).

5. Diese Notifikation ist die Erfüllung einer Prophezeiung und nicht nur ein Dokument.

a) Prophezeiung vom 18. Januar 1991: „Ich ... habe dich als ein Zeichen der Ablehnung, Zurückweisung und Verwerfung enthüllt, die Ablehnung der Einheit ...“ „Nein. Meine Botschaften werden auch ohne dich ihren Lauf nehmen. Doch du wirst überall geschüttelt werden. Ich werde den entweihten Händen deiner Verfolger erlauben, dich zu schlagen und dich öffentlich zu mißhandeln. Ich werde ihnen erlauben, dir zu widersprechen ... und wie Krähen, die über die Saat herfallen, werden sie dich angreifen. Du wirst in ihren Augen als Versager dastehen, weil die Wunden, die sie dir zufügen, beeindruckend sein werden. Verwundet werden, Mein Kind, wirst du von innerhalb Meines Hauses, von den Meinen. Diejenigen, welche dir dies zufügen, sind aus dem Stamme Kains. Ich werde ihnen erlauben, ein unschuldiges Kind zu schlagen, doch soll sich ihre Freude in Trauer verwandeln. Ja, du wirst als Verlierer erscheinen, Meine Vassula. Doch habe nicht auch Ich als Versager dagestanden? Es hatte den Anschein, als wäre Meine Mission fehlgeschlagen. Ich stand in den Augen der Welt als der allergrößte Verlierer da. Du bist ein Zeichen, das ihnen gegeben wird, um Fragen entstehen zu lassen, über die man streiten wird."

b) Botschaft vom 25. Oktober 1995, nachdem die Notifikation erschienen war: „... Siehst du, wie Meine Vorhersagen sich erfüllen? Blume-Meines-Herzens, Flamme-Meiner-Augen, deine Mission wird nur erfüllt werden, wenn Ich ihnen erlaube, dich zu kreuzigen ... Ich hatte dir gesagt, daß der Vater einen Weg für dich entworfen hat, der Meinem ähnelt ... Wie du siehst, bist du heute von einem der Meinen verkauft worden. Mein Schatz, dein eigenes Volk hat unschuldiges Blut verraten ... Du bist von einem deiner Angehörigen an die Römer ausgehändigt worden, damit sie dich verurteilen und du dann ... gekreuzigt wirst. Vassula, wahre du Mein Stillschweigen (Ich soll mich nicht selbst verteidigen), du hast genügend Zeugen, die dich verteidigen könnten. Die Treuen werden treu bleiben. Deine Kleider, Mein Kind, werden sich in deinem Blut wälzen, und auch das wird ein Beweis dafür sein, daß du von Mir kommst. Dazu bist du geboren, und daß du dies annimmst, erfreut Mich, weil Ich durch deine Leiden viele retten werde. Durch deine Qualen werde Ich ein Licht in Meiner Kirche anzünden, welches eine Erneuerung in Meinem dreimal Heiligen Geist hervorbringt ... Vassiliki, schau Mich an, schau Mir in die Augen ... Wenn du Mich liebst, wirst du Mir versprechen, ihnen allen zu vergeben."

C. Wie ist auf die Notifikation zu reagieren?

1. Erneuern Sie Ihren Glauben. „Ich glaube an Gott, den Vater, den Allmächtigen ..." – wir sagen das jeden Tag. In der Praxis bedeutet das, daß Gott alles unterstellt ist, was auf dieser Erde geschieht, bis ins kleinste Detail. Gott hat einen Plan für unser Zeitalter, und Sein Wille und Plan werden unerbittlich ausgeführt werden. Oft prüft Er unseren Glauben, wie Er es mit Abraham tat. Und von Zeit zu Zeit sollten wir uns daran erinnern, daß Er auf krummen Linien gerade schreibt. Hören Sie:

a) „Im großen Glaubensabfall eurer Generation wird Mein Heiliger Geist verfolgt wie nie zuvor ...“ – „Ich weiß, daß es im Hause meiner besten Freunde sein wird, wo Ich die eindrucksvollsten Wunden erhalten werde ...“ – „... jeder, der Mein Diener ist und von Meinem Haus kommt, kann sicher sein, angegriffen zu werden ...“ (5. Juni 1992). „Ein Teil Meiner Kirche ist durch ihr rationalistisches Denken blind geworden ...“ (31. Mai 1994).

b) „Denke nicht, der Höchste könnte keinen Weg finden, Seinen Plan bei deinem Volk auszuführen ...“ (26. August 1992). „Ich bin dabei, etwas Großes zu tun, das niemand aufhalten kann ...“ (23. August 1992). „All jene, die den Weg zur göttlichen Liebe versperren, werde Ich wegfegen“ (21. Dezember 1987). „Vassula, Ich erreiche immer Mein Ziel“ (16. Oktober 1987).

c) „Ich habe gesagt und sage es nochmals, Ich wiederhole diese hochwichtigen Worte immer wieder: ‚Wer das Reich Gottes nicht annimmt wie ein kleines Kind, wird es niemals erlangen‘“ (16. Mai 1988). „Ich sage euch all das, und Ich weiß, daß Meine Schafe, die zu Mir gehören, auf Meine Stimme hören und Mich niemals verlassen werden“ (17. März 1993). „Laß die, die Ohren haben, hören; die, die nicht hören wollen, laß sie nicht hören“ (11. Oktober 1993). „... wer Mein Wort hält, wird niemals den Tod sehen“ (6. Mai 1992).

2. Beten Sie für die Mitglieder der Kongregation. Sie brauchen das Licht des Heiligen Geistes in ihrer schwierigen Aufgabe der Unterscheidung, besonders bei der kritischen und schwierigen Frage des übernatürlichen Ursprungs dieser Botschaften. In aller Gerechtigkeit und Nächstenliebe schulden wir ihnen die Unterstützung unserer Gebete, und auf diese Weise werden wir für die Einheit arbeiten.

a) „In diesen Tagen führt Satan viele hinters Licht durch Angriffe auf Offenbarungen und Erscheinungen, die von Mir kommen ... Satan ist verzweifelt, er versucht, euch zu verwirren und alle gegeneinander aufzubringen“ (20. August 1988). „Solange sie mit dem Verstand ihrem Kurs folgen, werden sie im Dunkeln und Meinen Zeichen und Wundern entfremdet bleiben. Solange sie auf ihren eigenen Geist zurückgreifen, werden sie Meinen Heiligen Geist der Wahrheit auch weiterhin ins Kreuzverhör nehmen, ohne Ihn zu erkennen …" (31. Mai 1994).

b) „Was diejenigen betrifft, die dich in deinem Land unterdrücken, so betrachte sie nicht als Feinde, sondern als Menschen, die auch Teil der Familie sind und Uns (der Heiligen Dreifaltigkeit) lieb und teuer sind und Gebete brauchen" (9. November 1994).

3. Arbeiten Sie mit Ihrem Ortsbischof zusammen. Die Notifikation ist an Bischöfe adressiert und legt die geeignetste Anwendung pastoraler Richtlinien anhand der Situation und des Gemeinwohls der Gläubigen fest. Die Kongregation anerkennt diese Rolle des Ortsbischofs, indem sie das Wort „ersucht" und nicht solche Worte wie „weist … an" oder „verlangt" gebraucht. Die Kongregation schlägt zweierlei Vorgehensweisen für den Ortsbischof vor:

- „daß die Bischöfe ihre Gläubigen angemessen informieren",
- „und in ihren Diözesen keine Ausbreitung der Ryden'schen Ideen gestatten."

a) „daß die Bischöfe ihre Gläubigen angemessen informieren …" Diese Formulierung gibt dem Ortsbischof jedes Recht, die Haltung einzunehmen, die er für am verantwortungsvollsten hält. Wie wir im Fall von Schwester Faustyna sahen, beschloß Papst Johannes Paul II. als Kardinal-Erzbischof von Krakau, die selige Faustyna zu verteidigen, nachdem die Notifikation über sie erschienen war. Es gelang ihm, die falschen Interpretationen ihrer Schriften aufzuzeigen.

b) „und in ihren Diözesen keine Ausbreitung der Ryden'schen Ideen gestatten …"

- Diese Aussage beschränkt sich hauptsächlich auf Kircheneigentum. Die Bischöfe haben jedes Recht zu entscheiden, was auf Kircheneigentum geschieht oder nicht geschieht. Jene Bischöfe, die entscheiden, dieses Verbot auszuführen, garantieren für die vollkommene Zusammenarbeit der Gläubigen.
- Buchhändlern steht es frei, die Schriften von Vassula zu führen, Verleger können ihre Bücher vertreiben, Konferenzen können auf neutralem Grund abgehalten werden, um ihre Botschaften

zu diskutieren, und den Gläubigen steht es ganz frei, das zu lesen, was sie geschrieben hat.

4. Folgen Sie Ihrem Gewissen! Als Katholiken stellen wir die Verantwortung der Kirche, das Vermächtnis des Glaubens zu schützen und zu fördern, nicht in Frage. Tatsächlich besteht in gewissen Fällen eine ernste Verpflichtung, in vollem Gehorsam zu reagieren, d. h. äußere Einhaltung und inneres Einverständnis, wie im Fall der unfehlbaren Erklärungen (wenn der Papst ex cathedra spricht, mit allen Bischöfen in Einheit mit dem Papst, wie bei ökumenischen Konzilen) und in der Ausübung des Lehramts der Kirche.

Die Nachforschungen und disziplinarischen Aktionen der Kongregationen unterscheiden sich ein wenig davon. Sie sind weder unfehlbar noch unverbesserlich, wie wir gesehen haben. Da die Annahme besteht, daß der Geist jene führt und jenen hilft, denen dieses Amt übertragen wurde, sollten die Gläubigen für gewöhnlich ein inneres Einverständnis geben. „Dieses Einverständnis soll und muß jedoch nicht blind und automatisch gegeben werden, denn in jedem Fall hat der erwachsene Katholik das Recht und die Pflicht, selbst ein eigenes, persönliches Urteil zu bilden“ (vgl. Art. „Teaching Authority in the Church“ aus »New Catholic Encyclopedia«). Es gibt drei Fälle, in denen ein inneres Einverständnis zurückgehalten werden kann:

• Während dem Prozeß der Untersuchung. Da die Untersuchung von Vassula sich in ihrem Anfangsstadium befindet, steht es uns gänzlich frei, den Dialog zu verfolgen und uns unsere eigene Meinung zu bilden.

• Ernsthafter Zweifel. „Wenn jemand in einem Einzelfall, in dem keine Rede von einer Wahrheit ist, welche von der unfehlbaren Lehrautorität vorgeschlagen wird, ernste, schwerwiegende Gründe hat zu vermuten, daß irgendein lehramtliches Dekret falsch ist, könnte er sein Einverständnis aussetzen und rein äußerlichen Gehorsam leisten ...“ (ibid. Art. „Teaching Authority in the Church“).

• Gegenteilige Meinung eines Experten. „Ausnahmsweise kann die Pflicht der inneren Zustimmung aufhören, wenn ein kompetenter Beurteiler nach erneuter gewissenhafter Prüfung aller Gründe zur sicheren Überzeugung gelangt, daß die Entscheidung auf einem Irrtum beruht (»Grundriß der Dogmatik« von Ludwig Ott, S. 12). Abbé Laurentin in »Wenn Gott Zeichen gibt«, S. 81: „Es gibt in Vassulas Texten keine Stellen, die für die Glaubenslehre Probleme darstellen. Wenn a-priori-Argwohn und ikonoklastischer Eifer Einwände gefunden haben, so halten diese nicht stand, sobald man den Text in seinem Kontext und auf dem Boden der gesamten Botschaften nach einer gesunden Hermeneutik interpretiert, nicht aber nach dem Gesetz der Hexenjagd."

5. Lesen Sie »Das wahre Leben in Gott«! Unser Herr hat gesagt: „Die Worte, die Ich zu euch gesprochen habe, sind Geist und sind Leben" (Joh 6, 63). Jegliche Worte von Gott, ob sie in der Heiligen Schrift sind oder private Offenbarung, enthalten die Macht Gottes – eine Macht, die beständig darauf hinwirkt, uns mehr und mehr zu unserem Gott zu bekehren. Dies geschieht, wann immer jemand solche Worte mit einem offenen Sinn und offenen Herzen liest. Tun Sie dies, und Sie werden das Wirken des Heiligen Geistes in Ihrem Leben erleben. „Glücklich ist der Mensch, der sein Herz Meinem Heiligen Geist öffnet ... Mein Heiliger Geist wird vor bösartigen Seelen zurückschrecken, aber den Unschuldigen, den Armen und den Einfachen wird Er sich offen zeigen" (5. Oktober 1992).

a) Die Botschaften, welche in »Das wahre Leben in Gott« enthalten sind, sind einzigartig, außerordentlich und sehr speziell. Sie enthüllen uns die erhabensten Schätze im heiligsten Herzen Jesu, in der Vergangenheit verborgen und auf besondere Weise aufbewahrt für unsere Zeit. Sie sind die wichtigsten Privatoffenbarungen, die je gemacht wurden. Die hl. Gertrud war in Ekstase gefangen, als ihr ein kurzer Blick darauf gewährt wurde. „Ich habe euch diesen unerschöpflichen Schatz gegeben, der vor den Augen der Menschheit verborgen war und nur der Gertrud offenbart wurde ... Dieser unerschöpfliche Schatz war für eure Zeiten vorbehalten: für das Ende der Zeiten" (18. Februar 1995). – „Ich bin vom Himmel herabgekommen, um euch Meine neue Liebeshymne vorzusingen und um euch alle an Meine treue Liebe zu erinnern" (10. Juli 1992).

b) Diese Botschaften sind auch sehr wichtig, weil sie das zweite Kommen unseres Herrn ankündigen mit einer klaren Beschreibung der Ereignisse, welche vorausgehen. Sie beschreiben die große Bedrängnis der Kirche (5. Oktober 1988), den Tag der Läuterung (25. Juli 1988) oder Warnung (16. Mai 1988), die große Bekehrung (19. Oktober 1988) oder große Umkehr (6. August 1988), das große Zeichen (10. November 1988), die Einheit der Kirche (18. November 1987), das neue Pfingsten (9. August 1988), das neue Jerusalem (17. August 1988), den neuen Himmel und die neue Erde und vieles mehr ... „Diese göttliche Botschaft wird Seine letzte Warnung sein" (Maria am 30. Oktober 1987). „Wenn es jetzt jemand unterläßt, seine Lampe anzuzünden und sie zu gebrauchen, dem wird sie weggenommen und jemand anderem gegeben werden" (21. Dezember 1992). „Wir sind gekommen, um euch allen Unseren Frieden anzubieten, und um euch auf die Reise zum Himmel vorzubereiten ..." (20. April 1992). „Die Zeit des Aussortierens ist gekommen, die Zeit der Abrechnung ist da ..." (20. Juli 1992).

c) Diese Botschaften sind tief bedeutungsvoll, weil sie Gottes verborgenen Plan der Erlösung für jeden von uns, die wir heute leben, enthüllen. Nicht nur, daß sie die Geheimnisse entschlüsseln, welche seit Generationen verborgen waren, sie zeigen unsere Eingangstür, unsere Mittel, an ihnen teilzuhaben, an: die Vergöttlichung unserer Seele, unser Leben in der Heiligen Dreifaltigkeit, unser Bestimmungsort – das Heiligste Herz – unser wahres Heim, die Aktivität des Heiligen Geistes in unserem Leben, die Wärme und Zärtlichkeit von Gott Vater, die unendliche Intensität der treuen Liebe Jesu, das Geheimnis der zwei Herzen. „Bei Mir habe Ich Meinen geheimen Rettungsplan" (18. Januar 1988). „Heute bitte Ich euch mehr als jemals zuvor, euch, eure Familien und eure Nationen unseren beiden Herzen zu weihen" (20. Juli 1992).

d) Und da ist so viel mehr: die Offenbarung von tiefen Geheimnissen, die in Gott verborgen sind, die nun stattfindet, und die wunderbaren Gaben und Charismen, die in Vassula präsent sind, welche ein „Zeichen" oder „Beispiel" dafür ist, wie Gott gerade all jene, die offen sind und sich selbst schenken, auszeichnen und führen wird.

Ich bete, daß der Heilige Geist die Mitglieder der Kongregation in all ihren Nachforschungen, Überlegungen und Entscheidungen führe, und ich bete besonders, daß dieser selbe Heilige Geist jeden von Ihnen persönlich umarme und Sie siegreich in ein wahres Leben in Gott führe.

25. Januar 1996
P. Robert Hughes SM
(geschrieben in Scottsdale, Arizona, während eines Sabbat-Aufenthalts)

Gebete, die Jesus Vassula täglich zu beten empfahl:

Novene des Vertrauens zum heiligsten Herzen Jesu

O Herr, Jesus Christus,
Deinem heiligsten Herzen
übergebe ich dieses Anliegen:
(Nennen Sie Ihr Anliegen!)

Schau mich nur an,
und dann lasse Dein heiliges Herz walten.
Möge Dein heiligstes Herz entscheiden …
Ich rechne mit Ihm … Ich vertraue Ihm …
Ich werfe mich Seinem Erbarmen zu Füßen.
Herr Jesus! Du wirst mich nicht im Stich lassen.

Heiligstes Herz Jesu,
ich vertraue auf Dich.
Heiligstes Herz Jesu,
ich glaube an Deine Liebe zu mir.
Heiligstes Herz Jesu, Dein Königreich komme.

O heiligstes Herz Jesu,
ich habe schon um viele Gunsterweise gebeten
und Deine Hilfe erfahren,
dafür danke ich Dir.
Nun bitte ich Dich wiederum inständig:
Nimm mein Anliegen
und lege es in Dein heiligstes Herz.
Wenn der ewige Vater
es von Deinem kostbaren Blut bedeckt sieht,
wird Er nichts verweigern.
Es ist dann nicht mehr meine Bitte,
sondern Deine, o Jesus.

O heiligstes Herz Jesu,
ich setze mein Vertrauen auf Dich.
Laß mich niemals verloren sein.
Amen.

Gebet zum heiligen Erzengel Michael:

Heiliger Erzengel Michael, verteidige uns im Kampfe; gegen die Bosheit und die Nachstellungen des Teufels sei unser Schutz! „Gott gebiete ihm“, so bitten wir flehentlich. Und du, Fürst der himmlischen Heerscharen, stürze den Satan und die anderen bösen Geister, die zum Verderben der Menschen die Welt durchziehen, mit Gottes Kraft hinab in den Abgrund. Amen.

Das Memorare des heiligen Bernhard:

Gedenke, o gütigste Jungfrau Maria, es ist noch nie gehört worden, daß jemand, der zu dir seine Zuflucht nahm, deinen Beistand anrief und um deine Fürbitte flehte, von dir verlassen worden ist. Von diesem Vertrauen beseelt, nehme ich meine Zuflucht zu dir, o Jungfrau der Jungfrauen, meine Mutter, zu dir komme ich, vor dir stehe ich als ein sündiger Mensch. O Mutter des ewigen Wortes, verschmähe nicht meine Worte, sondern höre sie gnädig an und erhöre mich. Amen.

„Prüft alles, und behaltet das Gute!“

Vom 8. bis 18. Mai 1996 traf sich Joseph Kardinal Ratzinger mit lateinamerikanischen Bischöfen in Guadalajara, Mexiko. Dort traf er am 10. Mai 1996 um 10.15 Uhr mit einigen Repräsentanten zusammen, die einige Werke von Frau Vassula Ryden veröffentlicht und einige ihrer Auftritte mit Vorträgen koordiniert hatten. Es waren dies Herr Javier Pelayo Jones, Frau Maria Carmen de la Torre de Pelayo, Frau Patricia Salamin de Rivera und Pfr. Tiberio Munari, SX. Sie hatten Kardinal Ratzinger zuvor bezüglich Vassula geschrieben. Die Mitglieder der Gruppe suchten die Führung von Kardinal Ratzinger bezüglich der Position, die sie hinsichtlich der Notifikation vom 4. Oktober 1995 beziehen sollten (veröffentlicht von seiner Kongregation für die Glaubenslehre, deren Kardinal-Präfekt er ist).

In einem unterschriebenen Brief gaben sie an: „Kardinal Ratzinger empfing uns sehr herzlich und sagte das Folgende[1]: ‚Auf der Grundlage dessen, was Sie mir in Ihrem Brief über Zeugnisse und Bekehrungen mitgeteilt haben, das ist sehr gut[2]. Wir wollen nur, daß Sie mit Unterscheidung vorgehen, nehmen Sie nicht das als das Wort Gottes, was im Augenblick nur als menschlich und persönlich angesehen wird[3]. Was wir gesagt haben, ist, sie soll nicht in Kirchen Zeugnis geben (in der Kirche), weil sie eine Orthodoxe ist und ihr Heiratsstatus noch nicht klar ist, da sie geschieden ist; und es gibt in ihren Schriften einige Punkte, welche klargestellt wer-

---

[1] Das Treffen war ein persönliches und nicht formelles, und die Antwort des Kardinals ist in derselben Weise aufzufassen … nicht als ein Widerspruch der Notifikation, sondern als eine Klarstellung derselben.

[2] Als er sagte: „Auf der Grundlage dessen, was Sie mir in Ihrem Brief über Zeugnisse und Bekehrungen mitgeteilt haben, das ist sehr gut …“, anerkannte er die Früchte, welche dieselben Schriften hervorgebracht haben.

[3] „Nehmen Sie nicht das als Wort Gottes …“ Bei diesem Punkt wollte der Kardinal unterstreichen, daß wir ein definitives Urteil der Kirche nicht vorwegnehmen sollten, dem wir uns immer unterwerfen werden. Ein Beweis dafür ist, daß wir die Hilfe der Kirche suchten, indem wir Kardinal Ratzinger um seinen Rat baten.

den müssen und welche wir studieren[4]. Sie dürfen ihre Schriften weiterhin fördern, doch immer mit Unterscheidung[5].‘ Er endete, indem er den heiligen Paulus zitierte: ‘Löscht den Geist nicht aus! Verachtet prophetisches Reden nicht! Prüft alles, und behaltet das Gute!‘ (1 Thess 5, 19-21).“

[4] „Sie soll nicht in Kirchen Zeugnis geben ...“ Wir verstanden, daß sich der Kardinal darauf bezog, daß Frau Vassula Ryden ihre Zeugnisse nicht im Innern katholischer Kirchen gibt, klar auf die Überlegungen der Notifikation eingehend.

[5] „Sie dürfen ihre Schriften weiterhin fördern, aber immer mit Unterscheidung ...“ war die Antwort, nachdem wir ihm mündlich die folgende Frage gestellt hatten: „Dürfen wir fortfahren, ihre Schriften zu lesen und zu fördern?“ Aus der Antwort des Kardinals verstanden wir, daß wir dem Dekret der Heiligen Glaubenskongregation folgen dürfen, welches am 4. Oktober 1966 veröffentlicht wurde und das die Herausgabe von Schriften erlaubt, die mit übernatürlichen Erscheinungen in Zusammenhang stehen, auch ohne das Nihil obstat einer kirchlichen Autorität, die diese Schriften dem menschlichen Glauben zuschreibt, in Erwartung des definitiven Urteils der Kirche.

Weitere empfehlenswerte Bücher:

Das wahre Leben in Gott *Vassula Ryden*

Seit 1986 bekommt Vassula Ryden, eine Griechin mittleren Alters, Botschaften direkt von Jesus. Diese Botschaften führen in die anbrechende „Zeit des Heiligen Geistes“, die dort immer wieder angekündigt wird. Die aktuelle Situation der Kirche kommt deutlich zur Sprache. Viele mutmachende Voraussagen über das kommende Pfingsten und die neue Zeit werden uns hier geschenkt. Band 1-5, je 288 Seiten, je DM 24.80
Band 6-8, je 208 Seiten, je DM 24.80

Mein Engel Daniel *Vassula Ryden*

Bevor Vassula die Botschaften erhielt, die in »Das wahre Leben in Gott« enthalten sind, fand eine lange Periode der göttlichen Belehrung statt. Diese erfolgte durch ihren Schutzengel Daniel. Das Buch bringt Licht in die Gespräche jener Zeit und informiert darüber, wie sich diese Belehrung genau entfaltete und was danach geschah. 192 Seiten, DM 24.80

Das wahre Leben in Gott – Kurzfassung *V. Ryden*

Die wichtigsten Aussagen aus den Bänden 1 bis 5 wurden in dieser Kurzfassung zusammengestellt. Deshalb ist sie gut für Einsteiger geeignet, die Vassula Ryden und ihre Botschaften kennenlernen möchten, oder als Geschenk, wenn Sie der Meinung sind, auch Ihre Bekannten sollten etwas über Vassula erfahren.

160 Seiten, DM 14.80

Vassula von der Passion des Heiligsten Herzens

Pater Michael O'Carroll

Als geistlicher Berater Vassulas schrieb P. O'Carroll dieses Buch, um einige Aspekte des Charismas zu beleuchten, das Vassula geschenkt wurde. Besondere Aufmerksamkeit schenkt er dabei der Bedeutung der zwei heiligsten Herzen und Vassulas Passionsleiden. Mit Anhang über den Beginn von Vassulas Charisma, theologischen Anmerkungen und Schriftanalyse der Botschaften.

352 Seiten, DM 24.—

Vassula – Heroldin der Einheit der Christen

Pater Michael O'Carroll

In diesem zweiten Buch will uns der Autor auf die orthodoxe Welt und die immer wichtigere Rolle, die Vassula als „Heroldin der Einheit der Christen" spielt, aufmerksam machen. Er äußert sich auch über die außerordentlichen Zeichen und Gnaden und die Zeichen des Eingreifen Gottes, die Vassulas Mission begleiten. Ein sehr wichtiges Buch für alle, die Vassula und ihre Mission besser kennenlernen möchten.

304 Seiten, DM 24.—

Wenn Gott Zeichen gibt *René Laurentin*

Warum wird Vassula von allen Sehern am meisten angefeindet? Was ist von den Einwänden zu halten? Dieses Buch möchte Antwort darauf geben und zugleich auf Wesentliches hinweisen: nämlich auf den untergeordneten Status, den Erscheinungen in der Kirche innehaben. Ebenso möchte es Regeln zur Unterscheidung der Geister anbieten.

206 Seiten, DM 19.—

Das Rätsel Vassula *Jacques Neirynck*

Jacques Neirynck, als Forscher und Journalist im Gespräch mit Vassula, versucht ohne Voreingenommenheit zu verstehen, warum das Phänomen Vassula so große Menschenmengen in Bewegung bringt. Ein objektives Buch in Form eines Interviews mit Vassula, um sich eine persönliche Überzeugung zu bilden.

192 Seiten, DM 24.—

Wahres Leben in Gott e.V.

c/o Marion Fuchs, Im Hof 10, 51647 Gummersbach
WLIG-Deutschland@tlig.org
0176-32273308
www.tlig.org | www.wlig.de

ch-
ler
ıßt
ig-
ng
80

Be